LA PHILOSOPHIE

DE

H TAINE

PAR

Giacomo BARZELLOTTI

Professeur d'Histoire de la Philosophie à l'Université de Rome

---

Traduit de l'italien par Auguste DIETRICH

PARIS

ANCIENNE LIBRAIRIE GERMER BAILLIÈRE ET Cie

FÉLIX ALCAN, ÉDITEUR

108, BOULEVARD SAINT-GERMAIN, 108

—

1900

Tous droits réservés

Fin d'une série de documents
en couleur

LA PHILOSOPHIE DE H. TAINE

A LA MÊME LIBRAIRIE

AUTRES TRADUCTIONS DE M. AUGUSTE DIETRICH

DE L'ALLEMAND

MAX NORDAU. — **Dégénérescence**, 2 vol. in-8, 5ᵉ édition de la *Bibliothèque de philosophie contemporaine*. Le premier, 7 fr. 5o; le deuxième.................. 10 fr. »

— **Les Mensonges conventionnels de notre Civilisation**, 1 vol. in-8, 5ᵉ édition de la *Bibliothèque de philosophie contemporaine*..................... 5 fr. »

— **Paradoxes psychologiques**, 1 vol. in-12, 3ᵉ édition de la *Bibliothèque de philosophie contemporaine*........ 2 fr. 5o

— **Paradoxes sociologiques**, 1 vol. in-12, 2ᵉ édition de la *Bibliothèque de philosophie contemporaine*........ 2 fr. 5o

— **Psycho-physiologie du Génie et du Talent**, 1 vol. in-12, 2ᵉ édition de la *Bibliothèque de philosophie contemporaine*............................. 2 fr. 5o

DE L'ANGLAIS

BROOKS ADAMS. — **La Loi de la Civilisation et de la Décadence**, 1 vol. in-8................... 7 fr. 5o

DE L'ITALIEN

MARIO PILO. — **La Psychologie du Beau et de l'Art**, 1 vol. in-12 de la *Bibliothèque de philosophie contemporaine*.................................. 2 fr. 5o

R. GAROFALO. — **La Superstition socialiste**, 1 vol. in-8 de la *Bibliothèque de philosophie contemporaine*... 5 fr. »

DE L'ESPAGNOL

SANZ Y ESCARTIN. — **L'Individu et la Réforme sociale**, 1 vol. in-8 de la *Bibliothèque de philosophie contemporaine*.................................. 7 fr. 5o

LA PHILOSOPHIE

DE

H TAINE

PAR

Giacomo BARZELLOTTI

Professeur d'Histoire de la Philosophie à l'Université de Rome

Traduit de l'italien par Auguste DIETRICH

PARIS
ANCIENNE LIBRAIRIE GERMER BAILLIÈRE ET Cⁱᵉ
FÉLIX ALCAN, ÉDITEUR
108, BOULEVARD SAINT-GERMAIN, 108
—
1900
Tous droits réservés

AVANT-PROPOS DU TRADUCTEUR

L'auteur du livre que nous présentons au lecteur français jouit, dans son pays, comme professeur et comme écrivain, d'une notoriété étendue et du meilleur aloi. Sa réputation a même pénétré jusqu'en France, où les journaux et revues ont signalé à plus d'une reprise ses publications et où il compte un certain nombre d'amis distingués ou éminents. Mais, il faut bien en convenir, ce n'est qu'au prix de beaucoup d'efforts prolongés que les écrivains de matières spéciales — et la philosophie est au premier rang de celles-là — parviennent à entr'ouvrir, en dépit de tout leur mérite, un petit coin de la lourde porte de fer qui donne accès sur la route royale de la célébrité. Voilà pourquoi le traducteur de *La Philosophie de H. Taine* a pensé que quelques renseignements sur l'auteur et sur ses ouvrages, en tête de son livre, ne seraient peut-être pas tout à fait superflus. Une introduction de ce genre est une sorte d'avenue qui permet d'embrasser d'un rapide coup d'œil, à une courte distance, l'architecture d'un édifice et l'importance de celui-ci.

Né à Florence, M. Giacomo Barzellotti s'est voué de très bonne heure à la double tâche de l'enseignement et de la production littéraire. Successivement professeur de philosophie, à partir de 1868, pendant dix ans, au lycée Dante de sa ville natale, puis aux Universités de Pavie et de Naples, il enseigne, depuis 1896, l'histoire de la philosophie à l'Université de Rome.

Sa première publication (en dehors de sa thèse de doctorat, consacrée à l'examen des doctrines philosophiques de Cicéron) a pour titre : *La Morale dans la philosophie positive* (1871). Ce livre est surtout une critique des doctrines de l'éthique anglaise, depuis Hobbes et Locke jusqu'à Herbert Spencer, et il établit en même temps la position historique de ces doctrines vis-à-vis de celles de la philosophie contemporaine et des traditions psychologiques de la pensée anglaise. Herbert Spencer le cita, en même temps qu'un ouvrage de M. Th. Ribot, dans son *Introduction à la science sociale*, ce qui contribua sans doute à lui valoir les honneurs d'une traduction anglaise publiée à New-York, en 1878, sous ce titre : *The Ethics of Positivism : A critical Study*.

La forme littéraire qui, de tout temps, a le plus attiré M. G. Barzellotti, c'est celle de l'*essai*. Elle lui a toujours semblé la mieux faite pour exprimer avec le plus de pénétration et de vérité les idées sur la vie et sur l'histoire, parce qu'elle se prête assez peu au dogmatisme, à l'esprit de système et d'école, et qu'elle n'a pas, pour tout dire, l'ambition et les exigences du livre proprement dit. Il a révélé ingénieusement sa pensée à ce sujet dans sa brochure : *I Saggi di Gaetano Negri*, un brillant essayiste italien contemporain. « L'*essai*, y dit-il, est un genre littéraire essentiellement moderne, né en Angleterre et en France, et qui exprime non seulement ce que l'esprit de nos jours renferme en soi peut-être de plus intime, — la mutabilité, l'instabilité, l'inquiétude critique avide de découvertes, — mais aussi la nouveauté extérieure d'une des nombreuses formes de manifestations littéraires qui lui sont le mieux appropriées; et cette forme, que je nommerai fragmentaire, procédant par analyse toujours en quête du vrai, *essaye* celui-ci par toutes les voies et sous toutes les faces, et nous le fait comme entrevoir partie par partie, sans jamais prétendre nous le donner tout entier, dans un résumé total, dans une exposition complète... L'*essai*, en tant que genre littéraire au sens le plus élevé du mot, en tant qu'œuvre d'art, n'a fleuri et ne continue à fleurir aujourd'hui encore que là où, comme en France et en Angleterre, la philosophie, la morale, la critique, la littérature forment un tout et se sont complètement affranchies de la tyrannie des traditions d'académie, d'école, de milieu, et ont eu le moyen de faire circuler les idées, les formes de l'art et de la culture, des plus hautes aux plus humbles, dans l'air respirable d'un grand public qui pense et qui lit ».

Cette définition de l'*essai* revient à dire que ce genre littéraire, qui a fourni en France une si belle carrière de Montaigne et Pascal à Sainte-Beuve et à Taine, et, en Angleterre, de Bacon et Locke à Macaulay et à Walter Pater, a donné des fruits moins savoureux en Italie, où la littérature est encore trop fréquemment prisonnière des écoles, des systèmes et des coteries.

M. G. Barzellotti, obéissant en cela à son tempérament intellectuel, a été conduit d'instinct à combler largement, pour sa part, cette lacune littéraire de son pays. Il a fourni de nombreuses et très importantes contributions, inspirées par la manière de voir qu'on vient de l'entendre si bien exposer, à un certain nombre de revues tant italiennes qu'étrangères : la *Filosofia delle Scuole italiane*, fondée par l'illustre Terenzio Mamiani ; la *Rassegna settimanale*, de Sidney Sonnino et Leopoldo Franchetti ; la *Nuova Antologia*, la plus connue en France des revues italiennes ; la *Rivista d'Italia*, de Rome ; le *Mind* de Londres l'*International Journal of Ethics*, de Philadelphie ; l'*Italia*, publiée à Leipzig, par Karl Hillebrand, etc.

Ces divers *essais* sont tour à tour philosophiques et littéraires, ou plutôt ils participent à la fois de cette double tournure d'esprit. Leur auteur est en effet trop adonné au culte de l'idée, pour ne pas voir la puérilité et l'inutilité de la littérature qui ne serait que cela. Aussi, chez lui, la doctrine se trouve-t-elle toujours sous l'exposition des faits. Sa plume s'attache alternativement à des études descriptives d'après nature, à des recherches de psychologie sociale, et à des portraits intimes d'hommes tels que saint Augustin, Kant, Darwin, Manzoni, Garibaldi, Leopardi, Schopenhauer, etc. M. G. Barzellotti a été l'un des premiers à faire connaître celui-ci en Italie, et il a exposé et discuté, comme professeur et comme écrivain, les doctrines pessimistes, en les considérant en elles-mêmes et dans leurs rapports avec leurs antécédents historiques.

Les principaux de ces *essais* ont été reproduits dans

les deux volumes intitulés : *Santi, Solitari e Filosofi* (1886), et *Studi e Ritratti* (1893). L'un d'entre eux, publié d'abord dans l'*Italia* de Karl Hillebrand, et qui a pris place depuis dans l'*Antologia della nostra Critica letteraria moderna*, un excellent et très utile recueil dû aux soins de l'honorable Luigi Morandi (il est député) (1), fit du bruit et provoqua une assez forte irritation dans certains milieux. Il porte ce titre : *La Letteratura e la Rivoluzione in Italia avanti e dopo il 1848 e 49*. Le côté neuf de cet écrit consiste dans le rapprochement qu'y faisait l'auteur entre les phases principales de la littérature qui, en Italie, a précédé et préparé le mouvement national, et les périodes de ce mouvement. Il y fait cesser la littérature patriotique à l'avènement du ministère Cavour, en 1852. Il y explique comment presque toute la littérature de la première moitié du siècle avait déjà perdu, au moment où il écrivait (en 1874), toute action et tout attrait pour les lecteurs italiens, et pourquoi les seuls véritablement grands écrivains de sa nation, les seuls qui ont survécu et qui y occupent une place durable, sont Manzoni et Leopardi. Ajoutons-y Giosuè Carducci, qui a surgi depuis eux, en héritier authentique dont la veine intellectuelle ne charrie que du sang véritablement italien. Tout cet *essai*, marqué au coin d'idées très originales, est fort suggestif. L'irritation assez vive du premier moment, qu'il avait soulevée, ne tarda pas à faire place à une appréciation plus calme et plus sage des choses ; on comprit même bientôt que le jeune publiciste avait dit à son pays

(1) Depuis 1885, date de la première édition, il est parvenu à la douzième.

des vérités utiles, et sa manière de voir sur ce point est aujourd'hui généralement acceptée. Comme l'a dit un de ses compatriotes, « ce sont des fossiles esthétiques pour nous,... les héroïques rugissements de 1848 (1) ». M. Luigi Morandi apprécie en ces termes, dans une note dont il l'a accompagné, l'article de M. G. Barzellotti : « Quel plus grand titre de gloire pour un écrivain, que celui d'avoir puissamment contribué à sauver sa patrie ? Une épée qui, en tuant l'ennemi, se brise dans la blessure, ne vaut pas moins, à mon avis, que celle qui repose, objet d'admiration, dans un arsenal ».

A cet écrit fait pendant un autre *essai* inspiré par un esprit analogue : *La Philosophie en Italie*, publié en 1878 dans le journal anglais le *Mind*. Cette histoire particularisée du mouvement intellectuel italien est de nature à intéresser les Français, qui ne la connaissent que d'une façon vague, simplement dans ses grandes lignes, et par à peu près. Des travaux de ce genre ont, pour les étrangers, presque la valeur de *sources*.

L'attention du public italien ne fut pas moins vivement attirée par deux autres *essais* postérieurs : *L'Italie mystique et l'Italie païenne* (*Nuova Antologia*, 1891), celui-ci écrit à propos du livre sur l'*Italie mystique*, de M. Émile Gebhart, le brillant et délicat écrivain qui enseigne en Sorbonne, et *Le Sentiment religieux et le problème moral en Italie* (1893), qui n'est guère, d'ailleurs, que le résumé condensé, et, par endroits, la paraphrase du premier. Dans ces deux *essais* l'auteur recherche et établit, au cours

(1) Mario Pilo, *La Psychologie du Beau et de l'Art*, traduction Auguste Dietrich. p. 66; 1895, Félix Alcan.

des siècles, les caractères traditionnels de la conscience religieuse des Italiens, telle qu'elle s'est révélée et continue à se révéler aussi bien dans leur manière *atavique* de sentir et de comprendre le fond des idéals moraux du christianisme, que dans l'histoire du catholicisme italien et de la papauté, qui est, suivant lui, le produit immédiat et nécessaire du génie latin, et, plus particulièrement, de la tradition religieuse et politique ainsi que du caractère italien lui-même. Il entra en polémique à ce sujet avec son collègue Raffaele Mariano, alors professeur d'histoire des religions à l'Université de Naples, qui avait publié un peu auparavant, dans la même revue américaine (*International Journal of Ethics*) où avait paru le second *essai* de M. G. Barzellotti, un article important : *L'Italie et la Papauté*, auquel avait répondu, toujours dans la revue en question, Mgr Satolli, délégué du pape aux États-Unis. Les deux savants collègues se combattirent vivement, chacun soutenant une thèse opposée. C'est à ceux qui ont suivi avec soin la discussion de dire si, de son choc, a jailli la lumière (1).

En 1885, M. G. Barzellotti mit en tête du livre d'Her-

---

1. Les deux *essais* indiqués feront partie, avec une série d'autres études, les unes religieuses, les autres relatives à Schopenhauer, à Leopardi et au pessimisme contemporain, d'un nouveau volume que M. G. Barzellotti prépare sous ce titre : *Saggi di storia della Cultura*. Parmi ces *essais*, celui intitulé : *Le Pessimisme contemporain en Allemagne et le problème moral de notre époque*, est l'un des travaux les plus étendus et les plus approfondis de notre écrivain. D'autres travaux de lui relatifs à l'histoire de la philosophie contemporaine, spécialement à l'école néo-critique, et quelques discours d'ouverture universitaires ainsi que diverses conférences, pourront fournir matière à deux autres volumes.

bert Spencer, *L'Individu et l'État* (traduit en italien par Sofia Fortini-Santarelli), une Préface de juste cent pages, qui forme un nouvel *essai* des plus solides et des plus intéressants. Il y agite toutes les graves et redoutables questions que soulève le travail du grand publiciste anglais, et porte en chacune d'elles une vive lumière. Ce sont là de fortes pages inspirées par un penseur, et qui à leur tour font penser. L'homme à qui on les doit est incontestablement un esprit capable des plus sérieuses spéculations intellectuelles.

L'année précédente, l'écrivain avait publié un livre de nature à surexciter à un très haut degré la curiosité d'un grand nombre de lecteurs italiens, qui connaissaient plus ou moins vaguement le personnage assez mystérieux et passablement énigmatique dont il retrace la vie : *David Lazzaretti di Arcidosso, detto il Santo : i suoi seguaci e la sua leggenda*. Le livre était dédié à la mémoire de Karl Hillebrand. Quel est donc le héros de cette histoire?

David Lazzaretti, né en 1835 à Arcidosso, dans le Monte Amiata, province de Grosseto, sur les confins des anciens États pontificaux, non loin de la maremme toscane, était un simple paysan, merveilleusement doué sous le double rapport intellectuel et physique, qui devint un illuminé, un fondateur de religion. Marié à vingt-deux ans, il prit part au combat de Castelfidardo, puis passa huit années à la Chartreuse de Grenoble et dans les environs de Lyon. En Italie, le bruit de ses visions miraculeuses ne tarda pas à rallier à ses idées de réformateur politique et religieux une véritable armée de partisans. On l'avait surnommé « le saint ». Mais, comme il arrive d'ordinaire dans ces cas qui ressortissent toujours plus ou moins à la pathologie, l'exaltation de David atteignit peu à peu à la folie. Après de nombreux incidents qu'on trouve narrés dans le livre, son histoire eut ce dénouement. Un jour, à la tête de plusieurs centaines d'hommes et de femmes vêtus de robes symboliques et chantant des psaumes, qu'il avait exaltés pendant quatre jours et quatre nuits par toutes sortes d'exercices pieux et de pénitences, il descendit du Monte Labro, où il s'était établi avec ses fidèles, et se mit à parcourir les villages en compagnie de son étrange cortège. Il projetait d'aller avec les siens jusqu'à Rome. Cette bande de fanatiques excita les craintes de l'autorité, qui n'avait su ni prévenir ni empêcher leur exode du Monte Labro, où on les aurait sans doute laissés mener en paix leur étrange existence. Le chef de la police régionale alla à leur rencontre avec ses carabiniers, et leur fit les trois sommations légales. A la dernière, David répondit : « Si vous voulez la paix, je vous apporte la paix; si vous voulez la miséricorde, vous aurez la miséricorde; si vous voulez du sang, me voici ». En même temps il montrait l'image de Jésus, peinte sur une bannière que l'un des siens agitait au-dessus de sa tête. Puis tout à coup, au comble de l'exaspération, on le vit brandir un bâton qu'il tenait à la main, on l'entendit adresser à ses fidèles quelques mots qui furent salués par un cri immense de : Vive la République! et aussitôt une grêle de pierres se mit à pleuvoir sur les représentants de l'autorité. Ceux-ci ripostèrent à coups de fusil. Plusieurs des rebelles furent tués ou blessés. Le prophète, atteint de trois balles à la tête, expira quelques heures après, entouré de sa femme et de ses enfants, au milieu du désespoir de la population. Cela se passait le 18 août 1878. David avait donc quarante-trois ans.

Ce personnage curieux offrait une matière des plus heureuses à une étude psychologique telle qu'un esprit aussi fin et aussi aiguisé que M. G. Barzellotti était en état de la faire. Celui-ci, dont la famille est originaire de la contrée où se sont déroulés les exploits de David Lazzaretti et des siens, s'est empli de bonne heure les yeux de l'aspect du paysage, alpestre, boisé, pittoresque, magnifique, et a eu d'autre part à sa disposition les manuscrits du prophète et des siens, ainsi que tous les documents relatifs à leur rôle. Nul mieux que M. G. Barzellotti n'était capable, par conséquent, de bien se tirer de sa tâche. La « thèse » qu'il traite est l'étude de ce qu'il appelle « l'éternel religieux » de l'âme humaine. Il aborde une question de « morphologie religieuse », recherchant la façon dont prennent naissance et se développent les formes, même embryonnaires, des phénomènes religieux. Le livre contient en outre une étude de la psychologie du « millénarisme ». De plus, sans se préoccuper autrement de savoir si David a été plus ou moins un fou, un paranoïque, comme l'affirme Lombroso, ce que l'auteur a voulu mettre en relief, en opposition aux idées contraires de l'illustre psychiatre et de son école, c'est la partie sérieuse et intéressante, et saine aussi, de l'état d'âme et d'esprit de la foule ingénue et sincère qui le suivait ; il a essayé de montrer qu'il n'est pas vrai que l'*unique* élément qui s'agite dans les mouvements

religieux, grands ou petits, soit un élément de folie.
C'est là, selon le biographe de David Lazzaretti, l'erreur capitale et *puérile* de son illustre compatriote
Lombroso. Quoi qu'il en soit, il est intéressant de
noter que, dans les aventures du « saint » et dans
celles de ses disciples, il ne fut jamais question ni
d'argent ni de femmes. Quelques-uns y perdirent
leur patrimoine en entier, et ne se plaignirent pas.
C'étaient et ce sont — car le prophète d'Arcidosso a
conservé des adeptes fidèles — des âmes chrétiennes
comme on en trouvait au moyen âge, des âmes
naturaliter christianæ, suivant le mot de Tertullien.
David, en effet, protesta toujours de son dévouement
au catholicisme et était enthousiaste de Pie IX, qui
l'écouta, le bénit, et le congédia en paix. Mais, comme
le dit finement son biographe, « Rome a toujours
regardé d'un œil soupçonneux ces natures mystiques,
imaginatives, dominées par une seule idée, les moins
propres de toutes à servir les desseins patients de sa
politique, qui, surtout depuis le concile de Trente,
n'a été au fond qu'une série d'habiles compromis avec
le pouvoir laïque auquel elle s'appuyait. Elle s'est toujours servie des plus grandes et des plus fortes de ces
âmes, quand elle a pu les faire siennes et les discipliner à ses propres fins ; celles dont elle doutait, elle
les a toujours repoussées loin d'elle. David... devait
apparaître ce qu'il était en réalité : une âme rebelle
à tout frein, prête à tout, excepté à ce reniement de
soi-même qui est la première condition pour servir
efficacement quelque grande idée impersonnelle. Un
tel homme aurait été, aux premiers siècles du christianisme, un hérésiarque ardent, le chef de quelque

secte religieuse, disposé à subir le martyre pour sa
« gnose ». En plein moyen-âge, il serait devenu un
« millénaire », un « flagellant », et, s'il était né en
Allemagne, un « frère de l'Esprit saint », un adepte
de maître Eckart ou de Jacob Bœhme. Italien du dix-
neuvième siècle, il ne pouvait rester longtemps sous
la discipline de la propagande catholique cléricale
dirigée par l'Église romaine. C'est ce que Rome comprit immédiatement ».

David Lazzaretti a eu beaucoup de succès; il s'en
vendit plusieurs milliers d'exemplaires en quelques
mois, et c'est l'ouvrage de M. G. Barzellotti qui a été
le plus lu, en dehors du public spécial qui s'intéresse
aux questions philosophiques (1). C'est, en même
temps qu'une étude d'histoire religieuse, une œuvre
de style et d'art. Il fut l'objet d'un très grand nombre
de comptes rendus tant dans la presse italienne
qu'étrangère. Guy de Maupassant lui consacra un
premier-Paris de trois colonnes dans le *Figaro*.
M. Perrens, le savant auteur de *l'Histoire de Florence*, chercha à deviner, à l'aide d'une enquête psychologique subtile, dans la *Nouvelle Revue*, l'énigme
de l'âme du « Savonarole rustique », comme il le nommait. Miss Mary Robinson, la poétesse distinguée,
future épouse du très regretté James Darmesteter,
caressa de sa plume délicate et presque éthérée la
figure de David. Ruggero Bonghi, l'illustre publiciste

---

(1) Le livre a été mis à l'Index. Il se trouve d'ailleurs en excellente compagnie sur ce gros catalogue, qui marque d'un doigt
prohibitif tous les flambeaux de l'esprit humain, depuis Abé-
lard, qui ouvre alphabétiquement la série, jusqu'à Voltaire,
qui la clôt à peu près, en passant par Descartes, Montesquieu
et Renan.

napolitain, si grand ami de la France, l'étudia au point de vue critique dans la *Cultura* de Rome et l'*Athenæum*, de Londres. Ernest Renan adressa à l'auteur cette lettre qu'il est intéressant de reproduire : « Je vous remercie bien vivement de l'envoi que vous avez bien voulu me faire de votre précieux volume sur Lazzaretti. Vous avez parfaitement vu l'intérêt des faits d'Arcidosso, et votre livre est un modèle de la manière dont ces sortes d'enquêtes doivent être faites. C'est un document infiniment précieux pour l'histoire critique des religions. En particulier, le mouvement galiléen du 1ᵉʳ siècle de notre ère et le mouvement ombrien de François d'Assise en reçoivent de très vives lumières. Pour faire scientifiquement l'histoire des religions, il est presque aussi important de bien connaître les tentatives avortées que celles qui ont réussi. Dans le passé, les documents sur les tentatives avortées sont très rares. Un fait de ce genre, se déroulant au grand jour de la publicité et analysé avec le soin et la sagacité que vous y avez mis, constitue un phénomène unique et de la plus haute valeur ». Enfin, M. Maurice Vernes, dans un article de la *Revue philosophique* de M. Th. Ribot, conclut en ces termes au sujet de ce livre : « La monographie de M. Barzellotti est un petit chef-d'œuvre en son genre. Le talent du narrateur, le soin donné à la description du paysage où se développent les principales scènes, le rapprochement essayé avec les diverses tentatives mystiques du moyen âge italien, tout cela fait de son étude un des documents les plus attrayants, les plus captivants par places. Il est à désirer que cette œuvre si délicate, si achevée, trouve un traducteur ». Le traducteur de *La Philosophie de H. Taine* se propose de réaliser ce vœu et de faire connaître au public français l'étrange et captivante biographie de ce Joachim de Flore contemporain, de ce nouveau prêcheur attardé de l' « Évangile éternel » : *David Lazzaretti*. Celui-ci a en effet écrit un livre, *Les Fleurs célestes*, qui est bien d'un joachimite.

Le travail le plus considérable de notre auteur, depuis celui-ci, est son livre sur la vie et les écrits de Taine, qui a paru en 1895. Le seul historien français un peu complet de la littérature italienne contemporaine, M. Amédée Roux, l'apprécie en ces termes : « Notre illustre et regretté compatriote a mis, on le sait, dans tous ses ouvrages, quelque chose de ses systèmes philosophiques, dont M. Barzellotti nous donne une fort exacte analyse, ce qui n'était pas chose facile. Il a pénétré jusqu'au fond ces théories subtiles sur lesquelles les meilleurs critiques se méprenaient presque toujours ; ils y trouvaient une affinité avec le matérialisme, et l'auteur se défendait vivement contre ces assertions qui le blessaient cruellement. Le docte professeur... a sondé avec beaucoup de délicatesse et de tact ce système un peu flottant, et en jugeant Taine sur ses œuvres il a tracé de lui, on peut le dire, un portrait des plus vivants et des plus sympathiques ». L'éloge, on le voit, est sans restrictions. M. Alfred Fouillée, d'autre part, a qualifié ce volume de « magnifique ». Les corrections et les additions très importantes qui ont trouvé place dans la traduction française rehaussent encore considérablement la valeur du livre. C'est certainement le travail le plus important consacré jusqu'ici, en aucun pays, à Taine. Nous avons éprouvé d'autant plus de satisfaction à le traduire, que nous avons connu ce dernier et que nous avons été heureux de devoir refeuilleter son œuvre, qui a été le bréviaire des intelligences réfléchies de notre génération. Esprit original et puissant, Taine a laissé sa trace partout où il a passé, et il a rendu au monde ce suprême service de chasser à jamais la banalité du domaine de la Critique, de l'Esthétique et de l'Histoire. Depuis lui, en effet, il n'est plus permis de les traiter à l'aide des procédés *à priori* et poncifs trop fréquemment en usage jusque-là.

A chaque page de son livre apparaît la sympathie de M. G. Barzellotti pour la France et pour ses idées. Cette sympathie n'a d'ailleurs rien d'aveugle et ne va pas jusqu'à se dissimuler les défauts de la cuirasse morale et surtout politique de notre pays. C'est ainsi qu'il faut aimer les nations étrangères, sans parti pris ni en bien, ni en mal. Lors de la fête commémorative que le « Comité permanent franco-italien de propagande conciliatrice » célébra à Rome, le 10 mai 1897, en l'honneur de Jules Simon, mort l'année précédente, M. Barzellotti consacra à la mémoire du doux philosophe un éloquent discours, où s'affirme chaleureusement cette sympathie pour la France que nous venons de signaler. « C'est parce que le génie de la France, y disait-il, a été l'éloquent interprète de la conscience humaine et de ses droits dans la vie des nations modernes, que sa voix a toujours eu en Europe et au dehors, dans la grande âme des foules de tout pays, une résonance que n'a certainement jamais atteinte la voix du génie d'aucun autre peuple.

Aujourd'hui que les excès et les fautes de la grande Révolution ont été suffisamment mis en lumière, il est temps de lui rendre justice ; on peut dire d'elle ce que Giordano Bruno disait de lui-même : elle a éveillé les âmes qui sommeillaient. Elle nous a éveillés nous aussi, ne l'oublions pas. Il y avait en Europe des États et des nations, il n'y avait pas encore, à part les Anglais, de peuples qui eussent conscience d'eux-mêmes. La Révolution donna aux peuples de l'Europe cette conscience. Dans la répartition du travail civilisateur assigné aux nations, cette part aussi est échue à la France ». M. Trarieux, sénateur, répondit à ces nobles paroles. Il donna également la réplique, le lendemain, au banquet en l'honneur des délégués français, aux paroles de bienvenue de l'ardent et généreux Felice Cavallotti, qui devait périr si tristement, peu de temps après, dans un duel absurde. La part prise par M. G. Barzellotti à la fête commémorative de Jules Simon et son beau discours lui valurent la croix de chevalier de notre Légion d'honneur.

Arrivé au terme de ces notes introductives, nous prendrons la liberté de faire ici une courte pause, en vue d'une dette de reconnaissance que nous tenons à payer. Nous avons cité plus haut le nom de Karl Hillebrand, et *David Lazzaretti*, on l'a vu, est dédié à sa mémoire. Ce nom se retrouvera plusieurs fois dans *La Philosophie de H. Taine*. M. Barzellotti a écrit en outre, sur Karl Hillebrand, une étude de cinquante pages qui fait partie de ses *Studi e Ritratti*, et que Renan a déclarée « pleine d'élévation et de sens critique ». Karl Hillebrand a été l'un des esprits les plus hauts et l'un des *essayistes* les plus distingués de la génération précédente. Né à Giessen, dans le grand-duché de Hesse, d'un père professeur à l'Université, il prit en 1849, n'ayant guère que dix-neuf ans, les armes pour la défense de la liberté, échappa à grand'peine aux sbires qui le recherchaient pour le livrer à la cour martiale, c'est-à-dire à la mort, et finit par gagner la France, où il passa ses examens universitaires, fut quelque temps secrétaire de Henri Heine, et devint successivement professeur à la Faculté des lettres de Bordeaux, puis à celle de Douai. Celui qui écrit ces lignes l'eut pour maître dans cette dernière ville, où il préparait sa licence en droit et sa licence ès lettres. Avec un dévouement d'autant plus méritoire qu'il était tiraillé entre de nombreux labeurs professionnels et littéraires, Karl Hillebrand fit trois années de suite chez lui (en dehors de son cours officiel), tout à fait bénévolement, à l'usage de deux ou trois privilégiés, dont nous étions, des conférences successivement consacrées à la langue et à la littérature allemande, anglaise et italienne, qui, étant donnée sa haute compétence, ne pouvaient qu'ouvrir de nouveaux et larges horizons devant les yeux de ses auditeurs, et être fécondes en résultats. Ah ! nous nous le rappelons, avec quelle impatience, avec quel feu sacré — le feu sacré de la vingtième année ! — nous nous rendions à la leçon du maître, qui nous lisait et nous faisait comprendre tour à tour Lessing, Herder et Gœthe, Spencer, Shakespeare et Milton, Dante (tout entier), l'Arioste et Machiavel ! Ce furent là, sans conteste, les meilleures joies de notre jeunesse. Dans la Préface d'un livre qu'il publia en français vers ce temps-là, *Études ita-*

liennes, l'éminent professeur voulut bien rendre hommage à notre assiduité, ce qui, on le concevra sans peine, fit agréablement battre notre cœur d'adolescent studieux. Karl Hillebrand occupait dans notre pays une situation intellectuelle déjà enviable. Il se rendait chaque semaine de Douai à Paris, et fréquentait les salons les plus distingués de la capitale, entre autres celui de la comtesse d'Agoult, plus célèbre sous son pseudonyme de Daniel Stern ; il collaborait à la *Revue des Deux Mondes* et au *Journal des Débats*, et était lié avec Sainte-Beuve, Philarète Chasles, Renan, Taine, etc. ; il était aussi, comme ce dernier, examinateur à Saint-Cyr. En 1865 il fut avec M. Alfred Mézières l'un des deux délégués du ministère de l'Instruction publique aux fêtes du sixième centenaire de la naissance de Dante, célébrées en grande pompe à Florence. Malheureusement, la guerre franco-allemande rendit son séjour impossible en France : la grande majorité de nos compatriotes voyait alors en tout Allemand d'origine un traître et un espion, alors que le vrai coupable était le gouvernement impérial, avec son ignorance de l'état des choses de l'Allemagne, avec son impéritie criminelle. L'ex-professeur de la Faculté de Douai alla s'établir à Florence, où il fonda, un peu plus tard, une revue, l'*Italia* (elle s'imprimait à Leipzig), destinée à établir un lien entre la patrie de Dante et celle de Gœthe, et qui acquit bien vite une très grande importance. C'est à Florence qu'il mourut, à cinquante-cinq ans, le 18 octobre 1884. Le fruit des principaux travaux de Karl Hillebrand, depuis 1870, est renfermé dans les sept volumes de ses *Zeiten, Völker und Menschen*

(*Temps, Peuples et Hommes*), où il étudie tour à tour la France, l'Allemagne, l'Angleterre, l'Italie, dans leurs périodes historiques les plus caractéristiques, telles que la Renaissance et la Révolution, et dans leurs personnalités surtout *représentatives* et *typiques*. Quelques critiques voient en lui le premier *essayiste* de l'Allemagne. « Moins neuf et hardi que Taine, dit M. G. Barzellotti, mais aussi moins systématique et moins hasardé que lui, il le dépasse sinon par l'ampleur de la toile critique, du moins par la finesse et par la variété du travail, par l'absence de tout artifice de système et d'école ». Son œuvre la plus importante devait être son *Histoire de France sous le règne de Louis-Philippe*, dont il n'a publié que les deux premiers volumes. L'abondance documentaire de ces deux tomes, la vigueur de jugement et la finesse psychologique qui s'y révèlent, en particulier dans les portraits, font vivement regretter les trois autres, qui auraient complété l'œuvre.

Karl Hillebrand, homme d'une distinction exquise et d'un charme sympathique irrésistible, un beau type d'Allemand blond, élancé et de haute allure, aux yeux bleus à la fois pleins de bonté et pétillants de malice, a laissé, même après la guerre, plus d'un bon souvenir en France, et je n'oublierai jamais en quels termes élogieux et émus Renan et Taine — pour ne rien dire de M. Gabriel Monod — m'ont jadis parlé de lui. Je suis heureux d'avoir trouvé enfin l'occasion, depuis longtemps cherchée, de payer à mon cher maître disparu le tribut de ma bien sincère gratitude. Et cette page même, à tout prendre, n'est pas ici un hors-d'œuvre, puisqu'elle renseignera brièvement le lecteur sur l'homme à la mémoire duquel M. G. Barzellotti, son ami de plus de dix ans, qui le voyait presque tous les jours et qui lui fit les adieux suprêmes sur le lit de mort, a dédié le plus lu de ses livres.

Il nous reste à résumer l'impression d'ensemble qu'a produite sur nous la lecture des écrits de M. G. Barzellotti. Ses premières publications montrent l'influence qu'avait d'abord exercée sur son esprit la tradition philosophique des écoles italiennes, celle en particulier de l'école des « ontologistes platoniciens ». Mais déjà *La Morale dans la philosophie positive* et les travaux un peu postérieurs indiquent une direction bien différente, et avant tout psychologique et critique. Le besoin qu'il éprouva d'entrer en un contact intime avec la pensée et la culture de son temps, l'insuffisance trop constatée de la tradition philosophique italienne à satisfaire les exigences de l'esprit moderne, l'étude comparée approfondie des principales langues ainsi que des philosophies et des littératures européennes, et enfin le penchant naturel de l'écrivain à la critique philosophique et à la psychologie historique, dans le sens où l'entendit aussi Taine, tous ces facteurs donnèrent alors un nouveau pli à l'esprit de M. Barzellotti et ont fait de lui ce qu'il est devenu et ce qu'il restera probablement, sous la rubrique d'histoire de la culture où sera à l'avenir consigné son nom : un écrivain et un critique philosophe. Plutôt que de suivre et de professer une philosophie proprement dite ou un système de doctrines philosophiques et scientifiques, il a toujours visé à porter la pensée et *l'esprit philosophique* dans l'art d'écrire, dans la critique psychologique et historique. Il croit en effet que la psychologie, appliquée à l'histoire, est, avec l'observation intérieure, l'unique voie qui nous permette d'établir solidement et une fois pour toutes cette science de l'esprit humain et de la société, que les systèmes fermés et les écoles philosophiques ont jusqu'ici ébauchée en vain. Le résultat le plus sûr de la philosophie qu'il professe, et qu'admettent désormais tous ceux qui vivent de la vie intellectuelle de notre temps, dit-il dans la Préface de *Santi, Solitari e Filosofi*, « c'est la démonstration critique de l'impossibilité d'enfermer l'esprit humain dans une forme systématique d'interprétation de l'univers qui puisse être dite définitive pour la science. Cette philosophie, dont la valeur intime réside tout entière dans la pénétration, par son esprit *critique*, des méthodes et de la partie la plus élevée des sciences naturelles et mathématiques non moins que des sciences morales, est l'unique résidu de la doctrine réformatrice de Kant, on est en droit de l'affirmer, qui soit passé, *en suc et en sang*, dans notre esprit ». Et ailleurs, dans un Mémoire sur le professeur Luigi Ferri (1895), il développe ainsi sa pensée : « Non que pour le critique, aux yeux duquel la vie de la philosophie est inséparable de celle de tout l'organisme du savoir humain, les systèmes qui l'ont dominée n'aient une grande valeur historique. Ils ont toujours été et seront peut-être encore les cintres immenses sur lesquels les grands architectes de la pensée posent, l'un après l'autre, l'édifice idéal de la science de leur temps ; ils ont pour cette raison un haut rôle historique, mais celui-ci est provisoire. A un cintre en succède un autre, à mesure que le dessin de l'édifice s'agrandit et que d'autres architectes y mettent la main. D'autre part, la philosophie n'a pas perdu pour cela sa fonction dans la science. Elle nous donne la critique de la science. Mais elle ne peut être plus, elle n'est plus désormais, elle aussi, qu'une grande collaboration même dans la recherche de ce vrai que j'appellerais *humain*, et qui n'est, lui aussi, que le produit d'une sublime collaboration des esprits et des civilisations humaines, le produit d'une conscience sociale, historique, collective, qui se développe, se fait dans le temps. Sur ses données, aussi sûres que sont vagues et incertaines celles de la conscience individuelle, où se renfermait la vieille psychologie, s'élève aujourd'hui une donnée nouvelle, qui, si pour le moment elle n'est pas entièrement de la science, est cependant une promesse certaine de science. Le *système* métaphysique, entendu comme tentative de pénétrer l'essence de l'univers, s'il sort, comme chez Platon, de l'œuvre créatrice d'une âme géniale, est de l'art, et de l'art des plus grands et des plus vrais, s'il sort de la foi inspirée et de toute l'âme d'un peuple et d'une race, il est religion. Et rien ne dit que l'art et la religion n'expriment pas chacun en soi, comme fait de son côté la science, une forme du vrai irréductible aux autres formes ». En un mot, acceptant les conclusions de la critique de Kant, M. G. Barzellotti croit impossible la construction d'un concept et d'un système définitif de l'univers ; il pense, au contraire, qu'il est possible, et conforme aux exigences de l'esprit de notre temps, de fonder sur les données de la conscience morale les idéals religieux humains. D'une façon générale et tout à fait résumée, on pourrait dire que, à ses yeux, l'histoire de la philosophie est inséparable de l'histoire de la civilisation.

Ainsi donc, kantien en principe, M. G. Barzellotti s'est moins préoccupé d'être un philosophe dogmatique et systématique et un simple savant ou érudit, qu'un *essayiste* philosophe et psychologue. Écrivain sobre, élégant et fin, quoique en même temps très ferme de pensée et de style, il nous semble avoir atteint le but qu'il se proposait. Plus d'une de ses pages descriptives et morales a été reproduite dans les anthologies. En notre qualité de traducteur, nous ne voudrions pas faire un éloge trop chaud de l'auteur traduit, éloge qui, sous notre plume, serait peut-être un peu suspect. Disons donc tout simplement qu'un commerce prolongé pendant plus d'une année avec les ouvrages de M. Barzellotti a fait apparaître à nos yeux leur auteur comme une des intelligences les plus solides et les mieux équilibrées de l'Italie contemporaine. Aussi comprend-on très bien que Renan ait terminé par ces mots la lettre où il le remerciait de l'envoi de *David Lazzaretti* : « Je regrette que l'âge et de nombreux devoirs rendent maintenant plus rares mes voyages en Italie ; vous êtes un des esprits avec lesquels j'aurais le plus aimé à m'entretenir ».

AUGUSTE DIETRICH.

Paris, avril 1900.

LA PHILOSOPHIE DE H. TAINE

PRÉFACE

DE LA TRADUCTION FRANÇAISE

La traduction française de ce volume sur Hippolyte Taine forme une seconde édition du livre italien, publié en 1895. Cette seconde édition a non seulement été revue avec soin, mais considérablement augmentée. Les quatre parties primitives s'élèvent ici à cinq, et les deux premières, par suite des additions et des modifications qu'on y a faites, peuvent être dites à peu près nouvelles. J'ai cru devoir y introduire un exposé assez large des années d'apprentissage de Taine et de la période de formation de sa vie intellectuelle, sur laquelle ont été mis en lumière, depuis la publication de mon livre, des faits et des détails biographiques de beaucoup d'importance.

J'ai accepté très volontiers la proposition que m'a faite M. Félix Alcan de publier en français ce livre dans sa « Bibliothèque de philosophie contemporaine » si répandue; mais, au lieu du simple titre : *Hippolyte Taine*, que porte l'original italien, je l'ai intitulé : *La Philosophie de H. Taine*, afin d'en exprimer exactement le but et le dessein. J'ai cru devoir donner, dans la deuxième partie, un plus grand développement à ce qui concerne les affinités entre la doctrine du philosophe français et les doctrines de Benoît Spinoza et de Georges Hegel. Ce qui m'a fourni l'occasion de mieux éclaircir les idées, déjà exprimées par moi, sur ce point si vital de la pensée de Taine, c'est le vigoureux ouvrage de M. Victor Delbos : *Le Problème moral dans la philosophie de Spinoza et dans l'histoire du spinozisme* (1893, Félix Alcan). Sans être toujours et en tout d'accord avec l'auteur, je crois cependant que la lumineuse démonstration, faite par lui, de la façon dont les doctrines de l'*Éthique* se sont transformées en passant à travers l'âme germanique, est la meilleure preuve de l'influence profonde exercée, à mon avis, par le *spinozisme* de Gœthe sur celui de l'auteur de l'*Histoire de la Littérature anglaise*.

Pour mettre bien en lumière les divers aspects sous lesquels peut être examinée la figure intellectuelle du philosophe français, j'avais tenu compte, lorsque j'écrivis mon livre, des principaux jugements que des écrivains de valeur, en France et à l'étranger, avaient portés sur l'œuvre de Taine, de son vivant et au lendemain de sa mort; de ceux de ses adversaires les plus décidés (il suffit ici de nommer E. Caro), aussi bien que de ceux de ses amis et de ses adeptes. La bibliographie des critiques de ses doctrines s'est accrue spécialement dans ces tout derniers temps. Ce qui mérite d'être noté, c'est qu'aux regrets provoqués dans tous les pays par la mort du grand écrivain et dont la presse se fit l'écho, et aux deux ou trois ouvrages qui parlèrent alors longuement de lui, succéda pendant plusieurs années, surtout en France, un silence presque absolu. A ce propos, M. le vicomte Melchior de Vogüé m'écrivait, au mois de juin 1896, une lettre dont je me permets de détacher ce passage : « En vertu d'une loi étrange et constante, il se fait un silence absolu sur nos grands morts, au lendemain de leur disparition. Vous ne trouverez pas vingt lignes dans nos journaux et revues sur Renan, Taine, Alexandre Dumas, et on ne les trouvera pas de longtemps. Hugo lui-même n'est pas encore ressorti de la tombe. On dirait qu'il y a une période d'incubation nécessaire pour préparer leur seconde vie ; la discussion et la glorification recommencent ensuite, témoin Lamartine. Mais tant que cette période dure, l'attention publique demeure réfractaire à tout essai prématuré pour ranimer leur souvenir. Les critiques ont conscience de ce phénomène et n'abordent pas les sujets ainsi réservés ».

Pour Taine, cette période de retour semble actuellement s'ouvrir, comme je le disais ; la critique revient à l'étude de ses œuvres et de ses idées, et l'attention du public est ramenée sur lui. Cela provient, pour une bonne part, de l'intérêt toujours nouveau qu'éveillent dans l'esprit contemporain les problèmes moraux et scientifiques qui ont été agités par sa psychologie historique ; et cet esprit paraît, depuis quelque temps, vouloir prendre une direction différente, pleine de grandes expectatives.

La publication récente de quelques-uns de ses écrits inédits, par Mme Taine, permet de juger mieux encore le penseur et l'homme. Quels motifs d'examen et de recherches la pensée et la personne morale de ce « frère abstrait de Hugo » peuvent suggérer à la critique contemporaine, c'est ce que nous montrent un assez grand nombre d'écrits qui lui ont été récemment consacrés en France et à l'étranger. Bornons-nous à signaler les suivants : l'*Essai sur Taine, son œuvre et son influence*, que M. Victor Giraud, professeur à Fribourg, a commencé à publier dans la *Quinzaine* ; le *Grundriss der Geschichte der Philosophie*, de F. Ueberweg, Berlin, 1897 ; la large analyse critique que le professeur W. Wetz, de Giessen, fait dans la *Zeitschrift für französische Sprache und Litteratur*, dirigée par M. Behrens, des principaux travaux récents relatifs au philosophe français (*Über Taine, aus Anlass neuerer Schriften*); les belles pages sur celui-ci que renferme le livre de M. E. Courtenay Bodley : *France* (Londres, 1899) ; enfin l'examen pénétrant qu'un critique de la valeur de M. Émile Faguet, s'inspirant de principes et de critériums divers et opposés, nous donne des idées, de l'art et du fond même de la doctrine professée par l'historien des *Origines de la France contemporaine* (*Politiques et Moralistes du xixe siècle*, 3e série, 1900, pp. 237-314).

Le jugement sur Taine philosophe, historien et écrivain, que je me suis toujours efforcé de faire marcher de front avec l'exposition de ses théories, m'a été suggéré par une critique qui sort du fond du sujet traité par elle, et qui cherche dans ce sujet seul les raisons l'autorisant à l'envisager sous quelque point de vue supérieur. Si j'accepte entièrement la féconde et géniale application de la psychologie à l'histoire, inaugurée par la méthode de Taine, je ne suis pas d'accord sur plus d'un des postulats fondamentaux de celle-ci ; mais je n'ai pas cru devoir leur opposer d'autres doctrines, qui peut-être auraient paru non moins discutables que la sienne. Je me suis efforcé avant tout de le *comprendre* et de le faire comprendre aux lecteurs, conformément à la devise des deux grands hommes qu'il aimait et suivait le plus, Spinoza et Gœthe. Cela m'a paru, outre la meilleure méthode à employer, un devoir de respect que m'imposait mon admiration pour un adorateur du vrai aussi sincère, aussi désintéressé et aussi héroïque que se montra Taine dans tout le cours de sa vie.

Je nourris l'espoir que mon étude pourra, tout au moins, aplanir la voie à une critique qui, sans rien enlever à l'originalité du génie de Taine, le placera sous le véritable jour où il convient de l'envisager, dans le milieu intellectuel où il se forma, et dans le groupe des penseurs contemporains auquel il appartient. Je regarderais mon travail comme non dénué de toute utilité, si, des divers points d'examen vers lesquels doit s'orienter une semblable critique, j'avais pu en faire ressortir nettement un au moins, mais qui est d'une importance capitale : le contraste qu'opèrent entre eux, dans le fond de la pensée et de l'art du philosophe français, son intuition métaphysique et poétique de l'unité vivante des choses, en laquelle il se rencontre avec Spinoza et Gœthe, et la forme logique et systématique de l'intelligence française, dans laquelle il en jette et en modèle le contenu idéal. Un autre point que j'ai voulu établir dans mon livre, c'est la correspondance, indéniable, à mon avis, entre cette duplicité d'éléments et de processus mentaux, particulière à l'œuvre de Taine, et celle, démontrée par l'histoire de la philosophie moderne, de ses directions principales. Elles sont marquées, surtout au xviiie siècle, l'une par les écoles germaniques, l'autre par les écoles françaises, et leurs lignes opposées se croisent dans les divers courants de la pensée et de la littérature contemporaines, auxquelles l'esprit de Taine s'ouvre de toutes parts. La constatation de ces deux points, qui me paraissent fondamentaux dans une étude historique et psychologique de son œuvre, donne la base de tout mon travail.

Ceci dit, il ne me reste plus qu'à signaler aux lecteurs les appendices dont l'édition française de mon livre s'est enrichie. Les deux premiers sont la reproduction, gracieusement autorisée par Mme Taine, des notes *Sur les éléments derniers des choses*, les dernières pages que Taine ait écrites (elles ont paru dans la *Revue philosophique* du mois de juillet 1895), et des curieux et superbes sonnets dédiés par Taine à ses chats. Le troisième est une série d'observations que notre éminent critique de l'histoire de l'art, M. le professeur Adolfo Venturi, a faites, sur ma demande, au sujet des critériums esthétiques et historiques appliqués par l'auteur de la *Philosophie de l'Art* et du *Voyage en Italie*, plus spécialement dans ce dernier ouvrage. La liberté des jugements critiques qui y sont exprimés ne peut en rien porter atteinte à l'estime profonde que M. Adolfo Venturi professe, comme moi-même, pour la hauteur du talent et pour la valeur de l'œuvre du grand écrivain français.

Rome, le 15 janvier 1900.   G. B.

PRÉFACE

DE L'ÉDITION ITALIENNE

Le but de ce livre est d'exposer et d'examiner les principes sur lesquels est fondée la doctrine d'Hippolyte Taine, et la méthode qui la dirige. Le jugement critique que je voudrais suggérer ici au lecteur exclut toute considération en dehors de celle des conditions historiques dans lesquelles s'est développée la pensée du philosophe français, ainsi que de la nature et de la forme d'esprit qui l'ont produite. L'étude seule de toutes les données de fait qui nous l'expliquent, qui nous aident à en comprendre l'organisme et nous la révèlent dans toutes ses parties, peut nous faire apparaître son œuvre sous ses véritables proportions. Celle-ci, n'ayant d'autre terme de comparaison qu'en elle-même, nous montrera ainsi, en même temps que ce qu'elle renferme d'élevé, de durable et de fécond, ce qu'il y a aussi en elle de défectueux et d'exclusif, de contradictoire, d'artificiel et de moins vrai.

Voilà ce que je me suis proposé ici. Pour y arriver, je me suis toujours efforcé de placer la figure intellectuelle du penseur et de l'homme sous la lumière où nous la présente le tableau historique de la culture contemporaine, dans lequel elle occupe une des premières places. Si je suis parvenu, comme je le souhaitais, à faire voir que les motifs, les intentions inspiratrices du génie et de l'art de Taine ont répondu et répondent en grande partie encore aux exigences intellectuelles de notre temps ; qu'il reste encore dans sa doctrine, la part faite à ce qu'elle offre de trop systématique, une assez grande portion de vérité pour servir de semence à d'autres moissons plus fécondes de la culture moderne, je croirai n'avoir pas fait un travail inutile.

En désaccord sur plus d'un point avec la foi philosophique de Taine, convaincu que le positivisme d'Auguste Comte a le tort de n'avoir été, lui aussi, qu'un système comme tant d'autres, d'avoir formulé, sans en fournir les preuves, cette négation de la possibilité de la métaphysique que Kant avait, au contraire, entrepris de démontrer, je crois néanmoins que c'est un grand mérite de Taine d'avoir dépassé, par la génialité de ses analyses psychologiques et historiques, la valeur et la portée de ses théories.

Chez lui, l'artiste et l'homme complètent toujours, et corrigent assez fréquemment le raisonneur et le dialecticien.

Rien ne pourrait nous prouver aussi vivement que l'exemple du génie de Taine, combien est vraie la conception de l'unité d'organisme des faits historiques, de laquelle il part. Son œuvre de penseur et d'artiste sort et s'alimente du fonds de toute la culture contemporaine. Foncièrement française d'empreinte, elle est ouverte à tous les germes d'idées et d'inspiration qui lui sont apportés par d'autres peuples, par d'autres traditions et d'autres habitudes d'esprit et d'école. Nul plus que lui ne dément, par le fait, les vieilles formules dans lesquelles s'enferment encore aujourd'hui — et ils sont nombreux — tous ceux qui croient ingénument qu'on peut établir l'histoire de la philosophie sans regarder au delà d'elle, en déduisant un philosophe de l'autre, en ne cherchant l'œuvre entière de chacun que dans de purs concepts abstraits, de pures et arides affinités logiques. Ces gens-là ne s'aperçoivent pas qu'en procédant ainsi ils ne nous donnent de cette histoire qu'un facteur unique, et le moins vital de tous.

Talent varié et des plus féconds, Taine se prêtait à être envisagé sous beaucoup d'aspects. Celui que j'ai voulu ici mettre surtout en relief me permettait d'étudier moins ses œuvres une à une et les détails de sa doctrine que « la pensée philosophique » de l'écrivain, considérée sous une sorte de point de vue central dont dépendent celles-là, divisées par groupes et par matières, selon les diverses régions d'idées qu'il a parcourues. Et notons-le : l'ordre de ces groupes, en nous donnant l'ordre intérieur dans lequel se développe sa doctrine, appliqué aux diverses parties de la philosophie, répond à son activité extérieure d'écrivain dans le temps. Cette activité a plusieurs périodes. Elles s'étendent depuis les œuvres de jeunesse, où sa pensée, déjà complète, s'exprime sous une forme intuitive puissante qui atteint sa plus haute expression dans l'*Histoire de la Littérature anglaise*, jusqu'aux œuvres de l'âge viril et de la pleine maturité, où il la traduit sous forme doctrinale, méthodique, en traitant de la psychologie et de la philosophie de l'art, et l'applique, avec un admirable effort, à l'étude de la France moderne. On comprend que, dans un tel plan d'exposition critique, les livres de Taine qui ont été l'objet de l'examen le plus étendu sont ceux qui nous rendent le mieux sa pensée philosophique dans ses premiers développements et sous ses formes les plus caractéristiques. Néanmoins, parmi les livres historiques, celui sur les *Origines de la France contemporaine*, qui lui coûta plus de vingt années de recherches et qui est son œuvre capitale, exigeait un examen spécial. Cela fait, il ne restait plus qu'à montrer, outre la figure morale de l'homme, les idées que l'écrivain, moraliste et observateur, avait sur le sens de la vie, sur la nature humaine et sur la société. C'est l'objet de la dernière partie.

J'ai commencé à écrire ce livre peu de temps après la mort de Taine, survenue le 5 mars 1893. Je ne regrette pas que des raisons indépendantes de ma volonté m'aient empêché de l'achever plus tôt. J'ai pu ainsi faire usage, pour mon travail, de tout ce qu'on a publié dans l'intervalle sur l'écrivain français, aussi bien des articles qui ont paru après sa mort dans les journaux et les revues, — je citerai, entre autres, l'article du vicomte Melchior de Vogüé, publié dans le *Journal des Débats* du 6 mars 1893 (1), — que des deux importants discours prononcés à l'Académie française, le 7 février 1895, par M. Albert Sorel, son

---

(1) Reproduit dans le volume de l'auteur intitulé : *Devant le Siècle*.

successeur à son fauteuil, et par le duc de Broglie.
Quant aux livres proprement dits, deux seulement ont
été, jusqu'ici, consacrés à Taine : le solide et consciencieux ouvrage de M. Amédée de Margerie (1894), et
l'étude de M. Gabriel Monod dans son volume intitulé :
Les Maîtres de l'Histoire : Renan, Taine, Michelet (1894). Ce dernier travail m'a fourni des renseignements précieux, surtout en ce qui concerne les
initiatives intellectuelles de la jeunesse de l'écrivain ;
il met en lumière des faits nouveaux et donne des
lettres jusqu'ici inédites, qu'il accompagne de jugements pleins de pénétration et de vérité. D'autre part,
le beau livre de M. Ferdinand Brunetière : *L'Évolution de la poésie lyrique en France au XIXe siècle* (1894),
renferme des considérations très justes sur la place
qui revient à Taine dans la littérature française.

J'ai voulu particulièrement, dans cette étude, aborder un point qu'ont à peine effleuré les critiques qui
se sont occupés du grand écrivain. Ce point, pourtant,
touche à un problème digne de toute leur attention, et
que voici : Taine peut-il être défini, et en quel sens,
une intelligence foncièrement française, fécondée par
des idées d'origine et de tradition germaniques (1) ?

(1) M. Emile Boutmy, l'un des meilleurs amis de Taine, dit dans
les belles pages qu'il lui a consacrées (*Annales de l'Ecole libre des
sciences politiques*, 15 avril 1893), et dont je n'ai eu connaissance
qu'après avoir publié mon livre : « Taine avait une imagination
germanique administrée et exploitée par une raison latine ». Ce
jugement fait songer à cette idée d'Ernest Renan : « Il semble
que la race gauloise ait besoin, pour produire tout ce qui est en
elle, d'être de temps en temps fécondée par la race germanique :
les plus belles manifestations de la nature humaine sont sorties
de ce commerce réciproque, qui est, selon moi, le principe de la
civilisation moderne ». *Essais de morale et de critique : M. Cousin*,
1860, p. 59.

Ce qui m'a amené à le poser, c'est, outre plus d'une affirmation explicite du philosophe lui-même, la psychologie exquise qu'a tracée de l'esprit de Taine, il y a quelques années, le plus remarquable de ses disciples, M. Paul Bourget. Mais peut-être l'analyse des nombreux éléments d'inspiration et de pensée qu'un talent aussi originalement assimilateur que celui de Taine tira de courants intellectuels qui lui étaient venus d'autres nations, pouvait-elle être reprise aujourd'hui, non sans quelque fruit, hors de France, à condition d'être maintenue au-dessus de tout esprit de parti, de système et d'école. Les Français eux-mêmes trouveront juste que les étrangers prononcent un jugement serein sur la valeur d'un des plus vigoureux et plus vastes esprits qui, de nos jours, ont porté au delà de leurs frontières les idées, l'art, la splendide culture de la France. La haute probité des vues morales forme une des premières conditions du progrès scientifique, et rien n'y contribue autant que l'exemple inspirateur de semblables esprits, qui vivent, dans leur propre vie, la vie de plusieurs nations. Cet exemple est, je le répète, des plus hautement moraux. Tandis que la politique, les efforts industriels et commerciaux, comme jadis la religion, ne nous divisent que trop, il y a une fraternité intime de l'esprit dans laquelle peuvent se sentir unis, en travaillant par toutes les parties du monde à une œuvre commune, tous les chercheurs désintéressés de la vérité.

Naples, le 15 mai 1895.

PREMIÈRE PARTIE

CONCEPT FONDAMENTAL DES DOCTRINES DE TAINE

LA PHILOSOPHIE DE LA MÉTHODE ET DE L'HISTOIRE

Hippolyte-Adolphe Taine a été l'un des esprits les plus variés et les plus féconds, en même temps que les plus clairs et les plus disciplinés, qui aient paru de nos jours ; esprit marqué au coin français, mais qui a néanmoins reçu et transformé en un puissant travail d'assimilation, par suite des habitudes mentales de sa race, de nombreux germes d'idées émanés de l'âme germanique. Peu d'écrivains ont su, comme lui, même dans son pays, où la philosophie et la science se séparent rarement de la littérature, associer dans toutes leurs œuvres les recherches patientes de la critique et de l'histoire au culte de l'art, la pensée forte à l'imagination inspirée. Nul à notre époque n'a tenté, comme lui, même dans les autres pays, d'imprimer l'empreinte rigoureuse du système scientifique à la critique littéraire et artistique, de faire de l'histoire une psychologie, de réduire toute la matière et les principes des sciences morales aux procédés et aux méthodes d'investigation des sciences naturelles, en mettant au service de chaque partie de son œuvre une faculté qui domine celle-ci tout entière et en est le trait distinctif : l'esprit philosophique qui envisage les choses dans leur ensemble et du haut d'idées générales et compréhensives.

Nous verrons plus tard si, dans l'union de qualités aussi diverses et opposées que la recherche minutieuse des faits et la tendance à les dominer du haut de vastes synthèses, d'en animer la masse par le souffle de l'imagination et de l'art, on ne sent pas çà et là un certain effort ; si, en Taine, le philosophe, et avant tout le philosophe systématique, n'a pas nui souvent à l'écrivain. Tous ceux qui conservent la vive impression de la première lecture de ses livres les plus connus, trouvent sans doute beaucoup de vérité dans le jugement que porte sur lui, comme écrivain, Frédéric Amiel, la sensitive intellectuelle de notre siècle (1). Mais ce je ne sais quoi d'un peu forcé, de trop voulu, que révèle, même dans le style, la symétrie de la période, et qui, d'autre part, est compensé chez Taine

---

(1) « J'éprouve une sensation pénible avec cet écrivain, comme un grincement de poulies, un cliquettement de machine, une odeur de laboratoire. Ce style tient de la chimie et de la technologie. La science y devient inexorable. C'est rigoureux et sec, c'est pénétrant et dur, c'est fort et âpre; mais cela manque de charme, d'humanité, de noblesse, de grâce... Cette lecture est instructive à un très haut degré, mais elle est antivivifiante; elle dessèche, corrode, attriste ». *Fragments d'un Journal intime*, édit. de 1887, t. II, pp. 109-110. — Ce jugement d'Amiel, dit d'ailleurs très bien M. Gabriel Monod, témoigne de « l'excès que son âme maladive portait en toutes choses ». *Les Maîtres de l'Histoire : Renan, Taine, Michelet*, 3ᵉ édit., 1895, p. 160.

par une grande variété et richesse d'expression et par des éclats de véritable éloquence, produit chez le lecteur l'effet d'une main vigoureuse qui sait le guider, et a son attrait. Nous sentons ainsi à chaque page de l'écrivain ce que Pascal aimait à trouver dans un livre : l'homme et son caractère. C'est comme le son de voix habituel d'une intelligence toujours sûre de ce qu'elle veut et en attitude constante de combat pour la conquête du vrai, auquel elle est prête à subordonner tout le reste, à commencer par la considération des conséquences que pourra exercer, sur le sentiment public et dans la pratique de la vie, la démonstration du vrai ni dissimulé ni voilé (1).

C'est, en un mot, le principe de « la science pour la science » qui inspire Taine, et qui le pousse à chercher sans cesse devant lui ce qu'il croit être le vrai, sans jamais détourner les yeux ni en arrière ni aux alentours. Le besoin intellectuel de la recherche et de la démonstration du vrai, et rien que du vrai, envisagé du haut d'idées générales et par vastes synthèses, a toujours été le mobile le plus puissant qui a donné l'impulsion aux facultés dominantes de son âme (2). A cette disposition s'en unissait chez lui une autre, propre, elle aussi, à la trempe d'esprit philosophique : celle qui lui faisait vivement ressentir le plaisir

---

(1) « Quelle différence y a-t-il entre un philosophe et un orateur ? Un philosophe cherche à trouver et à prouver des vérités générales, rien de plus. Il aime la science pure et ne s'occupe pas de la vie pratique ; il ne songe pas à réformer le genre humain. Il pense à la morale, mais comme il pense à la chimie ». *Les Philosophes classiques du* XIXe *siècle en France*, 3e édit., 1868, p. 141.

(2) « Cet amour passionné de la démonstration pure qui fait le philosophe... » (*Ibid.*)

intime découlant de la combinaison libre des idées abstraites associée à la contemplation des faits.

Dans cette aptitude pour la pensée et pour la joie de la pensée, qui ressemble à la faculté en vertu de laquelle le musicien de vocation combine artistement les formes des sons et se complaît en elles, résidait la force première qui a mû l'œuvre de Taine. Chez lui, l'homme et le citoyen se confondent pleinement avec l'écrivain, le philosophe, le critique, l'historien. Ayant quitté de très bonne heure l'Université, à laquelle il n'appartint que quelques mois, au début de sa carrière, il professa ensuite de longues années à l'École des Beaux-Arts. Mais l'activité de sa pensée, à laquelle se réduit toute sa vie, a été entièrement absorbée, on peut le dire, par son travail d'écrivain. Ses œuvres n'offrent pas trace de cet « esprit professionnel » qui, en tout pays, marque si souvent d'une empreinte de coterie les doctrines de certains écrivains enseignants. Et l'on ne peut pas dire davantage que, comme historien de la Révolution, il ait écrit par amour ou par haine de parti, dans le vrai sens politique de ce dernier mot. A sa critique souvent acerbe des hommes et des faits de la démocratie jacobine, qui lui avait attiré l'épithète de réactionnaire, on peut en effet opposer sa critique non moins tranchante, non moins radicale, de l'ancien régime. Et si la première dépasse souvent la mesure, si le relief trop cru donné aux ombres préjudicie fâcheusement à la clarté lumineuse du grand tableau, il n'en est pas moins vrai que ce qui passionne le critique, jusqu'à le rendre parfois injuste, ce n'est jamais la considération des choses du moment, ou une attache avec les partis politiques militants, en dehors desquels il se tint toujours (1).

Non qu'il soit resté indifférent aux grands intérêts et aux problèmes du présent et de l'avenir de sa patrie. Les terribles événements de 1870 le bouleversèrent, et, comme à Ernest Renan et à d'autres esprits éminents, étrangers jusque-là, aussi bien que lui, aux choses de la politique, lui firent prendre la plume, lui suggérèrent de pieux conseils à l'adresse de son pays. Ce fut alors que, pour rechercher dans les erreurs du passé l'origine des malheurs nationaux du présent, il conçut le dessein des *Origines de la France contemporaine*, dont le premier volume, l'*Ancien Régime*, parut en 1875. Œuvre de longue haleine, de conception ardue, qui compte certainement parmi les plus importantes de notre époque, mais qui est restée malheureusement incomplète, l'écrivain ayant succombé sous l'effort d'une tâche aussi écrasante.

Dans cette œuvre, comme le montre la Préface, on sent de toute évidence la préoccupation du moment historique qui l'a suggérée : le manque d'estime qu'éprouvait à très juste titre l'auteur pour le système parlementaire, sous la forme qu'il a revêtue chez nous autres Latins, et qui l'achemine vers ce qui peut arriver de pire à un système gouvernemental, — suivant le mot de Machiavel, — le mépris. Mais, dans sa juste sévérité à l'égard des hommes et des erreurs du passé,

---

(1) On n'a de lui que deux écrits plus ou moins politiques et de circonstance : *Du Suffrage universel et de la manière de voter*, publié en 1872, et un autre, qui a paru en octobre 1870 : *L'Opinion en Allemagne et les conditions de la paix*, où vibre profondément la note patriotique.

par rapport au présent, la passion qui parfois lui fait dépasser les bornes a uniquement sa source dans les idées auxquelles il oppose les faits, qu'il trouve inférieurs et défectueux. Cette passion pour les idées transparaît chez Taine sous les formes rigoureuses de l'analyse critique, et elle constitue le côté le plus personnel, et, par conséquent, le plus attrayant peut-être de son œuvre ; elle en explique à la fois les excès et les défauts. Même ce qu'il y a de moins vrai dans son portrait de Napoléon, — seul côté de son Histoire où il pourrait sembler avoir suivi le courant d'opinion alors dominant en France, — provient, si l'on regarde au fond, de sa passion *logique* pour une théorie, non de la haine pour l'homme, et beaucoup moins encore de l'attachement à un parti ou à une cause.

Il dépasse les bornes, nous le verrons, en voulant concentrer à toute force la richesse des éléments du génie napoléonien en une ou deux formules exprimant celle qui en est pour lui « la faculté maîtresse », et qui devrait nous l'expliquer tout entier ; et ainsi il n'en rend qu'un des nombreux aspects et nous présente l'homme presque fixe, immobile dans une attitude unique, sans le faire revivre sous nos yeux dans la variété multiforme de sa grande vie épique.

L'erreur, si elle existe, réside ici dans l'application trop systématique d'une formule abstraite de psychologie à une individualité trop puissante et trop vaste pour pouvoir y entrer tout entière ; elle réside dans la doctrine et dans le procédé de la méthode critique, mais non dans les tendances et dans les intentions de l'écrivain. Celles-ci sont purement philosophiques et historiques, seulement inspirées par son œuvre, qui est celle d'un homme étudiant une grande âme et recherchant les ressorts et les forces motrices de celle-ci. Le prince Jérôme-Napoléon lui-même, qui, dans une ardente critique de ce qu'on peut appeler la partie la plus discutable de l'Histoire de Taine, la qualifia de « libelle », ne crut pas pouvoir en rechercher les motifs au dehors. Il les imputait à « la philosophie » de l'auteur et à « la folie métaphysique », qui, disait-il, lui avaient voilé la vue du vrai et la pleine et large intelligence des faits (1).

Pour bien comprendre l'œuvre de Taine dans toutes ses parties, même dans celles qui sont défectueuses ou fausses, il est donc nécessaire de le considérer avant tout comme penseur et comme philosophe ; de voir comment il fut amené, par les conditions de l'époque où il se forma, à déployer les aptitudes les plus originales de son esprit dans la direction qui fut la sienne et à laquelle il resta toujours fidèle.

I

Taine ne nous a pas donné, dans ses œuvres, une *philosophie* au sens habituel que l'histoire des systèmes métaphysiques attache à ce mot. Si l'on se laissait aller à des conjectures sur la forme différente qu'aurait pu prendre son esprit à une autre époque, on pourrait se le figurer chef audacieux et écouté de quelque grande école réunie par lui autour d'un système déduit d'un seul principe, et auquel le caractère

(1) Le prince Napoléon, *Napoléon et ses détracteurs : M. Taine*, 1887 pp. 1-57.

et les tendances intellectuelles de son fondateur auraient peut-être, en un âge de foi et d'abstractions métaphysiques, imprimé une empreinte morale et religieuse. Mais il pensa et écrivit à une tout autre époque. Entré, dès les premières manifestations de son esprit avide de clarté et d'analyse, dans ce courant d'idées scientifiques et critiques qui forme le caractère dominant de la pensée et de la littérature de la seconde moitié de notre siècle, il en devint un des initiateurs les plus résolus : il donna quelques-unes des formules morales et esthétiques que s'assimila l'intelligence contemporaine. Tout jeune, il avait lu et étudié à fond les philosophes anciens et modernes, et médité sur les problèmes capitaux de la connaissance humaine. Au lieu de construire un de ces systèmes métaphysiques qui ont la prétention d'assigner les dernières limites à la pensée humaine, il se prépara à trouver « une voie à suivre dans le travail des idées ».

« Je n'ai point tant de prétention que d'avoir un système », écrivait-il dans la Préface d'un volume renfermant quelques-uns de ses premiers travaux ; « j'essaye tout au plus de suivre une méthode. Un système est une explication de l'ensemble, et indique une œuvre faite ; une méthode est une manière de travailler, et indique une œuvre à faire. J'ai voulu travailler dans un certain sens et d'une certaine façon, rien de plus. La question est de savoir si cette façon est bonne. Pour cela, il faut la pratiquer (1) ».

Cette déclaration de la part du philosophe est sincère. Nous verrons néanmoins que l'œuvre de son

(1) *Essais de critique et d'histoire*, 2ᵉ édit., 1866.

esprit n'est pas restée exclusivement contenue dans les limites où il semble avoir voulu l'enfermer ici, et qu'elle a abouti à quelque chose de plus qu'au projet d'une méthode de recherche et de travail scientifique.

Et cette œuvre, non seulement par les principes dont elle dérivait, mais, plus encore, par l'application large et géniale qu'il en fit de bonne heure à l'histoire et à la psychologie des peuples, de la littérature et de l'art, répondit aux besoins de nombreux esprits. Taine exerça, surtout dans les dix dernières années du second Empire, une influence toujours croissante, et fut en vive faveur auprès d'une grande partie du public pensant de France et d'autres pays (1).

Combattu avec acharnement par les conservateurs, par les « hommes d'ordre », il était admiré surtout par les jeunes gens de la génération nouvelle, qui voyaient en lui le chef d'une sorte de radicalisme philosophique, armé contre les doctrines officielles de l'État et de la tradition, et qui prenaient pour leur mot d'ordre, en exagérant à ce sujet la pensée du philosophe, quelques-unes de ses assertions publiquement condamnées par l'évêque d'Orléans. « Que les faits soient physiques ou moraux, il n'importe, ils ont toujours des causes. Il y en a pour l'ambition, pour le courage, pour la véracité, comme pour la digestion, pour le mouvement

---

(1) « Aucun écrivain n'a exercé en France, dans la seconde moitié de ce siècle, une influence égale à la sienne; partout, dans la philosophie, dans l'histoire, dans la critique, dans le roman, dans la poésie même, on retrouve la trace de cette influence ». G. Monod, *Les Maîtres de l'Histoire*, p. 107. — M. Albert Sorel, le successeur de Taine à l'Académie française, a dit dans son discours de réception (7 février 1895) : « Dans aucune branche de l'activité intellectuelle il n'a laissé les choses au point où il les avait prises ».

musculaire, pour la chaleur animale. Le vice et la vertu sont des produits comme le vitriol et comme le sucre (1) ». Émile Zola, alors à ses débuts, s'appropriait ces paroles, et les arborait, en guise de bannière du naturalisme importé par lui dans la littérature, à la tête de son roman de *Thérèse Raquin*, qui fit scandale.

M. Paul Bourget nous a décrit le mouvement d'enthousiasme et de sympathie qui, immédiatement après 1870, au lendemain de la guerre, faisait accourir par centaines les jeunes gens de son âge, la plupart à peine échappés du collège, dans la vaste salle de l'École des Beaux-Arts, où Taine enseignait pendant les quatre mois d'hiver. « Le maître parlait de sa voix un peu monotone et qui timbrait d'un vague accent étranger les mots des petites phrases ; et même cette monotonie, ces gestes rares, cette physionomie absorbée, cette préoccupation de ne pas surajouter à l'éloquence réelle des documents l'éloquence factice de la mise en scène, — tous ces petits détails achevaient de nous séduire. Cet homme, si modeste qu'il semblait ne pas se douter de sa renommée européenne, et si simple

---

(1) *Histoire de la Littérature anglaise*, 2ᵉ édit., 1866. Introduction, p. xv. — Qu'une interprétation fausse et partiale ait été donnée alors de cette phrase célèbre, c'est ce qu'a démontré, dans son bel article du *Journal des Débats*, le vicomte Melchior de Vogüé, qui n'est ni un positiviste ni un naturaliste. Dans cette phrase, dit-il, « on reconnaît... une vérité banale à force d'évidence ». — La susdite phrase ayant fait l'objet d'une discussion au sein de l'Assemblée nationale (16 décembre 1872), Taine expliqua sa pensée dans une lettre publiée par le journal cité plus haut (19 décembre). Il y disait que, tout en expliquant par voie d'analyse psychologique les facteurs moraux de la vertu et du vice, on ne reste pas indifférent pour cela à l'un et à l'autre ; « on n'excuse pas un scélérat parce qu'on s'est expliqué sa scélératesse... On peut être déterministe avec Leibnitz, et admettre néanmoins avec Leibnitz que l'homme est responsable, etc. ».

qu'il semblait ne se soucier que de bien servir la vérité, devenait pour nous l'apôtre de la Foi nouvelle. Celui-là du moins n'avait jamais sacrifié sur l'autel des doctrines officielles. Celui-là n'avait jamais menti. C'était bien sa pensée qu'il nous apportait dans ces petites phrases si courtes et si pleines, — sa pensée, profondément, invinciblement sincère... (1) ».

Ici, grâce au disciple qui l'a si bien compris et interprété, nous nous voyons en présence du maître, peint au moment de sa plus grande popularité, dans l'attitude qui a donné un si fort relief à toute sa vie intellectuelle : dans cette profonde sincérité d'esprit, qui dédaignait tout mensonge, toute rhétorique, et ne lui a jamais permis de croire que les idées eussent une nationalité politique ou fussent chose de sentiment, de parti ou de secte, et aussi que la cause du vrai pût jamais être servie par celui qui, avant de le proclamer, s'inquiéterait des faveurs ou des haines du public, de l'opportunité du moment, des convenances politiques ou morales, des conditions pratiques de la vie. Ce principe de l'objectivité absolue dans la recherche du vrai et de son indépendance de tout motif non scientifique qui pût l'inspirer, Taine l'avait professé dès ses premiers écrits, quand ce courage pouvait lui coûter, — comme ce fut le cas au sortir de l'École normale, — l'exclusion des meilleurs postes de l'enseignement, encore aux mains, à cette époque, de Victor Cousin et de son parti philosophique.

(1) *Essais de psychologie contemporaine*, 1883, t. I, pp. 179-180.

II

Hippolyte-Adolphe Taine naquit à Vouziers, département des Ardennes, le 21 avril 1828. Sa famille lui donna les premiers exemples d'une vie domestique réglée et laborieuse, dans une région peu riche, où, a dit Michelet, le caractère des habitants est sérieux et austère, où les esprits tendent à la critique. C'est là que, dans son enfance, lui vint, des grandes forêts voisines, la première impression de la nature, « celle que le reste de la vie achève et ne dissipe plus », et qui apparaît si puissante dans ses ouvrages.

Son père étant mort en 1840, sa famille se rendit à Paris, afin de mieux pourvoir à l'éducation de l'enfant. Il était délicat de santé et réclamait beaucoup de soins. Sa mère, qui avait une grande tendresse pour lui, le garda auprès d'elle et lui fit suivre les cours du collège Bourbon, où il se distingua parmi tous ses condisciples, et remporta toujours les premiers prix (1). La tendance rigoureuse aux spéculations philosophiques, qui devait être un des traits dominants de son esprit, apparaît immédiatement chez l'adolescent. Sérieux et réfléchi, il fixe de lui-même, dès l'âge de quatorze ans, l'ordre et les heures de ses études, qu'il observe rigoureusement. Élève du cours

---

(1) Pendant quelque temps, avant que sa mère se rendît à Paris avec ses filles, il demeura comme interne à l'Institution Mathé, dont les élèves suivaient les classes du collège Bourbon. Durant la maladie de son père, il était resté dix-huit mois dans un pensionnat ecclésiastique de Rethel.

de philosophie que professait M. Bénard, « il avait déjà un système du monde tout pénétré de déterminisme spinoziste ; et surtout une manière qui lui était propre de classer ses idées et de les exprimer avec une rigueur presque mathématique(1) ».

En 1848, il fut reçu le premier à l'École normale. Le directeur des études était alors M. Vacherot, que Taine dépeignit plus tard, dans *Les Philosophes classiques*, sous la belle figure du « philosophe Paul » ; parmi les professeurs, on comptait Saisset, Havet et Jules Simon. La promotion de cette année-là, dit M. Gréard, fut « une des plus brillantes que l'Université ait produites. Elle réunissait Taine, Sarcey, About, Paul Albert, de Suckau, Libert, Merlet et bien d'autres qui se sont fait un nom dans la critique ou dans l'enseignement(2) ».

(1) *Les Maîtres de l'Histoire*, p. 60. — Ce livre de M. G. Monod, que j'aurai l'occasion de citer plus d'une fois encore, est la source la plus importante pour qui veut connaître l'écrivain et l'homme. M. Monod a été en relations personnelles avec Taine, et il a pu, en outre, utiliser certains documents inédits relatifs aux premières études et aux premiers écrits de celui-ci.

(2) *Prévost-Paradol : Étude suivie d'un choix de lettres*, 2ᵉ édit., 1894, pp. 12-14. — Nous croyons devoir reproduire ici la description vivante que trace M. Gréard de l'École normale en ces années-là. « Un souffle puissant, dit-il, agitait à cette époque et pénétrait l'École. Toutes les opinions, toutes les croyances y avaient, comme dans les périodes de développement libéral, leur pleine liberté de défense et d'action. Mais, à travers ces divergences, un courant général portait les esprits vers un ordre nouveau de recherches, auxquelles chacun, pour ses propres tendances, demandait une lumière et un appui. L'observation des faits en philosophie, en morale, en histoire, en littérature, était arrivée à prendre une part notable de la place qu'avait occupée par privilège, et non sans excès, l'étude des pures théories. L'École normale a été un des berceaux de la critique appelée depuis la critique scientifique. On dévorait les articles de Sainte-Beuve. Balzac excitait l'enthousiasme ; c'était, pour les veillées prolongées

La maturité et la force d'intelligence de Taine, la largeur et la solidité de ses études, étonnantes chez un jeune homme de vingt ans, lui attirèrent aussitôt l'estime et le respect affectueux de ses camarades, qui allaient souvent le consulter, ou, comme ils disaient, le « feuilleter ». Ils sentaient en lui un esprit déjà formé et en possession d'idées personnelles. Aux jeunes gens que nous avons nommés vint s'ajouter un peu plus tard Prévost-Paradol, que Taine avait connu au collège Bourbon. Dans une lettre en date du 20 mars 1849, que cite M. G. Monod, Taine fait à son ami les aveux suivants : « Je me suis fait un grand plan d'étude, et je destine mes trois années d'École à le remplir en partie ; plus tard, je le compléterai. Je veux être philosophe... Si je voulais simplement soutenir un examen ou occuper une chaire, je n'aurais pas besoin de me fatiguer beaucoup ;... mais comme je me jetterais plutôt dans un puits que de me réduire à faire uniquement un métier, comme j'étudie par besoin de savoir et non pour me préparer un gagne-pain, je veux une instruction complète.

« Voilà ce qui me jette dans toutes sortes de recherches et me forcera, quand je sortirai de l'École, à

---

ou pour les matinées commencées aux premières lueurs du jour, le livre de chevet ; à ceux que retenait la consigne du jeudi ou du dimanche, les règles de la camaraderie prescrivaient d'apporter un volume de la *Comédie humaine*. On suivait avec la même curiosité réfléchie les découvertes de la chimie et de l'histoire, les progrès de la physiologie ». — Prévost-Paradol avait pour Taine, dit plus haut M. Gréard, « une affection empreinte de déférence ; ...en philosophie, alors que Taine était déjà à l'École, il avait entretenu avec lui une correspondance suivie ». — C'est dans ce livre de M. Gréard que se trouvent les lettres de Prévost-Paradol à Taine, que je citerai plus d'une fois. — Voir aussi Francisque Sarcey, *Souvenirs de jeunesse*, 1885.

étudier en outre les sciences sociales, l'économie politique et les sciences physiques ; mais ce qui me coûte le plus de temps, ce sont les réflexions personnelles; pour comprendre, il faut trouver ; pour croire à la philosophie, il faut la refaire soi-même, sauf à trouver ce qu'ont déjà découvert les autres (1) ».

Ici la philosophie est déjà conçue dans sa signification la plus vraie et la plus haute, comme l'ont toujours conçue et vécue les penseurs dignes de ce nom : moins comme une doctrine et comme un système de doctrines à étudier et à professer, que comme la consécration de l'existence entière à la conquête libre et désintéressée d'un savoir compréhensif, dirigé vers de hautes aspirations idéales (2). Et c'est ainsi que Taine devait la pratiquer.

Malheureusement, le résultat final des études ne correspondit pas aux efforts du jeune normalien ni aux jugements favorables de la plupart de ses maîtres. Il échoua au concours d'agrégation de philosophie d'août 1851, par suite de la divergence profonde qui s'accusait dès ce moment entre la direction de sa pensée et les doctrines de l'éclectisme, encore dominantes dans l'enseignement officiel, et qu'Adolphe Garnier et d'autres défendaient à l'École (3). Quoique

(1) G. Monod, *Op. cit.*, pp. 62-63. — Cette lettre et les lettres suivantes à Prévost-Paradol ont été communiquées à M. G. Monod par Mme Taine, qui « l'a guidé, dit-il, dans toutes ses recherches ».

(2) Telle est aussi la conception très vraie que se faisait de la philosophie Gœthe, auquel Taine a tant emprunté, comme nous le verrons. Pour le poète allemand, « chaque philosophie est une forme différente de la vie, une façon particulière de la comprendre et de s'y poser ». E. Caro, *La Philosophie de Gœthe*, 1880.

(3) On trouvera dans le livre de M. G. Monod (pp. 68-74) et dans les lettres de Prévost-Paradol à M. Gréard, reproduites par celui-ci (xi à xiii), l'histoire de cet insuccès de Taine au concours

jugé incapable par ses examinateurs d'enseigner la philosophie, il fut cependant nommé en province ; il accomplit ses devoirs de professeur avec l'activité consciencieuse et l'enthousiasme qui étaient dans sa nature. Mais il n'eut pas la patience de supporter longtemps les ennuis et l'opposition sourde, trop visible, que ses convictions lui attirèrent de la part des autorités, surtout après le coup d'État (1). « En moins d'une année, il tomba d'une suppléance de philosophie à Toulon à une suppléance de sixième à Besançon (2) ». Il se révolta, et, abandonnant l'enseignement, retourna à Paris. En mai 1853, il obtint le diplôme de docteur ès lettres, après avoir soutenu brillamment ses deux

d'agrégation de philosophie, qui, dit M. Monod, fit presque scandale, tant était grande la réputation du jeune philosophe, et favorable l'impression que son examen avait faite sur ses condisciples. Victor Cousin, à l'influence duquel on a parfois attribué l'échec de Taine, non seulement n'y avait eu aucune part, mais s'en était montré fort mécontent. « La vérité est, conclut M. G. Monod, que ses juges avaient sincèrement trouvé ses idées déraisonnables, sa manière d'écrire et sa méthode d'exposition sèches et fatigantes ». L'opinion que s'était formée de lui et de son esprit Adolphe Garnier, on la connaît par Jules Simon, qui, après la mort de Taine, a reproduit dans le journal *Le Temps* le jugement de Garnier à l'égard de l'*Essai sur les Fables de La Fontaine*, présenté par Taine comme thèse de doctorat. Jules Simon raconte que, l'ayant lu et admiré, il avait écrit à Adolphe Garnier pour lui recommander le jeune candidat. Et son collègue en Sorbonne, après avoir pris connaissance de la thèse, lui avait répondu qu' « elle manquait de jugement et de talent », sans parler de beaucoup d'autres choses, et qu'on agirait sagement en fermant à l'auteur la carrière de l'enseignement philosophique.

(1) Il y eut, au sujet du coup d'État, un échange de lettres entre Prévost-Paradol, qui était encore à l'École normale, et Taine. Les lettres du premier se trouvent dans le livre de M. Gréard. M. G. Monod cite quelques fragments de celles de Taine, qui, tout en désapprouvant l'acte de Louis-Napoléon, regardait comme un devoir, après le plébiscite, d'accepter en silence le nouveau régime.

(2) A. Sorel, *Discours de réception à l'Académie française*.

thèses : la thèse latine, *De personis platonicis*, dont il reproduisit ensuite les parties principales dans son essai sur *Les Jeunes Gens de Platon*, et la thèse française, *Essai sur les Fables de La Fontaine*, qu'il refit et publia de nouveau en 1860, sous le titre de *La Fontaine et ses Fables*.

Ses années d'études à l'École normale et son court professorat en province laissent déjà apparaître chez lui les premiers germes des idées directrices et centrales que développera plus tard son œuvre. C'est là un des exemples les plus frappants de la persistance et de la continuité avec lesquelles un esprit foncièrement logique peut travailler pendant toute sa vie, en donnant à ses produits intellectuels, dès ses premiers essais, une même base de principes, de méthode, et, pour dire le vrai mot, d'orientation idéale (1).

Non pas, comme je chercherai à le montrer, — et c'est sur ce point en particulier que je m'écarte des biographes et des critiques les plus autorisés de Taine, — que, au fond et sous l'étroit enchaînement logique de sa doctrine, il n'y ait des contradictions qui la pénètrent tout entière (2). Mais celles-ci ne

(1) M. G. Monod, qui, comme je l'ai déjà noté, a consulté les manuscrits de Taine, dit à ce propos que, quand il quitta l'enseignement, il « avait déjà dans l'esprit sinon la formule, du moins la conception très nette des idées génératrices de son œuvre entière ». Dans une lettre du mois d'août 1852 à Prévost-Paradol, il lui parle d'un *Mémoire sur la Connaissance*, où sont déjà indiquées les idées fondamentales du livre de *L'Intelligence*, écrit seize ans plus tard, mémoire qui se réfère à cette théorie de la faculté de l'abstraction qui joue un si grand rôle même dans ses livres sur l'art.

(2) Pour ne citer ici qu'une de ces contradictions, échappées à MM. V. Delbos et G. Monod, comme à tous ceux qui affirment la cohérence logique absolue de tous les éléments de la doctrine de Taine, remarquons simplement que son pessimisme est en contra-

sont pas imputables à des transformations, à des changements de direction et de convictions philosophiques qui se sont opérés dans sa pensée, laquelle a toujours procédé en droite ligne; elles proviennent bien plutôt de la disparité originelle des éléments et des aptitudes primitives dont se composait son esprit, qui était à la fois celui d'un penseur spéculatif tendant à l'abstraction, et d'un artiste né, d'un observateur et d'un fin psychologue.

Parmi les facultés dominantes de Taine, celle qu'il faut appeler sa « faculté maîtresse », — expression heureuse créée par lui et devenue désormais presque populaire, — la puissance logique d'abstraire, de concevoir au moyen d'idées générales, et de *déduire* de celles-ci, qui est la faculté du philosophe, se révéla la première chez lui. Les notes des professeurs de l'École normale à son sujet indiquent déjà, comme premières caractéristiques de son esprit, « l'élévation, la force de pensée », et aussi, comme défaut principal, « un goût excessif pour l'abstraction ». Vacherot, qui le comprit le mieux, avait dit presque prophétiquement : « La devise de Spinoza sera la sienne : Vivre pour penser (1) ». Il n'est pas étonnant que, sur un pareil esprit, né pour la démonstration, ouvert à la rigueur des formules et des déductions d'une logique à outrance, la géométrie métaphysique des

---

diction avec l'optimisme qui constitue le fond et l'esprit de tout le système de Spinoza, dont il accepte plus d'une prémisse. Nous montrerons cependant en son lieu que le pessimisme de Taine n'est pas absolu et ne constitue pas le dernier mot de sa doctrine. — Voir, à ce sujet, l'écrit de M. Victor Giraud, professeur à Fribourg : *Taine et le pessimisme d'après les autres et d'après lui-même*, 1899.

(1) G. Monod. *Op. cit.*, pp. 65-68.

livres de l'*Éthique* ait excité, à la première lecture, une attraction irrésistible. Spinoza, dès le début de sa vie intellectuelle, avait été son maître.

« Je vais lire Spinoza, qui me semble ton maître », lui écrivait son condisciple Prévost-Paradol, en discutant de métaphysique avec lui, au mois de mars 1849. Et dans une autre lettre, faisant allusion à une thèse « sur les sensations » écrite par son ami, alors professeur en province, pour l'agrégation des lettres, il lui disait ceci : « Tu as digéré le Spinoza que j'ai lu, et tu me le rends par tous les pores ». Et ce qui avait le plus contribué à l'insuccès de son examen à l'École normale, c'était d'avoir pris comme thème de sa seconde leçon orale, où il devait exposer les principes de la morale, quelques-unes des propositions les plus hardies de l'*Éthique*. L'idée de la grande unité des choses et de leur nécessité, dont la loi pénètre tout, et qui est à la fois ordre logique de raison dans notre intelligence et ordre de causalité réelle opérante dans la nature, cette audacieuse conception panthéiste, entrée dans l'esprit du jeune collégien avec la première lecture de l'*Éthique*, ne cesse d'y demeurer, et reparaît comme fond suprême de sa pensée même dans ses œuvres littéraires et historiques. Il est vrai, nous le verrons mieux par la suite, que le Spinoza dont il s'inspire dans les œuvres qui rendent la substance de sa doctrine, est un Spinoza passé, pour ainsi dire, à travers les spéculations métaphysiques des Allemands, principalement de Hegel, regardé avec l'œil et entendu avec le pathos poétique de Wolfgang Gœthe et avec l'âme de Marc-Aurèle, dont Taine nommait les *Pensées* son « catéchisme ».

Durant son séjour en province, il s'était adonné tout entier à l'étude des philosophes et des grands écrivains allemands, et ceux-ci avaient fait germer dans son intelligence des idées et des vues fécondes. Ce qu'il y a de vraiment neuf et de plus durable dans son œuvre, — ce concept d'une psychologie de l'histoire et des formes de la civilisation appliquée à l'analyse du génie des peuples, des races et des individus, et à l'interprétation des produits des arts et des littératures, — nous le voyons poindre dès ce moment dans les détails que nous offrent ses lettres sur cette période de labeur solitaire et fécond, alors que la lecture de Hegel l'introduit dans l'étude du monde de l'histoire, tel que, après Vico, l'esprit germanique l'avait conçu, de Herder aux romantiques, dans sa loi d'évolution organique.

« J'essaye de me consoler du présent en lisant les Allemands », écrit Taine à Ernest Havet, le 24 mars 1852: « Ils sont par rapport à nous ce qu'était l'Angleterre par rapport à la France au temps de Voltaire. J'y trouve des idées à défrayer tout un siècle (1) ». Paroles que ne doit jamais perdre de vue celui qui veut bien s'expliquer la formation de l'œuvre de Taine. Elles nous montrent comment s'est éveillée de bonne heure en lui la conscience des conditions historiques de la pensée contemporaine, et de

(1) G. Monod, *Op. cit.*, p. 84. — Voir aussi le jugement dans l'*Histoire de la Littérature anglaise*, t. IV, p. 239, sur les Allemands : « L'Allemagne imprime le branle à la révolution des idées, comme la France à la révolution des mœurs. Ces bonnes gens... se trouvent tout d'un coup les promoteurs et les chefs de la pensée humaine. Nulle race n'a l'esprit si compréhensif ; nulle n'est si bien douée pour la haute spéculation ». Au tome V du même ouvrage, page 271 et suivantes, on lit des jugements analogues.

celles de la civilisation de son pays, au milieu desquelles, ainsi que nous le verrons, il chercha à s'orienter dès ses premiers pas. Parmi les idées qui soufflaient autour de lui, et dont le génie germanique, entré le dernier dans la culture européenne, avait produit un nombre à « défrayer tout un siècle », celles qu'il respira aussitôt à pleins poumons, ce furent les idées *historiques*. Il était porté vers elles par son tempérament de critique réaliste, et ces idées, à cette époque, répondaient le plus, dans toute l'Europe, à l'esprit du temps (1).

Par contre, la critique de la connaissance, telle que l'avait conçue Kant, qui constitue, avec les doctrines de l'école historique, une des acquisitions durables apportées dans la culture moderne par l'esprit germanique, ne l'attira jamais beaucoup. Ses œuvres n'indiquent pas qu'il ait étudié Kant *ex professo*, qu'il en ait reconnu toute la valeur historique et scientifique. C'est peut-être là l'unique lacune dans une culture aussi large, et, sous tous les autres aspects, aussi complète que la sienne ; lacune visible, je crois, dans sa doctrine. Au demeurant, il fut et resta toujours, en philosophie, plutôt un métaphysicien et un psychologue qu'un *critique* au vrai sens du mot. Et puis, la ferme et saine direction logique de son esprit lucide de Français, le sens vif et sûr qu'il eut toujours de la réalité, ses fortes études de choses et de sciences positives, tout cela l'éloigna

(1) La Préface de l'*Histoire de la Littérature anglaise* et un passage des *Philosophes classiques* (pp. 303-304) nous renseignent sur ce qui, au temps de Taine, avait déjà été fait, même en France, sur le terrain de l'histoire.

de l'intempérance et du vague de la métaphysique des écoles postérieures à Kant, l'achemina dans une tout autre voie. Hegel lui-même, qu'il affirmait avoir lu en province chaque jour, pendant un an entier, avait fini par le fatiguer. « Je viens de lire la *Philosophie de l'Histoire* de Hegel », écrivait-il en juin 1852. « C'est une belle chose, quoique hypothétique et pas assez précise (1) ».

Lui aussi a dû éprouver ce qu'éprouvent nos âmes latines — j'en ai fait moi-même l'expérience — à la suite d'une longue étude passionnée de la métaphysique allemande, qui est certainement, avec les métaphysiques grecque, hindoue et alexandrine, l'un des plus énormes efforts de la pensée humaine. A côté du vif sentiment, inspiré par elle, d'une espèce d'ivresse intellectuelle et d'une sorte d'action communicative, nous sentons surgir peu à peu en nous le besoin de rétablir l'équilibre de toutes nos facultés dans l'eurythmie de la pensée des classiques anciens, et de nous reposer sur eux comme sur une terre ferme, après avoir flotté dans cet océan de spéculations.

Or, nul esprit plus que celui de Taine n'a ressenti ce besoin, si latin, de la régularité, de la mesure, des formes et des *processus* de l'intelligence. Il dut le ressentir d'autant plus fortement, — comme cela ressort de ses œuvres, — que sa vocation et son art d'écrivain devenaient plus conscients, et que la direc-

---

(1) G. Monod, *Op. cit.*, p. 85, en note. — Voir, en outre, ce que Taine lui-même a dit de la philosophie allemande, en 1874, dans un article que reproduisent les *Derniers Essais de critique et d'histoire* (2ᵉ édit., p. 112). A propos de Schopenhauer, qu'il appelle pourtant *un penseur*, il qualifie les systèmes philosophiques allemands d' « immenses ballons dégonflés qui gisent à terre ».

tion de ses études le porta des hauteurs des théories sur le terrain des faits.

Et néanmoins, je le répète, dans ce premier contact de son esprit avec l'esprit germanique naquit et se développa ce qui est proprement la partie originale de sa doctrine, la conception, ou, pour mieux dire, la vision de l'unité et de l'organisme vivant du monde de l'histoire; conception, vision à la fois de philosophe et d'écrivain artiste, auxquelles il imprima la forme de son talent, et qui contrastent avec ce qu'il ne cessa d'emprunter par la suite aux doctrines de la philosophie du xviii° siècle et du positivisme contemporain (1).

Gœthe, que Taine a appelé « le père de toute la grande culture contemporaine », lui servit d'interprète quant à ce que l'esprit germanique pouvait lui offrir de plus vital.

On doit remarquer, en effet, qu'il cite l'auteur de *Faust* chaque fois qu'il lui faut signaler les origines et les premières impulsions, dans le dernier siècle et dans le siècle actuel, de ce courant d'idées qui porte avec soi la pensée moderne. Pour cette raison, il le range, avec Herder et Ottfried Muller, parmi les promoteurs de cette étude « des variétés de l'âme humaine », dans laquelle consiste, suivant lui, un

---

(1) Dans une de ses lettres, dont nous parlerons à la fin du livre, il dit avoir emprunté à Montesquieu sa conception de l'histoire. Mais il faut noter que, mentionnant cet écrivain dans son *Essai sur Tite-Live* (p. 171), il dit de lui qu' « il prend plus de plaisir à placer des commentaires qu'à saisir des lois universelles », que « son système imparfait est encore incomplet », et que « la philosophie de l'histoire est dans les contemporains ». Voir, en outre: *Les Philosophes classiques*. pp. 303-304.

des « pas décisifs qu'on a faits en histoire » à notre époque (1).

Le jeune critique qui prenait la recherche et la compréhension de ces « variétés » pour une des bases de sa méthode, se sentait très redevable au « grand Gœthe, qui par son *Tasse*, son *Iphigénie*, son *Divan*, son second *Faust*, devenu concitoyen de toutes les nations et contemporain de tous les âges, semblait vivre à volonté dans tous les points de la durée et de l'espace, et donnait une idée de l'esprit universel ». Gœthe, en outre, avait été « le premier à faire pénétrer l'esprit philosophique dans la littérature ». Puis, « devenu naturaliste tout en restant poète », il avait entrevu et transporté de la métaphysique dans la science l'idée de l'évolution (*Entwickelung*), et avant Lamarck, Geoffroy Saint-Hilaire

(1) Pour se rendre compte de l'importance capitale que Taine attribue, dans l'histoire de la pensée et de l'art modernes, à l'initiative de l'esprit germanique et particulièrement de Gœthe, il suffit de lire, outre l'Introduction de l'ouvrage, les nombreux endroits du tome IV de l'*Histoire de la Littérature anglaise*, où il met en relief cette initiative. Après la page 289, dont nous citons un passage dans notre texte, il faut voir la page 309, où Gœthe est appelé « père ou promoteur de toutes les hautes idées modernes »; la page 310, où il est dit que « la domination de l'esprit philosophique », porté par les Allemands dans toute la culture moderne, passa aussi en Angleterre; la page 326, où le sentiment que Shelley eut de la nature est qualifié de « germanique »; la page 288, où on lit ceci : « Dans cette confusion laborieuse, deux grandes idées se dégagent : la première, qui produit la poésie historique, la seconde, qui produit la poésie philosophique ; ...l'une et l'autre si profondes que nul de leurs représentants, sauf Gœthe, n'en a deviné la portée »; et, enfin, les passages du livre IV (*L'Age moderne*, chap. 1, § 4), où, parlant du *Faust*, Taine dit que cette œuvre est « l'épopée du siècle et l'histoire de l'esprit humain » (p. 309), que l'idée mère du poème est « l'idée dominante du siècle » (p. 379), et que le poète « ressuscite le vieux monde... en historien, non en croyant » (p. 382). Dans l'Introduction (p. ix), parlant du premier pas fait à

et Darwin, il l'avait appliquée à la biologie, grâce à sa géniale conception d'un type et d'un dessin communs aux organismes. Cette conception, je crois, jointe aux idées de l'école historique, a suggéré à Taine plus d'un élément de sa doctrine, qu'il nous présente « comme fondée sur les analogies entre l'histoire humaine et l'histoire naturelle », et qu'il a exposée avec tant de force synthétique dans l'Introduction de l'*Histoire de la Littérature anglaise*, puis dans la Préface des *Essais de critique et d'histoire* (1).

notre époque en histoire, et qui consiste à retrouver « l'homme agissant, l'homme corporel et visible, qui mange, qui marche, qui se bat, qui travaille », il ajoute : « On l'a fait en Europe à la renaissance de l'imagination, à la fin du siècle dernier, avec Lessing ; ...un peu plus tard en France avec Chateaubriand, Augustin Thierry, M. Michelet et tant d'autres ». Du reste, il ne faut pas oublier que si, comme le pense Taine, la culture moderne de la France doit beaucoup à la culture germanique, Gœthe disait à Eckermann : « Je dois beaucoup aux Grecs, aux Français... », et l'on sait quelle chaleureuse attention il prêtait, dans les dernières années de sa vie, aux productions de la jeune littérature française et aux écrivains du *Globe*.

(1) Je ne puis qu'indiquer ce point, qui demanderait un développement beaucoup plus long. Mais avec quelle méthode Taine applique à l'étude de l'histoire les procédés des sciences de la nature, spécialement de la biologie moderne, et reproduit les idées mères de la philosophie de la nature de Gœthe, le lecteur peut le voir non seulement dans les œuvres scientifiques du poète allemand, — en particulier dans l'*Introduction à l'anatomie comparée* (1795) et la *Métamorphose des plantes* (1790), — mais aussi dans *Vérité et Poésie* (*Wahrheit und Dichtung*) et dans les *Conversations avec Eckermann*. Dans celle du 13 février 1829, entre autres, Gœthe, observant la façon dont les plantes et les animaux se développent en vertu d'une unité de dessin et de type, constate des lois et des faits analogues dans le monde humain. « La plante va de nœud en nœud et se termine enfin par la fleur et la semence. Dans le règne animal, il en est de même... Ce qui se produit ainsi chez chaque individu se produit également pour les collections d'individus... L'idée que j'ai est mystérieuse, difficile à exprimer, mais je la

Ce qui, de plus, devait l'attirer vers Gœthe, ce fut également l'affinité qui existe entre le sentiment de la nature, dont s'inspirent tant de ses plus belles pages, et ce qu'il nous donne comme caractéristique de la grande poésie de notre temps, apparue, ainsi qu'il le pense, avec l'auteur de *Faust* et d'*Iphigénie en Tauride;* sentiment tout pénétré d'une idée panthéiste de la divinité et de la vie universelle de la nature, que lui-même signale comme « germanique », et retrouve aussi chez Shelley, uni à des « émotions païennes ».

M. Albert Sorel a noté, avec beaucoup de raison, comment une telle manière de sentir la nature s'unit aussi chez Taine à une disposition « singulière », qui lui venait peut-être de ses premières impressions juvéniles, « à découvrir, dans leur genèse, les mythes primitifs, à deviner, derrière la légende humaine, la majesté des choses naturelles ». Et M. A. Sorel ajoute : « Ce fut là son trait d'union avec Gœthe ; c'est par ce

conçois pourtant bien ». La lecture attentive des œuvres scientifiques du grand poète montre, je le répète, que de sa façon d'observer l'unité et l'évolution des formes naturelles, Taine a tiré les idées directrices et les procédés de sa critique psychologique ; que, comme il le disait dès 1852, dans une de ses lettres à Prévost-Paradol, il voulait faire « de l'histoire une science, en lui donnant, comme au monde organique, une anatomie et une physiologie ». Quant à Gœthe, on sait de reste quelles découvertes capitales, aujourd'hui reconnues par la science, il a faites en anatomie comparée et dans la morphologie des plantes. Il a précédé, sur ce terrain, Lamarck, Geoffroy Saint-Hilaire et Darwin, et on connaît ses relations avec le second de ces savants. — Voir sur ce point plus spécialement : E. Caro, *La Philosophie de Gœthe ;* — Lewes, *Life of Gœthe*, chap. ix ; — et David-Frédéric Strauss, *L'ancienne et la nouvelle Foi,* trad. L. Narval, §§ 55-56, pp. 163-168. Strauss fait observer que Kant a précédé non seulement Laplace, mais aussi Darwin.

détour qu'il atteignit l'âme antique, et ce n'est pas sans intention qu'il a réuni, dans l'une des études où il a le plus livré de lui-même, la vision de la forêt des Vosges et l'évocation de la piété païenne : Sainte Odile et Iphigénie (1) ».

On peut ajouter : Gœthe est le trait d'union par lequel, dans la pensée de Taine, la conception spinoziste de l'unité et de la nécessité rationnelle et causale des choses s'unit à une intuition de la vie divine et de la puissance créatrice des forces de l'univers. C'est une intuition poétique et métaphysique à la fois, qui constitue, nous le verrons, l'un des traits dominants de sa doctrine, celui par lequel elle se rapproche le plus de celle des métaphysiciens allemands.

On sait comment Gœthe — lui-même l'a raconté dans *Vérité et Poésie* et dans ses *Conversations avec Eckermann* — sentit, dès la première lecture de Spinoza, que cette doctrine, tant condamnée, satisfaisait au vif le besoin qu'il éprouvait de se représenter l'œuvre de l'absolu divin sous la forme de la nature indéfiniment et éternellement productrice. Le sens de profonde vérité, à la fois religieuse et poétique, qu'eut toujours, pour l'auteur du *Faust*, la conception d'un Dieu, vivant et opérant en toute chose, fut le contenu nouveau et concret à l'aide duquel son génie de penseur poète remplit et aviva les formes abstraites des idées spinozistes de substance et de cause. L'« absolu » de l'*Éthique* du philosophe hollandais et sa conception géométrique et mécanique de la nature se transformèrent, en passant par l'esprit du grand écrivain, en quelque chose de bien différent. Il

(1) *Discours de réception à l'Académie française.*

a exprimé son idée à ce sujet en quelques vers magnifiques. « Que serait un Dieu qui donnerait l'impulsion du dehors, qui ferait tourner l'univers en cercle autour de ses doigts ? Sa tâche, c'est de mouvoir le monde dans l'intérieur, de porter la nature en lui, de résider lui-même dans la nature, de sorte que ce qui vit et opère et existe en lui ne soit jamais dépourvu de sa force, de son esprit (1) ».

Or, ce besoin ressenti par Gœthe de repenser à sa façon le panthéisme de l'*Éthique*, en l'adaptant à la forme de son esprit, est le même qui porta le génie philosophique allemand, comme le remarque M. V. Delbos, à « s'assimiler le spinozisme en le transformant », en y ajoutant de son fonds propre « le sens de la vie partout diffuse qui anime la nature et l'histoire, de l'évolution dans la vie et du progrès dans l'évolution ». Car, — je continue à citer M. Delbos, — « ce qui reste au fond de l'esprit allemand comme principal ressort de son activité, c'est le sens ou l'idée de la nature infinie et divine, créatrice d'elle-même et de ses formes, faisant émerger à sa surface, par une génération spontanée et incessante, les êtres sans nombre qui l'annoncent à la conscience de l'homme (2) ».

Qu'il suffise d'indiquer ici, comme l'a très bien fait

---

(1) *Was wär' ein Gott, der nur von aussen stiesse,*
Im Kreiss das All am Finger laufen liesse!
Ihm ziemts, die Welt im Innern zu bewegen,
Natur in Sich, Sich in Natur zu hegen,
So dass, was in Ihm lebt und webt und ist,
Nie Seine Kraft, nie Seinen Geist vermisst.
  (Gœthe, *Gott und Welt*, Prooemium.)

(2) Victor Delbos, *Le problème moral dans la philosophie de Spinoza et dans l'histoire du spinozisme*, 1893, Félix Alcan. C'est un livre d'une grande valeur.

le critique en question, que c'est là une des idées mères de la grande spéculation germanique tout entière, depuis Leibnitz jusqu'à nos jours. Nous aurons l'occasion de revenir sur ce point. En attendant, quiconque a bien lu Taine se rappellera avec quelle fréquence cette idée réapparaît, dans ses œuvres, comme un *Leitmotif;* et elle y est empreinte d'une force et d'une intensité d'expression qui font penser bien plus à la forme qu'elle revêt dans *Faust*, à partir de la première scène, qu'aux arides notations abstraites dans lesquelles l'enferment les métaphysiciens qui ont succédé à Kant. C'est particulièrement dans les œuvres de la première période (1853-1864), notons-le, que le jeune universitaire, devenu écrivain et étudiant les Allemands, *transcrivit* — pour employer son mot heureux — dans le langage et dans les images du grand poète panthéiste, la nouvelle conception du monde (*Weltanschauung*) dont la trame idéale, lors de la formation de sa pensée, était venue en quelque sorte s'ourdir dans la chaîne du spinozisme abstrait de ses années de collège et d'École normale (1).

Dans l'essai sur *Sainte Odile* et dans les superbes pages de l'*Histoire de la Littérature anglaise*, quand il parle du *Faust*, l'aride formule géométrique du panthéisme de l'*Éthique*, présente à l'esprit de l'écrivain, s'emplit, s'avive tout entière de cette poétique intuition de « la nature vivante et créatrice », qui est la

---

(1) Cette *transcription* du *mécanisme* du système spinoziste dans le *dynamisme* de la poésie panthéistique de Gœthe apparaît avec évidence dans l'*Histoire de la Littérature anglaise*, spécialement aux très belles pages du livre IV, chap. II, où l'on retrouve des images et des expressions employées par Gœthe dans son *Faust* (monologue de la première scène).

forme sous laquelle le jeune Gœthe repensait le Dieu de Spinoza. Ces « profondes puissances génératrices... par lesquelles tous les vivants arrivent sous la clarté du jour, qui sont désormais nos dieux », dit Taine, célébrées par Gœthe et par les autres grands poètes modernes, nous font penser à la *natura naturans* du philosophe d'Amsterdam. Et de même, quand Taine, dans les pages dont il s'agit, énumère les diverses réponses faites par les poètes au problème actuel de la vie et nous indique comme la dernière et la plus profonde de toutes, comme celle « où aboutissent tout le travail et toute l'expérience du siècle », la réponse faite par Gœthe et qu'il résume ainsi : « Tâche de te comprendre et de comprendre les choses », que fait-il, en réalité, sinon reproduire en même temps la substance des conclusions morales de l'*Éthique ?* C'est, je le répète, la pensée de Gœthe à laquelle il recourt comme moyen d'interprétation et de *transcription*, et à travers laquelle son tempérament de philosophe artiste sent le besoin de faire passer, pour mieux se l'assimiler, tout ce qu'il emprunte aux produits de la culture germanique.

Mais bornons-nous pour le moment à ces considérations. Il est temps de revenir aux détails de la carrière littéraire de Taine. J'ajouterai seulement que je consens à reconnaître, avec M. V. Delbos, — qui a affirmé par maintes bonnes raisons « la parenté philosophique de Spinoza et de Taine », — que le spinozisme est, avec l'hégélianisme, au nombre des éléments originaux qui constituent la doctrine du critique français. Je n'hésite pas à l'admettre, comme le lecteur a déjà pu le voir ; à cette condition, toutefois, qu'on ne perde jamais de vue, en analysant cette doctrine, ce qu'ajoute à cet élément spinoziste, en particulier dans certaines œuvres de Taine, l'influence exercée sur lui par la pensée germanique, à travers laquelle le spinozisme n'avait pu passer, — c'est M. V. Delbos lui-même qui le démontre d'une façon très claire, — sans se transformer profondément.

La renonciation de Taine à l'enseignement et son retour à Paris, où il avait décidé de se fixer en y vivant de sa plume, furent un pas décisif pour le développement de son esprit. Affranchi d'entraves professionnelles et de tout autre stimulant que le besoin intime de rechercher et de proclamer la vérité, il se mit en devoir de le satisfaire de son mieux. Il y était aidé en outre par le courant du temps et par l'esprit de sa génération, dans « ce Paris studieux de 1853, qui, dans une sorte d'effervescence sourde de mine et de laboratoire, couvait une révolution dans la science et dans les lettres françaises... On y travaillait, on y pensait, sans autre objet que la vérité, sans souci des conséquences pratiques ; que dis-je ? avec le mépris de ces conséquences (1) ».

Dans ce milieu, « qui était fait pour développer, mais aussi pour pousser aux extrêmes, du côté où il penchait », un esprit inexorablement logique tel que le sien, il put exercer, à l'aide d'un large contact avec la vie et avec les hommes, qui jusqu'alors lui avait manqué, toutes ses rares aptitudes de penseur et d'écrivain.

(1) A. Sorel, *Discours de réception à l'Académie française.*

C'est le moment où l'esprit d'Hippolyte Taine entre en pleine possession de lui-même. Jusqu'ici, l'obligation des études universitaires et son métier de professeur l'ont contraint à méditer presque uniquement sur ce qu'on pourrait appeler l'aspect doctrinal et technique de la philosophie, sans lui permettre de sortir du champ des abstractions et des généralités. Lui-même, dans une lettre de 1852 à Prévost-Paradol, se disait « desséché et durci par plusieurs années d'abstractions et de syllogismes ». Maintenant, à Paris, la nécessité où il se trouve, comme écrivain, de traiter les sujets les plus variés de littérature, d'histoire et de critique, et de s'exprimer en une forme accessible à un vaste cercle de lecteurs, lui donne occasion de porter tous ses efforts là où, du reste, l'incline sa vocation véritable, « le pli primitif et permanent » de son esprit : vers l'analyse psychologique et l'explication raisonnée du monde de la réalité humaine et de sa vie historique.

A un tel ordre de recherches appartiennent, dès cet instant, presque toutes les œuvres qu'il produit en quarante années de travail intense, à peine interrompu par de courts repos forcés. Lui-même, raconte M. Gaston Deschamps, qui l'a connu personnellement, affirmait, « dans un des rares moments où il consentait aux confidences personnelles », avoir passé sa vie « à faire de la psychologie appliquée (1) ».

(1) *La Vie et les Livres : Taine*, 2ᵉ série, 1895. — Le journal le *Monde*, du 12 mars 1894, a cité une lettre du 12 décembre 1890, où, à propos d'un article dont il était l'objet, Taine écrivait à l'auteur, M. Yves Le Querdec : « Je n'ai jamais fait que de la psychologie appliquée ou de la psychologie pure, chacune des deux aidant l'autre ». V. Giraud, *Essai sur Taine, son œuvre et son influence*. (*La Quinzaine*, 16 avril 1899).

L'*Essai sur Tite-Live*, écrit de mai à la fin de décembre 1853, pour un concours de l'Académie française, mais publié seulement en 1856, ouvre la série de ses travaux dans ce champ de recherches. L'*Essai sur les Fables de La Fontaine*, en effet, ne paraît, entièrement refondu, qu'en 1860 (1). Taine discourt sur le grand historien de Rome avec une vaste érudition. Il établit un parallèle constant entre son auteur et les phases historiques, les instincts, les institutions, les tendances héréditaires du peuple dont il est l'interprète, et, en même temps, compare sa pensée et son art avec l'idée que l'on doit se faire aujourd'hui du devoir du critique et du philosophe en matière d'histoire, comme de celui de l'historien en tant qu'artiste.

Cet *Essai sur Tite-Live* fut chaleureusement recommandé à l'Académie par Guizot, qui depuis quelques années connaissait Taine et savait l'apprécier; il ne put néanmoins obtenir l'entière approbation de ses juges qu'après une prorogation du concours, qui permit à l'auteur de corriger quelques passages incriminés. Le rapport de Villemain en parle comme d'« un travail solide et neuf, où le sentiment de l'antiquité et la méthode moderne s'unissent à propos … Le jeune et habile érudit… a dû faire un morceau d'histoire autant qu'une œuvre de critique… Non que l'auteur ait nulle part pris le ton du panégyrique, ni qu'il ait na-

---

(1) Il est vrai que cet Essai, publié en 1860 sous ce titre : *La Fontaine et ses Fables*, avait déjà paru auparavant, et on en trouve annoncée une seconde édition, antérieure à 1856, imprimée chez Mme Vve Joubert, rue des Grès, 14. Quoi qu'il en soit, l'*Essai sur Tite-Live* est le premier travail que Taine composa et refit pour le public, au début de sa carrière d'écrivain, après avoir quitté l'enseignement.

turellement l'esprit trop admirateur... Sa réflexion fine et sévère est plutôt disposée à trouver le côté faible de la grandeur... Son style [est] net et juste, parfois énergique et nouveau (1) ».

Ce jugement fait très bien saillir les traits les plus visibles du génie de Taine, considéré comme critique et comme écrivain. Mais ce qu'il faut noter avant tout, dans ce travail de jeune homme, comme caractéristique pour sa pensée, déjà fixée dans ses contours principaux, c'est l'apparition de l'idée qui constitue une des bases de sa doctrine et de sa méthode, l'idée de la *faculté maîtresse*. Celle-ci est pour lui la cause, la force première et génératrice ou le germe auquel, par une loi d'intime développement et de dépendance mutuelle, peuvent se réduire toutes les facultés d'un homme, formant dans leur ensemble un système de forces qu'on peut exprimer en une formule unique, et dont l'énergie et les effets, une fois donnée cette loi qui les mesure et les produit, peuvent être calculés et prévus. Telle est la hardie affirmation de Taine, résumée à peu près dans ses propres termes. C'est la forme la plus tranchée que le déterminisme scientifique puisse donner au concept mécanique de « l'automate spirituel qui est notre être », et dont les mouvements « sont aussi réglés que ceux du monde matériel où il est compris (2) ».

Notons que cette phrase et les deux ou trois autres (pas plus d'une demi-page en tout) par lesquelles s'ouvre le livre, y ont été ajoutées en guise de Préface

---

(1) La partie du rapport de Villemain relative à Taine est reproduite en tête de l'*Essai sur Tite-Live*, 2ᵉ édit., 1860, pp. i-v.

(2) *Essai sur Tite Live*, Préface, p. vii.

seulement lors de la publication de celui-ci, en 1856 ; ce qui, soit dit en passant, fut loin d'être du goût de l'Académie, qui, non sans hésitation, l'avait couronné. Mais, en l'examinant bien, on constate clairement que le livre avait été conçu et exécuté de manière à pouvoir rentrer sous ce canon abstrait de méthode que l'auteur, en le retouchant pour l'impression, y a étalé en tête comme mot d'ordre. Il ne s'était en effet proposé que de prouver ceci : en premier lieu, que « toutes les parties du caractère et de la vie romaine se tiennent, et l'historien, en les rapprochant, en les classant, en les interprétant, voit du milieu de tant de lois s'élever une idée dominante, qui exprime en abrégé le génie du peuple et contient d'avance son histoire, de même qu'une définition comprend en soi toutes les vérités mathématiques qu'on en déduira » ; et en second lieu, que toutes les parties et les qualités du génie de Tite-Live « forment un système,... sont les effets d'une qualité unique ;... qu'une âme a son mécanisme comme une plante, qu'elle est une matière de science, et que, dès qu'on en connaît la force qui la fonde, on pourrait, sans décomposer ses œuvres, la reconstruire par un pur raisonnement (1) ».

La substance de ce livre, où la critique psychologique de Taine fait ses premières preuves, réside dans les faits fondamentaux auxquels il arrive, en cherchant à surprendre le trait dominant du génie de Rome et du génie de son historien. Le trait dominant du génie de Rome, il le trouve dans l'esprit de réflexion, qui calcule les moyens en vue de la fin, esprit tout d'intérêt et d'égoïsme national, ne visant qu'à

(1) *Essai sur Tite-Live*, pp. 172 et 315.

la conquête ; et dans la prédominance de la *volonté raisonnée*, et non du sentiment, non de l'idéalisme religieux, intellectuel ou artistique. Quant au caractère du génie de Tite-Live, sa qualité maîtresse est celle de l'orateur. Elle détermine d'elle-même le fond et le contenu ainsi que chaque partie extérieure de son œuvre, la pensée de l'écrivain et sa forme, son style, son art.

Le procédé d'analyse et de démonstration critique suivi ici par Taine, lui-même l'appelle « une construction », à la façon et avec le langage des mathématiciens. Ce mot nous fait aussitôt penser à la méthode géométrique de « son maître Spinoza », qu'il cite au début de sa Préface. Il est absolument conforme aux principes de celui-ci de supposer, comme fait Taine, qu'à l'ordre réel des causes et de leurs effets, se développant dans les choses et en nous-mêmes, réponde et soit adéquat l'ordre logique des idées qui le rendent dans notre pensée ; de sorte que la science, retournant de celui-ci à celui-là, puisse nous donner dans ses formules le contenu *entier* de la réalité objective des choses, en le refaisant par déduction, en l'engendrant, pour ainsi dire, par définition.

Une telle présupposition, que Kant appellerait *dogmatique*, est contenue dans la doctrine de Taine, et revient dans ses autres écrits. Dans celui-ci elle ne lui sert que pour y encadrer le dessin logique de son travail.

C'est ainsi également que, dans la conclusion du livre sur *Les Philosophes classiques*, composé deux années plus tard, la notion spinoziste et hégélienne de l'unité de la nature apparaît en dernier lieu simplement pour servir de cadre au tableau, rapidement esquissé, d'une théorie positive de la méthode et de la science.

L'Essai du « jeune et habile érudit », que Villemain félicitait de « son noble et savant début dans les lettres classiques », conserve encore l'empreinte des habitudes d'esprit du studieux universitaire et des procédés d'art de l'École. La trame des idées directrices est un peu lâche et se montre trop à découvert, çà et là, dans le tissu de la démonstration. Et de même, quant au style, « il y a encore dans cet Essai quelque chose de raide, de froid et d'abstrait », comme le remarque M. G. Monod. Celui-ci note très justement la différence qui existe entre ce premier travail de jeune homme et les travaux postérieurs, où Taine s'est révélé dans la pleine liberté de son esprit ; cette différence saute plus fortement encore aux yeux de celui qui compare, comme l'a fait M. G. Monod, les thèses du jeune normalien, pour son concours d'agrégation et pour son doctorat, avec ses travaux d'un âge plus mûr, dont elles contiennent déjà en germe le concept et nous donnent comme une première esquisse. Un changement notable s'opère, dit M. G. Monod, non seulement dans sa manière de composer et dans son style, mais encore dans sa méthode d'exposition philosophique, alors que, dans toute l'ardeur de l'intelligence et de l'étude, il s'affirme écrivain, « se met en contact plus direct avec la réalité », et regarde les choses, les hommes et la vie pour philosopher, comme voulait Bacon, *dictante mundo*. Son style s'anime, se colore, acquiert du relief et s'illumine d'une profusion d'images. Au lieu du procédé déductif suivi jusque-là par lui dans ses travaux d'étudiant, où il part « du fait le plus général ou de l'idée la plus abstraite pour en suivre de degré en degré les conséquences et les réalisations concrètes », on voit maintenant apparaître le procédé inverse, l'induction. « Il prend la réalité pour point de départ et remonte par groupements successifs de faits jusqu'aux faits les plus généraux et aux idées directrices. Les conceptions *a priori* n'auront plus de place dans sa méthode que comme procédé d'investigation, au même titre que l'hypothèse dans les sciences (1) ».

En passant ainsi de l'École et du travail solitaire des dernières années (1852-1854) dans le plein mouvement de la culture moderne, l'esprit de Taine dépouille, en même temps que tout reste d'apriorisme philosophique, ce qu'il pouvait y avoir encore en lui d'idées traditionnelles. M. Gréard, entré à l'École normale, avec Prévost-Paradol, dans la

(1) Il importe de reproduire ici ce qu'ajoute M. G. Monod, qui, je l'ai déjà indiqué, a pu consulter les manuscrits du philosophe et les archives de l'École normale. « Rien de plus instructif à cet égard, dit-il, que la comparaison de sa thèse française avec le volume intitulé : *La Fontaine et ses Fables*, qui parut en 1860 et qui en est le remaniement. La théorie sur la fable poétique, qui formait en 1853 le premier chapitre, devint en 1860 le dernier. Une Introduction toute nouvelle sur l'esprit gaulois, le sol, la race, sur la personne et la vie de La Fontaine, prend la place de cette théorie et est destinée à expliquer l'œuvre. Enfin, au lieu d'une conclusion abstraite et vague sur le beau, nous avons une conclusion très concrète et précise sur les circonstances historiques qui ont favorisé l'éclosion des divers génies poétiques. De même l'*Essai sur les sensations* sous sa première forme partait du *moi*, de l'ἐντελέχεια, pour aboutir à l'impression sensible ; dans *L'Intelligence*, Taine partira des sensations les plus ordinaires pour s'élever, par des généralisations de plus en plus étendues, à la loi et à la cause, et enfin jusqu'au point où l'être même s'identifie avec l'idée ». *Op. cit.*, pp. 96-97.

promotion qui suivit celle de Taine, et qui fut par conséquent condisciple de celui-ci, dit que, dans leurs discussions commencées au collège Bourbon, les deux amis « avaient d'un même mouvement jeté toutes leurs idées, toutes leurs croyances dans l'abîme du scepticisme ». Mais, notons-le, « pour Taine, ce n'était que le scepticisme cartésien, le doute par provision ; et dès son entrée à l'École, il avait travaillé froidement, géométriquement, à renouer l'enchaînement de sa pensée, à se refaire des principes (1) ». Il les avait retrouvés, nous le savons, dans le rationalisme de Spinoza, auquel, il le disait

(1) Je me permets ici de m'écarter de l'idée que M. A. Sorel, dans son *Discours*, semble s'être faite de cette crise de scepticisme par laquelle, comme l'atteste aussi M. Gréard, passa Taine encore très jeune. M. A. Sorel nous la présente presque comme une crise de la pensée et du sentiment à la fois, à laquelle se ramènerait le pessimisme postérieur de Taine; tandis qu'il me semble, au contraire, comme cela résulte aussi des paroles de M. Gréard, son condisciple, que dans l'esprit du jeune écrivain, dominé par ses exigences logiques et spéculatives, ce scepticisme est resté un fait exclusivement de l'intelligence et un court moment de transition, en attendant le retour à la conviction rationnelle de la possibilité d'atteindre scientifiquement le vrai. Chez Taine, nous le verrons, l'observateur seul fut pessimiste et sceptique, non le philosophe. Il faut lire dans le livre de M. Gréard (p. 20) l'éloquent parallèle qu'il trace entre Prévost-Paradol et Taine : « Celui-ci grave, serein, replié sur lui-même, jouissant de la recherche solitaire et de la moindre parcelle de vérité conquise comme du souverain bien; celui-là non moins perçant ni moins profond, pour peu qu'il appliquât sa pensée, mais sollicité par toutes sortes de passions, épris de toutes les jouissances du monde, dévoré du désir d'en savourer l'ivresse ». Taine déconseillait toujours à son ami l'action, et avant tout l'action politique, en lui montrant du doigt *sapientum templa serena*. — Voir en outre l'essai de M. Giraud qui admet, lui aussi, mais sans en fournir la preuve, une *crise de l'âme* de Taine, « peut-être plus longue et surtout plus douloureuse que ne le fut celle de Renan ».

lui-même, il avait « initié » son ami. Mais aux yeux de celui-ci, qui s'affirmait panthéiste matérialiste, le spinozisme de Taine semblait une doctrine à base spiritualiste. « Cette pensée dont tu es si fier, — lui écrivait Prévost-Paradol en 1849, — que tu la veux d'une nature unique et supérieure à l'univers... » Et deux années plus tard, dans une thèse sur les *Sensations*, préparée en province et que la liberté de ses conclusions empêcha d'être admise par la Sorbonne, Taine avait pris pour point de départ l'ἐντελέχεια d'Aristote; il y traitait de « la nature de l'âme » et de « son union avec le corps ». Par suite d'un restant d'idées philosophiques traditionnelles, le jeune normalien employait encore, en partie, le langage technique usité dans les écoles (1).

Mais, dès qu'il se mettra résolument de lui-même à l'étude des choses et des faits, la forme méthodique des procédés de la science, sa matière et sa terminologie donneront aussi, dans chaque œuvre nouvelle qu'il publiera, un caractère positif toujours plus accusé aux manifestations de sa pensée. Dans le livre sur les *Philosophes classiques*, qu'il dit avoir conçu vers 1852, en prenant part aux discussions d'une société de jeunes gens du Quartier Latin, tous imbus de connaissances positives, Spinoza et Hegel occupent déjà dans la pensée de l'auteur une place beaucoup

(1) A l'appui de ceci, voir encore la lettre du 1ᵉʳ août 1852 à Prévost-Paradol. Taine lui expose le plan d'un *Mémoire sur l'Intelligence*, — où sont indiquées les idées fondamentales du livre, écrit seize ans plus tard, — et lui dit : « Tu y verras entre autres choses la preuve que l'intelligence ne peut jamais avoir pour objet que le *moi* étendu sentant, qu'elle en est aussi inséparable que la force vitale l'est de la matière, etc. » C'est là encore la manière de concevoir et le langage doctrinaire des écoles.

moins importante que celle qu'y ont prise Condillac et les autres empiristes du siècle dernier, sur les traces desquels il veut ramener le positivisme contemporain. A l'*Histoire de la Littérature anglaise*, écrite peu de temps après, appartient la phrase célèbre, que j'ai citée plus haut, contre laquelle protesta Dupanloup et qu'Émile Zola et les autres chefs du naturalisme littéraire prirent pour mot d'ordre. Et, pour ne pas parler ici des écrits relatifs à l'art, c'est la principale de ses œuvres philosophiques, *L'Intelligence*, qui, aboutissant au phénoménisme, marque un pas décisif dans son acquisition des procédés, du matériel, des moyens de recherche de la science positive, qu'il transporte dans l'ordre des disciplines morales (1).

Malgré cela, des premiers aux derniers pas faits par Taine dans cette direction, son attitude en face du plus haut problème du savoir restera toujours la même. La métaphysique aura toujours pour lui sa fonction nécessaire et sa place dans l'organisme de la science. La foi profonde qu'avait dans la recherche des premiers principes l'élève du collège Bourbon et de l'École normale, demeurera inébranlable chez le penseur mûr, « qui jusque dans ses dernières semaines agitera dans son esprit une hypothèse mécanique sur la constitution de la matière et la nature

---

(1) Parlant du changement qui, vers 1854, s'opère dans les études et dans la méthode d'exposition philosophique de Taine, M. G. Monod ajoute : « Ses carnets de notes, où autrefois tout était classé par idées abstraites, deviennent des recueils d'impressions visuelles, d'observations de caractères et de mœurs, rendues avec une intensité parfois excessive ». *Op. cit.*, p. 98. — Les impressions et les observations dont est rempli le *Voyage aux Pyrénées* sont de cette nature.

des corps (1) ». Même quand les idées capitales du naturalisme et du déterminisme mécanique seront venues — dirait un peintre — sur le premier plan de perspective dans le dessin de sa doctrine, sur l'arrière fond de celle-ci et de la pensée du philosophe restera encore la vision métaphysique et poétique de l'univers, qui lui inspirera ses plus belles pages (2).

MM. G. Monod, Émile Boutmy, et tous ceux de ses biographes qui l'ont le mieux connu, sont unanimes à affirmer que le motif dominant de l'œuvre entière de Taine a été le besoin logique de la démonstration, appliquée à des données réelles et concrètes et à des faits. « Il aimait d'amour la preuve, — dit M. E. Boutmy ; — il y excellait, il s'y délectait. D'abord et à l'origine, il pratiquait surtout la méthode déductive, celle du mathématicien et du géomètre ; il rapprochait et enchaînait des abstractions. Plus tard, il se voua avec prédilection et exclusion à la méthode expérimentale ; il dressait des tables de présence et de carence ; il dégageait des inductions et des inférences... C'était toujours la preuve ». « Taine était — dit M. G. Mo-

(1) E. Boutmy, *H. Taine : Annales de l'Ecole libre des sciences politiques*, livraison du 15 avril 1893. — Ces belles pages de l'éminent directeur de l'École libre des sciences politiques, dont Taine fut un des fondateurs, nous le retracent vivant dans sa physionomie intellectuelle et morale, par la main d'un des hommes qui l'ont le mieux connu et le plus aimé.

(2) Les notes inédites *Sur les éléments derniers des choses*, écrites par Taine au mois d'octobre 1886, au mois d'octobre 1891 et au mois de juin 1892, et publiées dans la *Revue philosophique* (juillet 1895), traitent en fait un sujet métaphysique. Elles étaient probablement la préparation d'un appendice à une nouvelle édition de *L'Intelligence*. Dans les dernières, celles de juin 1892, la doctrine de Taine sur l'essence des choses et de leurs éléments, qu'il envisage au double point de vue externe et interne, physique et psychique, apparait toujours la même, et l'auteur n'y ajoute

nod — un logicien réaliste, et sa logique n'opérait que sur des notions concrètes. Ce serait mal connaître sa doctrine que de la séparer de sa méthode. La forme particulière de ses aptitudes mathématiques nous donne à cet égard un précieux renseignement pour la connaissance de sa constitution intellectuelle. Il était admirablement doué pour les mathématiques, et avait au plus haut degré le don du calcul mental. Il pouvait faire de tête des multiplications et des divisions de plusieurs chiffres. Mais cette aptitude calculatrice était associée à un don remarquable d'imagination visuelle. Quand il faisait une opération mentale de ce genre, il voyait les chiffres et opérait comme il aurait fait sur le tableau noir. De même, le travail logique de son esprit avait toujours pour point de départ les faits, observés avec une puissance extraordinaire de vision, recueillis avec une conscience infatigable, groupés avec une méthode rigoureuse. Il procédait en histoire et en critique littéraire ou artistique comme en philosophie (1) ».

Pour bien comprendre la structure de sa théorie et saisir le secret de son art, il ne faut jamais perdre de vue cette riche complexité d'aptitudes, à la fois logi-

---

rien de véritablement nouveau. Mais ce qu'il faut noter dans ces pages, comme témoignage d'un raffinement auquel était parvenue sa pensée philosophique, qui prévoyait une des objections les plus fortes qu'on pouvait soulever contre sa doctrine, c'est le scrupule critique qui lui suggère de la rapprocher le plus possible de la théorie de la relativité de la connaissance. « En somme, — conclut-il, — ces mots : derniers éléments, premiers éléments, composants, indécomposables, signifient non pas la chose en soi (qui en soi est inaccessible), mais la chose par rapport à l'esprit, aux exigences de l'esprit... etc. » Ces paroles, les dernières qu'il ait écrites, et qui jettent comme une nouvelle lumière sur le fond de sa pensée, peuvent être qualifiées de « kantiennes ».

(1) G. Monod, *Op. cit.*, pp. 97-98 et 155-156.

ques et intuitives, qui donnaient à son génie de philosophe et d'écrivain un double aspect, je dirais presque un double organe d'appréhension de l'être et de la réalité des choses et de la vie.

L'aptitude à les voir et à les représenter s'éveille en lui en même temps que sa faculté d'écrivain. Le *Voyage aux Pyrénées* est le premier ouvrage où il se révèle observateur et peintre d'une puissance de dessin et d'une touche descriptive qui lui assignent un rang des plus élevés dans la littérature française. Le livre, publié en 1855, renferme les impressions rapportées par lui d'un voyage et d'un court séjour fait, l'année précédente, dans ces montagnes, pour se remettre d'un épuisement nerveux dû à une application excessive (1). Cette même année, il demeura longtemps à Orsay, chez un de ses cousins qui était médecin. Il l'accompagnait souvent dans ses visites, recueillant des observations au sujet des lieux et des habitants, et s'amusant à herboriser. Rentré à Paris, il se remit

---

(1) Dans ce livre, dit très bien M. G. Monod, « sous le voyageur érudit, observateur et humoriste, on voit partout percer le philosophe, dont la forte pensée affleure à chaque page comme la roche au milieu des gazons des vallées pyrénéennes, et qui cherche dans le sol, la lumière, la végétation, les animaux et les hommes, la force unique dont l'univers entier n'est que la manifestation infiniment variée ». Les pages piquantes intitulées : *Vie et Opinions philosophiques d'un chat*, ne portent pas seulement déjà l'empreinte du pessimisme exprimé par Taine dans ses autres ouvrages, et en particulier dans ses *Notes sur Paris* ; elles sont de plus une satire de l'orgueil de l'esprit humain, qui croit avoir touché le fond du problème des choses, en se servant uniquement, pour le résoudre, des résultats très limités de l'expérience personnelle. Le livre fut écrit pour l'éditeur Hachette et devait être une sorte de guide aux Pyrénées. Il fut imprimé pour la première fois avec de belles illustrations de Gustave Doré, sous ce titre : *Voyage aux eaux des Pyrénées*.

bien vite au travail. Il demeurait avec sa mère et avec sa sœur dans l'île Saint-Louis ; il voyait souvent Prévost-Paradol, Edmond About, Gustave Doré, Planat, le « Marcelin » de *La Vie parisienne*, qui l'introduisirent dans la société des artistes, et Franz Wœpke, philologue et mathématicien éminent, pour lequel il eut toujours une espèce de culte (1). Ce fut alors qu'il fit la connaissance d'Ernest Renan et de Sainte-Beuve. En attendant, il continuait assidûment à étudier les sciences naturelles, qu'il avait toujours aimées ; il fréquentait les amphithéâtres de l'École de médecine, les salles de dissection, les laboratoires des chimistes et des physiologistes ; il allait partout « où il croyait pouvoir saisir la réalité d'une vue directe et lucide (2) »; à la Salpêtrière, aussi, « tâchant de découvrir, à travers les grossissements et les déformations de l'intelligence malade, le passage mystérieux de la sensation à l'image, et de l'image à la perception (3) ». Ce furent là les études auxquelles le livre de *L'Intelligence* emprunta la plus forte partie de son riche contenu scientifique.

Ces années (1854-1864) de pleine exubérance juvénile, en particulier les années 1855 et 1856, sont les plus fécondes et les plus sereines de sa vie. Il ne les passe pas entièrement sur les livres, et, comme il avait fait jusque-là, sans presque quitter la conversation des savants ; mais il se mêle au monde, regarde autour de lui, et étudie dans les rues, dans les salons, dans le peuple, les couches, les formes variées, les

(1) Voir, dans les *Nouveaux Essais de critique et d'histoire*, 2ᵉ édit. 1866, pp. 385-394, la belle et touchante nécrologie de son ami, dont il apprit la mort en Italie, en 1864.
(2) Gaston Deschamps, *La Vie et les Livres*, 2ᵉ série, p. 135.
(3) A. Sorel, *Discours de réception à l'Académie française*.

nuances de la société parisienne ; et la riche matière des observations sur les choses et sur les hommes, spécialement sur leur âme et sur leur caractère, recueillies sur ses carnets d'explorateur psychologue à travers la grande ville, vient se fixer dans une série « de croquis et de caricatures dessinés avec une méthode qui fait songer à l'application consciencieuse des maîtres de l'école flamande, et une fantaisie amère qui fait penser à Gavarni ou à Forain (1) ». Il en composa les *Notes sur Paris : Vie et Opinions de M. Frédéric-Thomas Graindorge*, publiées dans la *Vie parisienne* de 1863 à 1865, et qui parurent en volume, en 1868. C'est une galerie d'études qui sont prises, ou voudraient être prises sur le vrai, mais qui ne rendent pas toujours le vrai, ou, du moins, *tout* le vrai. Cela provient de ce que, en le regardant des yeux, l'auteur tient son esprit trop fixé sur l'idée qu'il s'est déjà formée des hommes et de la vie. En ces années-là, il voyageait beaucoup. En 1858, il était en Angleterre ; et c'est au mois de septembre de cette année que doit se rapporter le voyage qu'il dit avoir fait, dans son livre sur *La Fontaine*, « l'an dernier par la mer et le Rhin, pour revenir par la Champagne », et qui lui laissa dans l'esprit le dessin et les teintes vives et précises du beau tableau par lequel s'ouvre ce livre.

La puissance de production qui distingue cette période d'épanouissement de son talent, est merveilleuse ; la vie des écrivains les plus féconds offre peu d'exemples pareils. En moins de deux années, de février 1855 à octobre 1856, il publie, rien que dans

---

(1) Gaston Deschamps, *La Vie et les Livres*, 2ᵉ série, p. 110.

la *Revue de l'Instruction publique*, trente-sept articles relatifs à l'histoire de la littérature française et de la littérature anglaise, et à l'éclectisme contemporain. C'est presque déjà toute la matière des *Essais de critique et d'histoire* rassemblés en deux volumes, le premier publié en 1858, et le second en 1865; c'est une partie de la matière de l'*Histoire de la Littérature anglaise*, annoncée dès le commencement de 1856, et qui se dessine, à partir de cette date, dans une autre série d'articles de la *Revue des Deux Mondes*, jusqu'à ce qu'elle paraisse en trois volumes, en 1863; c'est enfin tout le livre *Les Philosophes français du XIXe siècle*, qui fit son apparition au commencement de 1857 (1).

Dans cette série d'articles, dont les premiers déjà laissent apparaître cette analyse du caractère et du génie français « qu'il reprendra sans cesse, l'étendant et la complétant (2) », le critique tente, dans tous les sens, le terrain sur lequel il institue la vaste enquête de psychologie historique qui doit servir de pierre

---

(1) L'auteur donna de ce livre, en 1860, une deuxième édition légèrement adoucie, et, en 1868, une troisième, plus profondément retouchée, sous ce titre différent : *Les Philosophes classiques du XIXe siècle en France*. « Cette édition diffère assez notablement des précédentes », lit-on dans l'Avertissement. « Le titre de l'ouvrage a été modifié et se trouve plus exact. Un grand nombre de morceaux ont été retranchés, et plusieurs ajoutés. On a essayé de mieux marquer l'origine des théories que l'on réfutait et le caractère des philosophes que l'on décrivait. Mais le livre reste ce qu'il était, une étude d'histoire et de critique ». Les deux premières éditions, qui donneraient lieu à un très intéressant travail de comparaison avec les suivantes, sont à peu près introuvables aujourd'hui, et c'est d'après la troisième que nous ferons nos citations. C'est pour cette raison aussi qu'après avoir donné ici le titre de la première édition de ce livre, nous le désignons partout ailleurs par son titre définitif. (*Note du trad.*)

(2) A. Sorel, *Discours de réception à l'Académie française*.

de touche à sa méthode. On comprendra bien sa manière de composer, en remarquant comment « l'*essai* » — contrairement au procédé d'Ernest Renan, maître aussi dans ce genre littéraire — lui sert en quelque sorte d'instrument de travail, pour y éprouver et y préparer non seulement l'élaboration de matériaux, mais encore le jet des idées directrices qui, refondues, entreront ensuite dans les œuvres de plus longue haleine. Plus d'une de ces dernières œuvres, comme les *Origines de la France contemporaine*, nous montre le développement ultérieur d'idées déjà indiquées et comme *éprouvées* dans tel ou tel des *essais* de jeunesse. Citons simplement ici la comparaison, à laquelle il revient sans cesse, entre l'esprit classique des Latins et l'esprit des peuples germaniques. Elle poind déjà dans le bel essai sur *M. Troplong et M. de Montalembert*, écrit en avril 1857. Elle a des contours plus accusés dans le *La Fontaine*, refondu et publié en 1860. Elle forme une partie considérable du plan de l'*Histoire de la Littérature anglaise*, et reparaît dans la dernière œuvre historique, où elle devait entrer aussi dans la conclusion, que l'auteur ne put écrire. On retrouve dans les œuvres principales les traces ou les germes de ses écrits même moins importants, qui peuvent paraître de circonstance. Plus d'un parmi eux, qui ne rentre pas dans les œuvres principales, mais qui y a été ajouté, comme les essais sur *Carlyle* et sur *Stuart Mill*, nous fait penser à ces études de figures et de têtes par lesquelles les peintres se préparent à de grandes compositions, et qui parfois sont aussi finies que les tableaux dont elles devraient constituer l'esquisse.

L'essai sur *Balzac* est resté fameux dans l'histoire de la critique du naturalisme contemporain (1).

Tandis qu'il « projette en ces ouvrages conçus en même temps, publiés coup sur coup, les idées d'rectrices » de sa méthode philosophique, Taine en présente, dans l'Introduction de l'*Histoire de la Littérature anglaise*, un exposé magistral. « Elle se ramène — c'est ainsi que M. A. Sorel la résume — à quelques données simples : toutes les choses humaines, que ce soit le génie d'un artiste ou le génie d'un homme d'État, la littérature d'un peuple ou ses institutions, ont leurs causes, leurs conditions et leurs dépendances. Pour l'homme et pour le peuple, il y a une disposition initiale maîtresse et supérieure, qui dirige toutes les idées, et tous les actes. Elle procède de trois forces primordiales, la race, le milieu, le moment ». Il reviendra d'autres fois sur les lignes de ce plan de sa méthode historique et critique (après avoir parlé, dans *Les Philosophes classiques*, de la méthode en général par rapport à la science); et, chaque fois, il accentuera toujours davantage — comme dans la Préface des *Essais de critique et d'histoire*, écrite en 1866 — les points de contact que les sciences morales et historiques ont aujourd'hui avec les sciences naturelles, à

(1) Pour ce qui concerne la publication de ses écrits de moindre importance, il suffit de transcrire ici la note suivante de M. G. Monod : « Les articles de Taine qui ne rentraient pas dans le plan des *Philosophes français au XIX⁰ siècle* et dans l'*Histoire de la Littérature anglaise*, ont formé les deux volumes d'*Essais de critique et d'histoire* (1858), et des *Nouveaux Essais de critique et d'histoire* (1865). La première édition des *Essais* contient quelques articles sur des écrivains anglais contemporains qui ont été remplacés par d'autres dans l'édition de 1874, parce qu'ils avaient pris place en 1867 dans le dernier volume de la *Littérature anglaise*. Un volume de *Derniers Essais de critique et d'histoire* a paru en 1894 ». *Op. cit.*, p. 101.

l'aide desquels, pour employer son expression caractéristique, celles-là « se soudent » désormais avec celles-ci. A cet égard, la Préface des *Essais* et celle du premier volume des *Origines de la France contemporaine*, écrite en 1875, sont encore plus nettes et plus explicites que l'Introduction de l'*Histoire de la Littérature anglaise*. Et si, comme on le verra, les conclusions de la critique et de l'histoire, sur le terrain de l'esthétique et de la morale, pourront lui sembler différentes, sur quelque point, du pur naturalisme de sa doctrine, ce sera l'effet d'une heureuse contradiction à laquelle l'amènera, malgré lui, son profond sens moral. Pour voir comment ce naturalisme s'affirme, prend des contours toujours plus fermes à l'époque vraiment productive de son œuvre (1852-1864), il suffit de comparer la formule de la méthode du *Tite-Live* à celle, bien plus positive et scientifique, mise quatre ans plus tard en tête du *La Fontaine*. Là, tout en disant en substance la même chose, le philosophe déterministe exposait en termes abstraits, en citant Spinoza, une théorie métaphysique. Ici, dans le *La Fontaine*, comme, par la suite, dans la Préface de *l'Ancien Régime*, on croit entendre, bien plutôt qu'un critique ou un historien, un naturaliste qui se propose de disséquer un insecte. Dans le *Tite-Live*, il parlait de « l'automate spirituel qui est notre être »; le *La Fontaine* commence par ces mots : « On peut considérer l'homme comme un animal d'espèce supérieure, qui produit des philosophies et des poèmes à peu près comme les abeilles font leurs ruches. Imaginez qu'en présence des *Fables* de La Fontaine vous êtes devant une de ces ruches ».

Dans l'*Histoire de la Littérature anglaise* se révèlent au plus haut degré, marchant de pair, l'originalité géniale de la pensée et la puissance de l'art littéraire de Taine. Dans cette œuvre, dit M. A. Sorel, « il donna sa mesure. Par ce coup de maître, il ne se plaça pas seulement au premier rang de nos écrivains, il fit grand honneur, en Europe, à la littérature française (1) ». Mais si cette œuvre est celle où il a le plus répandu la richesse de son génie, *Les Philosophes français du* XIXᵉ *siècle* sont le livre où il a mis toute l'impétuosité de sa jeunesse batailleuse, toute la verve de sa critique, où il a déployé le plus de fantaisie et d'abandon, et où sa prose se montre plus flexible et plus variée qu'en aucun autre. C'est un acte d'accusation dirigé contre l'éclectisme par le jeune normalien, refusé à l'examen, et qui à présent ose prendre les armes de la critique, de l'ironie et de la science contre les doctrines de ses maîtres, en découvrir les côtés faibles, en supputer la valeur historique et spéculative dans des formules si exactes, que la génération suivante les acceptera et les répétera comme des jugements définitifs.

A un autre point de vue encore, ce livre a une importance spéciale dans l'œuvre de Taine. Il nous fait voir celui-ci au moment où il regarde autour de lui pour s'orienter à ses premiers pas, comme penseur et comme écrivain, où il marche, dans une direction opposée à celle du spiritualisme contemporain, sur les traces de Condillac, qu'il « veut réhabiliter en le complétant et en l'élargissant », et où il suit dans

---

(1) A. Sorel, *Discours de réception à l'Académie française*.

les matières morales et historiques, en psychologie et en métaphysique, les procédés des sciences exactes (1).

La doctrine qu'il oppose, dans ce livre, à l'éclectisme de ses maîtres, et qui s'était formée dans son esprit durant les années d'Université et à l'époque de son enseignement en province, veut se tenir aux traditions de l'esprit français, et, en même temps, elle est en contact intime avec la philosophie contemporaine, spécialement avec la philosophie allemande.

Comme je l'ai déjà noté, l'auteur dit, dans sa Préface, que le livre lui a été suggéré par des conversations et des discussions tenues au Quartier Latin en 1852. Cela signifie tout au moins qu'il le conçut alors ou vers ce temps, car c'est l'époque où il commence à étudier les philosophes allemands et surtout Hegel, qu'il cite fréquemment et dont il accepte la doctrine sur certains points capitaux.

Bien que publié un an après le *Tite-Live* et quatre ans après que le *La Fontaine* avait déjà été écrit sous forme de thèse, le livre sur *Les Philosophes classiques* remonte donc par son contenu, sinon par son élaboration définitive, à une période antérieure de la formation de la pensée de Taine. Pour bien se rendre compte de la genèse et des éléments de celle-ci, il est nécessaire d'examiner cet ouvrage.

(1) G. Monod. *Op. cit.*, p. 103.

III

Taine a déterminé avec vérité la place que la philosophie éclectique occupe dans l'histoire de la culture intellectuelle moderne, en la présentant comme un fait en rapport avec le romantisme français, et en lui attribuant des raisons plutôt littéraires, politiques et sociales, que spéculatives et scientifiques. Quand, par une matinée de 1811, Royer-Collard acheta chez un bouquiniste — raconte ironiquement Taine — les *Recherches sur l'entendement humain* de Thomas Reid, et se servit de ce livre pour son éloquente réfutation de Condillac et de Cabanis, de laquelle sortit la nouvelle école spiritualiste de Victor Cousin et de Théodore Jouffroy, la France était, comme lui, fatiguée du scepticisme et du matérialisme des derniers Encyclopédistes, et éprouvait un vif besoin de foi, d'autorité et d'ordre. L'esprit des temps refluait vers le passé et vers la tradition religieuse presque avec la même force que le torrent de la Révolution, au milieu du dernier siècle, s'était précipité contre l'un et contre l'autre. Un indice de ce mouvement jadis inauguré par Jean-Jacques Rousseau, et que Michelet a si bien appelé « une résurrection du cœur », avait été le succès du *Génie du Christianisme* de Chateaubriand, publié en 1802, quand Bonaparte cherchait à réconcilier, par le Concordat, la France révolutionnaire avec Rome et avec l'Église. Six années plus tard avait paru le livre de *L'Alle-*

magne, par Mme de Staël. Le titre seul indiquait la dérivation du nouveau courant d'idées et de sentiments apporté en France par la littérature que Georges Brandès a justement qualifiée de « littérature des émigrés ». Le romantisme, inné dans l'âme germanique, poussait chez nous autres Latins, quand déjà, sur son terrain natif, il n'était pas très loin de s'épuiser; il y avait cependant produit une végétation d'idées et de formes littéraires qui ont des côtés puérils et maladifs, mais qui fut néanmoins beaucoup plus riche que les rameaux qu'elle allait projeter hors de l'Allemagne.

En Angleterre, à partir de Robert Burns, qui précède de plusieurs années tous ceux qui tentent ensuite d'affranchir la poésie des formes artistiques traditionnelles, le mouvement romantique, poursuivi par Walter Scott, par William Cowper, par Byron et par Shelley, ne quitte jamais le domaine de la littérature, ne s'unit pas, comme en Allemagne, à un large développement de la spéculation philosophique et religieuse, ne pénètre à fond aucun milieu social. Il n'en fut pas ainsi en Italie, où Manzoni et son école en tirèrent une nouvelle veine d'inspiration et de critique qui, sous l'impulsion du sentiment et de la poésie patriotique, pénétra comme une force vive jusque dans les classes populaires (1).

En France, la tendance propre à l'esprit national de convertir les idées et jusqu'aux formes de l'art en ar-

(1) Voir mon essai sur *La Littérature et la Révolution avant et après* 1848-1849, publié pour la première fois, en allemand, dans l'*Italia*, dirigée par Karl Hillebrand (Leipzig, 1874), et republié, en italien dans l'*Antologia della nostra critica letteraria moderna*, de Luigi Morandi, 1885.

mes et en instruments de gouvernement ou de réformes politiques, qui chercha alors à greffer sur le passé, comme pour les légitimer, les nouvelles institutions nées de la Révolution de 1789, fit de la littérature de la Restauration et de la Monarchie de Juillet l'une des périodes les plus fécondes de la culture moderne. Cette littérature a laissé surtout dans le champ des études historiques des germes qui fructifient aujourd'hui encore. Ce mouvement de sympathie avec le passé, qui, interrompu pendant presque deux siècles à partir de la Renaissance, avait recommencé à vibrer dans l'esprit allemand après 1770, fut importé en France par les romantiques. Le jeune auteur de l'*Histoire de la conquête de l'Angleterre par les Normands* put dire avec raison que notre siècle « était destiné à devenir le siècle de l'histoire ». Mais le désir qu'eurent toujours Augustin Thierry, Guizot, Thiers, Michelet, et aussi Saint-Simon et Victor Hugo, de s'inspirer des besoins moraux des temps et de leur pays, accroît plutôt qu'il ne diminue leur valeur et leur importance dans l'histoire de la pensée et de la littérature (1). L'écho d'une société aussi intellectuellement agitée que l'était alors, en particulier, celle du grand centre parisien, — que le vieux

(1) Dans la Préface de son livre intitulé : *Dix ans d'études historiques* (1835), Augustin Thierry dit : « Mon attention... se porta avec curiosité vers l'immense désordre qui, dans le vɪᵉ siècle, avait succédé, pour une grande partie de l'Europe, à la civilisation romaine. Je crus apercevoir, dans ce bouleversement si éloigné de nous, la racine de quelques-uns des maux de la société moderne : il me sembla que, malgré la distance des temps, quelque chose de la conquête des barbares pesait encore sur notre pays, et que, des souffrances du présent, on pouvait remonter, de degré en degré, jusqu'à l'intrusion d'une race étrangère au sein de la Gaule et à sa domination violente sur la race indigène ».

Gœthe enviait à la littérature française, disait-il à Eckermann, — ne se perd jamais dans les écrits de Sainte-Beuve. C'est là ce qui constitue un des plus grands mérites de sa critique : celui d'être, comme il le réclamait pour la critique en général, « alerte, quotidienne, publique, toujours présente, une clinique chaque matin au lit du malade (1) ».

Or, il me paraît que ce contact avec l'esprit de la société française, qui donna tant de mouvement et de vie à la littérature de la Monarchie de Juillet, a enlevé de sa valeur et de son originalité à la philosophie des spiritualistes, au lieu d'y en ajouter. Celle-ci entre tout entière dans le cadre historique et national du moment où elle se produit, mais ne le déborde point, n'a point de vrai relief qui lui assigne une place à part parmi les hautes manifestations désintéressées de la pensée moderne. Elle eut certainement le mérite d'affranchir l'âme française de l'étroitesse du sensualisme et du matérialisme du siècle précédent, d'éveiller un mouvement de recherches dans l'histoire de la philosophie, de donner, comme l'a dit Renan, « une forme éloquente et en un sens populaire aux grandes vérités de l'ordre moral (2) ». Mais cette façon de s'inspirer des motifs de convenance ou d'opportunité sociale, plus que des exigences idéales du vrai ; de se poser, avec Victor Cousin, en protectrice de l'ordre public et presque en doctrine d'État ; cette mainmise, pendant plus de trente ans, sur l'enseignement officiel, cette espèce de tutelle et de charge d'âmes qui la contraignait à

(1) *Du génie critique et de Bayle: Portraits littéraires*, 1862, t. I, p. 365.
(2) *Essais de morale et de critique* : *M. Cousin*, p. 68.

regarder toujours autour d'elle, à se plier à des égards et à des compromissions assez souvent de nature politique, — tout cela imprime à la philosophie des éclectiques le caractère historiquement inférieur de ces doctrines qui n'ont été que l'expression d'une classe et d'un milieu, des besoins d'un moment ou d'une forme sociale, non d'un peuple ou d'une époque.

Taine a mis admirablement en relief ce qui se cachait de vain et de faux, quant aux idées, sous la riche livrée littéraire et oratoire des doctrines éclectiques. Malgré leur empire sur l'opinion des classes dirigeantes et leur efficacité politique, cela les laissa *isolées* et *impuissantes* vis-à-vis de la science contemporaine, laquelle s'en détourna d'elle-même, ne recevant d'elles aucune idée générale et directrice. Le point de vue sous lequel les envisage Taine ne diffère pas beaucoup, en réalité, de celui auquel s'était déjà placé Auguste Comte, en condamnant les théories métaphysiques traditionnelles ; il consiste pour celui-ci à exclure de la philosophie toute recherche des causes et de l'essence des choses regardées comme servant de base aux faits, et à réduire toute la science à l'étude de ceux-ci, de leurs lois et de leur système. Mais chez le jeune positiviste, qui pourtant — et cela me paraît digne d'être noté — ne nomme jamais Auguste Comte, respire déjà un esprit spéculatif plus large que celui du maître, plus en contact avec la pensée critique et historique de l'époque (1). On sent à chaque page,

(1) **Nous verrons comme pourtant Taine, en indiquant la voie qu'il voulait suivre, se proposait de s'écarter non seulement du spiritualisme, mais aussi du positivisme d'Auguste Comte, et, nous l'avons déjà indiqué, comme il admit dès le début la possibilité de la métaphysique. Dans son étude sur Stuart Mill, au seul**

chez le savant et le philosophe qui analyse les faits et les idées avec la précision scrupuleuse du chimiste, le psychologue artiste, sous le burin duquel apparaissent et s'animent les figures des philosophes qu'il passe en revue, en les plaçant chacune dans le milieu historique qui leur est propre.

Ce qui frappe les lecteurs, c'est la lucidité de l'analyse et du dessin, tracé d'une main sûre par un observateur qui, tout en dépeignant les hommes et les choses de son temps, en semble déjà éloigné. Et cependant l'œuvre est toute pénétrée de la chaleur latente d'une passion juvénile de l'auteur pour les nouvelles idées scientifiques, sous-entendues par lui, et qu'il dessine ensuite à la fin du livre. Chacune de ces figures a son milieu, son plan de perspective historique, qui est celui d'autres époques déjà passées. Un des principaux *effets* obtenus par le critique consiste précisément à faire voir au lecteur quelle distance il y a désormais entre la pensée de ces chefs d'école, dont quelques-uns vivaient encore au moment où il écrivait, et la pensée de notre époque. Le bon Laromiguière, dernier commentateur de Condillac dans le premier quart de ce siècle, qui ne peut s'expliquer les accusations d'athéisme et d'impiété portées par les spiritualistes contre les doctrines de son maître, et se sent comme perdu au milieu d'eux, est une vignette croquée, aux premières pages, d'une façon fine et définitive. Puis viennent deux nobles profils aux traits sévères et vigoureux : d'abord Royer-Collard, l'initiateur des

endroit où soit nommé Auguste Comte, bien que Taine fasse parler un jeune Anglais, on peut croire, à la façon dont il le fait parler, qu'il ne tenait pas en grande estime l'esprit et la doctrine du fondateur du positivisme.

doctrines spiritualistes, empruntées par lui à l'école écossaise ; esprit précis et dominateur, chrétien fervent, moraliste austère, homme d'ordre et d'autorité, qui met toute la puissance de sa pensée et de sa parole au service des principes traditionnels qu'il croit menacés, « et fait la police en philosophie » ; ensuite Maine de Biran, psychologue de vocation, qui pendant de longues années concentre tout l'effort de sa pensée à pénétrer au fond d'une idée unique, l'idée du *moi*, et la transforme en une entité métaphysique, en une espèce de monade leibnitzienne ; admirable explorateur du monde intérieur, mais écrivain abstrus et enveloppé, scotiste attardé, dont ceux-là seuls comprennent les doctrines, qui sont initiés au sens intime du langage scolastique qui les recouvre.

Dans le groupe, deux figures seules se détachent du fond et se dessinent entières : celles des deux véritables chefs de l'école, Théodore Jouffroy et Victor Cousin. Le premier nous est représenté par le critique, qui en parle avec un respect plein de sympathie, comme « un homme intérieur », comme un esprit religieux par instinct et par éducation, qui, en passant du christianisme à la philosophie, y avait apporté avec lui la grande préoccupation des âmes religieuses : le besoin de les grouper toutes autour du problème des destinées humaines. C'est à cela que Jouffroy avait voulu, en fait, ramener tout le système de la philosophie pour y chercher « le salut sous un autre nom ». Taine nous fait voir combien ce grand intérêt moral, qui absorba toute l'existence du philosophe, mort jeune encore, projeta sur elle de dignité et de recueillement attristé. Et il se figure Jouffroy né et vivant en Angleterre, dans le comté de Kent, vers la fin du xviie siècle et les premières années du xviiie, au sein d'un protestantisme à la fois pieux et éclairé qui conciliait les nouvelles idées de la science avec la Bible ; passant son existence au milieu de ses livres et de sa famille, « à la campagne, dans une petite maison, au pied d'une colline, près d'une jolie rivière murmurante ».

A côté de cette figure sévère de philosophe, celle de Victor Cousin forme un vivant contraste. Celui-ci n'est ni un philosophe, ni un véritable penseur, mais un orateur, que Taine, par la plus heureuse fiction, transporte deux siècles en arrière, à l'époque de Mme de Sévigné, de Mme de La Fayette et de Bossuet ; il en fait un disciple de celui-ci et son successeur dans la chaire, un théologien gallican, homme d'église et de bonne société, qui, même en écrivant sur des matières philosophiques, y porte le langage et les habitudes intellectuelles du prédicateur, le besoin de réduire toute la science à la claire exposition des « vérités moyennes » demandées par son auditoire. Il tonne contre l'impiété naissante, et meurt retiré du monde, après avoir réfuté les œuvres de jeunesse de Voltaire, et écrit vingt volumes « devenus classiques et que les élèves de rhétorique apprennent par cœur en même temps que les oraisons funèbres de Bossuet ».

Cette fine satire de l'esprit et de l'œuvre de Victor Cousin renferme tout le nerf de la polémique de Taine à l'égard de l'école éclectique. C'est la partie du livre où l'on sent le plus vibrer les sentiments personnels de l'auteur, qui, avec la confiance hardie de ses vingt-sept ans, attaque de front le maître toujours puissant, qu'il se met à démolir pièce à pièce, comme écrivain philosophique et comme philosophe, comme historien et comme biographe, comme érudit et comme philologue. Dans cet assaut à coups de scalpel contre la statue couronnée du chef de la philosophie officielle, on trouve déjà toute la pénétration psychologique des critiques futures de Taine. En lui, juge de Cousin, parle, et non sans passion, l'adversaire qui, abattant l'idole, dirige ses coups contre les parties qui répugnent le plus à son propre idéal. Il condamne avant tout, chez l'écrivain philosophe, la prédominance du génie oratoire, qui sacrifie le fond et la rigueur à la forme de la pensée, à son effet sur le public, aux convenances morales et civiles, à l'opportunité politique; il blâme, chez l'historien et le biographe, l'admiration accordée par lui à toute une époque, au xviie siècle, et son indifférence absolue à en bien définir les traits, la physionomie, le caractère; il combat la tendance de l'écrivain à disserter sur les personnes et sur les choses, au lieu de nous les dépeindre et de les faire revivre. Chez Cousin, collecteur de minuties érudites et commentateur de textes inédits destinés à servir à une histoire de la philosophie éclectique, Taine admire l'homme d'étude, mais voit plutôt un ouvrier qu'un constructeur et un architecte original. Sous quelque aspect qu'il l'envisage, Victor Cousin reste toujours pour lui un orateur « égaré dans la philosophie », « un Père de l'Église », un écrivain du xviie siècle, un Bossuet de la philosophie, qui, « dans l'exposition des vérités moyennes et dans le développement des sujets oratoires, a presque égalé la perfection des écrivains classiques (1) ».

(1) Quand je pense à Victor Cousin, je me rappelle toujours le

IV

En dépit des sévères critiques qui lui furent adressées par les philosophes de profession, le livre fit du bruit et valut à Taine de la réputation. S'il l'avait publié en Italie, on l'aurait probablement tenu à dessein sous le boisseau, à moins qu'il n'eût provoqué les sarcasmes de la majorité de nos hommes positifs, qui sourient de la philosophie en général, ou ne peuvent se l'imaginer qu'écrite en mauvais jargon.

En France, au contraire, où une veine de philosophie a toujours pénétré les nouvelles formes de l'art, celle-ci, si vigoureuse et si colorée, qui marquait de son empreinte l'examen critique des idées traditionnelles sous la plume de leur jeune contradicteur, plut et attira aussitôt l'attention. Et d'ailleurs la critique, qui n'est souvent, au fond, qu'une espèce de haute médisance intellectuelle, se fraie toujours d'elle-même sa voie et trouve des oreilles qui l'écoutent.

Quant aux idées du positivisme, dont Taine se fai-

---

récit très vivant que Marco Minghetti, l'homme d'État italien, nous fit plus d'une fois, à moi et à d'autres de ses amis, des dernières paroles que lui adressa le philosophe français. Minghetti, à la veille de quitter Paris, vint lui faire ses adieux. Il avait déjà pris congé du vieux chef de l'éclectisme et était sur l'escalier, quand il l'entendit crier derrière lui : « Donc, rappelez-vous, jeune homme, il nous faut un Dieu personnel et l'immortalité de l'âme ». Ce « il nous faut » est caractéristique.

sait un outil de démolition, elles avaient commencé à apparaître dès avant 1850 parmi les philosophes et spécialement les savants ; mais, même dans les dix années suivantes, on ne pouvait dire qu'elles fussent très répandues. Auguste Comte n'avait pas possédé l'art, si cher aux Français, de se faire lire, et les doctrines humanitaires et mystiques imaginées par lui dans sa vieillesse, puis continuées par ses adeptes dans une espèce de cénacle, diminuaient, aux yeux de beaucoup, la foi en la vérité des principes exposés dans ses premiers travaux. Emile Littré avait déjà entrepris la tâche de les interpréter et de les développer, mais sous une forme sévère et sobre qui ne sortait presque pas du champ de la philosophie des sciences naturelles. Le positivisme, en France, attendait encore, pour devenir populaire, d'être porté sur le terrain de la psychologie et de l'histoire, et d'être rendu plus accessible au moyen de formules trouvant leur emploi dans la littérature journalière.

Sous l'Empire issu du Deux Décembre, le positivisme n'avait nul accès dans l'enseignement, dominé encore, nous dit Taine, par les doctrines de l'école éclectique, entourées d' « une escorte d'hommes instruits, d'hommes de talent et d'hommes de cœur ». « Les Français, par habitude et dans une demi-somnolence, écoutent avec un air un peu ennuyé et distrait les morceaux de bravoure, les belles phrases éloquentes que l'enseignement public leur répète depuis trente ans ». Apporter une note intellectuelle suspecte dans le noble milieu des hommes d'ordre et des conservateurs catholiques qui étaient le soutien du gouvernement impérial, c'était risquer la destitution, comme cela arriva à Renan en 1864 (1). Un sourd ferment de nouveauté et de liberté hardie, même en philosophie, bouillonnait cependant parmi les jeunes gens, en particulier parmi les étudiants en sciences naturelles du Quartier Latin. Et c'est de leurs discussions, dans lesquelles la philosophie littéraire était appelée une rhétorique élégante, et la philosophie classique définie « la philosophie à l'usage des classes », que sortit — c'est l'auteur lui-même qui nous le dit — le livre de Taine.

La partie générale et théorique de sa doctrine, développée plus tard, pour ce qui concerne la psychologie, dans les deux volumes de *L'Intelligence*, apparaît déjà tout entière dans *Les Philosophes classiques*, dessinée sur le fond de ces principes de méthode et de ces prémisses que l'auteur lui donnera dans ses autres œuvres. C'est comme un édifice d'« architecture savante et solide », suivant le mot de M. Paul Bourget, auquel l'artiste continue toujours à travailler, mais sans toucher à une seule pierre des fondations.

(1) « Dans les dix dernières années du second Empire », dit M. G. Monod, « l'air et la liberté commençaient à rentrer dans l'Université en même temps que dans le gouvernement ». Cependant Taine, qui en 1862 avait été sur le point d'être nommé professeur de littérature à l'École polytechnique, vit mettre en péril, l'année suivante, par suite des dénonciations de l'évêque Dupanloup, sa nomination d'examinateur d'histoire et d'allemand à Saint-Cyr. Cette nomination, « un instant rapportée, ne fut confirmée que sur l'intervention pressante de la princesse Mathilde ». G. Monod, *Op. cit.*, pp. 108-109. — Les paroles de Taine citées plus haut dans le texte sont empruntées aux *Philosophes classiques* (chap. XII), et à la Préface de l'étude sur *Stuart Mill*. Il faisait observer que la doctrine éclectique, quoique puissante encore dans l'enseignement, « n'avait plus de prise sur la foule savante, jeunes gens et gens du monde ».

Dans cette étude sur les *Philosophes classiques*, il y a un endroit sur lequel il convient de s'arrêter un peu, parce qu'il nous montre comment, dès les premiers pas, le jeune écrivain a su fixer d'un œil sûr les points d'orientation de sa pensée dans la culture contemporaine. Après s'être livré à la critique des doctrines spiritualistes, encore dominantes à ce moment, il se demande si, et comment, une nouvelle philosophie pouvait se former; et après avoir admis qu'elle était possible, il se met à conjecturer par quelles voies elle pourrait naître (1). Son pronostic à ce sujet est vraiment remarquable. Taine n'aperçoit que deux voies pouvant s'ouvrir à un nouveau système philosophique, à une nouvelle « vue d'ensemble ». En premier lieu, « il se peut, disait-il, qu'un savant comme Ampère et Geoffroy Saint-Hilaire réunisse les découvertes des sciences positives, forme avec elles un système du monde, et que ces vues d'ensemble s'imposent au public comme la loi de l'attraction, ou l'hypothèse du plan animal unique. La chose n'est guère probable; car la science s'agrandissant chaque jour, chaque jour il devient plus difficile d'être universel, et Humboldt lui-même n'a fait qu'un catalogue des faits acquis (2) ».

En second lieu, on pouvait recourir à l'analyse, à la revision critique des idées dominantes, conduite, comme il lui semblait en voir déjà les symptômes, par un intime besoin de démonstration rigoureuse, avec un tout autre esprit que l'esprit aridement sceptique du xviii° siècle, et en tendant à réédifier sur les

(1) *Les Philosophes classiques*, pp. 306-308.
(2) *Ibidem*, p. 306.

ruines produites par ce siècle et par le nôtre. C'est « qu'aujourd'hui — écrivait-il — le scepticisme est usé, que la pleine destruction ennuie, que les progrès de l'expérience ont amassé depuis cinquante ans des moitiés de science et des sciences entières, prouvées et solides, utiles pour bâtir la route, et des lumières grandioses, quoique fumeuses, érigées en Allemagne pour nous « indiquer le but ». Et de ce côté plus spécialement, il semblait à Taine que « toute espérance n'était pas perdue ». Il en jugeait ainsi par les premiers signes, qui se manifestaient aussi en France : le dégoût des vagues aspirations, des courses à l'idéal, du trop long abus qu'on avait fait du sentiment; dégoût qui, joint à une vive tendance, alors renaissante, vers l'observation des faits et les démonstrations rigoureuses, devait, par la suite, en littérature aussi, porter vers le naturalisme, le réalisme et l'analyse psychologique, et commençait déjà à s'affirmer en ressuscitant le nom et les écrits de Henri Beyle (Stendhal), que Taine appelle « le plus grand psychologue du siècle (1) ».

Ce qui me paraît ici le plus remarquable, c'est, je le répète, la sûreté du coup d'œil avec laquelle sont tracées les lignes générales de cette prévision. Dans sa seconde partie, elle s'est vérifiée et se vérifie chaque jour davantage, bien que différents indices semblent annoncer que le règne du naturalisme et du réalisme touche à sa fin. Et tandis que, d'autre

---

(1) *Les Philosophes classiques*, p. 312. — Taine ajoutait dans une note, disparue de la 3ᵉ édition : « Et des siècles précédents », ce qui était exagéré, mais caractérisait l'état d'esprit de l'écrivain.

part aussi, s'est vérifié le cas qui semblait à Taine « peu probable », la chose s'est pourtant effectuée de façon à confirmer étonnamment la manière dont il avait établi son pronostic. Dans les dernières trente années, en effet, une synthèse est sortie des résultats des sciences naturelles et surtout de ceux de la science des organismes vivants : je veux parler de la doctrine de l'évolution, qui « s'est imposée à l'esprit du public », et qui, mise par un audacieux génie systématique à la tête de toute une nouvelle reconstruction spéculative, est devenue aujourd'hui une métaphysique qui a ses disciples et ses croyants dans le monde entier (1).

Taine ne le prévoit pas, et il n'était pas facile de le prévoir, même pour lui, qui n'admettait pas, comme l'admettait Auguste Comte, que l'avènement définitif de la science positive avait mis pour toujours fin à l'ère de la métaphysique. Mais pour bien voir avec quelle justesse il avait néanmoins saisi les lignes principales du moment historique où se trouvait alors la philosophie, il suffit de se rappeler que le livre fut écrit quelques années avant la publication de l'ouvrage fameux de Darwin sur l'*Origine des espèces*, qui eut lieu en 1859, et du *Système de philosophie synthétique* d'Herbert Spencer. Ce dernier ne parut qu'au mois de mars 1860 et ne devint qu'au bout de plus de dix ans le programme du mouvement spéculatif qui s'est opéré en Europe et au dehors autour de la nouvelle doctrine biologique, et qui lui a donné une popularité et une importance historique égales à celles des

(1) Jusqu'au Japon, où la philosophie d'Herbert Spencer est professée dans les Universités.

grands systèmes métaphysiques d'un autre temps.
Herbert Spencer a déclaré plusieurs fois, il est vrai,
qu'il avait déjà rédigé le plan de son système avant la
publication du livre de Darwin (1). Ses *Essais* aussi,
dont celui sur le *Progrès* fait pressentir les *Premiers Principes*, avaient commencé à paraître peu
après 1852. Mais son nom ne fut en réalité connu en
France que vers 1864, quand Émile Littré se mit à
défendre contre lui la doctrine de son maître au sujet
de la classification des sciences, et que, dans la *Revue
des Deux Mondes*, Émile Laugel le présenta à ses
compatriotes comme « le dernier des métaphysiciens
anglais », chez lequel pourtant, ajoutait-il, était
visible l'influence du positivisme d'Auguste Comte.

Contre ce malentendu qui faisait de la philosophie
scientifique anglaise, provenant en ligne directe de
Berkeley, de Hartley et de Hume, une dérivation des
doctrines françaises, Herbert Spencer eut beau alors
protester ; le malentendu persista et persiste encore
dans beaucoup d'esprits, spécialement en Italie. Il s'y
introduisit aussitôt avec les exposés erronés et de
seconde main que des écrivains plus ou moins dénués
de culture philosophique donnèrent des doctrines
d'Herbert Spencer et de ceux qu'on nomme à tort les
positivistes anglais. Ces écrivains, dans leur haine
contre toute forme de spéculation, ne pouvaient comprendre comment la philosophie, après sa condamnation absolue par le positivisme de Comte, pût être en
état de répondre à un besoin intellectuel encore vivant
à notre époque. Dans un livre écrit par moi en

(1) Dans une lettre que m'écrivit Herbert Spencer en 1881, il
m'affirme ce fait.

1870, et que je ne cite ici qu'à titre de fait ou de date, j'ai essayé de démontrer que les doctrines scientifiques anglaises étaient issues d'une tradition d'analyse et de recherches spécialement psychologiques, particulière à ce pays, et je signalai le caractère et la tendance métaphysique de l'esprit de Spencer, caractère et tendance qui devaient, par la suite, s'affirmer toujours davantage dans ses doctrines morales et religieuses (1). Et ce livre, vu son dessein bien arrêté de revendiquer pour l'Angleterre sa part d'initiative originale dans la nouvelle direction de la psychologie contemporaine, eut l'honneur d'être cité à côté d'un travail de M. Th. Ribot, dans l'*Introduction à la science sociale*. Il me semble voir encore l'attitude et le regard animé du philosophe, et entendre le ton bref et vibrant de la laconique réponse bien anglaise qu'il me fit dans son étroit cabinet de travail, à Londres, quand je lui dis qu'un rapide coup d'œil jeté sur ses livres m'avait aussitôt convaincu qu'il n'avait pas les idées de Comte, quoique beaucoup pensassent le contraire. — *I have none* (Je n'en ai aucune), me riposta-t-il. — Il se leva, se dirigea vers un bureau tout surchargé de livres, en prit un et me le tendit. C'était la troisième édition, qui venait de paraître, de son livre intitulé *The Classification of the Sciences: to which are added reasons for dissenting from the Philosophy of M. Comte* (1871). Herbert Spencer ajouta, au moment où je prenais congé de lui, que tous ceux qui, comme lui-même, professaient la *philo-*

---

(1) *La Morale nella filosofia positiva*, 1871, Florence, Cellini. — Ce livre a été traduit en anglais sous le titre *The Ethics of Positivism*, 1878, New-York, C.-P. Somerby.

sophie scientifique, n'étaient pas des *positivistes* et ne pouvaient être qualifiés tels.

Revenons à Taine. Lors de sa première orientation dans le champ des études et des idées de son temps, il ne pouvait donc arrêter sa vue sur Herbert Spencer, qu'il ne connaissait probablement même pas de nom(1). Mais il s'appuie sur le livre de Darwin et le cite déjà dans l'Introduction de l'*Histoire de la Littérature anglaise*, tout en observant, au sujet de l'origine des espèces, que « l'immensité de la distance ne nous (la) laisse entrevoir qu'à demi et sous un jour douteux (2) ». Dans son livre de *L'Intelligence*, publié sept ans plus tard, parlant des méthodes des sciences expérimentales et traitant aussi de la théorie de l'évolution, il accorde une grande valeur aux idées de Darwin, même dans leur application aux études historiques.

Du reste, ce que le concept de l'évolution avait en soi de plus vrai et d'applicable à l'étude du monde moral et historique, avait déjà, selon Taine, été mis en lumière par la philosophie allemande dès la fin du dernier siècle (3). Et à l'envisager au point de vue sous lequel le critique français l'avait approfondi et

---

(1) Dans *L'Intelligence* (t. II, 3ᵉ édit., 1878, p. 433), il cite pourtant les *Principles of Biology* d'Herbert Spencer, à propos de la théorie de l'évolution, et il qualifie ce livre de « très hardi, très précis, très suggestif ».

(2) Introduction, p. xxiv.

(3) J'ai essayé de le démontrer dans la leçon d'ouverture d'un cours sur la philosophie de l'histoire, professé à Rome. Cette leçon a été publiée dans la *Rivista di filosofia scientifica* de Turin, sous ce titre : *Il concetto delle scienze storiche e la filosofia moderna* (1886). Je constate avec plaisir que des positivistes aussi admettent la thèse que j'ai opposée à celle d'après laquelle le concept de l'évolution dériverait des sciences naturelles seules.

compris dès ses premiers travaux, il indiquait aux esprits plus d'une voie dans laquelle les partisans de la doctrine de l'évolution auraient pu se rencontrer avec les partisans des doctrines biologiques anglaises.

Taine lui-même, qui avait tant lu Hegel, et qui, dans la Préface de ses *Philosophes classiques*, montrant le fond de la doctrine métaphysique acceptée et exposée par lui, la ramène à l'hégélianisme, Taine lui-même était entré dans la conception des lois du monde historique, sur les traces des Allemands.

Par quelle voie et avec quelles intentions, c'est ce que nous avons déjà indiqué, et ce que nous montrerons plus complètement bientôt. Maintenant il est bon d'examiner d'un peu plus près l'état de la philosophie entre 1852 et 1864, période où toutes les idées directrices de la méthode et de la théorie de Taine, contenues en germe dans ses écrits de jeunesse et dans sa première œuvre philosophique, s'appliquent au plan déjà formé de ses travaux de critique historique et d'art.

V

Dans la Préface de son étude sur le *Positivisme anglais* et sur Stuart Mill, publiée en janvier 1864, Taine, examinant la situation de la philosophie contemporaine, écrivait : « En ce moment, la scène est vide en Europe. Les Allemands transcrivent ou transposent le vieux matérialisme français ». Et cela était vrai. L'Allemagne, après la mort de Hegel, avait cessé de philosopher. Dans ses Universités et aussi parmi les hommes qui cultivaient l'étude des sciences morales, on y condamnait bien haut la métaphysique, dont on avait fait un si grand abus pendant plus d'un demi-siècle. Celle-ci n'avait plus de partisans que parmi ce public qui, en fait de philosophie comme dans le reste, n'y regarde pas de si près, et qui prenait pour le dernier mot de la science contemporaine le matérialisme métaphysique de Moleschott et de Büchner.

Le mouvement critique néo-kantien, qui déjà se dessinait peu après 1860, et auquel se joignirent ensuite des naturalistes éminents, tels que Helmholtz, Du Bois-Reymond et Wundt, était chose trop germanique et qui restait trop exclusivement entre les limites d'une théorie de la connaissance et de la méthode, pour pouvoir surtout alors, en France aussi, attirer à soi les esprits comme une nouveauté philosophique importante. Les doctrines d'Hermann Lotze, une des intelligences les plus vastes qui aient tenté, à notre époque, de se frayer une voie à travers de nouveaux systèmes philosophiques, étaient alors et ont toujours été peu connues en dehors de l'Allemagne. Édouard Hartmann et les autres continuateurs les plus hardis des idées d'Arthur Schopenhauer, dont la réputation s'était lentement répandue vers 1850, n'avaient encore, avant 1870, rien publié qui fît du bruit. Et, d'ailleurs, même en ces dernières années, lorsque le pessimisme a trouvé un large écho dans la littérature française, il est probable que cette philosophie, beaucoup plus semblable à une gnose religieuse qu'à une doctrine scientifique, n'a jamais eu grand poids, sinon peut-être comme signe des temps, sur un esprit critique tel que celui de Taine, si ami de l'analyse et si hostile à toute fantaisie (1).

La conception qu'avait celui-ci de la vie et des hommes, et qui ressort de toute son œuvre, — comme M. Paul Bourget l'a bien noté, — est profondément pessimiste. Mais, ainsi que nous le verrons, cette conception ne domine sa pensée que quand il examine en critique les formes de l'art en tant que manifestation du sens moral intime qu'ont pour nous les choses, et non quand il recherche la signification prise par les lois de celles-ci aux yeux du philosophe, à la lumière de l'expérience et de la science. A ce point de vue, la réalité du monde lui apparaît, ainsi qu'à tout adepte rigoureux de la méthode positive, comme un grand et fatal enchaînement de faits, qui sont ce qu'ils sont, et auxquels le sentiment et la conception de l'homme, qui en est spectateur et partie, peuvent seuls attribuer un éloge ou un blâme qui ne leur appartient pas.

Si alors, vers la fin de la période s'étendant de

(1) Je renvoie les lecteurs qui voudraient avoir une idée plus large et particulière de l'état de la philosophie en Allemagne, en Angleterre et en France, durant cette période, à mes deux essais publiés dans la *Nuova Antologia* de Rome, l'un en date du 15 février 1880, sous ce titre: *La nuova Scuola del Kant e la filosofia scientifica contemporanea in Germania*, et l'autre dans les livraisons des 16 janvier, 16 mars, 1ᵉʳ mai, 16 mai 1889: *Il Pessimismo filosofico in Germania e il problema morale dei nostri tempi*. Ce second essai s'étend aussi sur les relations des doctrines philosophiques avec la littérature et l'état social de cette époque, et j'y parle de Taine.

1850 à 1860 et un peu après, dans l'état général de la philosophie en Europe et plus particulièrement dans celui de la philosophie allemande, Taine ne voyait apparaître aucun mouvement d'idées vraiment remarquable, il trouvait cependant au delà de la Manche des écrivains et des penseurs dignes d'attention. En 1857 parut le premier volume de l'*Histoire de la civilisation en Angleterre*, de Thomas Buckle, qui fit tant de bruit et sembla indiquer une rénovation définitive apportée par la méthode scientifique dans la conception moderne de l'Histoire. Je parle ici de ce livre fameux, parce que, bien que Taine — chose à noter — ne le cite pas dans l'Introduction de l'*Histoire de la littérature anglaise*, où il aurait dû le mentionner, semble-t-il, à propos des récents progrès historiques, on ne peut nier qu'il n'y ait un point de ressemblance entre sa façon de considérer l'histoire comme science, et la façon du philosophe anglais. Même sans emprunter au livre de celui-ci, comme quelques-uns le croient à tort, le motif et l'inspiration de ses œuvres historiques, il a tout au moins reçu de lui, inconsciemment, plus d'une impulsion.

Ces années où se formait l'esprit de Taine marquent le moment historique où la culture anglaise reprend peu à peu, dans les idées scientifiques et philosophiques, l'hégémonie sur la culture du continent, que l'Allemagne, au contraire, va chaque jour perdant davantage. Le fait est à noter, parce qu'il n'y a peut-être pas d'écrivain du continent — comme l'a noté aussi Karl Hillebrand, ce critique exquis de la littérature contemporaine — sur lequel l'influence de la culture anglaise se soit exercée autant que sur

Taine, « pour lequel l'histoire est devenue de plus en plus une science d'observation (1) ».

Immédiatement après ses premiers travaux, presque tous consacrés à la France, il se mit à étudier l'Angleterre, par suite peut-être d'une certaine affinité entre son talent et le génie de cette nation, qui est observateur minutieux des faits, analytique, ennemi de toute emphase, et avant tout des théories vagues. Parmi les pays d'Europe dont il étudia la culture et la vie, l'Angleterre est, après la France, celui qu'il connut et qu'il comprit le mieux. Quelques-uns de ses écrits antérieurs à 1864, qui se réfèrent à son *Histoire de la Littérature anglaise* (1863), constituent une vaste étude psychologique et critique des facultés dominantes et du développement du génie anglo-saxon, auquel le riche génie français, pourtant si différent, a jusqu'ici tant emprunté et peut tant emprunter encore.

« L'Angleterre — disait Taine, dont nous résumons l'idée — découvre les faits, l'Allemagne crée des théories, la France les clarifie (2) ». Dans ce

(1) Karl Hillebrand, *Zeiten, Völker und Menschen*, t. IV: *Profile, H. Taine als Historiker*, pp. 203-230. — L'auteur dit dans une note que, dès 1862, ouvrant à la Faculté des lettres de Bordeaux, où il était professeur, son cours sur Goethe, il avait déjà prédit que l'hégémonie intellectuelle anglaise succéderait à celle de l'Allemagne. Quant à la philosophie, l'appauvrissement et la décadence de la production intellectuelle dans ce dernier pays devient chaque jour plus évidente, et les Allemands eux-mêmes en conviennent. C'est là un fait que mettait en relief, il y a quelques années, dans un bel article portant ce titre : *Was uns Kant sein kann?* le professeur Paulsen, de Berlin.

(2) *Histoire de la Littérature anglaise*, Introduction, p. XIV. — Il s'exprime en ces termes, à ce sujet, dans *Les Philosophes classiques* (p. 20) : « On a dit que le propre de l'esprit français est d'éclaircir, de développer, de publier les vérités générales ; que les faits

moment d'arrêt de la pensée philosophique européenne, alors que l'Allemagne ne créait plus de théories et que l'Angleterre en voyait éclore une — celle de Darwin — fondée uniquement sur la recherche scientifique des faits naturels, le jeune critique français remarqua surtout, parmi les écrivains anglais vivants qu'il fit connaître en France, Carlyle et Stuart Mill (1).

Très différents l'un de l'autre et procédant par des voies opposées, ils représentaient pourtant à ses yeux deux aspects contraires, quoique assez souvent réunis, de la physionomie intellectuelle de la race anglaise : Carlyle, la tendance spéculative et religieuse aux visions intérieures, à la foi vive dans le mystère divin des choses, alimentée par le sentiment moral profond qui faisait de lui presque un voyant, un puritain de notre siècle ; Stuart Mill, la tendance à l'observation positive, exacte, expérimentale, à l'analyse minutieuse et méthodique des faits intérieurs, la sobriété en matière d'abstraction et de

découverts en Angleterre et les théories inventées en Allemagne ont besoin de passer par nos livres pour recevoir en Europe le droit de cité ; que nos écrivains seuls savent réduire la science en notions populaires, conduire les esprits pas à pas et sans qu'ils s'en doutent vers un but lointain, aplanir le chemin, supprimer l'ennui et l'effort, et changer le laborieux voyage en une promenade de plaisir ».

(1) A l'appui de ce qui a été dit quant à l'action de la culture germanique sur le développement intellectuel de Taine, rappelons ici que Carlyle fut dans son pays l'un des propagateurs de cette culture, et que Lewes, le biographe de Gœthe, lui a dédié son livre, « en témoignage d'estime à celui qui, le premier, apprit à l'Angleterre à apprécier Gœthe ». — Au sujet de l'état de la philosophie au delà de la Manche, Taine dit dans *Les Philosophes classiques* (p. 308) : « L'Écosse flotte entre le scepticisme érudit d'Hamilton et les successeurs innocents de Reid ».

déduction, l'esprit de la tradition philosophique de Locke, de Hume, de Hartley, recueillie et continuée par l'auteur de la *Logique*. Comme Taine n'a pas nommé Stuart Mill dans ses *Philosophes classiques*, on est en droit de croire qu'il n'a connu sa valeur spéculative, et peut-être commencé à lire ses œuvres, que lors de son premier voyage en Angleterre, en 1858. Il publia ensuite ses études sur Carlyle et sur Stuart Mill. Il imagine, dans celle-ci, qu'il s'est fait exposer par un jeune étudiant d'Oxford les principaux points de la doctrine de ce philosophe, dont il indique ensuite les lacunes et les côtés défectueux, qu'à son avis l'esprit français aurait dû prendre à tâche de combler et de corriger (1). Stuart Mill écrivit à son critique « qu'on ne pouvait donner en peu de pages une idée plus exacte et plus complète du contenu de son livre comme corps de doctrine philosophique ». Seulement il ajoutait qu'il n'était pas vrai, comme Taine l'avait cru, que « la philosophie de l'expérience dût être considérée alors comme particulièrement anglaise ». Cela avait été vrai dans la première moitié du xviii⁰ siècle, à partir de Locke et jusqu'à la réaction contre Hume, commencée en Écosse, nous l'avons dit, et qui « avait revêtu depuis

---

(1) Cette étude sur Stuart Mill, ainsi qu'il résulte d'une lettre de Taine à Edouard de Suckau, en date du 20 juillet 1861, a été écrite dans le premier semestre de ladite année. Le fait que ces deux essais, dont M. G. Monod ne nous indique pas la date de composition (celui sur Carlyle avait été d'abord publié dans le *Journal des Débats*, en octobre et novembre 1860), sont de peu postérieurs au premier séjour de Taine en Angleterre, est une circonstance importante à noter pour ceux qui veulent, comme moi, s'en tenir autant que possible, dans l'exposition de ses idées, à un ordre chronologique.

longtemps la forme germanique et avait fini par tout envahir ».

« Quand j'ai écrit mon livre, concluait Stuart Mill, j'étais à peu près seul de mon opinion, et, bien que ma manière de voir ait trouvé un degré de sympathie auquel je ne m'attendais nullement, on compte encore en Angleterre vingt philosophes *à priori* et spiritualistes contre chaque partisan de la doctrine de l'expérience (1) ».

Eu égard à l'état général des idées et des études philosophiques en Angleterre, comme à la supériorité encore existante du nombre des spiritualistes, Stuart Mill ne se trompait pas. Mais Taine avait voulu avec raison mettre en relief les traits intellectuels de famille et de race par lesquels la pensée de Stuart Mill reproduisait celle des philosophes qui avaient indiqué la voie à l'esprit anglais à partir de Bacon et de Hobbes, et montrer ainsi la persistance héréditaire d'un type mental, parent du type germanique, mais profondément distinct du type latin et français. A la fin du livre, dans une rapide et admirable description d'Oxford et de ses environs, le critique artiste faisait sentir au lecteur comment les doctrines et les idées exposées par lui étaient aussi, dans leur couleur locale, en harmonie avec la vie, le caractère, le paysage et le ciel anglais qui leur avaient donné naissance.

L'étude de Stuart Mill, économiste et philosophe,

---

(1) *Le Positivisme anglais : Etude sur Stuart Mill*, 1864, Germer-Baillière. — La lettre citée de Stuart Mill se trouve dans l'Introduction, que n'a pas reproduite le tome V de l'*Histoire de la Littérature anglaise*.

donna occasion à Taine, comme nous le verrons plus tard, de mieux développer les théories du positivisme français, telles qu'il les professait, et de les opposer à ce qui, pour lui, était le positivisme anglais, et avec lequel pourtant elles avaient plus d'un point commun. Carlyle, qu'il avait déjà lu avant d'écrire son *Histoire de la Littérature anglaise*, lui offrait, dans sa puissante originalité d'écrivain psychologue, comme un exemple grandiose, quoique inimitable, à étudier et à suivre dans cette même voie que, lui aussi, il s'était mis à suivre sur les traces des Allemands.

VI

C'était la voie devinée par notre Vico, celle aussi par laquelle Herder et son école, Gœthe et les Romantiques, puis Hegel avec une plus large synthèse, d'autres encore, avaient élevé à la hauteur d'une doctrine le concept de l'unité organique du monde de l'histoire. Faisant de la critique une véritable interprétation du sens intime des faits, cherchant dans toutes les formes de l'art et dans les littératures, dans les langues, dans les systèmes religieux et philosophiques, dans les institutions civiles des peuples, autant de *documents* de leur pensée et de leur âme, qui se manifeste diversement et se déploie aussi dans le temps, comme l'âme des individus, les nouveaux philosophes de l'histoire se l'étaient représentée telle qu'un tout vivant, mue par des forces intimes et dirigée par une loi de développement. Au concept traditionnel considérant les divers aspects d'une même civilisation comme indépendants les uns des autres, comme des produits arbitraires de la volonté des hommes qui seuls en paraissaient les initiateurs, la nouvelle doctrine substituait le concept beaucoup plus vrai de l'action simultanée et convergente des grands *groupes* de causes historiques, qui à chaque moment original de la culture d'un peuple font concourir toutes ses forces à la produire et à imprimer son cachet à chaque partie. C'est l'esprit de ce peuple qui la tire inconsciemment, en quelque sorte, du fond de son propre génie, et y porte, comme l'artiste dans son œuvre, l'unité des idéals historiques qui l'inspirent. Ainsi l'esprit d'une race établie sous tous les climats, échelonnée à tous les degrés de la civilisation, transformée par de nombreux siècles de révolutions, n'en manifeste pas moins dans ses langues, dans ses religions, dans ses littératures et dans ses philosophies, la communauté de sang et d'esprit qui relie encore aujourd'hui tous ses rejetons. Si différents qu'ils soient, leur parenté n'est pas détruite ; les grands traits de la forme originelle subsistent.

La nouvelle doctrine, qui voyait ainsi dans les faits humains les formes d'une vie analogue à celle des organismes naturels, avait été, dès sa naissance, l'une des premières affirmations de l'esprit philosophique allemand et de ses idées maîtresses contre les idées alors dominantes dans la culture européenne. Le xviie siècle et la première moitié du xviiie avaient apporté dans la philosophie ce concept du monde qui parut alors s'imposer aux esprits sous l'empire de la déduction mathématique appliquée pour la première fois à tout l'ordre des forces et des mouvements de la matière inanimée : c'était le concept de la nature, pensée à la façon de Hobbes, de Descartes et de Spinoza, comme un grand système de lois mécaniques. Et, par cette voie, les doctrines morales et historiques avaient été amenées à ne voir, même dans les formes de la vie de l'esprit et de la société, rien de plus que les effets de l'action du climat et des autres causes naturelles, ou les modifications purement extérieures d'un unique type humain préétabli. « Les Français ne comprennent pas — a écrit Gœthe — qu'il puisse y avoir dans l'homme quelque chose qui ne lui soit pas venu du dehors (1) ».

L'esprit germanique, à peine entré, avec Leibnitz, dans l'histoire de la philosophie moderne, avait au contraire conçu la nature comme animée de forces intimes, avait voulu trouver jusque dans les derniers éléments de la matière la sensation et la conscience. Et lorsque ensuite, dans son plein éveil vers le milieu du dernier siècle, il s'était tourné vers l'étude du monde historique, l'idée centrale qui l'avait toujours dirigé dans cette étude n'avait été, à bien la com-

(1) « *Die Franzosen begreifen nicht, dass etwas im Menschen sei, wenn es nicht von aussen in ihn hineingekommen ist* ». — Heinrich von Treitschke, qui cite ces paroles dans les magnifiques pages de sa *Deutsche Geschichte im neunzehnten Jahrhundert* (1897, Erster Theil, p. 100), où il résume le mouvement de la culture germanique dans la seconde moitié du xviiie siècle, les commente en disant que le concept du monde issu de la philosophie de l'école de Kant peut être opposé à celui des doctrines de l'Europe occidentale. « *Dem deutschen Idealismus erschien umgekehrt gerade dies ræthselhaft, wie etwas von aussen in die Seele hineingelangen kœnne* ». (L'idéalisme allemand, tout à l'opposé, a trouvé fort énigmatique que quelque chose puisse entrer dans l'âme du dehors.)

prendre, que celle qui formait le point de départ de la philosophie de Kant, et qui porta son école à faire de l'activité de l'esprit et de l'autonomie de la conscience le fond de la réalité et du vrai. Moins de dix ans avant que le philosophe de Kœnigsberg ne conçût le plan de sa *Critique de la raison pure*, dans laquelle les *formes* et les lois du monde objectif de l'expérience lui apparurent comme une empreinte frappée sur celui-ci par l'activité idéale de notre esprit, Winckelmann et Lessing avaient renouvelé l'histoire de l'art antique et la critique littéraire, en recherchant, celui-ci dans la spontanéité de la conception et de la production de l'écrivain qui invente, celui-là dans la spontanéité propre au génie de tout un peuple et d'une civilisation, les lois par lesquelles la vie de l'esprit humain, facteur éternel de l'histoire, s'y révèle dans toute la richesse de ses formes individuelles et collectives.

Puis était venu Herder. Et son vaste génie de penseur poète avait personnifié, avec cette puissance admirable de *sympathie congéniale* qui le transportait dans l'état d'âme et d'esprit des âges les plus lointains, le nouvel instinct de l'histoire. Celui-ci, opposé au rationalisme abstrait du xviiie siècle, devait donner une tout autre forme à l'intelligence de notre siècle, en être, comme l'a très bien dit Taine, « le plus grand effort (1) ». Herder avait étudié surtout les origines de la civilisation humaine, comme étant les époques où le génie créateur de chaque peuple

---

(1) « Chacun sait que cette science (l'histoire) est le plus grand effort et la plus grande œuvre du siècle ». *Les Philosophes classiques*, p. 299.

se manifeste plus simple et plus entier, ce qui permet à la critique de surprendre en quelque sorte sur le fait le travail occulte des forces formatrices et transformatrices de l'histoire (1). La première impulsion donnée, cette grande œuvre d'investigation à la fois géniale et méthodique, vers laquelle les esprits germaniques étaient portés par leur tempérament, avait créé autant de sciences nouvelles que le champ de l'histoire renfermait de groupes de faits humains dont on cherchait l'unité d'organisme et de développement. Après les études homériques de Wolf, qui ouvrirent la voie à la philologie, Guillaume de Humboldt, les deux Grimm, Bopp, avaient jeté les fondements et indiqué les applications les plus fécondes de la science du langage ; Niebuhr, Savigny, Eichhorn avaient recherché les lois de développement des sociétés et des institutions romaines et germaniques ; Kreuzer et Ottfried Muller, celles des mythologies et des religions antiques ; puis l'école de Tubingue avait créé la critique historique des origines du christianisme.

Ce mouvement d'études avait toujours emprunté davantage de leur rigueur, en avançant, à l'analyse et à l'observation scientifiques ; il s'éloignait des conceptions abstraites et des constructions *à priori* vers lesquelles l'idéalisme métaphysique alors dominant tendait à l'attirer. Sans doute, aucune des découvertes opérées alors dans le champ de ces études ne peut, prise en elle-même, être attribuée directement à la philosophie. Cependant la première impulsion du mou-

(1) Voir Robert Haym : *Herder nach seinem Leben und seinen Werken dargestellt*, deux volumes, 1880, Berlin.

vement qui les produisit était sortie de celle-ci, ainsi que de ce concept de l'*unité organique* et de l'*évolution* des choses, que, d'une part, Hegel exprima dans sa formule métaphysique de la loi du *devenir*, et que Gœthe, d'autre part, avait entrevue avec l'imagination du poète dans son *Introduction à l'anatomie comparée* (1795) et dans ses études sur l'unité de type des plantes, qui devancèrent la biologie de notre époque.

VII

Taine est du très petit nombre des écrivains non germaniques, et le seul écrivain français, je crois, qui ait reconnu qu'à l'Allemagne revient le mérite d'avoir donné l'initiative et la direction au courant des idées historiques qui dominent la pensée contemporaine.

Ces paroles de son étude sur Carlyle sont vraiment à noter dans la bouche d'un Français: « De 1780 à 1830, l'Allemagne a produit toutes les idées de notre âge historique, et pendant un demi-siècle encore, pendant un siècle peut-être, notre grande affaire sera de les repenser ». Et il ajoute un peu plus loin que toutes ces idées « se réduisent à une seule, celle du développement (*Entwickelung*) », laquelle, remarque très bien M. Paul Bourget dans son essai sur Renan, est la même chose que celle du *devenir*; « idée pour laquelle nous n'avons même pas de mot national, tant elle nous a été peu familière avant ces trente dernières années (1) ».

Cela est vrai, et, par cette raison, l'affirmation de Taine pourrait paraître d'abord un peu hasardée. Mais il la fondait sur toute une série de faits de l'histoire de la pensée et de l'art, observés par lui à l'aide d'une analyse large et pénétrante et à la lumière d'une théorie qui lui est favorite et qui dérive logiquement de celle de l'évolution.

Cette théorie est celle des *moments* historiques. Les

(1) P. Bourget, *Essais de psychologie contemporaine*, t. I, p. 87. — Dans son étude sur Carlyle (pp. 81-82), Taine dit que cette idée allemande de l'*évolution*, « dépouillée de ses enveloppes, n'affirme que la dépendance mutuelle qui joint les termes d'une série et les rattache toutes à quelque propriété abstraite située dans leur intérieur. Si on l'applique à la Nature, on arrive à considérer le monde comme une échelle de formes et comme une suite d'états ayant en eux-mêmes la raison de leur succession et de leur être, enfermant dans leur nature la nécessité de leur caducité et de leur limitation, composant par leur ensemble un tout indivisible qui, se suffisant à lui-même, épuisant tous les possibles et reliant toutes choses depuis le temps et l'espace jusqu'à la vie et la pensée, ressemble, par son harmonie et sa magnificence, à quelque Dieu tout-puissant et immortel. Si on l'applique à l'homme, on arrive à considérer les sentiments et les pensées comme des produits naturels et nécessaires, enchaînés entre eux comme les transformations d'un animal ou d'une plante, ce qui conduit à concevoir les religions, les philosophies, les littératures, toutes les conceptions et toutes les émotions humaines, comme les suites obligées d'un état d'esprit qui les emporte en s'en allant ; qui, s'il revient, les ramène, et qui, si nous pouvons le reproduire, nous donne par contre-coup le moyen de les reproduire à volonté. Voilà les deux doctrines qui circulent à travers les écrits des deux premiers penseurs du siècle, Hegel et Gœthe. Ils s'en sont servis partout comme d'une méthode, Hegel pour saisir la formule de toute chose, Gœthe pour se donner la vision de toute chose ; ils s'en sont imbus si profondément, qu'ils en ont tiré leurs sentiments intérieurs et habituels, leur morale et leur conduite. On peut les considérer comme les deux legs philosophiques que l'Allemagne moderne a faits au genre humain ».

faits étaient les nombreux exemples que lui donnait l'histoire, — plus spécialement à partir de la naissance de la culture moderne,— du mode de développement des germes et des greffes des idées, transportés de l'esprit d'un peuple et d'une race à l'esprit d'une autre race. « A de certains moments paraît une *forme d'esprit originale,* qui produit une philosophie, une littérature, un art, une science, et qui, ayant renouvelé la pensée de l'homme, renouvelle lentement, infailliblement, toutes ses pensées. Tous les esprits qui cherchent et trouvent sont dans le courant; ils n'avancent que par lui; s'ils s'y opposent, ils sont arrêtés; s'ils en dévient, ils sont ralentis; s'ils y aident, ils sont portés plus loin que les autres. Et le mouvement continue, tant qu'il reste quelque chose à inventer. Quand l'art a donné toutes ses œuvres, la philosophie toutes ses théories, la science toutes ses découvertes, il s'arrête; une autre forme d'esprit prend l'empire, ou l'homme cesse de penser. Ainsi parut à la Renaissance le génie artistique et poétique qui, né en Italie et porté en Espagne, s'y éteignit au bout d'un siècle et demi dans l'extinction universelle, et qui, avec d'autres caractères, transplanté en France et en Angleterre, y finit au bout de cent ans parmi les raffinements des maniéristes et les folies des sectaires, après avoir fait la réforme, assuré la libre pensée et fondé la science. Ainsi naquit avec Dryden et Malherbe l'esprit oratoire et classique, qui, ayant produit la littérature du xviie siècle et la philosophie du xviiie, se desséchà sous les successeurs de Voltaire et de Pope, et mourut au bout de deux cents ans, après avoir poli l'Europe et soulevé la révolution française. Ainsi s'éleva, à la fin du dernier siècle, le génie philosophique allemand, qui, ayant engendré une métaphysique, une théologie, une poésie, une littérature, une linguistique, une exégèse, une érudition nouvelles, descend en ce moment dans les sciences et continue son évolution. Nul esprit plus original, plus universel, plus fécond en conséquences de toute portée et de toute sorte, plus capable de tout transformer et de tout refaire, ne s'est montré depuis trois cents ans. Il est du même ordre que celui de la Renaissance et celui de l'âge classique. Il se rattache, comme eux, toutes les grandes œuvres de l'intelligence contemporaine. Il apparaît comme eux dans tous les pays civilisés. Il se propage comme eux avec le même fonds et sous plusieurs formes. Il est comme eux un des moments de l'histoire du monde. Il se rencontre dans la même civilisation et dans les mêmes races. Nous pouvons donc, sans trop de témérité, conjecturer qu'il aura une durée et une destinée semblables. Nous arrivons par là à fixer avec quelque précision notre place dans le fleuve infini des événements et des choses. Nous savons que nous sommes à peu près au milieu de l'un des courants partiels qui le composent. Nous pouvons démêler la forme d'esprit qui le dirige et chercher d'avance vers quelles idées il nous conduit (1) ».

Le passage est un peu long, mais il méritait d'être reproduit en entier. Il nous aide à comprendre un des faits les plus notables du procédé de formation de la

---

(1) *Histoire de la Littérature anglaise*: Carlyle, t. V, pp. 269-270.

pensée et de la doctrine de Taine. C'est que ces mêmes principes de l'école historique allemande, à laquelle il rapportait le courant principal de la culture moderne, l'amenèrent dès ses premiers pas à rechercher par une méthode sûre comment il pourrait prendre une part efficace à l'œuvre commune de cette culture, en traduisant avec originalité, dans son intelligence de Français, les idées qui lui venaient du dehors. Chez nul autre écrivain de notre temps ne s'exprime aussi nettement, dès le début, la conscience du besoin ressenti par quiconque est né penseur ou artiste, de vivre dans sa propre vie la vie intellectuelle de son pays et de son temps. Ce fut ce sentiment précoce qui le porta, plus peut-être qu'aucun autre de ses compatriotes, à voyager mentalement aussi dans d'autres pays, et le mit d'emblée sur la voie de l'étude des diverses « formes d'esprit et d'intelligence », c'est-à-dire des types et des habitudes de pensée propres aux individus, aux peuples et aux races, et qui en marquent, dans l'histoire, les grandes diversités de génie et de culture.

Ce qui, dans cette recherche, me paraît le plus remarquable et lui appartenir en propre, ce n'est pas l'usage qu'il y fait des trois lois historiques indiquées par sa formule : « la race, le milieu, le moment ». Elles avaient déjà été appliquées avant lui, bien que moins systématiquement, par des philosophes de diverses écoles (1). C'est plutôt sa tentative de péné-

---

(1) M. F. Brunetière, dans son excellent *Manuel de l'histoire de la Littérature française*, 1898, met très bien en relief la part qui revient à Taine dans le remaniement fait par lui des théories du milieu, de la race et du moment, dont il nous a surtout donné la

trer par l'analyse jusqu'au fait *psychologique* des premières et diverses aptitudes intellectuelles et morales qui constituent au fond les différences de race et de culture des peuples, et qui s'y impriment comme autant de variétés primitives de *structure mentale*. Je nomme cela une tentative. C'est qu'en effet les admirateurs du talent de Taine — et je suis de ceux-là — ne peuvent se dissimuler que son analyse des deux ou trois types fondamentaux auxquels il veut réduire « les facultés d'une âme humaine considérée en général », et desquels il fait dépendre « l'ensemble des variétés historiques », nous donne plutôt une suite d'observations justes et très fines, qu'elle ne nous fait découvrir de véritables lois scientifiques. Mais, je le répète, il s'est néanmoins livré à un essai important et qu'on n'avait pas tenté avant lui, au moins par la même voie, en cherchant à créer une espèce de psychologie comparée des variétés primitives des organismes et des systèmes de la culture humaine, qui devrait être pour leur histoire ce qu'est pour la zoologie et pour la botanique l'anatomie comparée des animaux et des plantes, ce qu'est en minéralogie, pour l'étude des variétés de cristaux, la classification de leurs formes géométriques élémentaires (1).

synthèse. « C'est Gustave Planche », dit M. Brunetière, « non Sainte-Beuve, qui a le mieux compris où était l'entière nouveauté de la méthode ; si les éléments en étaient effectivement partout, — mais « la synthèse » nulle part ; — et que personne surtout n'en eût aperçu les conséquences ». (P. 508.)

(1) C'est lui-même qui le dit dans l'Introduction de l'*Histoire de la Littérature anglaise*, p. xviii.

VIII

Les grandes lignes de cette tentative, qui se dessine dès l'*Essai sur Tite-Live* et apparaît le plus nettement dans la Préface des *Essais de critique et d'histoire* et dans l'*Histoire de la Littérature anglaise*, restent ensuite toujours les mêmes dans les autres travaux de Taine. Elles nous fournissent la transition entre sa *psychologie de l'histoire* et sa *psychologie générale*, pour la nommer ainsi, qui en devait être le fondement, et qu'il ne conçut et n'exposa que plus tard. Dans l'ordre analytique auquel se réduit presque toute la substance de sa méthode, — telle qu'il nous la décrit dans la Préface des *Essais*, — il a toujours égard à l'unité de système ou de groupe que constituent entre elles toutes les parties de la culture et de la civilisation communes, en un temps donné, à une race, à un siècle, à un ou plusieurs peuples; cette unité se réduit pour lui à celle des aptitudes, des inclinations directrices qui sont les traits dominants et distinctifs de la physionomie de ce groupe humain envisagé à un certain *moment* de son développement. Ainsi le grand art italien de la Renaissance, la philosophie française, de Descartes à Malebranche, la littérature anglaise sous Élizabeth ou sous la reine Anne, portent l'empreinte du même esprit, des mêmes tendances héréditaires de la pensée et du sentiment qui, à chacune de ces époques et dans un même peuple, opéraient sur tous les autres produits de la culture de celui-ci.« Une civilisation fait corps,et ses parties se tiennent à la façon des parties d'un corps organique ». Et cela est si vrai, que ce qui advient dans les organismes animaux et dans leur structure, où la présence ou bien l'absence de certains caractères, la prédominance de l'un ou de l'autre, l'excès de développement de quelques-uns, impliquent également la variation, d'espèce à espèce, du dessin et de l'économie du système anatomique tout entier, cela advient aussi et de la même manière dans les organismes historiques humains. Ceux-ci sont l'effet d'un esprit collectif et presque d'un homme idéal qui y vit et s'y révèle avec toutes ses facultés, avec ses tendances originales ou héréditaires, modifiées par le milieu ou par les circonstances; et ils opèrent en conséquence différemment dans l'histoire, selon que ces tendances et ces facultés arrivent à être différentes et que, de plus, leur harmonie de proportion et leur équilibre diffèrent aussi et sont diversement déterminés par des causes historiques plus ou moins profondes ou éloignées (1).

(1) Telle est l'idée fondamentale donnée par Taine de l'application qu'on peut et qu'on doit faire aujourd'hui à la science historique des méthodes propres jusqu'ici aux sciences naturelles, et plus spécialement à la science des organismes. Dans la Préface des *Essais de critique et d'histoire* et dans le tome II de *L'Intelligence* (liv. IV, chap. III), il expose beaucoup plus en détail que dans l'Introduction de l'*Histoire de la Littérature anglaise* les étroites analogies, ou plutôt les coïncidences qui existent entre les idées directrices des procédés des recherches scientifiques et les principes de la philosophie et de l'histoire. Ces analogies et ces coïncidences consistent en la possibilité de rencontrer et de vérifier, dans la matière et dans le cours des faits historiques, des lois et des théories identiques à celles que les naturalistes nomment : la connexion des caractères (loi de Cuvier), le balancement organique (loi de Geoffroy Saint-Hilaire), la règle de la subordination des caractères

Le concept auquel Taine cherchait ainsi à donner une forme démonstrative empruntée aux sciences naturelles était, au fond, le même qui, en Allemagne, avait conduit l'école historique à retrouver dans les langues, dans les religions, dans les arts, dans les philosophies, dans les formes sociales et politiques de races et de peuples divers, leur unité ou leur différence d'origine, de caractère et de culture. C'était le concept de l'*évolution*, qui consiste, dit notre philosophe dans son étude sur Carlyle, « à représenter toutes les parties d'un groupe comme solidaires et complémentaires, en sorte que chacune

(qui est le principe des classifications en botanique et en zoologie), la théorie des analogues et de l'unité de composition (de Geoffroy Saint-Hilaire), et la théorie de Darwin sur la sélection naturelle. Cette convergence, toujours croissante, que Taine observe entre les méthodes et les résultats des sciences naturelles et de la science historique, le porte, dans la Préface des *Essais de critique et d'histoire*, à conclure hardiment : « Il suit de là qu'une carrière semblable à celle des sciences naturelles est ouverte aux sciences morales ; que l'histoire, la dernière venue, peut découvrir des lois comme ses aînées ; qu'elle peut, comme elles et dans sa province, gouverner les conceptions et guider les efforts des hommes ; que, par une suite de recherches bien conduites, elle finira par déterminer les conditions des grands événements humains, je veux dire les circonstances nécessaires à l'apparition, à la durée ou à la ruine des diverses formes d'association, de pensée et d'action ». En d'autres termes, de même que « la découverte des conditions et des dépendances des choses dans les sciences physiques a donné aux hommes le moyen de prévoir et de modifier, jusqu'à un certain point, les événements de la nature », ainsi « une découverte analogue dans les sciences morales doit fournir aux hommes le moyen de prévoir et de modifier, jusqu'à un certain degré, les événements de l'histoire ». Il admet en substance la possibilité, très discutable, admise aussi par Renan, de véritables expériences et de prévisions dans le champ des phénomènes moraux et de l'histoire humaine. — Voir dans les *Nouvelles Études d'histoire religieuse*, d'E. Renan (1884), le chapitre sur la *Méthode expérimentale en religion*.

d'elles nécessite le reste, et que, toutes réunies, elles manifestent par leur succession et leur contraste la qualité intérieure qui les assemble et les produit ».

Ces mots nous donnent, jusqu'à un certain point, la formule de la méthode suivie par Taine dès ses premiers écrits ; méthode que, dans son *Essai sur Tite-Live*, il qualifie d'*exacte*, et qui n'était autre que celle de l'école historique allemande passée à travers l'esprit d'un positiviste français (1). Dans son étude sur Carlyle, parlant de la façon dont l'auteur du célèbre livre sur *Les Héros* s'était fait l'interprète des idées mères de la culture germanique, il en donnait dans les termes suivants la « transcription » à ses compatriotes : « Il y a dans le livre sur *Les Héros* une théorie allemande, mais transformée, précisée et épaissie à la manière anglaise. Les Allemands disaient que toute nation, toute période, toute civilisation a son *idée*, c'est-à-dire son trait principal, duquel tous les autres dérivent ; en sorte que la philosophie, la religion, les arts et les mœurs, toutes les parties de la pensée et de l'action, peuvent être déduites de quelque qualité originelle et fondamentale de laquelle tout part et à laquelle tout aboutit. Là où Hegel mettait une idée, Carlyle met un sentiment héroïque. Cela est plus palpable et plus moral. Pour achever de sortir du vague, il considère ce

---

(1) Karl Hillebrand, qu'il faut citer ici, en sa qualité d'Allemand ayant jugé avec finesse et impartialité les choses françaises, dit encore dans son étude sur *H. Taine historien* (pp. 219-220) : « C'est vraiment un grand mérite à lui de s'être fait... l'apôtre des *idées* de Herder en France, d'avoir ouvert, quoique un peu bruyamment, tant de fenêtres à ses compatriotes, et d'avoir contraint ceux-ci, presque par force, à regarder aussi au dehors ».

sentiment dans un héros. Il a besoin de donner aux abstractions un corps et une âme ; il est mal à son aise dans les conceptions pures, et veut toucher un être réel ».

Le même besoin, senti cependant sous une autre forme, qui est celle propre à l'esprit latin et français, et à laquelle la tendance de l'époque vers l'analyse scientifique ajoutait son empreinte, porta l'auteur de l'étude sur Carlyle à établir comme principe de sa méthode que là où Hegel mettait une *idée* et Carlyle un héros, la science et la philosophie devaient, au contraire, chercher une *cause* ou un *premier fait* (1).

Nous verrons quel rôle important a joué un tel principe dans cette transformation, ou, si l'on veut, dans cette réélaboration du positivisme français à laquelle Taine se livra. Il me semble toutefois nécessaire de bien mettre en relief une chose : c'est que l'élément premier et le noyau générateur de l'unité de système dont s'inspire l'œuvre de Taine, qui nous la donne en germe et nous en fait pressentir chaque partie dès ses premiers écrits, réside dans l'observation immédiate, dans l'intuition géniale appliquée par lui à l'étude concrète de l'âme humaine et de son histoire. Je dis : *concrète*, pour exclure d'emblée l'idée que le

(1) Dans son étude sur le *Positivisme anglais*, Taine feint avec un étudiant d'Oxford une conversation dont je rapporte ce trait qui vient bien à propos : « Mais leur philosophie (celle des Allemands) n'est qu'une poésie mal écrite. — Peut-être. — Mais ce qu'ils appellent raison ou intuition des principes n'est que la puissance de bâtir des hypothèses. — Peut-être. — Mais les systèmes qu'ils ont arrangés n'ont pas tenu devant l'expérience. — Je vous abandonne leur œuvre. — Mais leur absolu, leur sujet, leur objet et le reste ne sont que de grands mots. — Je vous abandonne leur style. — Alors que gardez-vous ? — Leur idée de la cause ».

procédé mental qui le porta à sa conception psychologique de l'histoire ait été celui d'un penseur qui, à la lumière d'une théorie déjà donnée, envisage l'esprit humain seulement au point de vue abstrait, — *sub specie æternitatis*, disait Spinoza, — et à travers certains concepts très généraux qu'il applique ensuite aux faits réels. C'est la voie traditionnelle suivie jusqu'à nos jours par la philosophie et la psychologie des écoles, mais ce n'est pas celle dans laquelle entra l'esprit de Taine, à ses débuts d'écrivain. L'aptitude philosophique pour les larges synthèses, qui s'était éveillée en lui lors de ses premières études, ne se développa et ne produisit quelque chose de vraiment original, nous l'avons déjà dit, que lorsqu'il trouva à en faire l'application à ce monde de la conscience et de l'histoire qui l'attirait avant tout, à ces « intérieurs d'âme » que Henri Beyle, son auteur favori, considérait comme l'unique objet d'étude digne d'un écrivain philosophe (1).

(1) Nous avons déjà fait remarquer que ce changement dans la méthode d'exposition des idées philosophiques, qui, selon M. G. Monod, s'opère chez Taine quand, au début de sa carrière d'écrivain, il acquiert la pleine confiance de ses forces et de la voie à suivre, n'a pas modifié seulement la *forme* et le procédé, mais aussi le *contenu* de sa pensée. Des abstractions plus ou moins conventionnelles et traditionnelles de la philosophie classique, il passa, tout en restant philosophe, sous l'influence des intuitions géniales des fondateurs de l'école historique et de Gœthe, à l'étude directe, concrète et positive de la réalité des faits et des époques, et des *variétés* historiques. Cela ressort non seulement de ses lettres, mais de la matière et des sujets de ses travaux, surtout à partir de 1854, c'est-à-dire à partir du moment où, suivant le mot de M. G. Monod, son esprit entra directement en contact avec la réalité et avec les faits. En ce sens-là, mais en ce sens *seulement*, je trouve fondée cette affirmation de M. Emile Faguet : « Ce qui l'attira d'abord d'un attrait invincible, ce fut le fait ». *Politiques et Moralistes du XIX⁰ siècle*, 3⁰ série, 1900, p. 239.

IX

Il était en réalité, par son tempérament intellectuel qui le faisait vivre « les yeux tournés vers le dedans », un fin essayeur d'âmes humaines. Et il se révèle tel dès le premier jour. Presque tous ses travaux — nous l'avons déjà dit — sont des études d'analyse psychologique, des portraits d'hommes et des tableaux de faits nouveaux, tracés au vif à l'aide d'une observation directe et géniale. Sa théorie de la *faculté maîtresse*, introduite par lui dans la critique française, et qui recherche, à travers les éléments multiples du génie d'un écrivain, d'un artiste, d'un homme d'action, le *fait* premier et central d'où sort toute son œuvre, cette théorie, examinée en elle-même et en dehors de la forme sous laquelle elle se présente à nous dans l'*Essai sur Tite-Live*, n'est autre chose que la *notation* abstraite de tout cet ensemble d'impressions dominantes qui restent dans l'esprit du lecteur, du critique, de l'observateur sagace, après avoir goûté et étudié un chef-d'œuvre ou connu un personnage éminent (1). Taine possédait à un très haut degré la

---

(1) Taine lui-même indique, dans la Préface des *Essais de critique et d'histoire*, la façon dont le lecteur et l'observateur peuvent recueillir ces *notations* d'après les impressions qu'ils reçoivent et les jugements qu'ils formulent sur les faits, les hommes et les époques. — Combien la théorie de la *faculté maîtresse* a pénétré dans la critique française, on peut le voir par le numéro unique du journal consacré en 1893 à Guy de Maupassant, déjà mort intel-

faculté de découvrir avant tout le côté *caractéristique*, *typique* des choses, ce qui en elles est *représentatif* d'une idée. C'est ce que nous montrent celles de ses œuvres qu'on peut appeler descriptives : le *Voyage aux Pyrénées*, les *Notes sur Paris*, le *Voyage en Italie*, les *Notes sur l'Angleterre*, plus d'un des *Essais*, et, entre autres, celui sur *Sainte Odile et Iphigénie en Tauride*, qui, dans la description de la grande forêt des Vosges, nous fait sentir l'âme des choses et les émotions d'où surgit le mythe dans l'imagination des hommes primitifs.

Dans ces *tableaux* de la nature et de la vie sociale, qui sont parmi les plus beaux de la littérature française, le vigoureux coloris, la vérité des détails, le relief que l'auteur donne constamment à sa vision d'artiste, ne nous laissent jamais perdre de vue le fond sur lequel celle-ci se détache. Ce fond est la conception des lois, des causes, des forces, des *puissances idéales*, des *formes* génératrices inhérentes à tout ordre de choses et de faits humains. La riche toile des images coloriées et pleines de vie qui s'éveillent dans sa fantaisie très sensible à tout contact de la réalité, il la tisse constamment dans la trame des idées. Et dans cet accord de la spontanéité émue de l'écrivain avec la réflexion sereine du philosophe et du psychologue, réside le principal mérite des meilleurs écrits de Taine.

Il est vrai qu'il ne réussit pas toujours à l'atteindre.

---

lectuellement, journal à la rédaction duquel collaborèrent tous les principaux écrivains français d'aujourd'hui. Il n'en est pour ainsi dire pas un seul qui n'y recherche dans Maupassant la *faculté maîtresse*.

Parfois et même fréquemment la tendance de son esprit vers les abstractions et les symétries logiques, le soin trop minutieux des détails, le besoin de tout démontrer, alourdissent sa main dans la composition et refroidissent celle-ci. Et alors se produit ce que Karl Hillebrand a bien remarqué au sujet des *Origines de la France contemporaine*. La représentation de la vie historique et des figures qui s'y détachent, celle de leurs groupes, le sens et l'observation immédiate des choses et des faits, ne s'animent plus sous sa plume en une peinture puissante (telle, par exemple, que celle qu'il nous offre de la civilisation anglaise), à laquelle ses théories servent seulement de cadre ou de fond ; c'est, au contraire, la théorie qui occupe presque toute l'étendue du tableau et lui enlève vie et mouvement, le réduisant à une énumération de matériaux et de données, à un inventaire de faits pas toujours bien épluchés, à une masse de citations entassées l'une après l'autre sous leurs rubriques. Parfois aussi, dans sa manière de sentir et de rendre les impressions que lui donnent la nature et surtout le paysage, — presque chacun de ses livres en renferme de très beaux, — il se glisse quelque chose de cherché et de voulu. Le lecteur remarque que l'auteur voit un peu les choses avec les yeux de sa théorie.

Mais il en est rarement ainsi dans ses œuvres de pleine jeunesse, écrites dans toute la vigueur de l'inspiration. Ce sont toujours celles, d'ailleurs, qui permettent d'apprécier le mieux la valeur d'un esprit. Dans celles de Taine, l'harmonie de la faculté artistique avec la faculté spéculative n'y est pas encore troublée. L'observateur, l'écrivain génial s'y affirme en même temps philosophe, parce qu'il fait d'inspiration et d'instinct ce qu'un autre grand écrivain, philosophe et artiste, lui aussi, Arthur Schopenhauer, regardait comme le devoir du penseur véritable : il jette une veine chaude d'intuition et de sentiment dans les moules abstraits des concepts de son esprit, qui la fixent sans néanmoins lui enlever l'expression immédiate et le mouvement du vrai d'où elle découle. Dans ces moments les plus heureux de sa production intellectuelle, on ne sent presque pas le désaccord latent qui pourtant y règne, et qui provient de ce que la spontanéité de l'art de l'écrivain, sa rare puissance d'assimiler et de rendre organiquement ce qu'il prend au dehors, est en opposition avec le *mécanisme* de sa théorie philosophique (1). Ce désaccord s'affirme surtout dans son livre sur les origines de la France contemporaine ; mais il existe déjà dans ses travaux sur la philosophie de l'art. C'est ainsi, par exemple, que dans les pages qu'il consacre à l'art italien du xviᵉ siècle, la description vraie en grande partie qu'il en donne est trop violemment comprimée dans l'étroitesse de la théorie du *milieu*, dont il prétend apercevoir partout l'influence. Or, cette théorie ne parvient pas à expliquer entière-

---

(1). Karl Hillebrand a dit dans son étude déjà citée (p. 221) : « Sa manière de voir n'était nullement aussi mécanique que sa méthode, de même que son art et sa mémoire n'avaient rien de mécanique. Tout ce qu'il absorbait pénétrait dans son organisme et l'enrichissait ; ses descriptions formaient un tout, e non une série de détails péniblement entassés ». Il faut noter que Karl Hillebrand se montre en général assez sévère dans son jugement sur Taine.

ment, comme il le voudrait, l'œuvre des plus grands d'entre nos artistes.

Mais dans les écrits où son talent a pu conserver tout son équilibre, la fraîcheur et la vérité originale de l'intuition d'où jaillit son œuvre passent entières à travers la forme réflexe de la théorie. Bien plus, celle-ci se dessine en lignes toujours plus larges et s'adapte au développement opéré en elle par le premier germe des idées maîtresses du philosophe, qui la transforme en une conception toujours plus générale de la vie de l'esprit observée dans l'histoire.

C'est ce que nous montrent trois de ses premiers travaux, qui expriment le moment le plus harmonique de son talent : *La Fontaine et ses Fables*, *Les Philosophes classiques*, et l'*Histoire de la Littérature anglaise*. Ils forment en quelque sorte une série ascendante en extension et en complexité de vues historiques et philosophiques (1).

En fait, le motif fondamental de la critique de Taine, qui ressort déjà de l'*Essai sur Tite-Live*, et qui consiste dans le concept d'une *faculté maîtresse*, reste constamment le même, sert de base à sa méthode

(1) Quoique la composition définitive du *La Fontaine*, sous sa forme actuelle, doive être de peu antérieure à sa nouvelle publication (1860), cependant les lignes principales du livre, où l'idée de la *race* tient une si grande place, apparaissent déjà dans la première conception de l'ouvrage, quand l'auteur l'écrivit pour sa thèse de doctorat. C'est ce que témoigne une de ses lettres à Prévost-Paradol, en date du 1er août 1852. Quant aux *Philosophes classiques*, bien que les idées directrices de la doctrine du livre remontent tout au moins par leur contenu, comme je l'ai déjà noté, à la première période de formation et d'orientation de la pensée de Taine, cependant la forme et le plan qu'il a donné à ce livre sont le produit d'une phase de son esprit qui suit la composition du *Tite-Live* et du *La Fontaine*.

d'analyse dans chacun de ces trois travaux. Mais il s'y développe de l'un à l'autre presque en un continuel *crescendo*, à mesure que l'écrivain élargit le sens et la portée de sa théorie, en envisageant l'histoire de l'âme humaine d'après un champ de perspective de plus en plus vaste. Dans le premier ouvrage, en effet, il étudie la *structure mentale* du génie littéraire de la France tel qu'il est représenté par un de ses grands poètes. Dans le second, il analyse l'œuvre de tout un groupe d'esprits, français eux aussi, et y retrouve le résultat de l'action de leurs principales dispositions intellectuelles et morales, uni à l'œuvre du *milieu* et des moments historiques de leur pays. Enfin, l'ample revue qu'il fait des produits les plus caractéristiques de la culture anglo-saxonne, mise en parallèle avec les cultures latine et germanique, et déduite du fond du génie national, embrasse cette culture dans tout son cours historique : avant et après sa lente et pénible victoire sur l'oppression normande, et depuis son plein éclat, à la Renaissance, jusqu'à la Restauration et la Révolution, en s'étendant jusqu'à nos jours. Peu d'œuvres aussi géniales que celle-ci, suivant moi, ont été écrites à notre époque ; et il y en a très peu où l'harmonie inspiratrice de l'ensemble se représente ainsi dans chaque partie. Le livre tout entier est un *essai* à la fois exquis et vaste de l'âme anglaise, étudiée dans cette littérature qui est peut-être la plus grande de l'Europe, celle, en tout cas, dont l'histoire offre le développement le plus continu, le plus plein, le plus puissant, aussi bien dans la poésie que dans la prose. Et, à son tour, chaque partie de l'*Histoire* où il est question de tel ou tel grand écrivain constitue, elle aussi, un *essai* achevé, tout dominé par l'idée mère du livre, qui lui ajoute évidence et force, en la mettant en un contact plus immédiat avec la vérité de l'observation psychologique qui l'a suggérée. L'Introduction est, je crois, le plus vigoureux morceau de philosophie historique qui ait été écrit en français de nos jours. Et plusieurs parties, comme celles qui traitent du théâtre anglais de la Renaissance et du génie de Shakespeare, du puritanisme, de Bunyan et de Milton, l'analyse des œuvres de Byron, le parallèle entre le *Manfred* de celui-ci et le *Faust* de Gœthe, en y ajoutant l'admirable résumé où l'auteur fait apparaître sous nos yeux, dans un dernier tableau, tout l'organisme historique de la civilisation anglaise, dont il montre l'avenir, constituent des pages qui suffiraient à elles seules à consacrer la mémoire d'un écrivain (1).

(1) Cela de l'aveu même des Anglais, qui disent que les principales parties de l'œuvre de Taine sont très belles et *vraies*. Ils critiquent les chapitres consacrés à leurs romanciers du dernier siècle. Le lecteur comprendra d'ailleurs que l'examen du contenu et de la valeur historique et critique de cette œuvre de Taine, tel que devrait l'entreprendre celui qui l'étudierait à un point de vue littéraire, n'entrait pas dans le plan de mon livre. Aussi ai-je négligé de parler des critiques et des objections qu'on pourrait adresser, et qui, en partie, ont été adressées à l'idée fondamentale qui domine toute l'*Histoire de la Littérature anglaise* et en fait, en quelque sorte, une démonstration partant, comme de sa prémisse, du rapport constant qui existe dans tous les produits du génie anglais entre l'influence originale de la race saxonne et celle de la conquête normande, et le milieu naturel et historique dans lequel ce génie s'est ensuite développé. M. Gaston Deschamps dit dans son étude sur Taine (*Op. cit.*, p. 152) : « M. Jusserand dans son *Histoire littéraire du peuple anglais*, M. Angellier dans sa thèse sur *Robert Burns*, ont montré ce qui manque, ici, aux analyses de Taine. Il est singulier que, dans la nomenclature des éléments qui composent le peuple anglais, Taine ait omis la

L'idée qui revient constamment dans les livres de Taine, et qui les domine, est celle de la *race*, dont il examine l'action sur le génie des individus et des peuples, en relation avec une autre action : celle du climat, des conditions sociales et des moments historiques. Envisagée sous ce seul aspect, l'œuvre du philosophe français ne présenterait d'autre importance et d'autre nouveauté, je l'ai déjà dit, que d'avoir coordonné en un système plus rigoureusement déduit du principe d'une causalité naturelle, les critériums historiques de l'école positive. Et jusqu'ici, en faisant toutefois abstraction de l'idée de *race*, dont Buckle a nié à tort l'influence, on pourrait qualifier Taine, ne fût-ce que pour avoir écrit son livre quelques années après l'historien anglais, de disciple de celui-ci Il s'écarte toutefois beaucoup de lui, et non seulement comme écrivain, mais aussi comme philosophe il prend également une position tout à fait indépendante et personnelle vis-à-vis d'Auguste Comte, en tentant de pénétrer par l'analyse au delà du fait naturel des dispositions héréditaires de race et des aptitudes primitives des hommes et des peuples, et de faire de la critique une psychologie du génie et de l'âme individuelle, et de l'histoire une psychologie de l'âme collective.

contribution des races celtiques. Lord Alfred Tennyson, sir Edward Burne Jones et, en général, tous les admirateurs du roi Arthur, ne peuvent lui pardonner cet oubli ».

X

En cela réside l'originalité de Taine comme philosophe et comme écrivain. Elle est dans la force éloquente d'affirmation et d'évidence qu'a pour lui l'intuition du monde historique, pensé en tant qu'unité organique d'une conscience collective de l'humanité, vivant au cours des siècles d'une vie propre aussi vraie et réelle que la vie de la conscience des divers individus qui en font partie ; — intuition issue de la métaphysique des Allemands, et que Taine *transcrit*, fait sortir du vague et veut ramener à des formules, à des faits exacts de psychologie, avec une clarté d'analyse et un art tout français, avec une grande abondance d'observations minutieuses à la façon des analystes anglais. Ce qu'il y a de vivant au fond de son œuvre, et qui se fait le plus sentir au lecteur, c'est, il me semble, cette ardente sympathie avec laquelle il sait se transporter, en véritable artiste, dans la grande âme de l'Histoire, et en retrouver les vibrations les plus cachées dans le cœur des hommes éminents, chez ceux que Carlyle appellerait les héros de la pensée et de la volonté.

Certes, on ne peut le nier, la continuité persistante avec laquelle cette recherche de l'élément commun, national, ethnique, dans tout produit de l'intelligence, pénètre la critique de Taine, l'arrête presque exclusivement à cet aspect des œuvres littéraires et artistiques sous lequel elles nous apparaissent plus comme des effets nécessaires d'un concours de causes et de forces naturelles et sociales, ou comme des *documents humains*, que comme des organismes esthétiques de chacun desquels le critique peut et doit étudier la structure, les exigences intimes de composition et de forme, et leur convenance avec le sujet, avec l'idée dont l'auteur s'est inspiré. Sous ce second aspect plus étroitement littéraire, la critique a été pratiquée en France par l'un des plus grands écrivains de ce temps, Sainte-Beuve : un psychologue, lui aussi, et qui savait saisir au delà des mots, avec une admirable pénétration, les sentiments et les pensées, « retrouver » dans son *Port-Royal*, en un petit coin de l'histoire des idées religieuses, « une grande province de psychologie humaine ». Taine a bien raison de dire qu'il est le maître de la critique contemporaine (1). Mais quoique Sainte-Beuve se qualifiât lui-même de « naturaliste », son œuvre fut bien plus l'œuvre originale d'un essayiste sagace, mise au service de l'art et de la connaissance de la vie et du cœur humain, que l'œuvre systématique d'un philosophe et d'un savant, comme celle que se proposait l'historien de la littérature anglaise. Dans l'Introduction de ce livre, Taine nous dit que l'his-

(1) *Histoire de la Littérature anglaise*, Introduction, p. xiv. — Taine attribue à Sainte-Beuve la gloire d'avoir fait progresser la critique contemporaine dans la recherche des différences et des variétés historiques des âmes humaines, effectuée au moyen de l'interprétation psychologique des littératures et des documents historiques, en un champ d'études où avaient travaillé en Allemagne Herder, Ottfried Muller et Gœthe, et en Angleterre Carlyle. Au dernier siècle, « on connaissait l'homme, on ne connaissait pas les hommes ».

toire, telle qu'il la concevait, était « en train d'achever » le pas que Sainte-Beuve lui avait fait faire en France; et qu'après avoir cherché sous les faits, sous les formes visibles de la vie des peuples, dans les documents et dans les littératures, sous tous les aspects de la civilisation humaine, la forme interne des sentiments, les idées, l'âme du passé, ses *variétés* répondant aux individus et aux peuples, l'histoire devait aller plus loin et rechercher les *causes générales* et les *lois* ayant produit ces sentiments et ces idées à telle ou telle époque. « L'histoire — dit M. Paul Bourget — lui est apparue comme une vaste expérience instituée par le hasard pour le bénéfice du psychologue (1) ».

Cette idée que Taine a de l'histoire, envisagée comme une grande et méthodique exploration de l'homme intérieur invisible, « vivant et caché » sous les formes visibles de la vie sociale et de la civilisation, est donc une partie essentielle de la doctrine du philosophe français. Pour lui, l'histoire n'est qu'une *psychologie appliquée*, et devient telle qu'elle doit être, c'est-à-dire science des causes et des lois des faits humains, en devenant philosophie; c'est ainsi que la philosophie, et avant tout la psychologie, doivent, pour être vraies, pour ne pas donner dans le vague, pour ne pas aboutir à la stérilité, comme cela a été en grande partie le cas jusqu'à nous, ne pas se fonder uniquement sur l'observation individuelle, incertaine et trompeuse, mais avant tout sur une large *enquête* appliquée à la conscience collective ou his-

---

(1) *Essais de psychologie contemporaine*, t. I, p. 221.

torique, dont les documents sont les littératures, les religions, les institutions sociales, les mœurs, tous les aspects de la vie et de la culture humaine (1). C'est un grand mérite de Taine, qui, nous le verrons, se sépare d'Auguste Comte, en assignant à la psychologie un champ propre de recherches distinctes de celles de la physiologie, d'avoir néanmoins compris dès le début qu'une véritable science de l'âme humaine ne peut jamais se construire avec la méthode vague, informe, presque enfantine, des éclectiques, des Écossais, et des autres psychologues de l'école classique. Bien qu'instruit à cette école et voué par tempérament à la réflexion intérieure, sa vive tendance à l'observation précise, le sentiment de la nature et de l'art, la curiosité infatigable qui faisait de lui, tout jeune, un liseur universel, avide de tout savoir, et complétant plus tard son éducation par de nombreux voyages, le disposèrent pourtant dès le principe à étudier l'homme « en tout ce qui est humain », à croire, comme dit M. Paul Bourget, interprétant la pensée du maître, que « tout doit intéresser le psychologue et lui fournir un document. Depuis la façon de meubler une chambre et de servir une table, jusqu'à la manière de prier Dieu et d'honorer les morts, il n'est rien qui ne mérite d'être examiné, commenté, interprété, car il n'est rien où l'homme n'ait engagé quelque chose de son être intime... Mémoires et correspondances, monographies historiques et romans d'analyse, œuvres des artistes et

(1) Ici encore nous trouvons chez Taine une idée que les Allemands en particulier ont approfondie. C'est l'idée de Gœthe, « que seule l'humanité tout entière constitue l'homme véritable ».

travaux des artisans, l'investigation du savant doit dépouiller tous ces dossiers des passions grandes ou petites. Apercevez-vous l'ampleur énorme que prend soudain l'étriquée et grêle science des Thomas Reid et des Dugalt-Stewart? (1) ».

XI

A cette vaste œuvre d'explorateur et d'interprète du monde moral humain, Taine a donné pendant quarante ans toutes les forces de son talent, avec une discipline et une distribution de travail qui font de sa vie intellectuelle comme l'exécution d'une consigne. Il n'y a pas eu, je crois, à notre époque, un autre écrivain ayant uni une telle spontanéité de vocation artistique à une égale puissance de réflexion intentionnelle, persistante, toujours consciente d'elle-même et de sa tâche. Tout ce qu'une lecture prodigieuse, un sens aiguisé du vrai et des faits, une mémoire des plus heureuses suggéraient à sa pensée, s'encadrait aussitôt dans quelque idée directrice; l'œuvre en sortait empreinte sous toutes ses faces d'une régularité logique, comme un traité de géométrie. La même régularité disciplinée se reflète ex-

---

(1) P. Bourget, *Op. cit.*, p. 220. — Il faut songer à l'usage continuel et si large que Taine a fait, dans ses œuvres, et spécialement dans ses œuvres historiques, des mémoires, des biographies, des autobiographies. Nul philosophe peut-être avant lui n'est allé aussi loin sous ce rapport. Voir avant tout la partie de l'*Histoire de la Littérature anglaise* qui traite de la période de la Restauration.

térieurement dans la vie et dans les études de l'écrivain. C'est un *ouvrier* de la philosophie.

Ce qu'il y avait de plus merveilleux en lui, nous disent Francisque Sarcey et M. Berthelot, ses compagnons d'études, c'est que la quantité prodigieuse de connaissances qu'il ne cessait d'amasser dans son esprit s'y organisait facilement, s'y distribuait en ordre si méthodique, qu'au premier appel de sa mémoire chacune sortait de sa case pour lui venir en aide quand il écrivait ou parlait. « Chacune de ses impressions, chaque notion nouvelle était aussitôt écrite, notée, classée par lui. Il a constitué ainsi un répertoire immense de faits et de documents. Pour en comprendre tout l'intérêt, il faut savoir que la *Vie et Opinions de Thomas Graindorge* ont été extraites presque textuellement de ces notes. La sensation se présentait à son esprit immédiatement sous forme littéraire. Cette bibliothèque lui fut parfois utile. On m'a conté, et la chose est possible, que pour arrêter la résurrection des dîners Magny mis en scène dans le *Journal* des Goncourt, il écrivit à Edmond qu'il avait aussi noté ses conversations et classé ses plaisanteries (1) ».

Il a rapporté de ses voyages dans les Pyrénées, en Italie, en Angleterre, une masse énorme de notions précieusement enregistrées ; il prenait aussi un plaisir extrême à faire causer les autres, à tirer d'eux tout ce qui pouvait être un renseignement utile, une connaissance nouvelle. Ouvrier infatigable de la pensée, non seulement il n'a pas laissé se perdre

---

(1) H. Castets, *Revue encyclopédique* : *Taine intime*, 1ᵉʳ avril 1893.

une miette de ce qui pouvait servir à son travail, mais il a subordonné à celui-ci et aux exigences de sa méthode presque chaque acte, et, on peut le dire, les moindres moments de sa vie. Il a fait tous ses voyages ou pour se préparer à écrire un livre, ou pour revoir et vérifier les choses déjà écrites : telle est la raison d'être de son excursion aux Pyrénées, de son séjour en Angleterre en 1861 et en 1862, comme de son autre séjour en 1871, à la suite duquel il publia ses *Notes sur l'Angleterre* (1), et du voyage d'Italie, en 1864, préparation à ses études sur l'histoire de l'art italien. Quant aux impressions d'autres voyages faits le long des côtes de la mer du Nord, en Hollande et en Belgique, elles se traduisent, me semble-t-il, dans ce qu'il a écrit sur l'art des Pays-Bas et dans les premières pages de l'*Histoire de la Littérature anglaise*, où il dépeint si bien l'antique patrie des Angles et des Saxons (2).

Et la lecture aussi a toujours été pour lui une préparation à écrire. Peu d'hommes de nos jours ont autant lu que Taine. Il lisait — et il conseille aux autres, dans la Préface des *Essais de critique et d'histoire*, de faire de même — d'une façon méthodique, le crayon ou la plume en main, en notant « les particularités saillantes, les traits dominants,

---

(1) « Les notes d'après lesquelles ce livre a été rédigé — dit Taine dans sa Préface — ont été prises en 1861 et en 1862. Les traits permanents m'avaient surtout frappé ; c'est pourquoi j'espère qu'aujourd'hui encore le portrait est fidèle ; du moins, il m'a semblé tel après un troisième voyage en 1871 ».

(2) Des *Notes de voyage en Belgique et en Hollande* ont été publiées, quelques années après la mort de Taine, par la *Revue de Paris*.

les qualités propres » à un auteur, à un peuple, à une race, à un moment historique donné.

Parmi ses écrits, composés pour les revues et pour les journaux, il en est plus d'un, même de ceux inspirés par les circonstances du moment, qui renferment, nous l'avons déjà dit, le premier jet d'autres travaux de plus longue haleine. Ainsi, par exemple, les belles pages relatives au *Voyage en Espagne* de Mme d'Aulnoy, qui nous dépeignent en traits si vifs et si frappants la brusque décadence de cette nation à la fin du XVIIe siècle. On voit que, tout en formant un article de revue, elles rentrent pourtant, aux yeux de Taine, dans ce vaste tableau de psychologie comparée de l'âme et de la culture des peuples modernes de l'Europe, esquissé par lui à grandes lignes dans tous ses livres.

Cette unité de composition et de travail discipliné, qui caractérise l'œuvre du philosophe français et y imprime la rigueur, la symétrie logique d'une argumentation jamais interrompue, procède en lui de l'habitude de la pensée méthodique; et cette pensée, son instinct d'observateur et d'analyste, son éducation intellectuelle, le milieu ambiant de l'époque l'ont ajoutée au fonds premier de ses facultés d'artiste et de métaphysicien, et fait ensuite prévaloir de plus en plus. Cela pourrait sembler l'aspect le moins original et le moins spontané de son œuvre, en expliquant ce que celle-ci a de trop cherché, de voulu et d'un peu artificiel; mais ici encore nous en apparaîtraient les motifs et les facteurs nécessaires, particuliers à l'homme et à ses dispositions. Dans le contraste qui se fait sentir en lui entre les exigences de l'art et de la spéculation intellectuelle, pour laquelle il était peut-être né, et celles de l'analyse critique, répondant à une autre tendance non moins intime de son esprit d'observateur précis, il se révèle à nous homme et écrivain essentiellement de notre époque. Pour apercevoir dans son ensemble sa figure mentale, sa *forma mentis*, — dirait Tacite, — il faut envisager Taine en relation étroite avec les idées et avec la culture de son pays et du moment historique où se forma sa pensée. C'est seulement examinée et étudiée ainsi, que sa doctrine peut apparaître tout entière et sous son vrai jour.

DEUXIÈME PARTIE

(1852-1864)

LA MÉTAPHYSIQUE

I

John-Stuart Mill a déterminé avec une justesse d'observation tout anglaise, dans son livre sur *Auguste Comte et le positivisme* (1), la nature du génie spéculatif de Taine et celle de ses doctrines. Il le qualifie de « critique subtil » et de « métaphysicien », et le met, avec M. Berthelot, au nombre des penseurs qui ont, dit-il, tenté un compromis ou un *juste milieu* entre la direction de l'école de Comte et celle de ses adversaires, adeptes de la philosophie traditionnelle.

La faculté dominante de l'esprit de Taine, qui le dispose à concevoir les choses et les faits par vastes synthèses, par « vues d'ensemble », lui suggère,

(1) Traduction française par G. Clémenceau. Paris, Félix Alcan.

comme nous l'avons montré, l'idée, le motif inspirateur et le plan de tous ses livres. C'est la faculté mère de l'œuvre du philosophe, qu'il concevait comme un des plus hauts exercices, et, par certains côtés, comme le plus haut de l'esprit humain, comme le don sans lequel, dit-il, « tous les autres restent médiocres, parce que, sans une philosophie, le savant n'est qu'un manœuvre et l'artiste qu'un amuseur ».

Cette œuvre du philosophe, qu'il envisageait au point de vue des exigences intellectuelles de notre temps, doit être, à son avis, quelque chose de plus qu'une large revision critique des idées que nous a léguées le dernier siècle, ou, comme le voudraient les positivistes orthodoxes, une synthèse finale des résultats les plus généraux des sciences particulières. S'appuyant sans cesse sur celles-ci, ne gravitant jamais en dehors de leur base expérimentale, elle doit cependant tendre à quelque grande « construction idéale », qui remplisse les lacunes laissées par l'expérience dans l'interprétation des choses et de leurs lois, qui serve en quelque sorte de cintre immense pour y appliquer « le concept du monde », en conformité avec le savoir et le génie d'un homme supérieur et d'une époque (1).

Je dis aussi : d'une époque. Bien que Taine, en effet, croie — et je le crois avec lui — que ces

---

(1) Dans une lettre que m'écrivait, le 2 avril 1896, l'éminent philosophe E. Boutroux, professeur à la Sorbonne, il me donnait ce détail : « Taine m'a dit qu'il avait beaucoup étudié Spinoza. Il ajouta (c'était en 1875) qu'il jugeait l'étude de la métaphysique très utile, en ce qu'elle fournissait des cadres où l'on disposait des connaissances. La métaphysique comme forme, les faits comme matière, tels étaient, selon lui, les éléments de la science. ».

superbes édifices d'idées construits par l'imagination spéculative, qu'on nomme *systèmes*, ont cela de commun avec les œuvres d'art, qu'ils nous donnent avant tout, comme elles, la mesure individuelle des esprits qui les ont créés, cela n'empêche pas que cette mesure, quand elle est celle de l'intellect d'un vrai philosophe, n'arrive à embrasser la capacité de la pensée d'un ou plusieurs siècles, d'une ou plusieurs nations. L'économie et la proportion de travail mental qui s'effectue dans le monde ont été très inégalement réparties par la nature. Il y a des hommes, comme Aristote, Galilée, Léonard de Vinci, Kant, Shakespeare, Gœthe, qui ont pensé pour tous les autres hommes et pour tous les temps. Mais ces hommes se comptent sur les doigts. Il y a une multitude infinie d'êtres dont la pensée s'étend à peine à leurs propres besoins.

La construction du philosophe s'écroulerait toutefois dans le vide, ressemblerait au travail de ces intelligences qui, disait très bien Manzoni, « jettent en l'air des crochets qui ne se fixent à rien (1) », si elle ne s'appuyait pas sur quelque grande idée capable d'en provoquer beaucoup d'autres, féconde en germes de nature à apporter à l'esprit humain une expansion de vie nouvelle. Or, quand un génie, né véritablement pour créer, a recueilli quelques-unes de ces idées, il s'y meut à l'aide de toutes ses forces : avec l'imagination comme avec la pensée, avec l'intuition profonde et le raisonnement comme avec le sentiment et la sensibilité, avec toutes ses facultés, en somme, con-

---

(1) « *Gettano in aria dei ganci che non si attaccano a nulla* ».

vergeant dans un puissant équilibre vers leur haute fin. Il n'y a rien, me semble-t-il, d'aussi puérilement pédantesque, d'aussi opposé désormais aux progrès de la psychologie, que ces catégories commodes dans lesquelles beaucoup de gens croient encore pouvoir enfermer les produits les plus élevés du génie humain en matière de religion, de philosophie, d'art et de morale ; comme si, dans chacun de ces domaines, ils étaient le fruit de puissances et d'énergies intellectuelles radicalement opposées entre elles. Le fondateur d'une religion, le saint, le grand métaphysicien ont en eux du poète et de l'artiste. Augustin d'Hippone était un métaphysicien pénétré de sainteté. De même, l'artiste et le poète, quand ils s'élèvent à la hauteur de Léonard de Vinci et de Gœthe, sont des philosophes et des métaphysiciens de race. Les hommes vraiment grands, les esprits *représentatifs*, au sens précis du mot, ne s'adaptent pas à l'étroitesse de nos pauvres classifications d'école. La division absolue du travail intellectuel, qui est le dogme de tous les pygmées de notre temps, n'entre pas dans la vaste économie de l'œuvre du génie. « Tout ce que l'homme veut produire dans la pensée, dans la vie et dans l'art, doit naître de l'harmonie de toutes ses facultés concourant entre elles », dit Gœthe (1), exprimant une idée de Hamann et de Herder. C'est la même idée d'où est sortie la doctrine de l'école historique professée par Taine. Dans une des plus belles pages de l'Introduction de l'*Histoire de la Littérature anglaise*, où il démontre au lec-

---

(1) *Vérité et Poésie.*

teur l'unité indivisible qui réside toujours au fond des manifestations les plus hautes du génie d'un peuple ou d'une race, et dans lesquelles ce génie opère tout entier et avec toutes ses facultés, il définit la religion : « un poème métaphysique accompagné de croyance ».

Il n'a pas tenté lui-même, je l'ai déjà dit, la construction d'un système métaphysique; mais il admet cependant que la métaphysique est possible aujourd'hui encore, et qu'un esprit vigoureux, qui en aurait la force, pourrait essayer avec succès une construction de ce genre. Inutile d'ajouter qu'elle ne pourrait avoir la prétention de satisfaire une fois pour toutes les exigences de la pensée humaine, lesquelles croissent et s'élargissent avec l'extension indéfinie du savoir (1). Le livre de *L'Intelligence* se termine par ces belles paroles : « Ici nous sommes au seuil de la métaphysique; à mon sens, elle n'est pas impossible. Si je m'arrête, c'est par sentiment de mon insuffisance; je vois les limites de mon esprit, je ne vois pas celles de l'esprit humain ». Paroles qui suffiraient à séparer toujours le nom de Taine d'avec celui de ces nombreux positivistes pour lesquels la philosophie se réduit à une stérile affirmation dogmatique de sa propre impuissance.

Tout en reconnaissant et en confessant avec sincé-

---

(1) Voir, dans une belle page de l'étude sur *Stuart Mill* (*Histoire de la Littérature anglaise*, t. V, p. 415), l'esquisse tracée par Taine d'une métaphysique. Par métaphysique, il entend « la recherche des premières causes ». Elle « est possible, à la condition que l'on reste à une grande hauteur, que l'on ne descende point dans le détail, que l'on considère seulement les éléments les plus simples de l'être et les tendances les plus générales de la nature ».

BARZELLOTTI.

rité les limites de son intelligence, Taine n'en aspirait pas avec moins de vigueur vers les cimes suprêmes de la science et de l'art. Nous en avons la preuve dans l'enthousiasme éloquent avec lequel il parle de ces « divinations grandioses par lesquelles, en dépit de nos erreurs et de nos doutes, nous prenons part au contentement et à l'œuvre des siècles qui nous suivront ».

Au début de son étude sur *Stuart Mill*, conversant avec l'étudiant qui l'accompagne à travers les rues d'Oxford, notre philosophe, qui veut se faire une idée de la civilisation de l'Angleterre, lui dit que, au milieu d'une si grande richesse et d'une culture pénétrée d'un sens si fin de la vie pratique, une chose lui semble manquer aux Anglais, « la philosophie, j'entends celle que les Allemands appellent métaphysique. Vous avez des savants, vous n'avez pas de penseurs (1) ». Et lorsque l'étudiant, après lui avoir nommé Stuart Mill, s'excuse de ne point exposer à son interlocuteur, qui insiste, les idées de celui-ci, sous prétexte qu'ils entreraient dans « une haie d'épines », de spéculations abstraites que les trois quarts des gens jetteraient là comme oiseuses, Taine riposte : « Tant pis pour eux. Pourquoi vit une nation ou un siècle, sinon pour les former? On n'est complètement homme que par là. Si quelque habitant d'une autre planète descendait ici pour nous demander où

---

(1) Ce jugement au sujet de la culture anglaise et de l'impuissance *métaphysique* de l'esprit de ce grand peuple, qui revient plus d'une fois dans les œuvres de Taine, est un peu hasardé. L'Angleterre a eu, il est vrai, plus de moralistes et de philosophes pratiques que de grands métaphysiciens; mais elle a eu Hobbes et Berkeley, pour ne pas parler des vivants.

en est notre espèce, il faudrait lui montrer les cinq ou six grandes idées que nous avons sur l'esprit et le monde. Cela seul lui donnerait la mesure de notre intelligence. Exposez-moi votre théorie ; je m'en retournerai plus instruit qu'après avoir vu les tas de briques que vous appelez Londres et Manchester ».

II

Quand Taine fit en Angleterre, en 1858, le voyage auquel il a voulu référer ce dialogue, les traits principaux et le dessin de sa doctrine philosophique étaient déjà fixés depuis plusieurs années au fond de sa pensée. Les concepts et les principes qui la dominent, déjà tous exprimés dans *Les Philosophes classiques*, et qu'on retrouve à la fin de *L'Intelligence*, nous montrent qu'il ne s'arrêta pas, comme il dit l'avoir fait, « sur le seuil de la métaphysique », mais qu'il aventura le pied un peu au delà, pour jeter tout au moins un rapide regard sur ces lointains inexplorés des régions intellectuelles accessibles seulement aux aigles humains. « Au delà de toutes ces analyses inférieures qu'on appelle sciences, dit-il, et qui ramènent les faits à quelques types et lois particulières, il y a une analyse supérieure qu'on appelle métaphysique, et qui ramène ces lois et ces types à quelque formule universelle. Cette analyse ne dément pas les autres, elle les complète. Elle ne commence pas un mouvement différent, elle continue un mouvement commencé. Elle reçoit de chaque science la définition où cette science aboutit, celle de l'étendue, du corps astronomique, des lois physiques, celle du corps chimique, de l'individu vivant, de la pensée. Elle décompose les définitions en idées ou éléments plus simples, et travaille à les ordonner en série pour démêler la loi qui les unit. Elle découvre ainsi que la nature est un ordre de formes qui s'appellent les unes les autres et composent un tout indivisible (1) ».

Contrairement à l'opinion des empiristes français et des disciples anglais de Hume, pour lesquels la science ne dépasse pas le *phénomène*, et l'ordre des choses n'est qu' « une rencontre de faits », Taine croit que, si limitée que soit la base de l'expérience sur laquelle nous nous appuyons, notre pensée peut pourtant aller « au delà de ce qui est purement relatif et accidentel », « à l'absolu et au nécessaire ». En passant, dans notre connaissance et dans l'étude des choses, de l'ensemble et de la trame variée et multiforme, du chaos toujours en mouvement de leur vie si riche et fourmillante de faits aux éléments simples qui en expriment les lois, nous passons avec l'œil de la pensée des apparences toujours changeantes de la nature à son aspect vrai et réel. Nous faisons comme celui qui prend en main une tapisserie qu'on lui présente à l'envers, et qui la retourne pour la regarder de face (2).

L'unité de l'univers, que la science cherche à com-

---

(1) *Les Philosophes classiques*, Préface, p. IX-X; — *Histoire de la Littérature anglaise*, t. V, p. 425 et suiv.; — *Le Positivisme anglais*, pp. 145-147; — et *De l'Intelligence*, t. I, liv. IV, chap. III, p. 348.

(2) « Tant que nous ne regardons la nature que par l'observation seule, nous ne la voyons pas telle qu'elle est : nous n'avons

prendre, en le simplifiant en formules toujours plus hautes et qui convergent vers une formule suprême, ne vient pas d'une chose extérieure, étrangère au monde, ni d'une chose mystérieuse, cachée dans le monde. Elle réside dans les faits eux-mêmes et dans leur ordre, d'où la pensée la fait sortir, pour parler ainsi, à l'aide de l'analyse et de l'abstraction, en suivant le lien qui unit le fait observé à la loi, qui le contient en soi et de laquelle lui-même se déduit, comme la conséquence sort du principe. En cela consiste tout l'effort de notre esprit : il s'agit de s'élever de lois et d'éléments de faits moins simples, de notions encore susceptibles d'être décomposées, à des éléments et à des notions suprêmes impossibles à analyser, « desquels dérivent les lois les plus générales, et de celles-ci les lois particulières, et de ces lois les faits que nous observons, ainsi qu'il y a en géométrie deux ou trois notions primitives, desquelles dérivent les propriétés des lignes, et de celles-ci les propriétés des surfaces, des solides et des formes innombrables que la nature peut effectuer ou l'esprit imaginer (1) ».

Or, l'ordre de la nécessité des choses, qui unit les faits en lois toujours plus hautes et élémentaires,

---

d'elle qu'une idée provisoire et illusoire. Elle est proprement une tapisserie que nous n'apercevons qu'à l'envers. Voilà pourquoi nous tâchons de la retourner. Nous nous efforçons de démêler des lois, c'est-à-dire des groupes naturels qui soient effectivement distincts de leur entourage et qui soient composés d'éléments effectivement unis. Nous découvrons des couples, c'est-à-dire des composés réels et des liaisons réelles. Nous passons de l'accidentel au nécessaire, du relatif à l'absolu, de l'apparence à la vérité ». *Histoire de la Littérature anglaise*, t. V, pp. 409-410.

(1) *Ibid.*, t. V, p. 410.

desquelles notre esprit descend ensuite, par déduction, à travers « la hiérarchie des nécessités » logiques jusqu'aux phénomènes particuliers de l'expérience, cet ordre idéal, répondant à l'ordre réel, se confond, selon Taine, avec l'ordre des causes. Tous deux s'équivalent ; ils sont une seule chose considérée sous deux aspects. Il y a plus : cet ordre des causes se réduit à celui des forces, des puissances génératrices des faits de la nature et de l'esprit. Dans la Préface des *Philosophes classiques*, il dit avoir démontré que « la cause d'un fait est la loi ou la qualité dominante d'où il se déduit; qu'une force active est la nécessité logique qui lie le fait dérivé à la loi primitive ; que la force de pesanteur est la nécessité logique qui lie la chute d'une pierre à la loi universelle de la gravitation (1) ». Ce que Taine nomme l' « axiome des causes, qui gouverne toute chose », n'a pas pour lui d'autre sens que celui-ci : « Il y a une force intérieure et contraignante qui suscite tout événement, qui lie tout composé, qui engendre toute donnée. Cela signifie, d'une part, qu'il y a une raison à toute chose, que tout fait a sa loi ; que tout composé se réduit en simples ; que tout produit implique des facteurs ; que toute qualité et toute existence doivent se déduire de quelque terme supérieur et antérieur. Et cela signifie, d'autre part, que le produit équivaut aux facteurs;

---

(1) Ainsi la faculté maîtresse d'un esprit est une cause, et, en même temps, une force génératrice de toutes ses manifestations, et une nécessité logique, d'où ces manifestations dérivent comme conséquences d'un principe. « L'homme, dit Taine, est un théorème qui marche ». Cette définition exprime au vrai la forme logique de l'intelligence française, que Frédéric Amiel rangeait parmi les intelligences qu'il qualifiait de « mathématiques », par opposition aux intelligences « historiques ».

que tous deux ne sont qu'une même chose sous deux apparences ; que la cause ne diffère pas de l'effet ; que les puissances génératrices ne sont que les propriétés élémentaires ; que la force active par laquelle nous figurons la nature n'est que la nécessité logique qui transforme l'un dans l'autre le composé et le simple, le fait et la loi. Par là nous désignons d'avance le terme de toute science, et nous tenons la puissante formule, qui, établissant la liaison invincible et la production spontanée des êtres, pose dans la nature le ressort de la nature, en même temps qu'elle enfonce et serre au cœur de toute chose vivante les tenailles d'acier de la nécessité (1) ».

J'ai voulu rapporter ici, en partie dans les termes mêmes de Taine, ce qu'il nomme l' « esquisse d'une métaphysique », — point qu'il traite en quelques lignes, comme le géomètre indique par un rapide arc de cercle toute une circonférence. Mais ces quelques lignes suffisent à mettre nettement en lumière la position de sa pensée spéculative au milieu des écoles antérieures et contemporaines.

Il est un idéaliste. Cela veut dire que pour lui aussi, comme pour tout adepte de la méthode scientifique comprise dans le véritable sens philosophique, les données dernières sur lesquelles s'appuient les démonstrations scientifiques sont des *faits idéals*, des *faits de la pensée*. Et il remarque avec justesse, à ce sujet, dans son livre *De l'Intelligence*, que « le monde physique se réduit à un système de signes, et il ne reste plus, pour le construire et le concevoir en

---

(1) *Histoire de la Littérature anglaise*, t. V, pp. 410-411.

lui-même, que les matériaux du monde moral (1) ». Mais il n'est pas un idéaliste *critique* qui, adoptant la doctrine de Kant, croie impossible, avec lui, de passer de la pensée et de ses lois à l'essence des choses en elles-mêmes, et pour cela limite tout notre savoir à une connaissance purement relative, déterminée par les conditions et par la conformation de notre esprit. Taine croit au contraire possible une connaissance plus haute et *métaphysique*. Et vers la fin de *L'Intelligence*, parlant de la force qui nous contraint à affirmer les vérités nécessaires, il dit que, « si la contrainte éprouvée par notre esprit en leur présence a pour cause première notre structure mentale, elle a pour cause dernière l'ajustement de notre structure mentale à la structure des choses (2) ».

La doctrine de Taine reproduit, dans ce que nous en avons résumé ici, la substance des spéculations ayant donné naissance, avant Kant et après lui, aux systèmes qui admettent l'identité de la pensée et de l'être (3). L' « esquisse d'une métaphysique », tracée dans *Les Philosophes classiques* et dans l'étude sur *Stuart Mill*, et à laquelle aboutissent les dernières pages de *L'Intelligence*, a non seulement pour centre l'idée spinoziste de *nécessité*, mais implique en outre, comme postulat, la possibilité (que le philosophe présume, sans l'examiner critiquement) d'atteindre la réalité objective des choses dans les données dernières

---

(1) *De l'Intelligence*, t. I, liv. IV, chap. II, p. 331.
(2) *Ibid.*, t. II, liv. IV, chap. III, p. 452.
(3) Edmond Scherer, *Hegel et l'hégélianisme : Mélanges d'histoire religieuse*, 1865, pp. 283-375. — Voir en outre, au sujet de la direction philosophique de la métaphysique de Taine, ce qu'en dit E. Caro dans l'*Idée de Dieu et ses nouveaux critiques*, 1878, chap. IV.

de la pensée pure, obtenues par analyse et par abstraction. C'est la présupposition qui nous apparaît dans la première page de l'*Essai sur Tite-Live*, et à laquelle nous sommes ramenés chaque fois que l'examen de la doctrine de Taine nous en fait retrouver, au delà des applications concrètes qu'il en a données, les plus hautes prémisses idéales, et en quelque sorte la trame première, là où elle touche au spinozisme et à la *Logique* de Hegel. Des nombreux points où elle se rencontre avec ces systèmes, le plus important est celui-ci : elle emprunte, comme type et comme idéal achevé de la science, le procédé de construction de la pensée mathématique et géométrique, qui prend comme point de départ des éléments de concepts obtenus par voie d'abstraction, et descend, en déduisant les propriétés des figures et des nombres, à des concepts toujours plus déterminés et concrets.

Un modèle de ce procédé de déduction, c'est l'*Éthique* de Spinoza. Le système du monde y surgit tout entier et s'y construit en partant d'une définition qui l'engendre de lui-même par seule puissance de fécondité logique. Dans la troisième partie de son traité, l'auteur déclare qu'il parlera aussi des sentiments et des passions sous *forme géométrique*, comme s'il s'agissait (ce sont ses propres expressions) « de lignes, de surfaces planes, et de toute autre chose relative à des corps ».

Le principe sur lequel repose tout l'admirable édifice du système, et qui est exprimé en ces termes dans le *Tractatus de Intellectus emendatione* : « *Necessario concatenatio intellectus naturæ concatenationem re-*

ferre debet », nous donne la formule à l'aide de laquelle l'esprit du *siècle mathématique* a osé croire pouvoir déchiffrer l'énigme de l'univers. Cette nécessité de dépendance logique, qui lie le principe avec ses conséquences, qui dans l'ordre de nos idées unit le général au particulier, et qui fait sortir des propriétés essentielles d'une figure géométrique toutes ses autres déterminations, s'identifie, dans la doctrine de Spinoza, avec la nécessité de la relation qui lie la cause à l'effet, la loi régulatrice et productrice d'un ordre de choses aux faits concrets (1). Le pivot autour duquel tourne tout le rouage des constructions *a priori* du rationalisme de l'*Éthique* et de tout autre système du même type, est l'échange qui s'y fait tacitement du procédé logique de la pensée pure avec la production effective des choses; la présupposition qu'il y a équation et équivalence absolue entre l'ordre, ou — pour employer une expression de notre philosophe — entre la *hiérarchie* idéale des nécessités, des dépendances logiques de nos concepts, et la dépendance réelle des choses; de façon que la science puisse passer de l'une à l'autre, en saisissant, dans la vérité idéale de la première, le contenu et la valeur objective de la seconde.

De là Taine s'ouvre la voie, comme nous l'avons vu, vers l'identification du concept de nécessité idéale et

---

(1) Voir, par contre, les raisons pour lesquelles Schopenhauer, dans son important écrit *Ueber die vierfache Wurzel des Satzes vom zureichenden Grunde* (*De la quadruple racine du principe de la raison suffisante*), distingue avec justesse la loi de causalité (*principium rationis sufficientis fiendi*) d'avec celle qui règle le lien de nos jugements et de nos concepts (*principium rationis sufficientis cognoscendi*).

rationnelle avec celui de nécessité causale, qu'il nous indique comme point central de sa doctrine et dit avoir emprunté aux métaphysiciens allemands (1). Dans un article remarquable de la *Revue philosophique*, publié il y a quelques années, M. Hommay s'est proposé de démontrer ce que, à son avis, offre de nouveau et d'original la conciliation, tentée par Taine dans sa théorie de la connaissance, entre « les exigences de la science qui postule l'idée de nécessité », et « les exigences de l'empirisme qui repousse tout ce qui n'est pas *fait* ». Nous verrons plus tard si l'on peut dire que cette conciliation s'est véritablement accomplie. Il suffira de signaler ici, avec M. Hommay, que Taine part du même point que Stuart Mill, et convient avec lui que « c'est l'expérience qui meuble l'esprit » ; mais il ne le suit pas jusqu'à ses conclusions, jusqu'à faire de nos notions de cause et d'effet, et en général de tout le savoir humain, uniquement une connaissance empirique des relations de coexistence et de succession des faits, un pur fruit de l'association de nos idées et de l'habitude (2). Pour Taine, la réalité, telle que nous l'apprenons en

(1) Voir la note de la page 106. — « Les spiritualistes, dit Taine, relèguent les causes hors des objets, en un monde invisible. incorporel ; les positivistes relèguent les causes hors de la science. C'est pourquoi, si l'on prouvait que l'ordre des causes se confond avec l'ordre des faits, on réfuterait à la fois les uns et les autres... C'est ce qu'on a tenté de faire ici ». *Les Philosophes classiques*. Préface, p. VI.

(2) « La doctrine empirique pure, brisant tout lien entre les phénomènes, scindant le monde en une multitude de fragments épars, est incompatible avec la notion de nécessité, et par conséquent avec ce caractère d'absolu que M. Taine veut conserver à la science ». Hommay, *L'idée de nécessité dans la philosophie de M. Taine : Revue philosophique*, 1887, XXIV. — M. V. Delbos, dans

elle-même, n'est qu'une série de *phénomènes* (ce qui peut paraître assez difficilement conciliable avec les autres parties de cette doctrine) ; mais les notions et les idées que nous nous formons des choses et des faits reçoivent dans leur ordre et dans leur enchaînement, comme dans leur mutuelle implication, une valeur absolue et objective des données suprêmes de la pensée rationnelle et de la science, dans lesquelles les éléments mêmes de la réalité viennent se résoudre et d'où l'on peut déduire d'autres données de connaissance, par la relation de dépendance nécessaire qui existe entre le simple et le composé, entre le contenant et le contenu, entre la partie et le tout, entre le principe et ses conséquences (1).

Le rapport entre l'effet et la cause ainsi assimilé à celui par lequel, suivant un axiome de l'*Éthique*, « le concept d'une chose, qui nous en fait connaître une autre, implique le concept de celle-ci (2) » ; l'impossibilité où est notre esprit de concevoir le contraire de

le beau livre que j'ai déjà cité, parlant, lui aussi, de l'idée de la nécessité « comme la comprenait Spinoza », la dit « une conception pure de l'intelligence logique ». C'est là ce que j'ai voulu démontrer dans ces pages.

(1) Voir page 131.

(2) « Sa conception de la causalité ne sera donc ni celle de Mill, ni celle de la plupart des métaphysiciens, ni celle de Maine de Biran... En dehors de l'hypothèse empirique qui fait du principe de causalité un jugement synthétique *a posteriori*, et de l'hypothèse kantienne qui en fait un jugement synthétique *a priori*, il n'y a qu'une voie ouverte : remonter par delà la critique de Hume, qui proclame l'hétérogénéité de la condition et du conditionné, la distinction de la relation causale et des relations purement logiques, jusqu'à la doctrine de Spinoza fondée tout entière sur l'hypothèse de l'homogénéité de la condition et du conditionné, sur l'assimilation de la relation de causalité aux relations du tout à la partie, du principe aux conséquences ». Hommay, article cité, et Spinoza, *Éthique*, 1re partie, axiomes 4 et 5, proposit. 3.

certaines notions (comme celle de cause), ainsi réduite à l'impossibilité de penser ce qui est contradictoire en soi (1), Taine aboutit, avec Hegel, à se représenter la structure des choses comme « une logique en acte » (c'est le résumé de M. Hommay), comme « une sorte de géométrie vivante. Les faits révèlent les lois et les lois impliquent les faits ; ce qui sera existe déjà virtuellement dans ce qui est ; les lois plus générales de la nature sont conçues sur le modèle des axiomes mathématiques, conçus eux-mêmes comme des aspects divers du principe d'identité (2) ».

En outre, tous les rapports existants et imaginés étant ainsi réduits à de pures relations d'identité ; en admettant, comme fait Taine, que ce qui rend intelligible pour nous la production d'un fait nouveau, que

---

(1) « Si les phénomènes sont unis de telle sorte que l'effet est virtuellement contenu dans la cause, la cause et l'effet sont indissolubles ; les concevoir l'un sans l'autre, c'est former une idée contradictoire ; on peut donc *déduire* avec une certitude infaillible de la présence de la cause la production de l'effet ». Hommay, article cité. — Voir encore Taine, *Histoire de la Littérature anglaise*, t. V, p. 406.

(2) Hommay, article cité. — « La structure des choses est donc la même dans les sciences d'expérience que dans les sciences de construction, et, dans les unes comme dans les autres, l'intermédiaire explicatif et démonstratif qui sert de lien entre une propriété quelconque et un composé quelconque est un caractère ou une somme de caractères différents ou semblables inclus dans les éléments du composé ». *De l'Intelligence*, t. II, p. 453. — « Il suit de là que dans les lois expérimentales, comme dans la loi géométrique, les propriétés d'un composé plus complexe lui sont liées par l'entremise de propriétés, de facteurs ou composés plus simples ». *Ibid.*, t. II, pp. 441-442. — « Les intermédiaires derniers qui les expliquent et les démontrent (les lois qu'on a découvertes dans les sciences de construction) sont les propriétés de cinq ou six facteurs primitifs énoncés par une douzaine d'axiomes, lesquels ne sont eux-mêmes que des applications du principe d'identité ». *Ibid.*, t. II, p. 428-429.

ce qui le constitue objet de véritable connaissance scientifique, c'est seulement la possibilité de le déduire logiquement, de le démontrer implicitement contenu dans ses antécédents causals, le fond et la loi intime de l'être et de la réalité viennent se résoudre en un *processus* non de création et de production, mais de transformation.

Dans la signification métaphysique que prend, envisagée sous cet aspect, la doctrine du philosophe français, « le développement de l'être n'est que le développement même de la nécessité », dit M. V. Delbos. « Dans tout objet, il y a une propriété primordiale qui explique les propriétés dérivées, et qui les explique parce qu'elle les contient : elle est la réalité dans laquelle toutes les autres réalités se résument, la source profonde d'où jaillit le flot des phénomènes, le tronc robuste qui supporte et qui nourrit la riche végétation de l'arbre tout entier. Cette propriété *sui generis*, c'est ce que Spinoza appelait l'*essence*, c'est ce que Taine appelle tantôt la qualité principale, tantôt la faculté maîtresse. Définir une chose, c'est exprimer cette propriété, et avec elle toutes les autres ; raisonner sur une chose, c'est prouver que la vérité qu'on veut établir est logiquement impliquée par elle.

« Par la place qu'il fait à l'idée d'essence, M. Taine se rattache à Spinoza ; il s'en distingue en concevant l'essence autrement que lui. En affirmant l'existence d'essences, de propriétés primordiales, il s'est révélé métaphysicien ; il redevient empirique lorsqu'il s'agit de les définir (1) ».

(1) Hommay, article cité. — « Il n'y a pas deux mondes : le

Ce que l'on ne comprend pas ici, même sans tenir compte pour l'instant des nombreuses oscillations que l'on peut noter dans cette partie et dans les autres parties de la doctrine de notre philosophe, c'est ceci : comment cette doctrine peut-elle échapper à l'objection capitale, que doit lui faire le criticisme, d'avoir échangé la valeur relative et idéale des formes et des lois de notre pensée contre la valeur absolue, réellement objective, qu'aurait une connaissance capable de pénétrer le fond et la structure de l'être ? Faisant une seule et même chose des données idéales dernières, des éléments simples de nos connaissances, extraits d'elles par voie d'abstraction, et des données réelles et causales, des éléments constitutifs et générateurs des choses et des faits de la conscience et de la nature, Taine part d'une présupposition que sa philosophie ne justifie pas, au moyen d'un examen préalable de la portée et de la valeur de notre connaissance, et avec laquelle sont inconciliables les nom-

monde transcendant des essences et des causes, et le monde de la pure expérience ; il n'y en a qu'un seul, et c'est ce dernier ; il n'y a pas deux sortes de réalités : les faits et les entités d'où ils émaneraient ; il n'y en a qu'une seule, et ce sont les faits ; mais, parmi ces faits, il en est qui ont un rôle à part : il y a des faits générateurs et des faits engendrés, des propriétés primitives et des propriétés dérivées. On peut donc admettre des essences sans sortir des limites de l'empirisme le plus strictement conséquent avec ses principes ; on peut aussi accorder à l'esprit humain le pouvoir d'atteindre ces causes premières, etc. » Voir aussi Taine, *Histoire de la Littérature anglaise*, t. V, pp. 401-403, 398-408. — A moins que la critique ne puisse dire que ces essences et causes premières (au sens aussi de Taine), que ces faits simples et générateurs de tous les autres, l'esprit ne les atteint qu'en travaillant sur le pur contenu idéal des notions et des lois de la pensée : ce qui signifie qu'ils sont un produit d'elle.

breuses concessions qu'il fait, au même moment, à
la doctrine des phénoménistes et des associationistes (1). Si l'on admet avec lui que ceux-ci ont raison en donnant à l'homme seulement la connaissance
empirique de « ses états intérieurs tous passagers et
isolés », on ne peut comprendre comment cette *nécessité absolue* qu'il veut trouver dans les choses et dans
la science (et de laquelle il exclut tout élément ontologique ne la réalisant pas, avec Spinoza, en une
substance éternelle), puisse « se soutenir elle-même
en soutenant le reste », comme dit M. V. Delbos, et
ne se résolve pas, au contraire, dans la pure impossi-

(1) Que l'intime correspondance entre l'esprit et les choses en
elles-mêmes, admise par Taine, soit dans sa philosophie un
postulat, c'est ce qui ressort clairement du fait qu'il n'a jamais
abordé en face le problème posé par Kant en vue de l'examen de
sa doctrine, même là où il aurait dû surtout le faire (*De l'Intelligence*,
t. II, liv. IV, chap. II. § 8, p. 375 et suiv.), et aussi de la faiblesse
des arguments qu'il apporte à l'appui de la preuve que les faits de
la pensée ont leur correspondance dans la réalité. Il dit, par
exemple, en parlant des idées *qui sont des modèles*, que, après
les avoir construites sans examiner s'il y a dans la nature des
objets correspondants à elles, nous trouvons ensuite que la nature
est conforme à ces idées et aux lois idéales à l'aide desquelles
nous les avons construites. Mais l'empiriste pourrait répliquer
que le contenu de ces idées est constitué de résidus de l'expérience déposés dans notre esprit et élaborés par l'abstraction,
et Kant pourrait répondre que le caractère d'*objectivité* exemplaire
et d'*universalité* idéale dans lesquelles consiste leur véritable
valeur n'a aucun équivalent *adéquat* dans l'expérience, toujours
relative, particulière et finie. La *nécessité* et l'*universalité* ne peuvent être autre chose pour nous, comme elles le sont, que des
données *idéales*, des lois de la pensée, en d'autres termes, des
exigences ; elles ne peuvent être des données de fait, et, par
conséquent, ne sont pas vérifiables dans le fait ou par le fait.
C'est là ce que la doctrine de Kant renferme de vrai et d'irréfutable. — Voir l'ingénieuse critique que M. Amédée de Margerie, qui n'est cependant pas disciple de Kant, fait de cette
partie de la doctrine de Taine dans le livre qu'il a consacré à
celui-ci.

bilité logique, à laquelle nous réduit une loi de notre esprit, de concevoir le contraire de certaines de nos notions et expériences. La position prise par la pensée de Taine entre des doctrines diamétralement opposées l'une à l'autre et par leur contenu et par leur caractère et leur signification historique, est de celles où n'importe quel esprit philosophique, si vigoureux et si aiguisé soit-il, ne peut tenter de se maintenir, sans prêter de toutes parts le flanc à des objections invincibles (1).

On arrive à la même conclusion, en examinant un

(1) M. V. Delbos, qui cherche à prouver avec beaucoup d'ingéniosité, sans toutefois y parvenir, à mon avis, la pleine et entière cohérence logique de toutes les parties de la philosophie de Taine, met en relief sa tentative d'accorder le concept spinoziste d'une nécessité absolue, — *conçue cependant comme seule existante, sans une substance en laquelle elle se réalise,* — avec le concept d'un phénoménisme universel pour lequel « il n'y a dans la perception extérieure, comme dans la conscience, rien de solide (voir *L'Intelligence*), sauf un groupement nécessaire d'images », et « tout se ramène en définitive à un jeu logique et mécanique d'illusions ». Il semblerait, dit M. V. Delbos (*Op. cit.*, p. 507), que la nécessité universelle eût pour conséquence l'hallucination universelle ; mais « c'est précisément, selon Taine, faute de reconnaître la nécessité, que nous sommes dupes de l'hallucination : les objets extérieurs ainsi que les individus, s'ils sont considérés comme des êtres distincts et indépendants, ne sont que des fantômes réalisés ; dès qu'ils sont rattachés les uns aux autres, ils ont en eux une certaine vérité qui consiste dans le lien qui les unit. Nos hallucinations deviennent vraies à mesure que nous prenons mieux conscience de la nécessité qui les engendre ». Mais on peut objecter ici, il me semble, que la *vérité* de la représentation et du concept que nous nous formons de la réalité et de son ensemble, et sur laquelle nous nous réglons *pratiquement* dans nos relations avec les choses, n'est rien moins que fondée empiriquement sur l'instinct et sur l'intuition, qui nous font distinguer le réel du purement imaginaire. Comment *démontrer* en effet, du point de vue de Taine, que la force et la valeur qu'a pour nous la conviction de la *nécessité* universelle des phénomènes, soit quelque chose d'*objectif*, et non pas plutôt quelque chose de *subjectif* ?

autre aspect de cette doctrine : l'aspect psychologique ou noologique, l'idée que Taine se fait du rôle joué par l'activité de l'esprit dans la connaissance et dans la science. Afin d'expliquer de quelle façon l'esprit s'élève de la sensation et de l'expérience aux notions et aux concepts et y saisit les essences, les propriétés primordiales des choses, les lois et les causes génératrices des faits, Taine ne croit pas, avec les spiritualistes, avoir besoin de le supposer capable de mystérieuses intuitions rationnelles. Il se contente de lui attribuer la faculté d'*abstraire*, c'est-à-dire « d'isoler les éléments des faits et de les considérer à part » ; faculté qu'il nomme « magnifique, source du langage, interprète de la nature, mère des religions et des philosophies, seule distinction véritable qui, selon son degré, sépare l'homme de la brute (1) ».

Un des points capitaux de la psychologie de Taine, auquel il revient dans toutes les autres parties de ses doctrines, et spécialement en esthétique, c'est celui de l'importance et de la primauté qu'il attribue à l'abstraction sur toutes nos facultés, faisant d'elle la fonction essentielle de l'activité de l'esprit, l'acte intellectuel par excellence.

Or, ce qui ne me paraît pas clair, et qu'en tout cas Taine n'a pas démontré, c'est ceci : comment ce concept d'une activité de l'esprit productive de connaissances peut-il s'accorder avec le postulat (formant le fondement de toute la théorie jusqu'ici exposée) d' « un ajustement de notre structure mentale avec celle des choses ? » Je doute que même l'interprète le plus pénétrant de notre philosophe arrive à com-

(1) *Histoire de la Littérature anglaise*, t. V, p. 397.

prendre si et jusqu'à quel point, pour lui, « la genèse des données primitives de l'intelligence » doive être attribuée, au moins pour quelques-unes de celles-ci, à une initiative, à une véritable création propre de l'esprit, comme semble l'entendre aussi M. Hommay; ou si, au contraire, elle est due à une pure vision mentale, rendant, telle qu'elle existe au fond et dans l'essence des choses et de la conscience, la distinction entre ce qui est essentiel, simple, primitif, nécessaire, universel, et ce qui est au contraire accidentel, dérivé, particulier, contingent et concret (1).

En admettant, comme il me semble qu'on doit l'admettre, que cette dernière interprétation soit la plus conforme à l'esprit et aux prémisses métaphysiques de la doctrine de Taine, une chose reste incontestable: c'est que le sens et la valeur idéals et presque kantiens qu'a en soi le concept de l'*abstraction*, tel que nous le présente Taine en plus d'un endroit de ses œuvres, ajoutent à cette doctrine un nouveau trait discordant des autres, et qui n'en fait pas bien saisir la physionomie et la position par rapport au problème de la connaissance. Du reste, la solution idéaliste, qui, sous un autre aspect encore, est indiquée dans la théorie de la perception qu'expose le livre de *L'Intelligence*, réapparaît à la fin de celui-ci, comme passage à une métaphysique que l'auteur croit pos-

(1) M. Hommay dit : « Son explication de la formation de certaines données primitives, par exemple des axiomes mathématiques, n'est pas d'un associationiste : pour lui, l'esprit ne reçoit pas ces connaissances toutes faites, il les crée : il n'y a pas seulement association fondée sur l'habitude, mais liaison instituée par l'activité de l'esprit ». — En quoi, je le demande, une telle façon de concevoir certaines fonctions de la connaissance diffère-t-elle de celle de Kant ?

sible de tenter sur les traces de Hegel, mais en évitant les « imprudences énormes » commises par ce dernier et par les autres grands métaphysiciens allemands de l'école de Kant (1).

Quelles ont été ces imprudences? Taine lui-même nous les indique.

Les Allemands, dit-il, en faisant allusion à Hegel, ont compris que « la pensée est le terme extrême auquel la nature est tout entière suspendue ». Se confiant aux seules lois de la pensée, ils ont cru pouvoir, « sans traverser l'expérience », atteindre du premier coup l'être intime et la loi suprême de l'univers, et « ils ont essayé... de retrouver par la pensée pure le monde tel que l'observation nous l'a montré ». « Avec une audace héroïque, un génie sublime et une imprudence plus grande encore que leur génie et leur audace,... ils se sont envolés d'un bond dans la loi première, et, fermant les yeux sur la nature, ils ont tenté de retrouver par une déduction géométrique le monde qu'ils n'avaient pas regardé. Dépourvus de notations exactes, privés de l'analyse française, emportés tout d'abord au sommet de la prodigieuse py-

(1) « N'y a-t-il qu'elle (l'expérience) qui puisse prouver l'*existence*?... Ne pourrait-on pas admettre... que l'existence réelle n'est qu'un cas de l'existence possible, cas particulier et singulier où les éléments de l'existence possible présentent certaines conditions qui manquent dans les autres cas ? Cela posé, ne pourrait-on pas chercher ces éléments et ces conditions?... Hegel l'a fait, mais avec des imprudences énormes ; peut-être un autre, avec plus de mesure, renouvellera sa tentative avec plus de succès ». *De l'Intelligence*, t. II, liv. IV, chap. III, p. 458. (Notons toutefois que la dernière phrase, relative à Hegel, ne se retrouve pas dans la 3ᵉ édition de *L'Intelligence*, celle que nous citons. Taine l'aura sans doute supprimée comme renfermant un jugement trop sévère).

ramide dont ils n'avaient pas voulu gravir les degrés, ils sont tombés d'une grande chute ; mais dans cette ruine, et au fond de ce précipice, les restes écroulés de leur œuvre surpassent encore les constructions humaines par leur magnificence et par leur masse, et le plan demi-brisé qu'on y distingue indique aux philosophes futurs, par ses imperfections et par ses mérites, le but qu'il faut enfin atteindre et la voie qu'il ne faut point d'abord tenter (1) ».

Personne, je crois, parmi les nombreux imitateurs de Hegel, — école que Taine appelle, peut-être avec trop de sévérité, « la secte grossière qui l'a continué et défiguré », — n'a jamais mieux mis en relief que son admirateur français la grandeur du génie spéculatif du maître, dont il ne dissimule point les défauts. Ernest Renan a dit finement que s'il avait été chef d'une école philosophique, il aurait regardé comme son meilleur disciple celui qui aurait le plus différé d'avec lui. Je ne crois pas que Hegel ait jamais été de cette opinion; mais s'il avait pu lire *L'Intelligence*, il est probable qu'il y aurait trouvé, particulièrement dans le dernier chapitre, l'empreinte et l'esprit, sinon la lettre, de sa propre méthode, et qu'il aurait admis que celui qui a décrit, dans les termes que nous allons reproduire, les impressions éprouvées à la première lecture de la *Logique*, ne pouvait se borner à marcher servilement sur ses pas.

« J'ai — dit Taine — lu Hegel tous les jours, pendant une année entière, en province ; il est probable que je ne retrouverai jamais des sensations égales à celles

(1) *Les Philosophes classiques*, p. 363 ; — et *Histoire de la Littérature anglaise*, t. V, p. 412-413.

qu'il m'a données. De tous les philosophes, il n'en est aucun qui soit monté à des hauteurs pareilles, ou dont le génie approche de cette prodigieuse immensité. C'est Spinoza multiplié par Aristote, et assis sur cette pyramide de sciences que l'expérience moderne construit depuis trois cents ans. Lorsqu'on gravit pour la première fois la *Logique* et l'*Encyclopédie*, on éprouve la même émotion qu'au sommet d'une grande montagne. L'air manque, la vue se trouble ; on n'est plus en pays humain, on n'aperçoit d'abord qu'un entassement d'abstractions formidables, solitude métaphysique où il ne semble pas qu'un esprit vivant puisse habiter ; à travers l'Être et le Néant, le Devenir, la Limite et l'Essence, on roule, la poitrine oppressée, ne sachant si jamais on retrouvera le sol uni et la terre. Peu à peu la vue perce les nuages ; on entrevoit des ouvertures lumineuses ; le brouillard s'évapore ; devant les yeux se déroulent des perspectives infinies ; des continents entiers s'étalent embrassés d'un coup d'œil ; et l'on se croirait arrivé au sommet de la science et au point de vue du monde, si là-bas, sur un coin de la table, on n'apercevait un volume de Voltaire posé sur un volume de Condillac (1) ».

Ces derniers mots méritent une attention spéciale. Ils nous indiquent quel est, avec le spinozisme pénétré par l'hégélianisme, le second et non moins important facteur de la doctrine de Taine. C'est l'analyse des idées, unie à l'abstraction, qu'il retrouvait, comme en un modèle, chez les plus grands représentants de la tradition philosophique française du xviiie siècle.

(1) *Les Philosophes classiques*, p. 126-127.

« Si nous parvenons à la métaphysique, c'est par l'analyse (1) », dit-il au sujet des Français.

Et cela est vrai aussi — nous verrons bientôt en quel sens — de l'esprit de notre philosophe. Avec la conscience profonde qu'il a de ce qui peut contribuer à la direction et à la formation de sa pensée, il considère l'action exercée sur lui par l'auteur de la *Langue des calculs* comme une espèce de correctif, qui le ramène des hauteurs vertigineuses des intuitions germaniques sur le terrain solide de l'analyse exacte et de l'observation intérieure. Il dut le sentir, en particulier lorsqu'il tissait de nouveau, au dernier livre du traité de *L'Intelligence*, dans une trame de raisonnement sobre, subtil et serré, les fils du dessin spéculatif ourdi avec une imagination d'artiste dans ses premières œuvres. Ce qui était pour lui le caractère dominant de la pensée contemporaine, « la tendance de l'esprit philosophique allemand à descendre dans la science », à passer des intuitions et des constructions aux analyses exactes, c'est là aussi, on peut le dire, le caractère le plus accusé de la doctrine exposée principalement dans le traité en question, où nous apparaît l'aspect le plus *roulu*, le plus réfléchi, qu'il donne à ses idées.

Conçue à une époque de transition, comme celle qui commence, pour la civilisation européenne, un peu avant la seconde moitié de ce siècle, la doctrine de Taine, en dépit de sa rigoureuse forme systématique, ne jaillit pas tout entière d'un seul jet. C'est une audacieuse tentative de *médiation* entre des

(1) *Nouveaux Essais de critique et d'histoire* : Racine, p. 211.

idées, ou, mieux, entre des états et des habitudes intellectuelles, entre des procédés et des modes de concevoir produits par des moments historiques et par des formes héréditaires de culture très diverses, et même en grande partie opposées entre elles. C'est une tentative d'élaborer un contenu philosophique essentiellement germanique d'origine et d'empreinte, que Taine s'assimile et *repense* avec la lucidité discursive, avec la tendance aux symétries logiques, propres à la *raison* française; mais sans toutefois parvenir à l'y faire passer tout entier, à recouvrir de la trame subtile et serrée de la réflexion analytique l'écart immense que font entre eux, dans sa *conception d'ensemble*, le noyau primitif, le germe d'où sort celle-ci, et les parties qui s'y superposent.

III

Le germe, nous le savons, lui est donné par le sentiment et par l'étude du monde humain et de sa vie dans l'histoire, et, en même temps, par une intuition et par une représentation de la nature sensible qui s'inspirent de celles des grands idéalistes allemands, surtout de Gœthe, et empruntent à ce monde humain leurs données, leurs traits principaux. Sentiment, intuition et représentation se fondent, dans l'esprit de Taine, en une lumineuse vision d'artiste. C'est la vision de la *grande unité organique des choses*, imaginée comme une source intime de vie et d'énergie inépuisables, d'où tout découle, dont esprit et nature, âmes et corps, matière et sens ne sont que des aspects et des *formes*, gradués par séries infinies en un mouvement éternel qui les agite, les change l'une en l'autre, et qui ne constitue pas un hasard, mais un ordre, une harmonie profonde de lois idéales, une œuvre de la « raison intérieure qui soutient » et gouverne le tout. Chaque fois qu'une semblable vision s'offre à l'esprit de notre écrivain, sa prose, si mesurée, prend soudainement le ton et la chaleur de la poésie lyrique. La nature et l'histoire se font sentir à lui toutes pleines de Dieu. Pour lui, ce que les choses ont en soi de *réel* et de *vrai* ne réside pas dans leurs phénomènes transitoires et changeants, mais dans la nécessité, dans la loi et dans l'*idée* causale desquelles elles sortent, dans la logique du cosmos dont elles sont des parties et des membres. « Le monde forme un être unique, indivisible, dont tous les êtres sont les membres ». — « Les choses sont divines ; voilà pourquoi il faut concevoir des dieux pour exprimer les choses (1) ».

(1) Voir *passim*, dans les trois volumes d'*Essais de critique et d'histoire*, et dans le tome IV de l'*Histoire de la Littérature anglaise*, au chapitre consacré à lord Byron. — Le lecteur qui voudra trouver dans les œuvres de Taine le trait qui, mieux peut-être qu'aucun autre, lui révèle cette intuition (poétique et métaphysique à la fois) de l'unité des choses, placée derrière la conception réfléchie et rationnelle de la doctrine exposée dans *Les Philosophes classiques*, dans l'*Histoire de la Littérature anglaise* et dans *L'Intelligence*, le verra dans l'exposition que l'essai sur *Marc-Aurèle* fait de la métaphysique professée par ce sage. Il y a, en effet, un fond de ressemblance entre le stoïcisme de Marc-Aurèle et le spinozisme tel que le conçoit Taine, c'est-à-dire passé à travers les spéculations de Hegel, le panthéisme poétique de Gœthe, et, je l'ajoute, de Carlyle. — Voir, sur ce dernier, le livre de M. Edmond Barthélemy, Paris, Société du *Mercure de France*, 1899.

Cette large contemplation du fond et du dessin idéal des choses a été l'inspiration première de cette haute poésie de la pensée métaphysique, dans laquelle l'esprit germanique s'est le plus révélé lui-même. L'idée mère d'où se développe, comme d'une cellule primitive, en une si riche végétation de systèmes, toute la métaphysique des écoles allemandes avant et après Kant, c'est l'idée de l'unité organique et de la vie des choses, imaginée comme un *processus historique* de formes qui s'élèvent toujours plus haut, jusqu'à l'esprit.

Et à ce propos, comme à propos de ce que j'ai dit auparavant, me reportant à une très juste affirmation de M. V. Delbos, il convient de rappeler ici que, dans son *Histoire du matérialisme*, Lange dit que le système de Spinoza n'a pu pénétrer en Allemagne et y être assimilé par l'esprit national, qu'en y perdant une grande partie de la signification et de la valeur qu'a dans la pensée du philosophe hollandais le concept de la *causalité mécanique*. Et avec quelle répugnance instinctive Gœthe parle du livre du baron d'Holbach, *Le Système de la Nature*, dont lui et ses compagnons, étudiants à Strasbourg, n'avaient jamais pu lire plus de deux à trois pages ! (1).

A partir de Leibnitz, qui, il le dit lui-même, « pensait que partout et en tout il devait y avoir des âmes

---

(1) « Je feuilletai par simple curiosité le *Système de la Nature*. Ce livre me parut si gris, si cimmérien, si cadavéreux, que je tressaillis devant lui comme à l'apparition d'un fantôme... Au lieu du jour nouveau que nous croyions voir luire devant nous, nous nous trouvâmes plongés dans les ténèbres de l'athéisme. Au milieu d'elles s'évanouissaient le monde avec toutes ses créatures, le ciel avec toutes ses étoiles ». *Vérité et Poésie*, livre XI.

ou des êtres analogues à elles », la grande idée inspiratrice circule, explicite ou sous-entendue, dans les systèmes philosophiques allemands jusqu'à Hegel, et, pourrait-on ajouter, jusqu'à Édouard de Hartmann (1). Toute la « philosophie de la nature » de Schelling sort du principe que Kant a déjà laissé entrevoir dans la *Critique du jugement* : à savoir que, si les choses sont intelligibles, cela veut dire qu'elles ont en elles des éléments ou germes ou traces d'intelligence ; principe que — je le dis en passant — nul des innombrables adversaires de l'idéalisme, théistique ou non, n'a encore, jusqu'à ce jour, démontré être *absolument faux.* C'est le principe dont Hegel seul, jusqu'ici, a exprimé la formule la plus rigoureuse et la plus vaste. Il porta en réalité, pour parler ainsi, « les idées dans les choses », mais il fit plus ; et, comme le remarque très bien un de ses critiques, Robert Haym, il « porta le mouvement historique dans les idées ». Il donna ainsi le dernier mot de la spéculation des écoles allemandes sorties de Kant, en réunissant en lui deux directions de la pensée philosophique, qui, pendant un moment, étaient apparues divisées dans l'intellect national : la direction représentée par la critique kantienne, et la direction issue du mouvement des sciences historiques.

Or, il suffit de jeter un regard sur l'histoire des doctrines philosophiques en France, ou plutôt dans

---

(1) Kuno Fischer, dans sa *Geschichte der neuern Philosophie*, exprime en ces termes un des concepts fondamentaux de la philosophie de Leibnitz, qui, selon moi, est caractéristique de toute la philosophie allemande : *Ueberall müssen sich Seelen oder doch Analogen derselben finden* (Partout doivent se trouver des âmes, ou au moins des analogues de celles-ci).

le monde latin tout entier, pendant les deux siècles antérieurs au nôtre, pour voir que la tendance spéculative qui les domine procède en sens diamétralement opposé à celle de la pensée germanique, et les fait aboutir à une idée centrale qui en est l'antithèse la plus complète, à une conception mécanique de l'univers. Descartes et son école, d'une part, réduisent le fond et toutes les formes de la vie de l'esprit au penser logique conscient de soi, et s'interdisent ainsi de comprendre, comme font les Allemands, le *processus* de la vie psychique inconsciente, et plus spécialement celui de l'histoire. Et, d'autre part, construisant le concept du monde extérieur à nous avec les seules idées du *mouvement* et de l'*extension*, ils aboutissent à un pur *naturalisme* qui tend la main à celui des matérialistes du siècle dernier (1). De la même manière, l'habitude de la déduction mathématique, si chère aux esprits français, et à l'aide de laquelle ils tendent toujours à abstraire, à saisir la réalité des faits, même les plus complexes, dans les idées les plus générales, achemine Condillac et les Encyclopédistes vers ces analyses hâtives et toutes formelles qui firent croire possible la réduction, à l'aide d'une nouvelle alchimie philosophique, du contenu entier du monde moral et historique à de *simples données* d'expérience et d'observation extérieure.

La philosophie française du xviiie siècle étend même aux faits de l'esprit le concept déterministe

---

(1) « *Spinoza incipit ubi Cartesius desinit : in naturalismo* », disait Leibnitz. — Voir un bon livre de M. L. Stein, professeur à Zurich, sur *Leibnitz et Spinoza*, Berlin, 1890.

de la causalité mécanique universelle, auquel elle est arrivée en partant de l'étude des lois de la matière. « Les sciences morales — dit Taine — ... se soudent comme un prolongement aux sciences physiques (1) ». C'est, je le répète, le *processus* inverse de celui qui s'accomplit dans la direction de la pensée germanique depuis la *Monadologie* de Leibnitz jusqu'à la *Philosophie de la Nature* de Hegel. Liée intimement au protestantisme, auquel elle est, historiquement, en un certain sens, ce que la scolastique est au christianisme médiéval, la grande métaphysique allemande n'est, au fond, qu' « une immense mise en théorie de l'*Éthique* ». C'est ainsi que me la définissait dans une lettre, voilà quelques années, un de ses derniers et plus illustres adeptes. La manière dont elle a conçu et tenté d'expliquer même ce qui est en dehors de l'homme, paraît n'avoir été qu'une réponse affirmative continuelle et insistante à la sublime demande de Gœthe :

Ist nicht der Kern der Natur
Menschen im Herzen ? (2)

---

(1) Voir les *Origines de la France contemporaine* : *l'Ancien Régime*, édit. de 1899, t. I, liv. III, chap. I, pp. 277-287 ; et *Les Philosophes classiques*, p. 16 et suiv., et p. 290, où, selon l'habitude de Taine, est indiquée et présentée comme en raccourci l'admirable exposition, faite ensuite au long dans l'*Ancien Régime*, de la doctrine rationaliste française du xviiie siècle et de sa méthode.

(2) « Le noyau de la nature n'est-il pas dans le cœur de l'homme ? »   Gott und Welt *Ultimatum*.

IV

Nous n'avons pas à discuter ici par laquelle de ces deux voies la philosophie est parvenue à soulever un coin de plus du grand voile qui nous cache l'essence et le fond des choses. Ce qu'il faut noter, — Taine lui-même nous le suggère, — c'est comment, dans l'opposition de ces deux courants historiques de la philosophie européenne, se manifeste, à travers la différence des idées et des doctrines, celle bien plus intime de la structure intellectuelle et du génie de deux races. C'est le fait des *variétés historiques* des « formes d'esprit et d'intelligence » que Taine a, sinon découvert, du moins mis en pleine lumière, en le pénétrant à l'aide d'une série d'analyses très fines et exactes.

Rien en effet de plus vrai, de plus incontestable pour le psychologue, que la conséquence qui en sort. La voici. Dans l'histoire de la civilisation humaine, la valeur effective et réelle, la force vive des diverses formes d'institutions et d'art, des idées morales, religieuses, philosophiques, dépendent non de ce qu'elles sont ou pourraient être et valoir en elles-mêmes, envisagées abstraitement, mais de ce que les fait le *milieu* intellectuel et social par lequel passe leur action. Ce sont des organismes historiques dont la semence, quand elle est portée par les vents sur un autre terrain et dans un climat différent du sien, y meurt ou au contraire y germe en une plante qui donne des fruits d'une tout autre saveur et de formes diverses. De même, quand un courant de nouvelles idées, né en un pays, se propage en un autre, l'œuvre qu'il y produit est déterminée par la façon dont celui-ci se les assimile et les transforme, en y imprimant la vibration vitale de sa propre pensée.

Ce n'est là, d'ailleurs, qu'une des conséquences les plus ordinaires des principes de l'école positive. Mais nul autre écrivain avant Taine n'avait su en tirer un égal parti pour l'étude de ce qu'on peut appeler l'*individualité* historique du génie propre à chacune des grandes nations européennes. C'est que, il ne faut jamais l'oublier, nul écrivain contemporain peut-être n'a jamais senti, autant que lui, le besoin d'étudier la condition intellectuelle faite aux esprits semblables au sien, par une époque telle que la nôtre. Aujourd'hui, en effet, l'œuvre du travail intellectuel et artistique devient de plus en plus commune de peuple à peuple, et la facilité que présente l'assimilation des idées et des formes d'art nées dans des milieux divers et opposés rend toujours plus nécessaire et plus difficile, à qui en subit les influences, le remaniement et la refonte, en un seul jet original, des éléments d'inspiration le plus souvent discordants. Peu d'esprits doivent avoir eu conscience, comme Taine, de ce phénomène de la vie intellectuelle de notre époque, du « conflit dans nos cerveaux à tous des rêves de l'univers élaborés par les diverses races », comme dit M. Paul Bourget. La *sympathie* avec laquelle il a su, plus que tout autre critique français contemporain, se transporter dans les produits de la culture, de la pensée et de l'art de trois peuples aussi différents que les Allemands, les Anglais et les Italiens; la recherche continuelle, insistante, à laquelle il revient sans cesse, de la façon dont les idées et les formes de l'invention littéraire peuvent passer d'un peuple et d'une race à un autre peuple et à une autre race, et en prendre une empreinte nouvelle; cette sympathie et cette recherche ont leur raison d'être dans les aptitudes diverses opposées de penseur et d'artiste qui étaient en lui, et dans la préoccupation critique des difficultés que devait certainement lui coûter une œuvre aussi *compliquée* que la sienne, à la fois d'assimilation et d'invention. Son cas prouve de plus en plus comment, chez les écrivains le plus intimement disposés à la critique des conditions dans lesquelles s'accomplit leur propre travail mental et celui des autres, cette disposition critique est le plus souvent l'indice d'un certain sentiment presque de malaise, d'un certain manque de facilité, de spontanéité vraie. Cette observation pourrait s'appliquer aux deux tiers des écrivains et des artistes de notre temps. Seule la grande et saine originalité intègre du génie, fils de la nature et des âges primitifs créateurs, ne s'attarde jamais à réfléchir sur son art, mais s'y perd entièrement et s'y oublie.

Taine, par ce côté aussi, se révèle essentiellement homme et écrivain de notre temps. On peut dire que l'examen psychologique et historique des conditions qui, pour lui, déterminent les diverses *formes* de l'activité, de l'intelligence et de l'âme chez les individus et chez les peuples, est le thème fondamental de sa critique. L'investigation qu'il tente des « variétés historiques » des principaux systèmes de culture et de civilisation, et qui le fait remonter à deux ou trois types fondamentaux auxquels il veut ramener « les facultés d'une âme humaine considérée en général », aboutit à une espèce de psychologie comparée des familles et des variétés des esprits et des génies, dessinée çà et là par lui en traits qui reparaissent dans presque toutes ses œuvres. Le principal est la recherche, qu'il établit toujours, du *fait psychologique* primitif, autour duquel se rassemblent tous les autres, et qui nous explique la prédominance, parfois presque prodigieuse, de certaines aptitudes chez certains hommes. Toute forme d'esprit ou de génie recèle un de ces *faits*, qui ensuite a ses variétés, représentées par tel ou tel individu extraordinaire. Une certaine aptitude prédominante de l'imagination à se figurer les mouvements de masses d'hommes en relation avec un espace donné, fait le grand capitaine ; tel Bonaparte, qui *voyait* ses batailles sur la carte et dans la *reconnaissance* des lieux, qu'il faisait toujours lui-même avant le combat. Ainsi chez l'artiste, chez le peintre, chez le sculpteur, chez le poète, chez le compositeur, « la filiation, l'intensité, l'ordre des idées, des images, des sentiments, sont différents ». Chacun a sa vision intérieure qui se compose ou de lignes, de plans et de formes, ou de couleurs et de figures, ou tend à ressusciter des fantômes d'états de l'esprit, de la sensibilité et de la volonté, sous les formes de la parole ou des sons. Les variétés individuelles plus détachées, auxquelles s'applique chacune de ces dispositions, nous donnent tel ou tel artiste et écrivain supérieur : Michel-Ange, qui a su rendre jusqu'ici comme personne, à l'aide de l'expression intensive de la ligne et du dessin, l'expression intérieure invisible des âmes qu'il infusait sur la toile et dans le marbre; Shakespeare, qui avait le don de l' « imagination complète », qui *voyait* dans chaque parole, dans chaque acte des personnages créés par lui, même dans les plus insignifiants, tout un caractère vivant, harmonique en chacune de ses parties; Richard Wagner, admirable, à mon avis, dans l'art de sentir et de faire vivre en nous l'*ambiant* aérien et ineffable du mythe et de la *saga*, duquel il évoquait ses personnages comme de vagues apparitions fantastiques (1).

Dans les idées indiquées ici, nous avons le fondement d'une psychologie de l'art. A celle-ci se lie étroitement l'étude qu'on pourrait appeler, au contraire, une ethnologie de l'art. Cette étude, Taine l'a instituée dans celles de ses œuvres où il recherche les caractères déterminants empreints dans les principales directions historiques de la peinture, de la sculpture, de l'architecture, de la poésie, par la conformation naturelle du génie des grands peuples artistes, lequel est un effet aussi, à la fois, de la race, du milieu et des conditions sociales où il s'est développé et a fleuri. L'action de l'hérédité et des instincts de la race est le fait primitif auquel le philosophe ramène constamment celui des disposi-

(1) Cette théorie de Taine, que j'indique ici, a été illustrée par lui dans tous ses écrits à l'aide d'analyses très fines. Il faut voir, entre autres, son analyse du tempérament de l'orateur, à propos de Victor Cousin et de Macaulay; de celui du mystique, à propos de Carlyle; du génie du poète, à propos de Shakespeare, Spencer, etc.

tions dominantes, des *facultés maîtresses* qu'il cherche à découvrir dans la structure mentale du génie des grands hommes et des peuples. Si Taine ne nous a pas donné une véritable psychologie du génie, — telle que nous pourrons l'avoir un jour par le secours des études actuelles, — il a néanmoins beaucoup contribué, avec son sens très fin d'observateur, à arracher également cette partie de la philosophie au vague des stériles abstractions où l'a tenue et la tient encore enfermée la méthode traditionnelle des écoles. Et cette méthode, qu'on le note bien, n'a pas, jusqu'ici, été abandonnée dans son *erreur fondamentale* : celle de présupposer certaine forme abstraite et fixe de l'intelligence et de l'âme humaine, examinées seulement en elles-mêmes. Les psychiatres italiens eux-mêmes n'y ont pas renoncé, eux qui pourtant passent aussi pour des novateurs audacieux, et crient à chaque instant contre le *misonéisme* (1).

(1) Quelques-uns de ceux-ci, et au premier rang M. Lombroso, aggravent cette erreur fondamentale d'une autre erreur, due à leur manque presque absolu de large culture critique et historique. Voilà pourquoi ils jugent folles et anormales les idées et les tendances intellectuelles et morales de certains hommes (par exemple, le joachimisme de Cola di Rienzi), sans savoir et sans prendre garde que ces idées et ces tendances étaient en équilibre avec le milieu historique dans lequel ces hommes ont vécu. Il y a, dirait un hydraulicien, un poids spécifique (une valeur relative) des idées et des formes mentales humaines, qui répond à la manière d'être du milieu historique dans lequel elles sont d'une certaine façon plongées et se meuvent. — On voudra bien me permettre de citer ici, à ce sujet, mon livre intitulé : *David Lazzaretti di Arcidosso, detto il Santo, i suoi seguaci e la sua leggenda* (Bologne, Zanichelli, 1886), et deux articles que j'ai publiés dans la *Nuova Antologia* de Rome, 1891 : *Italia mistica e Italia pagana*, dont M. Émile Gebhart, le savant historien de la Renais-

V

Il y a dans les idées exprimées par Taine presque en chacun de ses livres, sur la correspondance entre certaines formes typiques des esprits et leur dérivation de l'hérédité nationale ou de la race, plus d'un trait qui nous fait penser à lui-même. Lui aussi, en écrivant, a dû y avoir songé. Le lecteur s'en aperçoit en plus d'un endroit, spécialement dans *Les Philosophes classiques* et dans les études sur *Carlyle* et sur *Stuart Mill*. Elles sont importantes, je l'ai remarqué, au point de vue de la formation de sa pensée, puisqu'il étudie les idées des deux écrivains étrangers pour orienter les siennes et dans le but de rechercher quelle place doit tenir, dans la culture européenne, une philosophie d'empreinte et de tradition française, à côté des écoles anglaise et allemande.

Voulant expliquer de quelle façon Carlyle a mis, en bon Anglais, une signification concrète, morale, pratique, dans les abstractions de la métaphysique allemande, Taine montre comment le même acte identique de concevoir les choses s'opère tout différemment d'esprit à esprit, s'il reçoit l'empreinte de formes et d'habitudes intellectuelles différentes et opposées entre elles. Il en est tout autrement dans une tête *à images* que dans une tête *à formules*. Penser, con-

sance italienne et de ses antécédents, a bien voulu tenir compte dans plus d'un endroit de ses articles du *Journal des Débats* (janvier 1898).

naître, veut dire *comprendre* en un ou plusieurs objets ou faits leurs parties, et, avec leurs parties, le tout, leur *complexus*, — Taine le nomme *groupe*, — qui se distingue d'autres, « en comprend d'autres et se trouve compris en d'autres »... « La plus petite portion de l'univers, comme l'univers entier, est un *groupe*. Ainsi tout l'emploi de la pensée humaine est de reproduire des groupes » ; et notre esprit a une puissance et une capacité diverses, « il est grand ou petit, il est complet ou partiel », selon qu'il réussit ou non dans cette œuvre, et « peut reproduire des groupes grands ou petits », et « les reproduire complets ou seulement certaines de leurs parties ».

Mais qu'est-ce, selon Taine, que reproduire un groupe ? « C'est d'abord en séparer toutes les parties, puis les ranger en files selon leurs ressemblances, ensuite former ces files en familles, enfin réunir le tout sous quelque caractère général et dominateur ; bref, imiter les classifications hiérarchiques des sciences. Sans doute. Mais la tâche n'est point finie là ; car cette hiérarchie n'est point un arrangement artificiel et extérieur, mais une nécessité naturelle et intérieure. Les choses ne sont point mortes, elles sont vivantes ; il y a une force qui produit et organise ce groupe, qui rattache les détails et l'ensemble, qui répète le type dans toutes ses parties. C'est cette force que l'esprit doit reproduire en lui-même avec tous ses effets ; il faut qu'il la sente par contre-coup et par sympathie, qu'elle engendre en lui le groupe entier, qu'elle se développe en lui comme elle s'est développée hors de lui, que la série d'idées intérieures imite la série des choses extérieures, que l'émotion s'ajoute à la conception, que la vision achève l'analyse, que l'esprit devienne créateur comme la nature. Alors seulement nous pourrons dire que nous connaissons. »

Dans l'une et l'autre de ces deux voies entrent, dit notre philosophe, des esprits de tempérament très divers et opposé. « Dans la première sont les simples savants, les vulgarisateurs, les orateurs, les écrivains, en général les siècles classiques et les races latines ; dans la seconde sont les poètes, les prophètes, ordinairement les inventeurs, en général les siècles romantiques et les races germaniques. Les premiers vont pas à pas, d'une idée dans l'idée voisine ; ils sont méthodiques et précautionnés ; ils parlent pour tout le monde et prouvent tout ce qu'ils disent ; ils divisent le champ qu'ils veulent parcourir en compartiments préalables ; pour épuiser tout leur sujet, ils marchent sur des routes droites et unies, pour être sûrs de ne tomber jamais ; ils procèdent par transitions, par énumérations, par résumés ; ils avancent de conclusions générales en conclusions plus générales ; ils font l'exacte et complète classification du groupe. Quand ils dépassent la simple analyse, tout leur talent consiste à plaider éloquemment des thèses ; parmi les contemporains de Carlyle, M. Macaulay est le modèle le plus achevé de ce genre d'esprit (1). Les autres,

(1) Et quand ces esprits négligent tout à fait l'analyse, ils ne *voient* rien et *plaident* cependant, ils ne sont plus que des esprits avocassiers. De divers passages des livres de Taine il résulte clairement que, de même que son camarade d'école Edmond About et Napoléon Ier, il considérait le type mental de l'avocat comme un type intellectuel inférieur. Cette manière de voir pourrait expliquer, je crois, comment il se fait que dans une si grande partie des pays

après avoir fouillé violemment et confusément dans les détails du groupe, s'élancent d'un saut brusque dans l'idée mère. Ils le voient alors tout entier ; ils sentent les puissances qui l'organisent ; ils le reproduisent par divination ; ils le peignent en raccourci par les mots les plus expressifs et les plus étranges ; ils ne sont pas capables de le décomposer en séries régulières ; ils aperçoivent toujours en bloc. Ils ne pensent que par des concentrations brusques d'idées véhémentes. Ils ont la vision d'effets lointains ou d'actions vivantes ; ils sont révélateurs ou poètes. M. Michelet chez nous est le meilleur exemple de cette forme d'intelligence, et Carlyle est un Michelet anglais (1) ».

Je ne nie pas ce qu'il y a de trop systématique à opposer, en une sorte de contraste absolu, comme le fait ici Taine, deux formes d'activité intellectuelle, l'intuitive et la réfléchie ou discursive, qui, au lieu de toujours s'exclure, s'alternent dans tous les esprits supérieurs et dans la culture des peuples civilisés. D'autre part, il a très justement noté la différence incontestable, de plus en plus profonde aujourd'hui, entre le procédé mental de l'érudit, du savant, du spécialiste, lesquels *n'inventent rien*, pas même dans leur science, et celui du poète, du philosophe, du penseur, qui découvrent et créent, et qui ne font jamais œuvre *uniquement* d'analyse et de froide réflexion. De même on ne peut, sans quelque réserve,

---

latins, où existe le régime parlementaire et où abondent et prévalent les avocats, les choses laissent tant à désirer sous le double rapport moral et politique.

(1) *Histoire de la Littérature anglaise* : *Carlyle*, t. V, pp. 261-263.

distinguer, avec le philosophe français, les *âges classiques* des *âges romantiques*, en assignant ceux-là presque exclusivement à l'histoire de la culture latine, ceux-ci à celle de la culture germanique. Pour ne rien dire du classicisme, l'art romantique, bien que spécial aux peuples teutoniques, ne s'est-il pas développé aussi chez les peuples latins ? et, en outre, le rapport que Taine veut trouver entre ces deux formes de culture propres à l'histoire des deux races, et sa distinction de l'activité intuitive d'avec l'activité réfléchie, ne conduirait-il pas à nier à peu près que, pour tous les grands génies, soit classiques, soit romantiques, et à toutes les époques vraiment inventives, créer a toujours été synonyme de voir, de sentir fortement, et non pas d'analyser, de classifier, d'induire ?

Tout en faisant néanmoins les réserves que l'écrivain lui-même laisse sous-entendre, il reste toujours au fond de son idée une grande vérité : c'est que, sous ces vocables *classicisme* et *romantisme*, pris dans leur sens le plus large et le plus juste, sous ces deux formes de culture nées du génie de deux races si différentes entre elles, la critique voit aujourd'hui quelque chose de plus que des classifications d'école, des produits historiques fortuits ou arbitraires. Elle y voit deux faces, deux attitudes de l'esprit humain, deux manières originellement distinctes, dans lesquelles la nature le dispose à concevoir, à sentir les choses, la vie et l'art. Ce qui veut dire, en d'autres termes, qu'on ne devient pas, mais qu'on naît ou romantique ou classique, et que, non par l'effet du hasard, mais par celui d'une loi de psychologie historique, chacun des esprits représentatifs de la culture des deux familles supérieures de l'Europe a en lui plus de l'un ou de l'autre de ces deux plis natifs du tempérament artistique humain. Shakespeare était déjà, presque deux siècles avant l'école romantique, l'expression la plus haute et la plus vraie du romantisme des peuples germaniques.

Or, tout ceci peut s'appliquer — et Taine lui-même nous ouvre la voie de cette application — à la psychologie de l'esprit scientifique et spéculatif. Celui-ci a, comme l'esprit artistique, ses aspects, ses linéaments de famille et de race. Les âmes qui le portent en elles se distinguent par ce que j'appellerai leur *vocation* intellectuelle. Dans les plus grandes, elle est si puissante, que les deux systèmes dont tous les autres tiennent plus ou moins et qui se disputent jusqu'ici l'empire de la philosophie, le platonisme et l'aristotélisme, ne sont au fond, dans l'histoire, que les deux plus hautes formes typiques de l'art de penser, les produits en quelque sorte de tempéraments mentaux originellement opposés entre eux.

Taine a fait de l'esprit français une étude objective et sereinement impartiale. C'est l'application la plus originale et la plus vraie qu'il nous ait laissée de sa critique psychologique, et autour de laquelle celle-ci pivote tout entière. Son diagnostic des dispositions intellectuelles et morales des autres peuples, étudiés par lui, emprunte toute sa valeur à la comparaison incessante qu'il en fait, tacitement ou non, avec celles de la France; il scrute chaque fibre de celle-ci, et note ses qualités et ses défauts sans l'ombre d'un préjugé national. C'est là une impartialité des plus rares chez n'importe quel écrivain, mais avant tout chez un Français.

Je vois en cela la preuve la plus claire de cette rectitude, de cette honnêteté de la pensée que j'ai notée dès le début comme une des principales qualités de Taine. Je doute qu'en France on ait jamais non seulement osé dire, mais penser une seule fois avant lui ce qu'il répète si fréquemment, que « nulle race en Europe n'est moins poétique » que le peuple français ; que l'imperfection et la pauvreté de son esprit consistent dans sa promptitude même et sa faculté admirable à concevoir toujours clairement, à distinguer les choses et les faits séparément, à en saisir agilement une notion nette, simple, nue, mais superficielle, non entourée et animée d'images aussi vives, d'émotions aussi profondes et violentes que celles qui accompagnent l'intuition, souvent confuse et vague, mais toujours puissante, propre aux esprits germanique et slave, la vision riche, harmonieuse, plastique, colorée, des imaginations grecque et italienne. Le Français effleure l'idée, mais ne la pénètre pas. Pour bien comprendre, il lui faut « passer d'une idée à l'idée contiguë », en évitant les contrastes, les sauts trop brusques qui nuisent à la clarté, à l'eurythmie du discours, qui en troublent l'allure égale et posée. Par son instinct et par habitude contractée dans la vie sociale, à laquelle il incline si fortement, il est avant tout bon raisonneur, beau parleur ; et à cela se prête sa langue, si régulièrement logique, le moins riche peut-être des idiomes européens et le moins apte à la grande poésie. Cette langue a pourtant produit une littérature incomparable en prose et en tout ce qui se réfère à la conversation et à l'éloquence; une littérature qui a été jusqu'ici dans le monde le plus puissant moyen de divulgation des idées; de même que l'esprit de la nation où elle est née, moins fait pour les larges spéculations intellectuelles et pour les inventions artistiques, excelle cependant plus que tous les autres à expliquer, éclaircir, développer les idées et les inventions venues du dehors.

Telles qualités et habitudes d'esprit que Taine retrouve dans la plus ancienne poésie française et normande, dans les chroniques, les mystères, les fabliaux, lui paraissent exprimées dans tout leur relief par la littérature du siècle de Louis XIV et par la philosophie qui précède et prépare la grande Révolution de 1789. De ces deux époques culminantes de la culture de son pays il a fait, dans les *Essais de critique et d'histoire*, en particulier dans celui consacré à *Racine*, dans son livre sur *La Fontaine* et avant tout dans la partie la plus remarquable du premier volume des *Origines de la France contemporaine*, un examen historique et psychologique qui, pour la finesse et pour la vérité, n'a pas, je crois, d'égal.

VI

Cette étude du caractère et de l'histoire de l'esprit français, Taine l'applique plus particulièrement à la recherche critique de la direction de méthode et des habitudes intellectuelles les plus conformes à une philosophie de pure tradition nationale. Non pas, il convient de le remarquer, qu'il y soit amené par un sentiment de patriotisme auquel il se proclame, avec raison, toujours étranger en matière d'études et de doctrines scientifiques. Sa préoccupation constante de chercher comment les Français peuvent *transcrire* et en quelque sorte *naturaliser* dans la langue de leur pensée les idées sorties de la pensée des autres peuples, n'a rien à démêler avec la signification et la valeur civile ou politique de ces idées. De la même façon, l'hydraulicien qui calcule, à l'aide des lois de la mécanique des liquides, selon les dimensions d'un tube et la nature de l'orifice, la force et l'impulsion d'un jet d'eau, ne pense pas à sa composition chimique ni aux usages et dérivations qu'on en pourrait tirer.

L'esprit français, dit Taine, n'est fait pour primer ni dans la métaphysique ni dans l'art. Il a le « talent de bien dire », qui tient le milieu entre la haute spéculation et l'observation, entre l'invention hardie des idées universelles, propre aux esprits germaniques, et « la collection scrupuleuse des petits faits », plutôt particulière aux Anglais.

L'œuvre dans laquelle l'esprit de la France s'est toujours montré supérieur à celui des autres nations modernes est exprimée tout entière dans sa substance et dans sa méthode, que Taine nomme « un des chefs-d'œuvre de l'esprit humain », par la philosophie de Condillac et de ses contemporains. C'est là la vraie philosophie classique de la France, qui a guidé Lavoisier, Bichat, Esquirol, Geoffroy Saint-Hilaire et Cuvier, et qui, si elle n'enseigne pas, autant que l'anglaise, à observer, à expérimenter, à induire, enseigne cependant à suivre le mouvement naturel de formation de nos idées, en le reproduisant; à bien fixer celles-ci, en fixant le sens précis des termes ou signes qui nous les expriment; elle nous aide à les éclaircir, à les ordonner graduellement, des moins générales aux plus générales, au moyen du même système d'opérations sur lequel se fonde tout l'appareil de la pensée. « Comment les idées s'ordonnent, voilà ce que les Français ont enseigné à l'Europe ». L'esprit de la race française « est le professeur de l'espèce humaine et le secrétaire de l'esprit humain ». Des deux grands instruments de recherche que celui-ci possède pour l'étude scientifique de la nature, l'un, l'*expérience*, est plus dans les habitudes et dans la tradition de la pensée anglaise, et l'a conduite, par la voie de l'observation attentive des faits et de leurs lois, à concevoir le monde tel que le pensaient Hume et Stuart Mill : comme « une rencontre de faits »; l'autre instrument, l'*abstraction*, qui consiste à isoler les éléments des faits et des objets pour en chercher les causes, les lois, les essences, les propriétés primitives, est la grande faculté spéculative, « mère des religions et des philosophies », dont les Allemands ont fait un usage si exclusif et un abus si dangereux, et qui les « portés à concevoir le monde comme « un système de lois ». Les Anglais ne sont pas sortis de l'expérience, les Allemands de l'abstraction. « S'il y a une place entre les deux nations, dit Taine, c'est la nôtre. Nous avons élargi les idées anglaises au xviii° siècle : nous pouvons, au xix°, préciser les idées allemandes. Notre affaire est de tempérer, de corriger, de compléter les deux esprits l'un par l'autre, de les fondre en un seul, de les exprimer dans un style que tout le monde entende, et d'en faire ainsi l'esprit universel (1) ». Vue grandiose, on ne peut le nier, mais où le lecteur trouvera peut-être un peu de cet orgueil français dont Taine, il est pourtant juste de le dire, s'est plus préservé que tout autre écrivain de son pays.

Dans l'idée qu'il nous donne de sa doctrine sur la méthode, à la fin des *Philosophes classiques*, l'œuvre de la science et de la philosophie résulte pour lui de l'union indissoluble de l'analyse, aidée par l'expérience, avec le procédé d'abstraction qui construit les théories et les vérifie. Cette union, il la voit en quelque sorte personnifiée dans l'amitié de deux philosophes qu'il imagine avoir entendu converser au sujet de la méthode, dont ils décrivent les deux opérations fondamentales, qui répondent, chacune, à la vocation intellectuelle de l'un des deux. Pierre incarne en lui l'esprit analytique de la science positive, et ressemble à un de ses philosophes favoris du xviiie siècle, qu'il lit constamment. Esprit limpide et sain d'observateur et de raisonneur méthodique, il indique dans son discours les deux pas que l'analyse doit toujours faire : premièrement, traduire par des faits bien observés et bien particularisés le sens des termes dont se sert la science; sens qui, dans le langage ordinaire, est le plus souvent incertain et abstrait, et se prête à l'erreur et aux fictions métaphysiques;

---

(1) *Histoire de la Littérature anglaise*, t. V, p. 416. — Voir aussi le même ouvrage, t. I, pp. 84-96; — *Les Philosophes classiques*, pp. 18-20; — *Nouveaux Essais de critique: Racine*, pp. 172-175.

secondement, multiplier les faits en en découvrant de nouveaux, et en résolvant les plus complexes en d'autres faits accessibles seulement à l'expérimentation.

Voilà le commencement de la science. Il doit être suivi de l'œuvre en quoi véritablement elle consiste : la détermination de l'ordre causal des choses et des faits. C'est une œuvre de spéculation et de théorie, décrite par l'autre philosophe, Paul, penseur abstrait, qui vit solitaire, replié sur lui-même, lisant l'*Éthique* de Spinoza et la *Logique* de Hegel ; caractère élevé et très libre, esprit profond, qui ne se passionne que pour les idées. Le but suprême de la science est, pour lui, d' « ordonner les faits en un système », en les déduisant de leurs causes, lesquelles ne sont que des faits plus généraux, dominateurs et générateurs des autres. Après en avoir assemblé un *groupe*, le philosophe en *abstrait* l'un des plus généraux, le suppose la cause d'autres, et vérifie son hypothèse par l'expérience. Plusieurs faits causals ainsi assemblés, la science cherche s'ils dépendent l'un de l'autre, et comment, et remonte au plus général et au plus simple. « Abréviation, hypothèse, vérification, tels sont les trois pas de la méthode (1) ». Paul éclaire longuement sa théorie par des exemples empruntés aumon de de la matière, de la vie et de l'histoire. Il

---

(1) Il faut noter ici l'accord entre ce plan de la méthode de la science, tracé par Taine, et les idées exposées à ce même sujet par M. Berthelot dans un écrit adressé en 1863 à Renan, sous ce titre : *La Science idéale et la Science positive*. En lisant cet écrit, on s'explique comment Stuart Mill, signalant l'orientation philosophique de l'esprit de Taine, a rapproché ce dernier de M. Berthelot. — Voir l'ouvrage de celui-ci : *Science et Philosophie*, 1886.

conclut que, dans ce procédé de déductions progressives, par lesquelles la multitude des faits et de leurs groupes se simplifie en formules, en définitions génératrices toujours plus hautes, pour aboutir à une cause unique et à une formule, c'est-à-dire à un fait très général, qui engendre tous les autres, les sciences morales suivent la même voie que les sciences physiques et forment avec celles-ci un seul système. Ce système, selon Taine, revient dans toute son étendue à la conception de l'unité des choses, dernier fond métaphysique de sa doctrine, là où elle touche à l'hégélianisme, et sur lequel il la dessine dès ses premiers écrits.

Dans cette conception, telle qu'elle lui est suggérée sous sa forme immédiate par l'étude de l'homme et du monde historique, il y a, disais-je, non une simple abstraction, une simple donnée de la pensée spéculative, mais aussi une vision géniale d'artiste et d'écrivain. Celle-ci donne à la conclusion de ses *Philosophes classiques* le ton d'un hymne lyrique à la Nature, « l'indifférente, l'immobile, l'éternelle, la toute-puissante, la créatrice; et quand se dévoile sa face sereine et sublime, il n'est point d'esprit d'homme qui ne ploie, consterné d'admiration et d'horreur (1) ». Dans *L'Intelligence*, livre écrit environ quinze ans plus tard, où l'auteur a voulu être *ex professo* psychologue et savant, la chaleur, la plénitude de vie, de poésie intime, que sa doctrine puisait dans ce con-

(1) Ce procédé de la science allant de déduction en déduction, de formule en formule, jusqu'à une formule suprême et génératrice de toutes les autres, est exposé et expliqué plus en détail dans le livre IV⁰ et dernier de *L'Intelligence*, qui a pour titre : *La connaissance des choses générales*.

tenu métaphysique dont s'inspirent *Les Philosophes classiques*, ne se font pour ainsi dire plus sentir à travers la trame épaisse du travail analytique et logique qu'il y opère. A la conception panthéiste de l'essence des choses, envisagées par lui comme un immense organisme vivant, qui s'élève de forme en forme jusqu'à la pensée et à l'esprit, et les porte en soi; à cette vaste conception idéaliste, hégélienne, qui est au fond de la doctrine du philosophe français, et, seule, rend le sens vrai et intime de ses œuvres historiques, vient s'ajouter dans *L'Intelligence* celle d'un phénoménisme universel. En analysant avec la méthode des positivistes français et de l'école anglaise l'idée du *moi* et celle de la nature, il ne trouve de réel en nous et dans les choses en dehors de nous que « des trames d'événements liés entre eux et à d'autres »; conclusion déjà contenue, d'ailleurs, dans cette négation des entités métaphysiques appelées substance, cause, faculté, etc., d'où Taine était parti; mais, telle qu'il la formule ensuite dans le livre cité plus haut, elle me paraît remarquable par ce qu'elle ajoute de plus décidé encore, de plus dogmatique, si l'on peut dire ainsi, aux négations fondamentales de son positivisme. Le sens de la doctrine de Taine, telle qu'il la détermine et la fixe toujours davantage, en la détachant presque complètement de son fond hégélien pour la rapprocher des doctrines des psychologues anglais, accentuées cependant par lui dans le sens réaliste, devient celui-ci : c'est que non seulement les phénomènes, les purs phénomènes et leur lien de coexistence et de succession, sont pour nous l'ultime limite de l'expérience et du savoir, mais qu'ils sont et constituent toute la réalité (1).

C'est Kant ramené en arrière vers Hume. Dans cet infini *au delà* de notre expérience, que la *Critique de la raison pure* n'avait jamais nié, en nous défendant toutefois de le tenter, dans cette *structure* intime des choses que Taine lui-même, dans *L'Intelligence*, considère comme « répondant à notre structure mentale », il ne voyait au fond — pour nous en tenir au sens dominant du livre — que « des fusées de phénomènes caducs, qui montent quelques mi-

---

(1) « Nous pensons qu'il n'y a ni esprits ni corps, mais simplement des groupes de mouvements présents ou possibles, et des groupes de pensées présentes ou possibles. Nous croyons qu'il n'y a point de substances, mais seulement des systèmes de faits ». *Histoire de la Littérature anglaise*, t. V, p. 396; — *De l'Intelligence*, liv. IV, chap. III. — « N'y a-t-il, demande Taine, dans la nature, que les séries des sensations passagères qui constituent les sujets existants, et les possibilités durables des existants, et les possibilités durables de ces mêmes sensations ? N'y a-t-il rien d'intrinsèque dans cette pierre ? » — « Taine veut que la plante, la pierre, tout objet inanimé, soit non seulement la possibilité permanente de certaines sensations d'un sujet sentant, mais en outre une série distincte de faits ou d'événements réels ou possibles, événements qui se produiraient encore *si tous les êtres sentants faisaient défaut* ». « Quels sont ces faits ou événements qui constituent le fond réel de la pierre, ce qu'il y a en elle d'intrinsèque? Il nous paraît clair que la pensée de Taine a varié sur ce point. Il avait d'abord cru, comme Hobbes, que tous les faits ou événements de la nature se ramenaient à des mouvements. Plus tard, il reconnut que ce point de vue mécanique n'était que relatif et extérieur, et que « directement le type de l'existence était l'événement mental, sensation « ou image, tel que la conscience le constate en nous ». Ainsi passa-t-il, — sans arrêter l'attention sur ce changement, qui resta à peu près inaperçu, — du matérialisme de Hobbes à l'idéalisme de Leibnitz». *Revue encyclopédique: Hippolyte Taine philosophe*, par F. Pillon. — Voir encore, au sujet des incertitudes et des contradictions que présente la doctrine de Taine, signalées précédemment par nous, les ingénieuses et justes observations de M. de Margerie, *Op. cit.*, p. 131, *passim*.

nutes ou quelques heures, puis s'abîment irréparablement ». « Tel est pour lui le monde », dit M. Paul Bourget, qui a raison d'ajouter que la notion de *fait*, substituée ainsi à celle de *cause*, comme correspondant seule, selon Taine, à la notion de *chose réelle*, « est le principe étranger qu'il introduit dans l'hégélianisme et qu'il emprunte à la science et à l'esprit positiviste de l'époque (1) ».

Ceci me paraît très juste. Le phénoménisme qui constitue le fond du livre de *L'Intelligence*, et pour lequel la valeur des données objectives du vrai, appris par nous dans les choses et dans nos modifications internes, est contenue tout entière dans l'expérience et dans notre prévision de leur constante succession et dépendance les unes des autres; cette conversion du réel et du vrai avec le fait (mais dans un tout autre sens qu'elle avait pour notre Vico) ne s'accorde pas, dans la doctrine du philosophe français, avec sa conception hégélienne d'une équivalence entre la nécessité idéale et logique et la nécessité causale, entre ce qui nous est donné comme absolu dans l'ordre de la pensée et ce qui nous est donné comme réalité et fait dans les choses.

Un commentateur français de *L'Intelligence*, M. F. Pillon, a noté, lui aussi, cette oscillation de la pensée de l'écrivain entre un idéalisme métaphysique qui rappelle Hegel et également Leibnitz, et un réalisme phénoméniste; celui-ci, d'accord sous un certain aspect avec Hobbes, ne voit dans les choses hors de nous rien de plus que des faits et des lois mécani-

(1) *Essais de psychologie contemporaine*, t. I, pp. 213-216.

ques de mouvement, et n'aperçoit dans le *moi* et dans la conscience, avec Stuart Mill et les autres associationistes anglais, qu' « une possibilité permanente d'états intérieurs (1). De même, d'un côté, le procédé de l'analyse, dans la première partie de *L'Intelligence*, réduit, avec Condillac, tout le rouage et la matière de la connaissance à un dernier élément, à la sensation immédiate ou reproduite comme image, et associée à la parole, au signe ; et, d'un autre côté, ce sensualisme nominaliste se heurte, dans la seconde partie, à une doctrine tout à fait opposée, suivant laquelle les notions générales, les idées-types, les axiomes sur lesquels se fondent les sciences exactes, expriment en soi une nécessité et une valeur de vérité réelle objective, très différente de celle qu'ils représentent dans l'empirisme de Stuart Mill et dans la « critique » de Kant. En un mot, ils nous donnent la vérité des choses en elles-mêmes, non uniquement la permanence de nos sensations ou celle des lois de notre esprit.

Envisagée ainsi sous les divers aspects des prin-

(1) « La métaphysique qui couronne cette psychologie présente, par son intempérance et *son assurance hardie*, un contraste curieux avec l'esprit positiviste. L'identité de Condillac et celle de Hegel s'y unissent et s'y fondent... La philosophie de Taine se présente comme un système de phénoménisme, mais différent du phénoménisme de Hume et du phénoménisme néo-criticiste. Le phénoménisme de Hume est absolument empirique. Le phénoménisme néo-criticiste reconnaît plusieurs lois mentales aprioriques distinctes. Dans le phénoménisme de Taine règne la pure nécessité logique, avec laquelle se confond, parce qu'elle s'y ramène, la nécessité causale ». F. Pillon, étude citée. — Finalement, dans le chapitre du livre de *L'Intelligence* où Taine parle « des idées générales qui sont des modèles », je crois qu'on peut trouver des traces d'herbartisme.

cipes et des systèmes auxquels elle touche, la pensée de Taine nous échappe, et nous ne pouvons en donner une formule définitive (1). Toutefois M. F. Pillon a remarqué avec justesse que, même quand, dans *L'Intelligence*, il se rapproche le plus des Anglais, l'affinité primitive de ses idées philosophiques avec la métaphysique hégélienne et avec le sensualisme de Condillac persiste en elles comme leur véritable trait dominant.

Un autre trait des plus constants et des plus caractéristiques est la tendance à vouloir construire l'édifice entier des sciences philosophiques, morales et historiques, sur le plan et à l'aide de la méthode positive analytique des sciences exactes et des sciences naturelles, dont celles-là, y compris la métaphysique (définie par lui *la doctrine des causes premières*), ne sont que la continuation et le couronnement. « De tout petits faits bien choisis, importants, significatifs, amplement circonstanciés et minutieusement notés, voilà aujourd'hui la matière de toute science », dit Taine dans la Préface de *L'Intelligence*. C'est le point où sa doctrine philosophique se greffe plus directement sur le positivisme de l'école française ; nous avons vu cependant comment elle s'en écarte sur d'autres points, spécialement en faisant de la psy-

(1) C'est peut-être ce qu'il sentait lui-même, quand, dans les dernières années de sa vie, ou, pour mieux dire, dans les dernières pages que, déjà frappé à mort, il ait écrites, dans ses notes inédites *Sur les éléments derniers des choses*, que nous donnons en appendice, il cherchait à préciser le plus qu'il pouvait la position de sa doctrine métaphysique vis-à-vis de celle de la relativité de la connaissance et du kantisme, de la part desquels il s'attendait sans doute aux objections les plus fortes.

chologie — d'accord en cela avec l'école anglaise — non un chapitre de la physiologie, mais une science des phénomènes intérieurs à étudier en eux-mêmes, parce qu'ils forment entre eux une série distincte, irréductible à celle des faits du système nerveux qui les accompagnent.

VII

Le concept fondamental d'où part le déterminisme scientifique, en soutenant que tout phénomène, produit en nous ou hors de nous, dans la conscience, dans l'histoire ou dans le monde physique, a sa cause dans un ou plusieurs autres phénomènes antérieurs, ce concept pénètre et dirige toute la philosophie et toute la critique de Taine.

L'avènement triomphal de la science et l'universalité de ses applications à tout ordre d'études, aux industries, à l'art, à la vie sociale ; ce fait, qui domine toute la culture de notre temps et en formera la gloire principale, plane toujours devant ses yeux, lui impose comme effort et comme idéal de continuer, suivant le courant de la pensée contemporaine, l'œuvre de la philosophie du xviiie siècle, en étendant à l'ordre entier des sciences morales et à l'histoire politique, à la critique des littératures et à l'art, les conquêtes de la méthode analytique expérimentale. « La science approche enfin, et approche de l'homme ; elle a dépassé le monde visible et palpable des astres, des pierres, des plantes, où, dédaigneusement, on la confinait ; c'est à l'âme qu'elle se prend, munie des instruments exacts et perçants dont trois cents ans d'expérience ont prouvé la justesse et mesuré la portée. La pensée et son développement, son rang, sa structure et ses attaches, ses profondes racines corporelles, sa végétation infinie à travers l'histoire, sa haute floraison au sommet des choses, voilà maintenant son objet, l'objet que depuis soixante ans elle entrevoit en Allemagne, et qui, sondé lentement, sûrement, par les mêmes méthodes que le monde physique, se transformera à nos yeux comme le monde physique s'est transformé. Dans cet emploi de la science et dans cette conception des choses il y a un art, une morale, une politique, une religion nouvelles, et c'est notre affaire aujourd'hui de les chercher (1) ».

Ce serait trop dire, si l'on affirmait que l'écrivain français a donné un véritable et solide fondement scientifique même à une seule des principales parties de l'œuvre tentée par lui. Ce qu'on ne peut nier, c'est qu'il y porta une ampleur de vues et de connaissances littéraires et historiques, une culture philosophique et une génialité d'intuition qui manquèrent certainement à Auguste Comte et aux autres positivistes français. M. Huxley, juge non suspect, a affirmé que « le trait le plus distinctif du fondateur de la philosophie positive était celui d'une singulière incompétence en philosophie ». Même sans se ranger complètement à ce jugement, et à celui beaucoup plus

(1 *Histoire de la Littérature anglaise*, t. IV, p. 421.

sévère d'Ernest Renan, disant que Comte n'a fait que répéter en mauvais français et en un langage abstrus ce qui avait été pensé et écrit avant lui, il n'en reste pas moins vrai que la conception large, et en partie nouvelle, de l'organisme social, exposée par l'auteur du *Cours de philosophie positive*, ne s'accompagne pas, dans ses ouvrages, de la pénétration critique et de l'intelligence sûre des choses morales, indispensables à qui veut comprendre la vie intime et l'âme de l'histoire.

Quoique n'étant pas resté en dehors du courant des doctrines historiques modernes, Auguste Comte ne possédait pas le don de la *sympathie* divinatrice du passé, tel que l'eurent Augustin Thierry, Michelet, Renan. Ceux-ci furent principalement des écrivains et des historiens. Mais parmi les philosophes qui, en France, ont voulu appliquer la méthode scientifique à l'histoire, Taine est celui qui non seulement l'a comprise sous tous ses aspects, mais a le mieux pénétré sa vie intime et son organisme. Le travail de systématisation méthodique apporté par lui dans cette étude, avec un effort d'exactitude qui l'a fait appeler « un doctrinaire du positivisme », offre, parmi ses défauts, une grande qualité : l'auteur a su comprendre comment la science, qui nous donne seulement les éléments généraux et communs des faits et des choses, n'arrive pas, dans l'étude de l'esprit humain, à nous en rendre « la vérité entière », si elle n'est pas pénétrée par l'art, qui « voit » le détail, l'individuel, ce qui échappe à l'analyse et à l'abstraction.

En cela réside — avec la permission des pédants

en robe que l'on qualifie de savants — la supériorité de l'art, quand il est grand et vrai, sur la science pure, au point de vue de la compréhension de la vie, du caractère et des sentiments humains. On peut être certain, en effet, qu'aucun spécialiste, aucun savant au sens étroit du mot, n'arrivera jamais à découvrir une de ces grandes vérités de la conscience et de l'ordre moral qui ont été toutes découvertes jusqu'ici par les fondateurs de religions, par les grands métaphysiciens, — artistes de la pensée, eux aussi, — par les poètes, par les écrivains, par ceux que le vulgaire des ignorants et des savants traite d'hommes « non positifs ».

Avoir compris tout cela, c'est le grand mérite de Taine. Non que parfois il n'aille trop loin dans l'analyse, qu'il ne détruise sous la formule froide cette unité immédiate et vivante du fait humain que lui offre son intuition sûre d'observateur artiste. Mais au fond et dans la trame générale de sa critique littéraire, artistique et historique, on retrouve toujours la connaissance spontanée, le sens, le *tact* intime des choses de la vie et du caractère humain. Une preuve parmi beaucoup d'autres, c'est ce qu'il nous dit de Shakespeare dans l'*Histoire de la Littérature anglaise*. En lisant ces pages magnifiques, on voit comment l'œil du grand poète a surpris, dans la vie inconsciente de notre esprit, un bien plus grand nombre de vérités psychologiques en matière d'affects et de sentiments, que la science n'est encore parvenue jusqu'aujourd'hui à les démontrer. La partie la plus neuve de *L'Intelligence* est celle où l'auteur parle de la perception, qu'il définit « une hallucination vraie », ainsi que des phénomènes et des lois de l'imagination, de la tendance de celle-ci à troubler l'équilibre instable dans lequel, comme il le dit, notre esprit oscille sans cesse entre la santé et la folie. Ici Taine lit dans le livre intérieur de la conscience, en tenant ouvert devant lui le livre immortel du tragique anglais.

Cet accord entre ses facultés d'artiste et de penseur et l'habitude de l'analyse critique, accord qui fait de Taine un écrivain vrai et puissant, ne pénètre cependant pas jusqu'au fond, nous l'avons vu, sa conception philosophique des choses, de la vie morale et de la philosophie. Le germe d'où cette conception sort tout entière — l'idée de l'unité organique de l'esprit, de la nature et de l'histoire — suggéré au philosophe par les doctrines de Hegel, de Gœthe, de Herder, ne s'accorde pas avec le contenu et avec l'esprit du positivisme des théories philosophiques françaises du xviii° siècle, auxquelles il veut l'associer. Aussi, en l'examinant de près, sa doctrine, qui dépend entièrement, comme il l'a dit lui-même, de l'idée de cause, pensée à la manière des métaphysiciens allemands, et, en même temps, réduite à l'idée de fait, de phénomène, nous apparaît, telle que la jugea aussi Stuart Mill, un *compromis* entre les principes de l'école positive et ceux de son plus grand adversaire, l'idéalisme métaphysique. C'est d'ailleurs un compromis qui n'a pas réussi, parce que les éléments opposés des deux doctrines qu'il tente d'accorder et de fondre entre eux s'y trouvent surajoutés l'un à l'autre dans leurs formules, sans y composer une unité vraie. Celle que l'esprit de Taine bien français sous ce rapport, a su donner aux idées professées par lui en matière de métaphysique, c'est l'unité de forme, de symétrie logique extérieure, qui les discipline et les meut au gré de l'art de l'écrivain ; ce n'est pas un organisme intime et nouveau de principes et de déductions sorti d'un jet de la faculté spéculative du philosophe.

L'aspect sous lequel son esprit, si fécond et si heureux à d'autres points de vue, se montre le plus défectueux, c'est cette incapacité de construire, dans l'ordre des principes, sur des fondements lui appartenant en propre, homogènes et solides. Son « analyse supérieure », ou métaphysique, dont il nous donne le plan en quelques traits, n'est qu'une *esquisse*, comme lui-même l'a nommée. Elle fait penser à un édifice spéculatif qui, dressé, vacillerait sur sa base, parce que l'auteur, préoccupé de nous en donner l'eurythmie des parties, des ornements, et le couronnement, n'a pas au préalable essayé bien à fond, à l'aide de la critique de nos facultés cognitives, le terrain sur lequel il aurait dû le construire. Observateur, analyste et critique subtil, philosophe dans tous ses livres, et spécialement dans ses livres d'histoire, par son pouvoir de comprendre les faits sous les idées, Hippolyte Taine n'a été ni un métaphysicien ni un penseur spéculatif original, dans le sens le plus large du mot ; il fut avant tout un psychologue artiste, un explorateur hardi et souvent heureux du monde moral et de l'histoire, et un grand écrivain.

TROISIÈME PARTIE

(1864-1870)

LA PSYCHOLOGIE

ET

LA PHILOSOPHIE DE L'ART

———

La renommée d'Hippolyte Taine, on l'a vu, s'était, dans les dernières années du second Empire, rapidement accrue et étendue même hors de France. Il poursuivait tranquillement son œuvre, sans se préoccuper des attaques auxquelles elle était en butte. « Il avait une foi trop candide dans la puissance de la vérité, pour aimer la polémique. Il croyait que le vrai doit triompher tôt ou tard par sa seule vertu, et que les polémiques, qui transforment les luttes de doctrines en querelles de personnes, ne font qu'obscurcir les questions. Il ne répondit aux objections que par des œuvres nouvelles... (Il) avait raison d'avoir confiance dans l'avenir. Non seulement il avait porté à l'éclectisme des coups dont celui-ci devait demeurer à jamais meurtri, mais, en dépit de toutes les résistances, ses principes de critique et ses doctrines philosophiques pénétraient peu à peu dans tous les esprits (1) ». « Sa méthode, dit M. Albert Sorel, avait gagné le public. Ses formules : milieu, race, moment, idée maîtresse, série de groupes, états d'âme, hallucination vraie, souvent incomprises et détorquées, couraient les écoles, les rues, les ateliers, les journaux. C'est à cette sorte d'étiage que se mesure l'alluvion des grands penseurs (2) ».

(1) G. Monod, *Op. cit.*, pp. 106-107.
(2) *Discours de réception à l'Académie française.* — En 1864, l'Académie française refusa de lui décerner le prix Bodin, pour lequel il avait présenté son *Histoire de la Littérature anglaise*. Comme dix ans auparavant, il eut Guizot pour chaud défenseur; Sainte-Beuve aussi prit énergiquement son parti. Il avait contre lui M. de Falloux et M⁰ʳ Dupanloup. Après trois séances de discussions passionnées, l'Académie décida que le prix ne pouvant être donné à M. Taine, ne serait décerné à personne. Le rapport de Villemain à ce sujet est fort curieux. Tout en rendant hommage « à cet important travail d'érudition et d'esprit, œuvre inégale et forte d'un savant et d'un écrivain », le secrétaire perpétuel déclarait qu'à cette œuvre « était attachée une erreur que le talent ne pouvait corriger et dont parfois il aggravait la portée. C'est la doctrine qui n'explique le monde, la pensée, le génie, que par les forces vives de la nature... Toute opinion n'a pas le droit de se faire indifféremment accepter pour un honneur public ». Taine ne devait plus se soumettre aux suffrages de l'Académie que comme candidat, une première fois en 1874, où il échoua dans une triple élection contre M. Alfred Mézières, Caro et Alexandre Dumas, et deux fois en 1878, où, après avoir échoué en mai contre Henri Martin, il fut enfin élu en novembre en remplacement de Loménie, peu de temps après Renan. Entre la première et la troisième élection avaient paru les deux premiers volumes des *Origines de la France contemporaine*. « Il apporta, dans l'accomplissement de ses devoirs académiques, la scrupuleuse conscience qu'il mettait à toutes choses, et il ne tarda pas à acquérir une réelle autorité dans cette compagnie à laquelle il avait inspiré une si longue défiance ». G. Monod, *Op. cit.*, p. 111.

Il « était devenu — dit M. G. Monod — presque un chef d'école ; les jeunes gens allaient lui demander des directions et des conseils ; il était obligé de laisser le monde usurper une petite part de son temps... Le 8 juin 1868, il avait épousé Mlle Denuelle, la fille d'un architecte de grand mérite. Je contreviendrais à la volonté maintes fois exprimée de M. Taine, si je faisais ici autre chose que l'histoire de ses livres et de son esprit ; mais cette histoire serait-elle complète, si je ne disais pas que dans l'existence nouvelle et plus large qui lui était faite, dans les affections qui s'ajoutaient sans rien leur retrancher à celles dont son cœur avait vécu jusque-là, dans la présence d'une femme capable et digne de s'associer à tous ses intérêts, et d'enfants qui ne lui ont apporté que de la joie et de la fierté, il a trouvé, avec un bonheur complet, les forces nécessaires pour accomplir la dernière et la plus fatigante partie de son œuvre. Il put organiser sa vie selon les exigences de son travail et de sa santé, renoncer entièrement aux obligations mondaines sans avoir à souffrir de la solitude, se faire le centre d'un cercle choisi de lettrés, de savants et d'artistes, passer de longs mois à la campagne sur les bords du lac d'Annecy, dans cette charmante propriété de Boringe où il trouvait, avec un renouveau de vigueur, le calme indispensable pour mettre en œuvre les matériaux accumulés à Paris pendant l'hiver, et où sa famille et ses amis jouissaient délicieusement, dans de longues et libres causeries, des trésors de son cœur et de son esprit, répandus sans compter avec une bonne grâce toujours souriante...

« Les années 1864 à 1870 forment une période... particulièrement heureuse dans la vie de Taine. Ce n'est plus le travail solitaire et claustral des années 1852 à 1854; ce n'est plus l'exubérance un peu batailleuse des années 1855 à 1864; c'est une activité calme, régulière et comme épanouie (1) ».

Dans cette période d'activité sereine et féconde furent écrits et publiés les travaux sur la *Philosophie de l'Art* et le magistral traité de *L'Intelligence,* « où il complète et mène à ses fins la psychologie esquissée dans les *Philosophes français.* C'est son œuvre la plus méditée, et peut-être est-ce son œuvre la plus parfaite. Ce livre marque l'apogée de son talent et aussi de son influence (2) ».

Si, en métaphysique, la doctrine de Taine se réduit à un dessin à peine ébauché, personne ne pourrait refuser au philosophe français le mérite de nous avoir donné en psychologie des exemples d'analyse vrai-

---

(1) G. Monod, *Op. cit.*, pp. 108, 119, 111. — Les tournées en province que Taine faisait chaque année, en sa qualité d'examinateur pour Saint-Cyr, lui permettaient de se livrer à une enquête minutieuse sur la société française, département par département; il interrogeait ses anciens camarades, faisait causer, suivant sa coutume, bourgeois, ouvriers et paysans. Des notes prises au jour le jour dans ces tournées, de 1863 à 1866, la plupart du temps au crayon, est sorti le volume posthume intitulé *Carnets de voyage : Notes sur la province,* publié en 1897 par les soins de M⁻ᵉ Taine. Dans cette période si féconde de sa vie littéraire, il projeta divers ouvrages, entre autres un livre sur les *Lois de l'Histoire,* et un autre sur *La Religion et la Société en France au* XIXᵉ *siècle.* « Il voulait l'écrire, dit M. A. Sorel, à la manière de Machiavel, sans incliner dans un sens ou dans un autre, traitant la chose comme un état physiologique. Il avait ajourné ce dessein. Quand il le reprit, les temps étaient changés, et ces temps d'épreuves tragiques avaient amené Taine à un état d'esprit bien éloigné de Machiavel».

(2) A. Sorel, *Discours de réception à l'Académie française.*

ment scientifique. Dans le vaste champ d'observation de l'âme humaine, qu'il a presque entièrement parcouru, les phénomènes de l'intelligence furent l'objet d'étude auquel il s'appliqua avec le labeur le plus intense et le plus persévérant, avec la plus grande préparation de recherches patientes et minutieuses (1). Il n'avait fait jusqu'ici, dans tous ses écrits littéraires et critiques, que se rapprocher toujours davantage de l'étude des lois générales de l'esprit, chaque fois qu'il avait soumis à son examen quelqu'un des aspects et des cas particuliers qu'elles présentent en tel ou tel ordre de faits de l'histoire religieuse, littéraire, sociale ou politique. « J'ai contribué pendant quinze ans à ces psychologies particulières ; j'aborde aujourd'hui la psychologie générale ». Ainsi écrivait-il en décembre 1869, dans la Préface du traité de *L'Intelligence* (2).

(1) Cette préparation, nous le savons, avait été commencée à l'Ecole normale et dans les années 1851-1852, au cours desquelles Taine enseigna en province et prépara sa thèse de doctorat. Lui-même indique qu'il se proposait d'étudier, après les phénomènes de la connaissance, les phénomènes de la volonté, et d'écrire un livre sur ce dernier sujet.

(2) Dans la Préface des *Carnets de voyage*, il est dit qu'il commença à écrire ce traité en 1867. — M. G. Monod fait justement remarquer que, dans l'ensemble systématique de l'œuvre doctrinal de Taine, ce traité occupe le point central. Et il ajoute, au sujet de la succession de tous ses autres travaux, une fois qu'il eut fixé, entre 1848 et 1853, le plan de sa méthode et de son système : « De 1853 à 1858, il parcourt l'histoire et le monde pour chercher dans des cas particuliers (*La Fontaine*, *Tite-Live*, les *Essais*) des vérifications de cette méthode et de ce système ; de 1858 à 1868, il les applique à des larges généralisations littéraires et artistiques ; de 1870 à 1893, à une vaste généralisation historique. Il y a peu d'exemples d'une pensée aussi fidèle à elle-même, aussi nettement formulée dès le début ». (*Op. cit.*, pp. 130-131.) — Mon livre était presque entièrement terminé, quand je lus le remarquable travail de M. G. Monod. Je fus heureux de m'être rencontré avec

I

L'examen en détail de ce traité nous entraînerait au delà des limites de notre étude. Le but de celle-ci, en effet, n'est pas d'exposer tout ce que Taine a pensé et écrit en plus de trente volumes, mais de retrouver en ceux-ci les traits distinctifs de sa doctrine et de sa méthode, de son tempérament de philosophe et d'écrivain. Nous avons déjà examiné, d'ailleurs, tout ce qui concerne les principes généraux de la doctrine de *L'Intelligence*. Pour ce qui regarde l'unité de dessin de cette doctrine, une chose me paraît avant tout remarquable dans ce livre : l'empreinte nette de la pensée nationale française que l'auteur a voulu lui donner, en le calquant tout entier sur la forme traditionnelle des analyses logiques et psychologiques de cette philosophie du xviiie siècle, qui était pour

lui sur les points essentiels de ses considérations relatives au procédé de formation des doctrines de Taine et à la ténacité avec laquelle celui-ci les développa en vertu d'un premier dessin auquel, depuis lors, il ne changea à peu près rien. — Quant au sujet du livre de *L'Intelligence*, il est bon de rappeler ici ce que Gœthe disait un jour à Eckermann : « Dans la philosophie allemande, il y aurait encore deux grandes choses à faire. Kant a écrit la *Critique de la raison pure*, et il a rendu par là un service immense, mais le cercle n'est pas fermé. Il faudrait maintenant qu'un homme bien doué, remarquable, écrivît la *Critique des sens et de l'entendement humain* ; et, si ces deux livres étaient l'un et l'autre bien faits, la philosophie allemande n'aurait plus grand'chose à désirer ». Conversation du mardi 17 février 1829. — Il se peut que Taine ait voulu suivre sur ce point aussi la manière de voir du grand poète son maître.

lui la « philosophie classique » de la France. On voit, en le lisant, qu'au cours entier de son travail il tenait ouvert devant lui le volume de Condillac, sur lequel, il nous le dit dans le passage des *Philosophes classiques* que j'ai cité, « ses yeux couraient involontairement » pendant la lecture de Hegel. Des concepts fondamentaux de la philosophie de Condillac, il s'approprie le premier de tous : celui de la sensation, considérée comme unique et dernier élément de tout fait de conscience. Seulement, dans les doctrines qu'il professe en psychologie, entrent pour une bonne partie aussi celles de l'école anglaise contemporaine, qui, comme le sensualisme français, procède également de Locke. Ce que Taine emprunte de première main et de propos délibéré à l'auteur du *Traité des sensations*, c'est sa façon de se représenter la vie et l'action de l'esprit humain tel qu'un mécanisme que l'analyse du psychologue peut facilement démonter, en le réduisant à un petit nombre de rouages primitifs simples au moyen desquels ensuite, à l'aide d'un procédé de déduction scientifique rigoureuse, il le reconstruit pièce par pièce, comme l'anatomiste recompose, par la description qu'il en fait, un corps qu'il a d'abord disséqué fibre par fibre.

Le concept mécanique de la nature et de l'esprit, auquel aboutit au dernier siècle toute la tradition historique de la pensée française opposée à la tradition germanique, prévaut et domine dans toutes les parties de la psychologie de Taine. Des doctrines d'empreinte et d'origine allemandes dont les germes sont chez Leibnitz, il accepte, il est vrai, l'une des plus importantes : celle qui admet l'existence de tout un fond d'états et de modifications inconscientes, occultes, qui constitue comme le sous-sol de la conscience ; mais il ne s'en sert que dans l'analyse qu'il nous donne de la sensation, conformément aux recherches de Helmholtz et d'autres psychologues contemporains. L'hypothèse, vers laquelle tendait déjà la science allemande, alors qu'il écrivait, de la présence possible d'une activité logique inconsciente même dans les phénomènes en apparence primitifs et immédiats de l'intuition et de la perception sensible externe, cette hypothèse, admise aujourd'hui par Wundt et Helmholtz, présupposait une façon de comprendre et d'expliquer la vie de l'esprit trop opposée à la sienne, pour qu'il eût pu s'y arrêter et l'accepter. A son avis, tous les faits internes, sans en excepter un seul, doivent pouvoir s'expliquer par un seul élément, qui vient les constituer en une série de formes diverses. Et cet élément, qui entre dans tous les faits internes, nous est donné par l'observation au premier et plus bas degré de l'échelle de leurs formes, qui s'élève aux degrés les plus compliqués de la vie de la pensée et des actes moraux. La trame si admirablement riche et variée du microcosme, du monde humain intérieur, est tissue tout entière d'un fil unique. C'est la présupposition, non démontrée, du sensualisme anglais et français, acceptée ensuite sans examen par les positivistes contemporains, et qui nous donne le dessin entier de la psychologie et du livre de Taine. Il part de cette présupposition sans la discuter, sans même se préoccuper d'aucune des objections que lui ont adressées de tout temps les doctrines opposées, et plus particulièrement, aujourd'hui, l'école critique néo-kantienne.

Pour lui, ce principe offrait surtout l'avantage de lui permettre d'y adapter une théorie de lignes simples et claires qui séduisait son esprit de Français et d'artiste, amoureux des élégantes eurythmies logiques. Après être arrivé, dans la première partie de l'œuvre, à l'élément le plus simple de nos connaissances, l'auteur, s'arrêtant pour regarder la route déjà parcourue, écrit : « L'événement primordial ainsi dégagé et déterminé, il faut maintenant avec lui construire le reste ». Cet élément primordial n'est que cette « première expérience... qui suffise pour expliquer toutes les autres », dont parle Condillac dans l'Introduction de son *Essai sur l'origine des connaissances humaines*, et qui est pour lui « le principe unique sous lequel il veut rassembler » tous les faits de l'intelligence humaine. Ainsi, pour l'un comme pour l'autre des deux philosophes, la théorie préétablie d'une unité de composition et de principe de tous les phénomènes de la conscience précède en conséquence l'observation de ces mêmes phénomènes et la domine de fond en comble.

De sorte que, bien que Taine déclare, dès les premières pages de son livre, ne vouloir se préoccuper que des faits, il donne cependant à ses doctrines psychologiques une empreinte rigide de système non conforme à l'esprit et à la direction expérimentale que la science a pris de plus en plus dans ces dernières années. Dès avant 1870, quand il mit la main à son livre, les Anglais qui, les premiers en notre siècle, avaient rouvert de nouvelles voies à la psychologie, s'étaient appliqués à bien en poser les fondements scientifiques, en poursuivant, par l'étude expérimentale des faits du sentiment et du mouvement spontané et des lois de l'association, l'œuvre déjà commencée, plus d'un siècle auparavant, par Hartley, Berkeley, Hume. Les fruits de celle-ci ont même été plus grands et plus durables, me semble-t-il, que ceux de l'œuvre peut-être plus géniale, mais trop systématique et artificielle, de Herbart. La *Theory of Vision*, de Berkeley, a, suivant la juste remarque d'Huxley, ouvert tout un nouveau champ d'observations autour du mécanisme qui associe, dans la perception des choses, les sensations aux mouvements. Et Stuart Mill n'hésite pas à affirmer que la physiologie elle-même ne peut se dire parvenue à établir, dans le domaine des faits observés par elle, une loi ayant la valeur et la portée de celle de l'association psychologique.

Si sûrs qu'ils soient de la bonne direction méthodique de leurs études, les philosophes anglais de l'école expérimentale n'ont cependant jamais considéré la psychologie comme une science déjà constituée. Excepté pour Herbert Spencer, qui l'a fait entrer dans le plan de son système, elle n'est pas encore sortie pour eux de sa période initiale de formation. Quelle est sur ce sujet l'opinion en Angleterre, sinon exprimée, du moins tacite, de tous les adeptes de la tradition scientifique expérimentale, c'est ce que nous apprend encore le livre IVe de la *Logique*, de Stuart Mill, où il parle des sciences morales et affirme nettement qu'aucune de ces sciences n'est encore parvenue à établir une seule loi qui soit et qui vaille plus qu'une simple « généralisation empirique ».

Quant à l'état présent de la psychologie et à ce qu'en pensent des écrivains qui sont loin d'être sceptiques, j'ai toujours admiré la décision avec laquelle Leslie Stephen, dans son très beau et profond livre *The Science of Ethics,* affirme qu'une véritable science de la morale ne peut se fonder aujourd'hui sur la psychologie et sur la sociologie, qui ne lui offrent pas une base sûre; parce que, en elles, « les doctrines vagues du sens commun ne se sont pas encore cristallisées en une cohésion scientifique (1) ».

Que chez ceux qui cultivent la psychologie prévale désormais, comme critérium dirigeant de leur œuvre, la tendance à en consolider les fondements et à procéder avec beaucoup de prudence à la construction de théories générales, c'est ce que nous montre la direction actuelle des travaux des psychologues américains. Ils sont vraiment remarquables, et destinés peut-être à féconder par de nouveaux germes la tradition de la recherche expérimentale qu'ils ont reçue de l'Angleterre. Parmi les psychologues des États-Unis, celui dont la réputation est à bon droit la plus répandue, même en Europe, c'est William James, professeur à l'Université d'Harvard, auteur des *Principles of Psychology*. Or, un des traits les plus accusés de la tendance scientifique qui domine en ce livre, et qui lui a justement concilié le plus de faveur, c'est la réserve prudente avec laquelle le psychologue, tout en ayant foi dans la valeur des inductions et des hypothèses, se garde pourtant toujours de nous donner comme définitives celles

---

(1) « *The vagues doctrines of commun sense have not yet cristallised into scientific coherence* ». Chap. II : *Theory of Motives.*

tentées par lui. A chaque grand problème qu'il rencontre, — comme, par exemple, celui de la liberté de la volonté, dont il ne croit pas, avec raison, une solution définitive possible en psychologie, — il vise avant tout à permettre au lecteur de bien distinguer jusqu'à quel point la doctrine suggérée par lui a pour garantie les faits, où finit cette garantie et commence l'hypothèse, et où s'ouvre le champ des probabilités plus ou moins admissibles. C'est une forme de pensée et de recherche critique que Stuart Mill déjà s'était appropriée dans ses trois *Essais sur la Religion*, et que s'assimilent davantage chaque jour les esprits vraiment scientifiques. Les temps des « systèmes de psychologie » sont passés, dit avec raison un disciple de William James (1). Et lorsque l'on compare la direction des recherches psycho-physiques qui domine aujourd'hui en Allemagne, grâce surtout à Wundt, à celle qui y dominait encore il n'y a pas plus de trente ans, alors que florissait l'école de Herbart, on peut voir combien la psychologie, même dans le pays classique des systèmes et des théories, s'est éloignée de la métaphysique.

Pour revenir à Taine, son traité de *L'Intelligence* ne sort donc pas, quant à la conception générale et au plan systématique, des sentiers battus de la philosophie. Mais il n'en est pas de même des diverses parties prises isolément. Ici l'œuvre nous présente, dans sa tendance comme dans ses analyses, des nouveautés importantes qui lui assignent une place

(1) Voir dans l'*International Journal of Ethics*, de Philadelphie, 2° fascicule, un remarquable article consacré à William James par le professeur J. Royce, sous ce titre : *A new Study of Psychology*

propre parmi les traités de psychologie publiés en France au cours des dernières trente années. Taine a été en effet l'un des premiers, même parmi les positivistes, à s'appuyer résolument, pour l'explication des faits intérieurs, sur la psychiatrie, sur la neuro-pathologie, sur les études relatives à l'hypnotisme et à la suggestion, sur celle, en un mot, qu'on nomme aujourd'hui la « psychologie pathologique » (*pathological*, ou *abnormal psychology*). Il en tire parti surtout à l'appui d'une de ses théories, qui voit dans la tendance constante de la nature « à créer en nous des illusions et à les rectifier », l'une des lois fondamentales de l'esprit et comme le pivot de tout le mécanisme de la perception sensible externe. La définition qu'il nous donne de celle-ci, en l'appelant « une hallucination vraie », cadre avec l'étonnante affirmation platonicienne : « la matière est un mensonge vrai » (ὕλη ἀληθινὸν ψεῦδος), et elle nous montre comment, en psychologie aussi, le philosophe français a su, en s'affranchissant des étroites théories demi-matérialistes d'Auguste Comte et de ses adeptes, se rencontrer, sur la grande voie maîtresse de l'idéalisme philosophique, avec les conclusions de la science positive.

Toutes les personnes au courant des travaux de la psychologie contemporaine savent en effet comment la doctrine idéaliste acceptée par Taine, qui fait du monde sensible extérieur « un pur ordre de phénomènes et de signes » qui nous sont donnés par les sensations, est, pour l'instant du moins, le dernier mot de la science; il est venu confirmer la partie incontestablement vraie des théories de Berkeley et de Kant. Dans son importante étude sur Taine,

M. Amédée de Margerie ne me paraît pas avoir opposé à cette doctrine idéaliste de la perception des arguments victorieux (1). D'autre part, tout en comprenant pour quelles raisons métaphysiques le spiritualisme chrétien, défendu par lui, est hostile à cette doctrine, je ne m'explique pas, je l'avoue, comment M. de Margerie, dans sa fine analyse, ne paraît même pas soupçonner quel poids d'autorité scientifique cette doctrine, qui est admise à présent par les premiers naturalistes de l'Europe, ajoute à la condamnation désormais définitive du matérialisme. La critique du savant professeur de l'Université catholique de Nancy frappe néanmoins au but, chaque fois qu'il met en relief les contradictions de son adversaire ; et, avant toutes, celle par laquelle, après avoir réduit les idées aux images et aux *noms* généraux, il en admet ensuite, du moins implicitement, la réalité conceptuelle et objective avec sa théorie des *idées modèles*, et en affirmant la valeur absolue des vérités nécessaires. C'est une contradiction que, moi aussi, j'ai notée un peu plus haut (2), et qui résulte de l'impossibilité où s'est trouvé Taine d'accorder en un ensemble de lignes bien proportionnées entre elles le couronnement hégélien qu'il a voulu laisser à la cime de sa philosophie, même dans le livre de *L'Intelligence*, et le phénoménisme empirique qui en est la base en psychologie, et dont il a emprunté en grande partie les matériaux à l'école anglaise (3).

(1) Amédée de Margerie, *H. Taine*, 1893. — Ce livre, de près de cinq cents pages, est l'unique travail important de polémique qui ait été consacré jusqu'ici aux doctrines philosophiques et à la métaphysique de notre auteur.
(2) Voir p. 179.
(3) Quant à la position prise par Taine vis-à-vis des psychologues

II

En 1864, Hippolyte Taine fut nommé professeur d'esthétique à l'École des Beaux-Arts. Il y enseigna pendant vingt ans, durant les mois d'hiver, en présence d'un auditoire nombreux. J'ignore si ses leçons furent suivies par beaucoup d'artistes, et si ceux-ci, qui, par un instinct sûr, se fient peu à la parole de qui n'est pas du métier, ont accueilli sans réserve celle du philosophe positiviste, si résolue, et assez souvent même dogmatique, dans le jugement des faits et dans les théories. Ce qui lui conciliait le plus l'attention et le respect du public, — bien qu'il ne fût pas orateur, comme l'a dit Jules Simon, — c'était, outre l'autorité de toute une vie consacrée au travail de la pensée, la puissance de persuasion que chacune de ses idées et de ses théories tirait de son union intime avec tout un vaste système de déductions.

Il apporta dans son enseignement et dans les œuvres qui nous en donnent comme l'essence (toutes publiées

anglais et à son accord en principe avec eux, il faut lire ses deux études sur *Th. Ribot, Bain, Herbert Spencer*, recueillies dans les *Derniers Essais de critique et d'histoire*, 1894. — Parmi les assez nombreux éléments que la psychologie de Taine emprunte aussi à Condillac (dont la doctrine, en particulier dans son œuvre posthume, la *Langue des calculs*, peut être dite, comme le note très bien M. Windelband, la pleine expression du terminisme moderne), le plus important est la valeur attribuée, dans *L'Intelligence*, à la fonction qu'ont les *signes* dans le mécanisme de la pensée et de la connaissance.

entre 1864 et 1870) cette préparation d'études historiques, cette discipline de travail méthodique qui étaient un besoin de sa pensée. Le groupe de ses écrits concernant la philosophie et l'histoire de l'art rentre tout entier dans le cadre des doctrines qui s'étaient développées dans son esprit entre 1851 et 1864, et dont le livre de *L'Intelligence* est en grande partie l'application. Dans sa dédicace à la mémoire de Franz Wœpke, orientaliste et mathématicien éminent, mort à Paris au mois de mars 1864, il dit que ce livre est l'ouvrage auquel il a le plus réfléchi. Et si l'on songe comment, en ces années antérieures à 1870, tout en travaillant à cet ouvrage, il menait de front ses leçons et publiait huit volumes : la *Philosophie de l'Art* (1865), la *Philosophie de l'art en Italie* (1866), le *Voyage en Italie* (2 vol., 1866), *De l'Idéal dans l'Art* (1867), la *Vie et Opinions de M. Frédéric-Thomas Graindorge* (1868), la *Philosophie de l'art dans les Pays-Bas* (1868) et la *Philosophie de l'art en Grèce* (1869), on devra vraiment s'émerveiller que, en si peu de temps, il ait pu autant penser et produire (1).

La période de l'activité intellectuelle de Taine à laquelle appartiennent les écrits sur l'art n'est pas, comparée aux autres, celle où son talent a atteint un degré plus élevé ou même égal de vitalité, de force inven-

(1) Les divers écrits sur l'art furent réunis en 1880 en deux volumes portant ce titre : *Philosophie de l'Art*. Quant à la *Vie et Opinions de M. Frédéric-Thomas Graindorge : Notes sur Paris*, elles avaient été écrites et publiées, nous l'avons déjà dit, de 1863 à 1865, dans la *Vie parisienne*, de Marcelin (pseudonyme d'Émile-Marcelin-Isidore Planat, dessinateur et écrivain, fondateur de la *Vie parisienne*, né à Paris le 16 juillet 1829, décédé dans cette ville le 23 décembre 1887).

tive et critique. La première raison en est que son enseignement l'amena à traiter une matière absolument nouvelle pour lui. Il n'avait pas reçu une éducation artistique au sens propre du mot. A Paris, il avait fréquenté, surtout dans sa jeunesse, des littérateurs et des artistes de renom, qu'il allait voir chez eux, dans leurs ateliers, et avec lesquels il parcourait les galeries, les musées, les expositions d'art, examinait les diverses collections, les albums, etc. Il s'était ainsi *fait l'œil*, comme on dit vulgairement, aux choses de l'art. C'était surtout sous leur aspect historique que, dès le début, il se sentait porté à les apprécier. Telle était en effet la pente de son esprit. Il se sentait attiré avant tout, dans l'étude de toute grande œuvre, vers la connaissance des conditions morales et sociales dont elle pouvait nous donner le document et le signe.

Cette disposition critique à la psychologie de l'histoire littéraire, morale et civile, avait toutefois arrêté jusqu'alors l'esprit de Taine sur un champ très riche de connaissances et d'expériences qui faisaient, en quelque sorte, partie de sa nature même, et au milieu desquelles il se sentait comme chez lui. La forme des théories qui, dès ses premiers travaux, lui avait servi de cadre pour y faire entrer les faits étudiés, s'était élargie et développée à mesure qu'il en rassemblait un grand nombre de nouveaux, d'une signification plus intime et plus large ; elle n'était pas restée un pur *schéma* abstrait et immobile. Ainsi le concept de la « faculté maîtresse » et celui de la « race », qui tient déjà une si grande place dans les premiers écrits, s'était ensuite, dans l'*Histoire de la Littérature anglaise*, joint toujours plus étroitement à celui des « moments historiques », fixé par le critique avec des formules plus rigoureuses. Sur le large dessin, déjà ébauché dans les essais de jeunesse, d'une *psychologie comparée* applicable à l'histoire, était ensuite venue s'affirmer, en lignes d'une précision admirable, dans le parallèle entre les caractères saxon et normand, cette anatomie comparée du génie des principales nations de l'Europe, qui constitue le résultat le plus original et le plus vrai de la critique de Taine (1). On comprend comment, tant qu'il resta sur ce terrain, tout concourut à mettre d'accord, dans son œuvre, la chaîne sur laquelle il la tissait avec la trame des faits et de l'observation de la vie historique, qui lui donnait toujours davantage de corps. Car ses théories n'étaient, en substance, que l'abstraction de ces *données* et de son vif sens artistique des choses et des faits.

On ne peut en dire autant des travaux de philosophie et d'histoire de l'art. Ce qui lui manquait le plus ici, c'était précisément l'expérience *technique* propre-

(1) Les passages suivants de deux lettres de Taine à Prévost-Paradol, en date du 30 décembre 1851 et du 24 juin 1852, que reproduit M. G. Monod à la page 85 de son livre, méritent l'attention. « La psychologie vraie et libre est une science magnifique sur qui se fonde la philosophie de l'histoire, qui vivifie la physiologie et ouvre la métaphysique ». « Je rumine de plus en plus cette pâtée philosophique dont je t'ai touché un mot et qui consisterait à faire de l'histoire une science, en lui donnant comme au monde organique une anatomie et une physiologie ». M. G. Monod dit très justement: « N'avons-nous pas là, en une ligne, le résumé de l'Introduction à l'*Histoire de la Littérature anglaise* et l'idée fondamentale qui a inspiré tous les écrits de Taine sur l'histoire, l'art et la littérature ? ». J'ai montré pour ma part, si le lecteur s'en souvient, que cette idée fondamentale dérive en ligne droite, dans l'esprit de Taine, des idées de l'école historique allemande *transcrites* par lui.

ment dite. Lui qui n'avait jamais conçu ni exécuté une œuvre d'art figurative, il ne pouvait, comme critique, se rendre bien compte que par analogie, et avec les données que lui fournissait son expérience d'écrivain, du travail d'imagination de l'artiste. C'est là, d'ailleurs, ce qu'ont toujours fait, plus ou moins bien, les littérateurs devenus critiques d'art, et ce qui n'a cessé de les exposer à l'accusation, de la part des artistes, d'être restés, dans leur critique, uniquement des écrivains et des littérateurs. Dans le cas de Taine, une autre circonstance encore contribuait à enlever presque toute qualité technique bien déterminée à sa critique d'art. C'est que, examinant les produits de l'art uniquement à la lumière de ses théories historiques, il se limitait d'emblée à l'étude seule de leurs périodes et *groupes* principaux, envisagés par lui toujours en relation avec la culture des grands peuples artistes, avec le tempérament, le climat et le sol natal de ceux-ci.

Cette ethnologie ou climatologie de l'art, conçue et conduite, ainsi qu'il la voulait, avec une méthode démonstrative, perdait en détermination ce qu'elle acquérait en généralisation, pénétrait d'autant moins dans l'organisme particulier des choses et des faits qu'elle tournait davantage autour, en n'en rendant, pour ainsi dire, que le seul profil historique. Elle fait un peu songer aux paroles par lesquelles Winckelmann, d'accord en cela avec Lessing, conseillait aux Allemands de ne pas trop philosopher au sujet de l'art : « Se répandre sur les généralités avec des lieux communs, cela est facile; le difficile, c'est de particulariser ».

C'est là le vice d'origine de l'esthétique de Taine. Elle ne sort pour ainsi dire pas des deux théories de la *race* et du *milieu*; d'où il résulte que même les parties de sa doctrine qui auraient pu être développées davantage aussi dans la philosophie de l'art sont restées comme dans l'ombre derrière les autres, dominées uniquement par ces deux concepts généraux (1). Son hypothèse d'un premier fait psychologique, d'une aptitude originale qui constitue comme le fond de tout grand esprit, aurait pu lui fournir l'occasion d'étudier les diverses formes d'individualité du génie artistique, telles qu'elles se révèlent dans les chefs d'écoles, avec une analyse aussi pénétrante et aussi sagace que celle qu'il applique, dans l'*Histoire de la Littérature anglaise* et dans les *Essais de critique et d'histoire*, à des tempéraments très différents de

(1) M. A. de Margerie, qui remarque que Taine, dans quelques-uns de ses livres, semble expliquer toute chose par le facteur personnel (la faculté maîtresse), tandis que, en d'autres, il paraît vouloir réduire toute chose aux influences collectives (la race, le milieu, le moment), ajoute qu'il a réuni ces deux théories, qui peuvent sembler opposées et ne le sont pas en réalité, dans sa *Philosophie de l'Art*, « œuvre plus mûre et plus définitive ». (*Op. cit.*, p. 224). Je ne puis partager l'avis de M. A. de Margerie sur ce dernier point. — Émile Hennequin, dans sa *Critique scientifique*, livre sur lequel je reviendrai, semble voir dans le deuxième chapitre de la *Philosophie de l'Art* un surcroît de développement donné par Taine au concept du « milieu social », alors que le philosophe parle d'une espèce de « sélection naturelle » qui s'opère entre les artistes et entre les facultés de l'artiste, grâce à sa participation à toute la situation sociale, grâce à son imitation de l'état d'âme de ses contemporains, à la malléabilité particulière de son esprit, aux conseils qu'il reçoit et à l'accueil qui est fait à ses œuvres (p. 95). Pour moi, je crois que Taine n'a exprimé là ni une partie nouvelle, ni une détermination nouvelle de sa doctrine, mais qu'il a simplement appliqué à celle-ci la formule darwinienne, qu'il trouvait commode ; tandis que, dans ses œuvres antérieures, il ne parle pas de Darwin ou le cite à peine.

poètes et d'écrivains. Une psychologie comparée de ce qu'il y a de plus intime et de plus personnel dans la vision artistique que Léonard de Vinci, Raphaël, Michel-Ange, Rubens eurent du corps humain, tentée simplement par Taine avec la pénétration dont il fait preuve en parlant de Rembrandt, aurait, je crois, atténué chez les lecteurs l'impression que leur laissent ses volumes sur la sculpture grecque et sur la peinture italienne et hollandaise. Et l'impression est celle-ci. Il semble, selon Taine, que pour nous expliquer les formes de la végétation artistique, il suffit de considérer seulement les lois générales de sa germination et de sa nutrition au moyen de l'air et d'autres éléments, — lois communes aussi, d'ailleurs, à la vie des autres grands produits de la culture humaine; que, pour comprendre la floraison de l'art grec sous Périclès, de la peinture italienne du *cinquecento*, de la peinture hollandaise et flamande après la libération du joug espagnol, il suffit de se représenter la façon dont le Grec, l'Italien, le Teuton des Pays-Bas, grandis sur ce sol, sous ce ciel, avec telles dispositions mentales, avec leurs mœurs propres, au milieu de telles vicissitudes historiques, ont conçu l'idéal exemplaire de la figure humaine, belle, forte, saine, florissante, empreinte de tels ou tels traits dominants; qu'il suffit de voir comment l'Italien et le Grec ont dérivé leur idéal d'une sélection élevée du simple et du sereinement grandiose, tandis que le Belge et le Flamand l'ont, au contraire, maintenu plus voisin de la riche variété du réel, reproduit intégralement (1).

(1) Pour avoir une idée, au contraire, de la façon dont un artiste, devenu critique, s'entend à saisir l'individualité de la *vision* d'un

Sans doute, ce rapport entre la physionomie historique des produits de l'art et la culture qui les alimente est incontestable. L'essor grandiose que prend, à certaines époques, tel ou tel idéal de la représentation artistique, pour déchoir ensuite à jamais à d'autres époques, sans que l'on puisse néanmoins croire qu'un peuple soit complètement privé des germes de cette même forme d'esprit, toujours répandus par la nature à l'instar des germes des plantes; — ce fait qui nous montre comment la flore de l'art a, elle aussi, ses climats historiques et ses grandes périodes, donne raison au critique, quand il cherche les causes de ses vicissitudes dans la température générale qui le fait vivre de la même vie que la race et le peuple dont il surgit. Mais, — et c'est là le défaut d'un procédé presque uniquement ethnologique et historique tel que celui de Taine, — la valeur véritable, la signification que toute grande œuvre d'art prend pour la critique, consistent seulement en partie dans sa marque d'origine, de temps, d'école, dans les conditions historiques générales d'où elle sort (1). Un phénomène du monde physique entre dans le champ de la science et acquiert aux yeux de qui la

autre artiste, il faut lire la très fine description qu'Eugène Fromentin, dans *Les Maîtres d'autrefois*, nous a laissée de la manière de peindre de Rembrandt.

(1) Voir, dans le *Correspondant*, 25 mars 1893, un article de M. Théodore Froment sur Taine. Il rapporte quelques paroles très justes de Sainte-Beuve à propos des excès où peut tomber une critique qui ne recherche guère, dans les œuvres de l'intelligence, que les traits dominants de la race et du milieu naturel et historique. L'éminent auteur des *Causeries du Lundi*, qui visait constamment à mettre en relief les « traits individuels » des écrivains, dit que, en pénétrant trop dans cette voie, on tombe « dans l'artifice et dans la conjecture ».

cultive une valeur véritable par la loi générale à laquelle on peut le réduire, par la somme des conditions, communes aussi à d'autres phénomènes, qui en lui se répètent et se vérifient. Un phénomène du monde de l'art, un chef-d'œuvre, est au contraire d'autant plus significatif qu'il est plus individuel et reflète en soi un mode original de sentir et de rendre les choses de la nature et de la vie. Cette phrase d'un discours de Renan, au sujet de certaines grandes figures historiques : « L'essence de ces apparitions est d'être uniques », pourrait s'appliquer aux grandes œuvres d'art et à leurs auteurs. Ici, plus qu'en toute autre branche du génie humain, chaque individu vraiment supérieur est à lui seul comme une race faisant type, imprimant son empreinte aux autres individus ; et ce qu'il a en lui de caractéristique, de suggestif pour la critique, lui vient de cette faculté, uniquement sienne, par laquelle il se soulève au-dessus de la foule immense qui l'entoure (1). Tout ceci est si vrai, que l'étude même des détails minutieux d'exécution technique propres aux chefs de chaque école et à leurs disciples, — détails apportant une preuve de plus de la façon dont chaque artiste a *vu les choses avec son œil*, — sert aujourd'hui aux connaisseurs en peinture pour modifier beaucoup de jugements, crus jusqu'ici infaillibles, sur l'authenti-

---

(1) Dans le livre posthume de M. Guyau, *L'Art au point de vue sociologique* (1889), on lit ce passage (p. 47) : « L'école de M. Taine n'a pas assez vu qu'une œuvre n'est point caractérisée par les traits qui lui sont communs avec les autres productions de la même époque et par les idées alors courantes, mais aussi et surtout par ce qui l'en distingue ; cette école n'étudie pas assez la *personnalité des œuvres*, leur ordonnance intérieure et leur vie propre ».

cité des œuvres de tels ou tels maîtres, pour distinguer celles sorties directement de leurs mains, d'autres œuvres dues à la reproduction et à l'imitation des élèves. L'intelligence technique de l'histoire des arts, si elle n'était pas restée complètement en dehors des études de Taine, — et je crois qu'il n'avait pas négligé même cette partie, — n'entrait cependant pas dans le cadre où il voulait faire tenir sa critique. Celle-ci ne nous montre pas, par exemple, la part qu'a eue la richesse ou le manque de matière adaptée au travail dans le développement, en un pays et chez un peuple, de tel art du dessin plutôt que de tel autre, et dans son absence en d'autres pays ; elle ne met pas suffisamment en relief un fait aussi important que l'action prédominante exercée à certaines époques par un art ; — fait qui nous montre comment la sculpture du *quattrocento* italien est dominée par la peinture, et les arts figuratifs du *seicento* sont tyrannisés par l'architecture et par la décoration. Prétendre trouver, comme le fait notre philosophe, le *summum* de la valeur idéale et historique de la représentation artistique uniquement dans la forme que nous en ont donnée les Grecs, cela l'empêche, à mon avis, de bien voir quel pas immense les artistes italiens du xve siècle ont fait faire à l'expression des mouvements de l'âme humaine.

III

Taine a voulu, fidèle à sa méthode, faire de l'histoire des arts une science naturelle, une psychologie du talent artistique. Plus que les produits de celui-ci, il étudie la structure du sous-sol humain d'où ils surgissent, l'état de la pensée et du sentiment comme celui des mœurs; état qui, à certaines époques, implique aussi certaines formes d'art, qui disparaissent quand lui-même a disparu. Le problème qui s'offre ici à lui est le même que celui qu'il a formulé en ces termes dans l'Introduction de l'*Histoire de la Littérature anglaise :* « Étant donnés une littérature, une philosophie, une société, un art, telle classe d'arts, quel est l'état moral qui les produit? (1) ».

Mais il y a un autre problème qu'il se propose d'étudier, le plus approprié à l'esthétique considérée en tant que doctrine philosophique. Et ce problème, le voici. Qu'est-ce que l'art en lui-même? quelle place occupe-t-il parmi les manifestations de notre esprit? à quoi correspondent ses motifs dominants, ses exigences fondamentales? Cette façon de le concevoir comme un fruit de la spontanéité inconsciemment créatrice du génie, et non (selon la vieille école) comme l'application réfléchie d'un code formel de l'imaginer et du bien composer, doit son origine, on le sait, à cette direction de la pensée philosophique qui marqua, au dernier siècle, les débuts de la science du Beau. Depuis Baumgarten, qui en trouva le nom et en fit, suivant la remarque de Lotze, presque une logique des sentiments esthétiques; depuis Kant, qui le premier définit leur véritable caractère et découvrit dans l'art un sublime accord de l'esprit avec les choses, jusqu'à Hegel, pour lequel le beau est « l'apparence

---

(1) Pages XLIII-XLIV.

sensible de l'idée », tandis que l'art marque pour l'homme un premier pas vers la pleine conscience de l'absolu, l'esthétique a toujours pris de plus en plus, dans les écoles allemandes, la forme d'un système, est devenue, après Hegel, une sorte de théosophie, sans cependant jamais sortir tout à fait de sa première direction psychologique et critique. Le long de la route suivie par la pensée des peuples latins, elle n'a guère été, — quand elle n'est pas restée fidèle au doctrinarisme de la vieille rhétorique, ou ne s'est pas inspirée des idées étrangères, ou n'a pas donné, avec les éclectiques français, dans les généralités abstraites, — qu'un ensemble de considérations sur les diverses formes du goût et de la composition artistique, une doctrine des arts plutôt que de l'art (1).

La philosophie positive française, partant du principe que les données fondamentales et les méthodes des sciences du monde moral se réduisent à celles des sciences des corps, tendait déjà, par cela seul, à porter dans l'esthétique aussi les prémisses du naturalisme. Pour une doctrine qui ne voyait dans tout fait de l'esprit que la manifestation d'une forme de causalité identique à celle des forces du monde physique, l'œuvre d'art ne pouvait jamais être un effet individuel libre, imputable à la volonté de l'artiste, et, en conséquence, susceptible d'approbation ou de désapprobation morale. Elle apparaissait comme le résultat nécessaire d'une série de causes

(1) Voir H. Lotze, *Geschichte der Aesthetik in Deutschland*, Munich, 1868; — H. Cohen, *Kant's Begründung der Aesthetik*, Berlin, 1889.

prédisposantes et déterminantes, dont la volonté de l'artiste n'était qu'un anneau.

Le développement que les théories déterministes de l'école positive reçoivent dans celles de Taine a pour première conséquence, remarque M. Paul Bourget, « la suppression complète de l'idée de la moralité dans les œuvres d'art ». Aussi fait-il de l'esthétique une *étiologie* de l'art, qui, avec l'indifférence objective de critériums purement scientifiques, vise moins à distinguer dans celui-ci, selon les impressions du goût et les normes du décorum, le beau du laid, le décent de l'inconvenant, qu'à les expliquer, à nous faire comprendre comment ils sont l'effet nécessaire des conditions en vertu desquelles l'œuvre de l'artiste vient à être, à prendre telle forme, et non telle autre.

Il y a en ce dernier, selon Taine, une grande irresponsabilité presque fatale, par laquelle il nous apparaît comme le dépositaire prédestiné des instincts hérités par toute une race, des influences de toute espèce que celle-ci subit; et sa voix devient pour nous celle d'un siècle et d'une génération entière, qu'il porte et représente en lui. Non seulement l'œuvre d'art, mais l'artiste est, pour Taine, comme je l'ai déjà dit, un produit, un résultat, dont l'analyse scientifique doit retrouver les éléments premiers et déterminants. Dans un écrit de 1868, intitulé : *L'École des Beaux-Arts et les Beaux-Arts en France*, le critique philosophe oppose la simplicité sereine du grand art grec et de l'art italien de la Renaissance au caractère artificiel, pénible, agité, de l'art français de nos jours; et il trouve la raison de cette différence dans la vie nerveuse et inquiète du grand centre parisien, dans la prédominance de la critique et de l'érudition sur la spontanéité, qui, en détournant l'artiste de la nature, enlèvent à son œuvre vérité et fraîcheur.

Mais il y a un autre aspect, en partie nouveau, sous lequel le problème de l'art est envisagé dans l'esthétique de Taine. Il nous est offert par sa doctrine de « l'idéal », tracée dans les deux écrits le plus strictement philosophiques du groupe auquel nous faisons allusion : la *Philosophie de l'Art : nature et production de l'œuvre d'art* (1865), et *De l'Idéal dans l'Art* (1867). Ce dernier est le plus travaillé des deux. Il révèle une préparation plus sérieuse et une pensée plus originale, et renferme, je crois, la partie la plus neuve des cours professés à l'École des Beaux-Arts. L'autre, la *Philosophie de l'Art*, est divisé en deux parties. Après avoir, dans la première, exprimé le concept et l'esprit de la méthode positive suivie par l'auteur et l'avoir opposée à celle de la vieille école, il ne fait, dans la seconde, qu'exposer et commenter historiquement la théorie du milieu.

« Qu'est-ce que l'art ? », demande Taine. « En quoi consiste sa nature et comment peut-on la définir ? » — L'art, répond-il, n'est pas une pure imitation et reproduction des choses. Au contraire, il les interprète, en exprime en quelque sorte le sens. C'est ce que fait le sculpteur ou le peintre, lequel saisit et rend visiblement la mutuelle relation harmonique et la dépendance des parties des corps, des mouvements et des émotions de l'âme humaine, nous en donne la « logique intérieure ou extérieure »; mais il ne s'arrête pas là. Il change et modifie, en les représentant, les traits de la physionomie physique et morale des choses, pour en mettre en relief le caractère essentiel et dominant, qui est « une qualité dont toutes les autres, ou du moins beaucoup d'autres, dérivent suivant des liaisons fixes (1) ».

Dans la figure du lion, dont le squelette, disait un naturaliste, pourrait presque se définir « une mâchoire montée sur quatre pattes », le peintre nous fera voir, exprimé dans chaque trait, dans chaque mouvement, l'instinct sanguinaire de la bête de proie. D'un paysage hollandais, qui a pour caractère principal d'être formé tout entier de terres d'alluvion, il nous donnera l'image, dans une étendue verte de plaines humides et fertiles, à demi voilées, même dans les beaux jours, par un léger brouillard diaphane, sous le ciel grisâtre ; pâturages riches en troupeaux, qui font penser à la vie large et tranquille des habitants, avec leur tempérament flegmatique, leur genre de vie régulier, leur propreté, la satisfaction qu'ils éprouvent de leur bien-être de

(1) *Philosophie de l'Art*, 3ᵉ édit., 1881, t. I, pp. 16 et 37. — Taine, après avoir rassemblé les éléments de sa définition de l'œuvre d'art, la formule ainsi : « L'œuvre d'art a pour but de manifester quelque caractère essentiel ou saillant, partant quelque idée importante, plus clairement et plus complètement que ne le font les objets réels. Elle y arrive en employant un ensemble de parties liées, dont elle modifie systématiquement les rapports. Dans les trois arts d'imitation, sculpture, peinture et poésie, ces ensembles correspondent à des objets réels ». Mais, ajoute l'auteur, « on peut rencontrer des ensembles de parties liées qui ne soient pas imitées des objets réels », et c'est ce qui arrive dans l'architecture, dans la musique, qui n'ont pas pour point de départ l'imitation... En effet, en dehors des liaisons, des proportions, des dépendances organiques et morales que copient les trois arts imitateurs, il y a des rapports mathématiques que combinent les deux autres, qui n'imitent rien ». *Philosophie de l'Art*, t. I, pp. 47-49.

campagnards et de commerçants à l'aise et bien nourris.

C'est le tempérament et l'exubérance de vie qui s'affirment dans les corpulences charnues, dans les physionomies florissantes dépeintes par Rubens, dans la joie brutale qui respire des groupes et de chaque figure de certains de ses tableaux, la *Kermesse*, par exemple. Dans les choses, telles que nous les donne la nature, il n'existe pas toujours un trait vraiment caractéristique et dominant ; ou, s'il existe, il arrive assez fréquemment qu'il reste comme dans l'ombre, derrière d'autres qui lui enlèvent relief et expression. Ce trait, l'art le découvre, « le met en lumière », le rend « dominateur », et ainsi interprète la nature.

Dans l'idée, ou, mieux, dans la *sensation originale* que tout artiste véritable a des choses, — l'idée n'est pour Taine que l'image devenue signe, — il se fait en quelque sorte une sélection spontanée de ce qui, en elles, est typique et significatif pour nous. L'œuvre créatrice du génie consiste en ce qu'une telle sélection a de personnel et d'incommunicable. L'art est en conséquence tout autre chose qu'un jeu, comme on l'a parfois défini (1). Il répond à un besoin intime de l'esprit humain, dans l'activité duquel il tient une place très haute, à

(1) Entre autres Schiller, et, jusqu'à un certain point, Schopenhauer, aux yeux de qui l'art seul nous console des misères de 'existence. Cette théorie se retrouve chez Herbert Spencer et chez la plupart des esthéticiens contemporains, mais formulée plus scientifiquement et rattachée à l'idée de l'évolution. — Voir M. Guyau, *Les Problèmes de l'esthétique contemporaine*, 1884, pp. 3-6. Le regretté philosophe argumente très vigoureusement contre cette manière de concevoir l'art.

côté de la science. Il donne un corps, des formes sensibles et une efficacité, traductrice des sentiments et des affects, à cette haute contemplation des causes et des lois permanentes, génératrices des choses et de notre être, que la science, de son côté, exprime « en formules exactes et en termes abstraits », en s'adressant non «aux sens et au cœur de l'homme le plus ordinaire », comme l'art, mais à la raison. « L'art a cela de particulier, — dit Taine, — qu'il est à la fois *supérieur* et *populaire*: il manifeste ce qu'il y a de plus élevé, et il le manifeste à tous (1) ».

Il y a par ce motif, entre l'art et la science, une parenté résultant de ce que l'un et l'autre ont pour mère une même faculté de l'esprit : l'abstraction. Celle-ci, telle que Taine arrive à la mieux déterminer dans ses écrits sur l'art, pourrait s'appeler la « faculté de l'idéal ». C'est que, tout en formant une grande partie de l'œuvre de la science, laquelle, après avoir observé les faits, en isole les éléments, les caractères communs, les lois productrices (Voir plus haut, p. 197), l'abstraction est de plus, ensuite, l'organe de l'invention, à l'aide duquel l'artiste, « d'après son idée, modifie et transforme l'objet réel », représenté ou exprimé, et le fait devenir idéal. Cet acte, propre à l'imagination et à l'esprit de celui qui invente, n'est pas, comme cela pourrait peut-être sembler au premier aspect, chose qui dépende entièrement de sa volonté et de son initiative personnelles, et qui ferme, en conséquence, la voie à tout jugement de comparaison et d'appréciation des œuvres artistiques quant à leur mérite intrinsèque

(1) *Philosophie de l'Art*, t. I, p. 54.

relatif, et au degré divers qu'elles occupent sur *l'échelle des valeurs* de l'art. Bien que la critique esthétique, telle que Taine la conçoit, vise avant tout à expliquer de quelle façon et par quelles lois intimes telle œuvre d'art est produite par tel artiste, dont elle nous révèle la nature et l'esprit, cela ne l'exempte pas de rechercher quel genre et quel degré de puissance, d'expression et d'interprétation des choses se rencontrent dans telle œuvre comparée à d'autres, et si, parmi les idées d'après lesquelles divers artistes ont représenté les caractères des objets, il y en a de supérieures et d'inférieures, de plus ou moins hautes. Le jugement esthétique est, pour Taine, ce qu'il doit être selon le vieux concept aristotélique : tout énoncé de la science, c'est-à-dire un *jugement d'après les causes ;* il continue cependant à rester ce qu'il a été jusqu'ici pour toute philosophie de l'art : un jugement d'appréciation et d'évaluation, un *Werthurtheil*, une *Werthschætzung*, pour employer les expressions des philosophes allemands (1).

La doctrine que nous en donne le philosophe français se fonde sur la correspondance, établie par lui, entre *l'échelle des valeurs* plus ou moins élevées, sur laquelle se graduent les caractères des choses dans le monde moral et dans le monde physique, et celle des œuvres d'art.

Cette doctrine me semble la seule tentative vraiment

---

(1) M. F. Brunetière fait observer aussi, dans son *Manuel d'histoire de la Littérature française*, p. 509, que cette façon de considérer la valeur du jugement esthétique introduit dans la doctrine de Taine un élément qui n'est pas complètement d'accord avec l'idée qu'il eut de la critique envisagée comme une « histoire naturelle des esprits ».

remarquable faite jusqu'ici par le positivisme pour se rapprocher d'une solution du problème de l'importance et de la valeur relative qu'ont dans l'art le contenu et la forme ; problème des plus ardus et des plus discutés de l'esthétique moderne. Les concepts que nous présente, avec un ordre logique des plus lucides, *L'Idéal dans l'Art*, nous ouvrent une haute vue spéculative digne du regard d'un penseur artiste. Le livre aboutit en substance à cette conclusion : parmi les divers moyens dont l'homme saisit la vérité des choses, le plus puissant et le plus vrai est l'art. Il pénètre, pour parler ainsi, jusqu'au cœur du grand organisme de la nature, au lieu de se borner à nous en donner, comme fait la science, simplement le profil extérieur, les lois générales quantitatives ; il en exprime le sens intime, il nous en fait sentir les forces vitales, les puissances originelles dans leur travail générateur. Sur ce point aussi, le contact de la doctrine de Taine avec l'esthétique de l'idéalisme allemand est visible (1).

Le caractère que l'artiste, en représentant telle ou telle chose, cherche toujours à faire dominer, se prête d'autant plus à cette fin de l'art qu'il est plus important en lui-même, c'est-à-dire plus stable, moins sujet à changer, et qu'en outre il est plus intime, plus élémentaire, et aussi plus *bienfaisant*, c'est-à-dire plus capable de contribuer à la conservation et au développement de l'individu et du groupe dans lequel

---

(1) Et visible aussi est son contact avec les idées sur la poésie et les poètes, exprimées par Carlyle. — Voir à ce sujet ce que le grand écrivain anglais dit de Shakespeare dans son livre sur *Les Héros*, conférence III : Le Héros comme poète.

l'individu est compris. Envisagé sous ce double point de vue, tout caractère notable des choses, soit dans le monde physique, soit dans le monde moral, est pour le philosophe français une force naturelle qu'il considère ou par rapport aux autres forces plus ou moins grandes auxquelles elle peut résister et qu'elle peut annuler (et c'est alors qu'elle dure le plus), ou par rapport à elle-même, selon que, dans ses effets, bons ou nuisibles, elle aboutit, plus ou moins complètement, à son anéantissement ou à son développement par l'anéantissement ou le développement de l'individu et du groupe dans lequel elle est comprise (1).

Ainsi, par exemple, parmi les caractères de l'homme moral que la littérature s'étudie à représenter, les plus résistants à l'action du temps et au changement des mœurs et des formes de la civilisation sont ceux qui dépendent le plus des sentiments, des instincts, des tendances de la nationalité, et de ceux de la race ou de l'espèce. Et l'échelle sur laquelle se gradue leur valeur va des aptitudes, des instincts, des sentiments les plus profonds, les plus tenaces, les plus difficiles à déraciner de notre être et de ses manifestations individuelles et sociales, jusqu'aux plus passagers, qui sont l'effet des mœurs, de la mode et de la vogue, et forment dans l'Histoire une courte période, un moment transitoire. A cette évaluation des caractères de l'homme moral, faite très finement par Taine, répond, d'après lui, l'échelle qu'il dresse des *valeurs* des œuvres littéraires et artistiques. Selon que le trait mis en relief par tel ou tel écrivain, dans la

(1) *Philosophie de l'Art*, t. II, p. 402.

physionomie morale de l'homme, a plus ou moins d'importance, c'est-à-dire est plus ou moins intime et stable, l'œuvre s'affirme plus ou moins remarquable et belle, exerce plus ou moins d'influence sur les lecteurs, a pour cette raison une réputation et une vie plus ou moins longues ; l'échelle va de la romance, de la farce, de la brochure, qu' « une faible variation des mœurs suffit pour emporter », — comme tout ce qui exprime des sentiments éphémères, jusqu'aux grands monuments littéraires qui, tels que la *Divine Comédie*, les drames de Shakespeare, le *Faust* de Goethe, pénètrent le fond de l'âme humaine, vivront toujours et seront toujours lus, parce qu'en nous vivront toujours les sentiments et les idées qui les ont inspirés.

De même, les caractères de l'homme physique, représenté plus spécialement par la peinture et par les arts plastiques, se graduent, selon leur importance, sur une échelle qui monte des plus extérieurs et accidentels, de ceux provenant des modes passagères et changeantes des vêtements et de l'empreinte imprimée au corps et aux actes par les habitudes professionnelles ou par celles de classe et de milieu, jusqu'à ces caractères immuables gravés sur le corps vivant par les éléments et les formes typiques de sa structure osseuse et de la partie charnue qui la revêt. Et à cette échelle, ainsi qu'à la variété de ses *valeurs* physiques, répond, échelon par échelon, une autre : celle des produits des arts figuratifs, plus ou moins importants, à mesure que l'on passe, de la vignette du journal illustré, de la caricature, du tableau de genre, de l'aquarelle, de la statuette de cheminée, à la grande peinture historique et au nu dessiné, colorié, modelé au vrai par les grands chefs d'école. Tout le progrès de la peinture et de la sculpture italienne depuis la fin du XIII° siècle (*Duccio*) jusqu'à la Renaissance consiste, pour Taine, en ce que nos artistes sont arrivés peu à peu à comprendre et à savoir observer le nu, le corps humain dans sa florissante vie animale. Le point culminant de notre art coïncide avec le moment historique où la représentation dessinée et coloriée de la forme belle de l'animal humain parvient à toute sa perfection dans les écoles florentine, vénitienne et ombrienne, et chez le Corrège. Avant et après ce moment, on a des peintres et des sculpteurs qui, les uns, ignorent par ascétisme ou ne veulent pas regarder dans sa réalité vivante le corps humain, et, les autres, en altèrent et en faussent, par suite de préoccupations sentimentales et par un art maniéré, l'expression immédiate et vraie. Dans les grandes écoles étrangères aussi, les écoles hollandaise, flamande, allemande, espagnole, c'est le sentiment de la vie physique, parvenu à son comble, qui a suscité les chefs-d'œuvre de l'art. « Ce qui distingue les écoles entre elles, c'est que chacune représente un tempérament, le tempérament de son climat et de son pays. Le génie des maîtres consiste à faire une race de corps ; à ce titre, ils sont physiologistes comme les écrivains sont psychologues ; ils montrent... toutes les diversités de l'âme imaginative, raisonneuse, civilisée ou inculte (1) ».

Avec le même procédé d'analyse, Taine démontre comment ce qu'il nomme, par une expression digne

(1) *Philosophie de l'Art*, t. II, p. 322.

de John Ruskin, « la bienfaisance des caractères » des choses, se reflète, selon ses divers degrés, dans les œuvres d'art. Ainsi, dans la vie de l'homme moral comme dans celle de l'homme physique, ce qui sert ou nuit le plus à celle-ci, ce qui la conserve ou la détruit, c'est la prédominance ou la disparition, c'est la surabondance ou l'absence des facultés et des forces en lesquelles elle consiste : intelligence, sensibilité, volonté puissante et vive, faculté d'aimer, pour ce qui concerne le moral ; et, pour le corps, vigueur de santé intacte et florissante, intégrité et plénitude de la beauté physique, capacité de mouvement matériel. Examinés sous ce point de vue, les œuvres littéraires et les produits des arts du dessin ont en soi une valeur plus ou moins haute, selon que la représentation qu'ils nous donnent de notre âme est plus ou moins vaste et puissante, contient en soi plus ou moins de vérité, et que le type physique qu'elle exprime est plus ou moins sain, noble et grand. Sur les degrés opposés de cette double échelle se trouve, d'un côté, tout en bas, le réalisme grotesque, comique, humoristique, des écrivains qui dépeignent la vie de tous les jours ; et, tout en haut, les images grandioses, puissantes, passionnées et héroïques, que nous ont données les poètes souverains et les romanciers de génie ; d'un autre côté, tout en bas, l'art romain de la décadence et l'art byzantin, et, en partie, l'art médiéval, qui ont exprimé la laideur et la déformation du type humain ; et, au sommet, le grand art italien de la Renaissance et l'art grec, dans lesquels l'expression de ce type est parvenue à une noblesse et à une idéalité qui n'ont pas été surpassées.

Au dernier chapitre de *L'Idéal dans l'Art*, Taine, qui, jusqu'ici, a considéré les *caractères* des choses en eux-mêmes, passe à l'examen du degré de valeur qu'ils peuvent recevoir, « quand ils se transportent dans l'œuvre d'art ». Ce degré, il le mesure d'après la convergence qu'établissent plus ou moins dans celle-ci tous ses moyens d'expression, ainsi que les éléments et les parties du travail, en vue du but visé par l'auteur, qui est de rendre aussi dominateurs qu'il pourra les caractères qu'il veut mettre en lumière. Ici Taine aborde le problème de la forme et de la composition dans l'art, discourt du style, indique rapidement la voie par laquelle la littérature et les arts s'élèvent de l'enfance à la maturité, à mesure que, avec l'emploi et la possession toujours plus pleine des procédés techniques et de leur concordance, ils arrivent à attribuer un rôle bien plus important, dans la représentation et dans l'expression des choses, à ce qui, en elles, est le plus caractéristique et le plus notable. Considérés par ce côté de la convergence des moyens et des éléments au but de l'art, les produits de celui-ci se graduent en une nouvelle échelle de *valeurs* plus ou moins hautes. L'œuvre la plus grande et la plus belle, le « chef-d'œuvre est celui dans lequel la plus grande puissance reçoit le plus grand développement ». Taine a dit, au préalable, que toute qualité notable et caractéristique des choses est en soi-même une force. « En langage de peintre, l'œuvre supérieure est celle où le caractère qui, dans la nature, a la plus grande valeur possible, reçoit de l'art tout le surcroît possible de valeur (1) ».

(1) *Philosophie de l'Art*, t. II, pp. 402-403.

Quand l'art atteint un tel but, on peut affirmer qu'il surpasse la nature, parce qu'il tire de celle-ci des types et des formes de beauté qui étaient en puissance, mais non en acte. En s'élevant à ces hautes cimes, l'artiste devient vraiment créateur, parce que son œuvre ajoute comme de nouveaux fils à la grande trame de la vie du cosmos, et de nouvelles lignes à son dessin. Dans ces conditions, la place que la puissance inventive du génie artistique occupe dans l'économie des choses apparaît au philosophe positiviste égale, sinon supérieure, à celle que pourrait lui assigner l'idéaliste le plus déclaré. Ainsi, — et cela montre toujours davantage comment, dans chaque partie de la doctrine de Taine, on trouve accolés les uns aux autres les éléments et les prémisses de deux doctrines opposées entre elles, qui ne s'harmonisent pas, — lui-même, qui, d'abord, excluait de l'étude de l'art tout critérium moral, qui voulait l'expliquer uniquement par les lois naturelles du milieu et de l'hérédité, semblant par là ouvrir la voie au réalisme le plus intransigeant, ici, dans ce livre, il affirme au contraire « la parenté de l'art avec la morale », donnant à l'artiste le pouvoir de s'élever degré par degré « vers ces formes supérieures qui sont le but de la nature », et auxquelles tend celle-ci comme à sa plus grande perfection (1).

(1) Taine, après avoir dit que les deux points de vue auxquels il s'est placé pour considérer le *caractère* des choses (leur importance et leur bienfaisance), ne sont que « deux faces d'une qualité unique, *la force* », ajoute : « Ces deux points de vue sont les plus élevés auxquels on puisse considérer la nature; car ils tournent nos yeux tantôt vers son essence, tantôt vers sa direction. — Par son essence, elle est un amas de forces brutes, inégales en gran-

Ce n'est donc pas la réalité pure et nue, telle que le fait nous la donne, qui constitue pour lui la matière et le motif inspirateur de l'art ; c'est, au contraire, la réalité contemplée du haut des exigences supérieures de notre esprit. Par ce concept d'une graduation de formes et en quelque sorte d'*idées exemplaires*, d'une finalité de la nature, Taine s'élevait de nouveau du réalisme et du naturalisme aux prémisses de l'esthétique idéaliste. La mesure de la valeur d'une œuvre d'art nous est donnée non par la reproduction que fait plus ou moins fidèlement l'artiste d'un peu plus ou moins de réalité des choses par lui représentées et exprimées, mais par la puissance de sélection avec laquelle il choisit les aspects et les formes de la nature où le réel est *le plus vrai*, c'est-à-dire le plus idéalement significatif et suggestif pour nous. Déterminer pourquoi et comment ces aspects et ces formes sont supérieurs à d'autres et occupent un degré plus élevé dans la réalité interprétée par l'art, c'est l'affaire, selon Taine, de la critique scientifique et historique. Celle-ci, opposée en cela aussi à la critique de la tra-

deur, dont le conflit est éternel, mais dont la somme et le travail total demeurent toujours les mêmes. Par sa direction, elle est une série de formes où la force emmagasinée a le privilège d'un renouvellement et même d'un accroissement continus. Tantôt le caractère est une de ces puissances primitives et mécaniques qui sont l'essence des choses ; tantôt il est une de ces puissances ultérieures et capables de grandir, qui marquent la direction du monde ; et l'on comprend pourquoi l'art est supérieur, lorsque, prenant pour objet la nature, il manifeste tantôt quelque portion profonde de son fonds intime, tantôt quelque moment supérieur de son développement ». *Philosophie de l'Art*, t. II, pp. 364-365. — Voilà, me semble-t-il, une page à laquelle l'esthétique du positivisme n'a rien à opposer d'égal, chez les autres philosophes de cette école, pour la grandeur et la profondeur des vues spéculatives.

dition classique, « n'impose pas de préceptes » et n'absout pas ou ne condamne pas au nom d'un code du goût conventionnel ; mais elle « constate des lois et explique des faits », en les réduisant à leurs causes naturelles, et elle n'a, conséquemment, nulle préférence pour telle ou telle forme de l'art, pour telle ou telle école. Elle a des sympathies pour toutes, même pour celles qui semblent les plus opposées ; « elle les accepte comme autant de manifestations de l'esprit humain ». Mais tandis que, envisagées sous cet aspect, toutes ont pour elle la même importance, rien ne l'empêche de reconnaître la profonde différence de degré et de valeur esthétique séparant les œuvres les plus hautes et les plus puissantes, qui vivront toujours et dans lesquelles se reflète pour l'esprit humain toute la lumière du vrai de la nature et de la vie, d'autres œuvres qui, au contraire, en reflètent à peine un faible rayon, et n'exercent pour cette raison qu'une influence passagère sur les esprits et sur les âmes.

IV

C'est là le côté non seulement le plus original, mais le plus vrai de la doctrine de Taine. Ici il n'est pas avec les *réalistes*, avec les *véristes* vulgaires et les *impressionnistes*, qui le proclament à tort leur maître. Je dis : à tort, puisque, pour eux, tout trait et tout aspect du vrai qu'il est possible de reproduire, a la même valeur que les autres. Cela s'étend du détail le plus insignifiant jusqu'au linéament le plus large et le plus accusé dans la grande physionomie des choses. Ils ne visent qu'à nous en mettre sous les yeux une copie et à produire ainsi l'*illusion* de la réalité. Pour Taine, au contraire, et pour tous ceux qui, avec lui, donnent, dans l'art, la première place à la puissance inventive du génie, la valeur esthétique de l'œuvre de celui-ci ne se mesure pas au degré de fidélité imitative et reproductrice, mais au degré d'idéalité et d'expression auquel elle arrive, en représentant les choses réelles à l'aide d'un choix intuitif et réfléchi de ceux d'entre leurs traits qui ont le plus de valeur et de signification pour nous.

Aussi, rien ne s'éloignerait-il plus du sens et de l'esprit bien compris de la doctrine de Taine, que l'application qu'on voudrait en faire au réalisme extrême de certains écrivains contemporains. Ce réalisme, a très bien dit Guyau, dégénère souvent en trivialité, et l'unique fin de l'art, pour les écrivains en question, est de rendre la sensation, ou, mieux, l'impression des choses, pourvu qu'elle soit vive et exacte. Le vrai, même au point de vue esthétique, réside pour eux dans le *fait* pur et dans la réalité représentée, dont chaque aspect et chaque trait, même les moindres, servent, autant que tout autre, au dessein de l'artiste. C'est, pour s'exprimer ainsi, le positivisme empirique extrême, transporté dans la théorie de l'art; positivisme aux yeux duquel la matière brute de celui-ci renferme déjà tout ce qui doit suffire à son œuvre, sans qu'il soit besoin que l'esprit humain, la travaillant à nouveau, y imprime sa forme idéale et inventive. Le meilleur correctif de cette doctrine extrême, présupposée par presque tous les *réalistes* contemporains, l'esthétique de Taine le trouvait dans son positivisme tempéré d'éléments idéalistes. Pour ce positivisme, ce qui, dans notre pensée, est idée, répond évidemment à un fait, mais à un fait *générateur* et cause d'autres faits, dont il exprime, dans l'ordre des choses, la loi et le principe. Admettant ainsi une disposition hiérarchique des éléments de la réalité les uns par rapport aux autres, disposition qui répond à la subordination rationnelle et logique des vérités particulières sous les lois universelles de notre pensée, il ne restait au philosophe d'autre voie à suivre que celle qu'il a suivie dans son livre de *L'Idéal dans l'Art* : graduer le mérite des œuvres d'art d'après une échelle de valeurs esthétiques répondant aux valeurs réelles des caractères des choses. Rien, je le répète, n'est aussi diamétralement opposé à une telle façon de concevoir l'art, que le procédé de ces écrivains et de ces artistes qui s'imaginent que chaque trait, que chaque linéament des choses peut être *esthétiquement* beau et vrai, pour l'unique raison qu'il est réel et naturel, saisi et comme photographié sur le vif (1).

Mais il est un autre point de vue par lequel la philosophie de Taine pouvait se prêter, et s'est effectivement prêtée, comme « signe sur le drapeau (2) », entre les mains des naturalistes contemporains et des critiques de leur parti. Les initiateurs de cette

(1) C'est, comme dit Taine, « une copie détaillée, littérale et micrographique de la réalité ». *Derniers Essais de critique et d'histoire*, p. 130.

(2) Expression de Dante : « *Segnacolo in vessillo* ». Paradiso, chant XXVII, v. 50.

(*Note du trad.*)

forme de roman nommée le « roman de mœurs », qui, en dépeignant les hommes, les temps, les couches sociales, vise non à faire saillir distinctement, dans le cadre d'une action racontée, la figure de quelque personnage, mais plutôt à nous rendre, avec la précision d'une chronique, les traits, les dispositions héréditaires de race ou de famille d'un groupe d'hommes, la physionomie générale d'une société ou d'une génération; les chefs d'école de cet art que M. Paul Bourget a qualifié de *significatif*, les peintres dits *indépendants*, qui, au lieu de chercher avant tout, dans le corps humain, comme les anciens, le beau, l'harmonie des lignes, y cherchent de préférence les défauts et les déformations qu'y impriment l'habitude de certains métiers, le frottement de la vie des villes, l'influence malsaine de certains milieux sociaux ; — tous les adeptes, en somme, de cette nouvelle direction esthétique qui ne veut voir dans l'art, pénétré, comme il l'est désormais, de l'esprit et des méthodes de la science, rien autre chose qu'une enquête et une exposition de *documents humains* ; — tous ceux-ci ont prétendu trouver chez Taine l'inspiration et presque le programme philosophique de leur œuvre. Il avait, en effet, proclamé le premier, dans l'Introduction de l'*Histoire de la Littérature anglaise*, le principe sur lequel se fonde toute la critique de cet art nouveau : à savoir que la valeur d'une œuvre littéraire se mesure principalement au degré plus ou moins étendu où elle se prête à servir de signe de l'état moral qui l'a produite. Et le procédé d'analyse de sa critique littéraire et artistique, aussi bien que de ses travaux historiques, n'avait été, disait-on, que la recherche continue des « petits faits », dont est composé, comme il le démontre dans *L'Intelligence*, le *moi* humain. Ce procédé n'avait été, au fond, que l'application de la manière de concevoir et de représenter la vie morale, mise également en action par les romanciers du naturalisme (1).

Le premier, il est vrai, ou l'un des premiers, avec Balzac, à suivre cette voie, avait été Stendhal. Il recommandait aux écrivains, on le sait, comme le plus sûr moyen de donner du relief à la peinture des caractères, d'en faire saillir vigoureusement les traits particuliers, menus, aptes à les accuser, les « petits faits », disait-il ; et il fut le premier à se servir de la formule que Taine ensuite fit sienne et mit en vogue. Et en quoi consiste le secret de l'admirable puissance d'évocation de tout un groupe d'âmes, dans le *Port-Royal* de Sainte-Beuve, sinon dans l'art avec lequel le grand critique a su donner à son analyse divinatrice de ces âmes la netteté parlante de l'évidence, et a tiré, de la psychologie la plus menue des détails de leur existence intérieure, des figures qui vivent ?

Ni Stendhal ni Sainte-Beuve, cependant, quoique ayant fait un assez grand pas dans la nouvelle voie

---

(1) M. F. Brunetière, dans sa douzième leçon sur l'*Évolution de la poésie lyrique en France au* XIXe *siècle* (t. II, p. 168), dit que Taine a été « le théoricien du naturalisme. Dépassant de beaucoup le point où s'était arrêtée la critique avant lui, c'est lui qui a débrouillé la confusion des idées de Balzac. Il les a systématisées. C'est bien lui qui a conçu le naturalisme comme une perpétuelle application de la critique ou de la science à la littérature ». Le beau livre de M. F. Brunetière est une très fine étude de critique et de psychologie, qui a également trouvé de nombreux lecteurs à l'étranger.

ouverte à l'art et à la critique par l'esprit positif de notre époque, n'en avaient indiqué la direction, comme le fit Taine depuis. Le naturalisme, né dans la littérature française vers la fin du second Empire, ne fut, au début du moins, qu'un mouvement de réaction contre les romantiques : mouvement parallèle, sinon conforme en tout, dans l'ordre des idées, à celui qui, quelques années auparavant, avait enlevé à la métaphysique idéaliste la maîtrise de la philosophie.

Les classes pensantes commencèrent à éprouver du dégoût pour toute étude en dehors des données expérimentales; la science positive devint, grâce à ses découvertes, maîtresse de la vie moderne, et jouit d'une prédominance incontestée. Alors, dans le naufrage de toutes les aspirations idéales de la première moitié du siècle, les écrivains de la nouvelle école, aux ouvrages desquels une étiquette empruntée à la science assurait un redoublement de succès, s'improvisèrent philosophes de l'art. A ce moment surgit l'étrange théorie d'après laquelle un roman devait appliquer à des sujets imaginés le même procédé de dissection que le physiologiste pratique sur les corps vivants. Or, cette théorie crut avoir retrouvé ses principes et ses formules dans les doctrines du philosophe positiviste qui, plus résolument et plus systématiquement qu'aucun autre, avait, dans chacun de ses écrits, affirmé vouloir porter dans les sciences morales et dans la critique les méthodes des sciences naturelles.

Mais cela n'aurait pas suffi à lui procurer une si grande faveur parmi les adeptes des nouvelles doctrines littéraires et artistiques, si sa philosophie ne s'était rencontrée avec elles sur un point d'importance capitale. Je veux parler de sa façon de concevoir et de représenter notre nature morale et son rouage intime, l'action des motifs opérant sur le caractère humain, et sa manifestation dans la vie et dans l'histoire. Nous savons que chaque partie de la doctrine déterministe de Taine gravite vers une espèce de mécanique de l'homme moral, laquelle voudrait le déduire tout entier, en le démontrant, comme un théorème, par un ensemble de causes naturelles, sociales et historiques, qui nous en donneraient tous les facteurs nécessaires, toutes les forces combinées, dont il ne serait que la résultante. Une telle façon de concevoir le caractère humain est essentiellement conforme à la représentation que nous en offre le roman naturaliste. Le type idéal dont s'inspirait le romantisme était, on le sait, celui du héros solitaire en lutte avec la société et avec lui-même, du rebelle sublime, personnification de la liberté de l'individu, qui voulait tenir bon à tout prix contre toute puissance naturelle humaine ou divine ; modèle abstrait qui produisit, dans la fiction, le *Prométhée* de Gœthe et *Manfred*, *Werther* et *Jacopo Ortis*, *Obermann*, *René* et *Adolphe*, et, dans la réalité, les Byron, les Foscolo, les Senancour, les Chateaubriand, les Benjamin Constant.

Cette seconde moitié de notre siècle, — de « ce siècle riche et vaste, mais lourd, (qui) tend vers la fatalité », a si bien dit Michelet, — sur laquelle pèse, comme un étouffement pénible, la grande fatigue énervante de la vie des villes, fermée à l'air et au soleil, malade de critique, de journaux et de parlements, ne paraît plus pouvoir désormais s'imaginer dans l'art d'autre type humain que celui d'un vaincu dans la lutte pour l'existence, d'un esclave d'impulsions et d'instincts irrésistibles, d'un impuissant à supporter le fardeau de la vie. L'abdication de la volonté individuelle, incapable d'initiatives devant la fatalité de la race et du tempérament, dans l'influence du milieu et de la contagion sociale; le tarissement de toutes les sources intimes de l'action personnelle et libre chez l'homme de nos jours, malade de la volonté, est devenu, dit M. Paul Bourget, le thème habituel de l'école dite naturaliste, depuis les Goncourt et Zola, « qui a édifié ses *Rougon-Macquart* sur l'hypothèse d'une névrose héréditaire », jusqu'à Alphonse Daudet, Huysmans, Paul Alexis et Guy de Maupassant (1). Cette littérature est une grande clinique des maladies du siècle. Elle s'en alimente elle-même, puis les reproduit, les ramène, par une lente contagion morale, de la fiction dans la réalité. On ne peut affirmer qu'elle s'est inspirée uniquement du déterminisme de la science positive; mais elle s'est rencontrée avec elle par la même voie sur plusieurs points, elle l'a eue pour complice dans son action sur les esprits. Entre une doctrine, d'un côté, qui ne laisse à la volonté humaine aucune initiative dans la série des causes dont elle n'est qu'un anneau, tendant ainsi à faire de la foi dans la liberté morale une pure illusion; et un art, d'un autre côté, qui nous montre la créature hu-

---

(1) P. Bourget, *Nouveaux Essais de psychologie contemporaine*, pp. 177-178.

maine « dominée par le milieu et devenue incapable de réaction personnelle », à peine y a-t-il un pas. Et il n'est pas étonnant qu'au lendemain de 1870, dans cette ombre épaisse de découragement qui passa sur la France, le pessimisme ait envahi la littérature, et que les romanciers naturalistes, Émile Zola en tête, aient cherché dans l'idée déterministe de l'universelle nécessité des choses un fond brumeux pour leur sombre vision des maux humains.

Taine était d'accord avec eux, au moins en partie. Mais quel jugement portait-il sur la valeur artistique de leur œuvre? On peut l'induire de plusieurs passages de ses écrits, et en particulier de son recueil posthume, *Derniers Essais de critique et d'histoire*. Ils renferment un article sur George Sand, écrit en 1876. Pour arriver à parler de l'idéalisme, dont s'inspira l'illustre femme-auteur, et pour en mettre en relief les mérites, le critique commence par lui opposer la direction nouvelle de l'art réaliste. « L'esprit positif et scientifique, dit-il, a gagné la littérature... Le roman est aux mains des successeurs de Balzac, et il ne faut pas s'en plaindre, si, avec les minuties et la conscience du maître, les élèves ont les grandes vues d'ensemble, la profondeur d'analyse, la puissance de combinaison et la pénétration philosophique qui font de Balzac, comme de Rembrandt, l'un des grands peintres de l'humanité ».

Il ne semble cependant pas avoir beaucoup admiré Émile Zola, à en croire ce qu'ont dit à ce sujet quelques-uns de ses amis et biographes (1). Parmi les pré-

---

(1) M. Zola lui-même l'a reconnu dans une *interview* publiée par

curseurs immédiats de la nouvelle école, il eut en haute estime Gustave Flaubert, et, dans ce même article sur George Sand, en parlant du roman, il s'exprime ainsi à son sujet : « Il faut un thème général, une sorte de lien commun moral qui serve de matière au récit. Quand ce thème philosophique rencontre un personnage capable de le porter jusqu'au bout et de l'exprimer tout entier, le roman est de premier ordre; c'est ainsi que M. Flaubert a fait *Madame Bovary*, un chef-d'œuvre ». C'est là un jugement d'accord avec les conclusions de la théorie qu'expose *L'Idéal dans l'Art*. Pour tâcher de deviner ensuite quelle a pu être, aux yeux de l'auteur de cette théorie, la mesure de la véritable valeur littéraire de l'œuvre de Zola et des autres successeurs de Balzac, on n'a qu'à lire la belle étude consacrée à ce dernier. Taine nous le donne comme le type de l'écrivain naturaliste, préoccupé de représenter de préférence non le bien et le beau, mais le réel et le vrai de la vie, avec une forte tendance à en dépeindre les aspects les plus bas et les plus ignobles, pourvu qu'ils s'expriment dans des caractères puissants, dans des « monstres grandioses », dans des « bêtes de proie ». Tels sont en effet presque tous les personnages qui se pressent sur la vaste scène de la *Comédie humaine*, et sur lesquels le critique porte sa fine analyse, pour aboutir à cette con-

le *Figaro* le jour de la mort de Taine. « Il y avait entre nous, dit-il, des malentendus littéraires. Je crois qu'il n'aimait pas beaucoup ce que je faisais, et cela m'a toujours chagriné. Je me suis présenté à l'Académie, jamais il n'a été de mes partisans. Quelque chose nous séparait, que je n'ai jamais compris ».

clusion : si Balzac est presque toujours inférieur à lui-même quand il dessine des caractères de femmes, s'il ne parvient pas à représenter avec vérité la vertu et à nous mettre sous les yeux les formes les plus élevées, parce que « son idéal est ailleurs » et que « partout où il y a une difformité ou une plaie, Balzac est là », cependant la richesse, la vigueur de l'invention, la profondeur de l'analyse compensent chez lui ces défauts ; les figures de ses plus grands scélérats « échappent à la laideur par leur puissance ». Ainsi son art, semblable en cela à celui de Shakespeare, en nous montrant sous des formes grandioses et émouvantes ce que le drame humain a de plus laid et de plus ignoble, nous soulève au-dessus de nous-mêmes, infuse à toutes nos facultés une vie plus intense et plus large.

Voilà pour Balzac. Quant à Zola, je ne crois pas que, en dépit de l'art incontestable avec lequel il nous fait constamment sentir le « milieu », et de la vaste et riche trame de son œuvre, qui voudrait nous donner une sorte d'histoire naturelle de la société contemporaine, cette œuvre ait pu représenter, aux yeux de Taine, une de ces *valeurs esthétiques* qui ne diminuent pas malgré les changements de modes et de goûts, et supportent le jugement de plusieurs générations. Ce que cette œuvre a en elle de laborieux et de pénible, de trop cherché et voulu, refroidit la spontanéité vivante de l'écrivain. Sa thèse, empruntée à la doctrine de l'*hérédité*, n'a pas, transportée dans le roman, l'importance d'un de ces grands problèmes humains dont l'art devra toujours s'inspirer. Et puis, la représentation continuelle et le plus souvent répugnante de caractères « malfaisants », comme les aurait appelés Taine, n'est pas compensée dans les *Rougon-Macquart*, comme dans la *Comédie humaine*, par une extraordinaire puissance de conception et d'animation des figures des personnages. Presque toutes celles de Zola sont autant d'automates en proie à la fatalité des forces naturelles et sociales qui les dominent. Semblables à des bas-reliefs inachevés, leur physionomie individuelle semble souvent se perdre sur le fond du tableau et parmi les lignes générales de celle du groupe humain au milieu duquel l'auteur les fait mouvoir.

Cela est à coup sûr très conforme à la manière dont Zola conçoit et voit la nature humaine, mais ne prouve pas qu'il l'ait vue tout entière sous chacun de ses aspects, ni que l'angle visuel sous lequel sa thèse la lui fait regarder puisse lui en donner l'impression la plus vraie. L'étude sur *Balzac* se termine par ces mots: « Avec Shakespeare et Saint-Simon, Balzac est le plus grand magasin de documents que nous ayons sur la nature humaine ». Je doute beaucoup que ce choix préconçu d'un certain *type humain*, dont semble s'être inspirée l'œuvre entière de M. Émile Zola, n'ait pas enlevé à celle-ci, dans l'opinion de Taine, une bonne portion du mérite qu'il devait au reste lui accorder, d'être, elle aussi, un vaste recueil de documents sur la vie contemporaine.

V

L'application la plus directe que Taine ait faite de ses théories sur l'art se trouve dans les deux volumes de son *Voyage en Italie*, publiés en 1866, que M. G. Monod qualifie avec raison d'« étincelants ». C'est une de ses œuvres les plus populaires et les plus lues en tout pays; aussi cela me dispense-t-il de m'étendre longuement sur elle. Il n'est pas de personne cultivée, on peut l'affirmer, qui n'ait présentes à l'esprit les superbes pages consacrées par Taine à Naples, à Rome, avec sa campagne, ses musées, ses galeries et ses églises, à Assise et à Florence, à Sienne et à Pise, et à ce magnifique spectacle des lagunes, d'où le grand art vénitien a tiré tant de ses couleurs et de ses formes.

Le livre est sorti d'un jet des notes prises par l'auteur au cours d'un voyage fait en Italie, du mois de février au mois de mai 1864, pour se reposer de l'achèvement de son *Histoire de la Littérature anglaise*. Comme celle-ci, il nous donne une éloquente illustration, par des exemples, de sa doctrine relative aux races et aux effets des milieux naturels et sociaux; doctrine qui, ici peut-être plus qu'en aucune autre de ses œuvres, s'anime devant lui, se colore dans sa pensée de la même vie des choses qu'il a observées avec un sentiment d'artiste.

L'Italie aussi et son histoire, il les observe, comme

il a d'abord observé l'Angleterre, dans le cadre idéal qu'il porte en son esprit ; mais si ce cadre circonscrit à ses yeux le champ de la vision dans lequel lui apparaissent les choses observées, cela n'empêche pas la vision d'être vraie et puissamment exprimée. Cette valeur incontestable qu'a en soi, malgré quelques excès de critique, sa façon *sociologique* (c'est le mot de Guyau) de considérer l'art comme le reflet de la vie et de l'histoire entières d'un peuple, s'affirme ici avec son plus grand relief.

Ce voyage en Italie eut lieu l'année même de sa nomination comme professeur à l'École des Beaux-Arts, et lui servit en quelque sorte à vérifier les idées fondamentales qu'il avait déjà dans l'esprit. C'est autour d'elles que se déroulèrent ses leçons. Il avait réparti son enseignement sur un cycle de cinq années, dont trois consacrées à l'art italien, et les deux autres à l'art hollandais et à l'art grec. Quoiqu'il ne soit jamais allé en Grèce, la représentation par excellence de la beauté humaine lui est toujours apparue sous la forme que la patrie de Phidias nous en a laissée en sculpture. Mais nulle autre histoire de l'art ne pouvait, comme celle de l'art italien, lui rendre en entier, avec une aussi grande richesse d'exemples, son concept de l'idéal esthétique, résultant pour lui du choix du caractéristique et du typique, de ce qui fait parler à la grande âme des choses et à leur forme corporelle le langage le plus significatif pour nous. Il arrivait en Italie déjà disposé — il nous le dit lui-même — à penser et à goûter le beau ainsi, et conséquemment à le voir plus dans certaines œuvres et dans certaines époques de son histoire, que dans certaines autres. Rien d'étonnant donc que, parmi les aspects si nombreux sous lesquels l'art italien l'a manifesté, il n'en ait *senti* et bien compris qu'un seul : l'expression idéale grandiose des belles formes du corps humain, telle qu'on la trouve chez les cinquecentistes ; et aussi qu'il n'ait guère vu ni cherché, chez les plus grands d'entre ceux-ci, que cet aspect seul. Il y sentait d'une façon plus évidente le contact de leur art avec l'élégante sensualité de la vie italienne, déjà en décadence alors, bien que dans toute sa fleur.

On a plus d'une fois reproché avec raison à Taine cette façon de préjuger les choses. Elle lui fait voir le tableau historique de la peinture et de la sculpture italiennes pour ainsi dire en entier sur un seul plan de perspective, et l'empêche de bien mettre à leur place chacune des figures principales, en en relevant toute l'originalité. Ce reproche s'applique spécialement à la manière dont il parle des quattrocentistes, de Léonard de Vinci et de Raphaël. Les Vénitiens me paraissent plus sentis, plus finement étudiés. Et puis, tandis que le critique, dans ce livre aussi (comme dans son étude sur la Hollande), veut voir une coïncidence constante qui n'existe pas, ou qu'il exagère, entre les périodes de l'art et celles de la vie politique italienne, il n'aperçoit pas suffisamment les relations bien plus étroites qui ont eu lieu entre les arts figuratifs et l'architecture, entre ceux-là et celle-ci et l'histoire littéraire. La littérature italienne ne lui était d'ailleurs pas aussi familière que les littératures anglaise et allemande. Ce qui contribua peut-être à la lui faire moins étudier, ce fut l'idée qu'il avait de la valeur historique de la culture italienne dans son ensemble. A lui, comme à d'autres critiques étrangers, cette culture est apparue incomparablement plus grande dans les arts du dessin et de la musique que dans son œuvre littéraire. C'est là une idée vraie en substance, mais qu'il ne faut pas prendre trop au pied de la lettre, de façon, par exemple, à limiter presque uniquement à la pure sensation des choses, comme le voudrait tel critique, le génie d'un peuple qui a eu Dante et Léonard de Vinci (1).

(1) Le livre sur la *Philosophie de l'Art* montre que la connaissance et la pratique de Taine, en matière de littérature italienne, étaient inférieures à celles qui lui firent pénétrer à fond la littérature anglaise. Il y emprunte fort peu d'exemples aux écrivains italiens, ne nomme même pas Manzoni, et ne mentionne qu'une seule fois Leopardi. J'ajouterai que, quoiqu'il n'entre pas dans le dessein de mon travail de me livrer à une critique détaillée et technique des livres de Taine sur l'art et du *Voyage en Italie*, dans ce dernier, en particulier, on rencontre assez souvent des inexactitudes et des erreurs de fait. Celle-ci, entre autres. Parlant des trois églises d'Assise, « l'une sur l'autre, toutes ordonnées autour du tombeau de saint François », l'auteur semble avoir supposé (t. II, pp. 22-23) qu'un seul et même architecte a fait « les trois sanctuaires », comme pour « représenter les trois mondes : tout en bas, l'ombre de la mort et l'horreur du sépulcre infernal ; au milieu, l'anxiété passionnée du chrétien qui prie, lutte et attend dans notre terre d'épreuves ; en haut, la joie et la gloire éblouissante du paradis ». Or, l'église la plus basse, comme le prouve d'ailleurs son genre d'architecture, est moderne et a été creusée autour du tombeau du saint, qui avait été pratiqué dans le rocher massif.

Nous laisserons toutefois un critique d'art français nous dire son avis sur le *Voyage en Italie*. Au lendemain de sa publication, le livre a été pris assez vivement à parti par le vicomte Henri Delaborde, dans un article de la *Gazette des Beaux-Arts* ayant pour titre : *Des opinions de M. Taine sur l'art italien* (1ᵉʳ juillet 1866). Le futur secrétaire perpétuel de l'Académie des Beaux-Arts signale d'abord, dans l'ouvrage, quelques erreurs de fait, mais il passe vite condamnation sur ces « peccadilles », qu'on pourrait cependant noter « en assez bon nombre ». Ce qui lui semble bien plus

Je ne dis pas que Taine va aussi loin. Mais il dépasse en tout cas la mesure, en se représentant l'art presque entier de la Renaissance — par une analogie trop étroite qu'il prétend trouver entre les mœurs et les sentiments des Italiens d'alors et ceux des Grecs d'autrefois — comme né de la jouissance esthétique, du culte et de la reproduction des belles formes physiques, du spectacle de la nudité héroïquement campée. Ne prétendre apercevoir, parmi les facteurs de l'art italien, que la prédominance à peu près unique de cet élément, c'est, me semble-t-il, envisager cet art par un seul côté, ne pas étudier et ne pas comprendre suffisamment les différences des écoles d'où il sortit à ses débuts et se développa avec les quattrocentistes. Mais il faut noter que, dans ce livre, Taine se montre, plus peut-être qu'historien et cri-

important, c'est d'indiquer « le principe sur lequel repose la doctrine esthétique de M. Taine et le genre d'admiration que lui inspirent les plus nobles monuments de l'art ». Or, ce principe, qui tend à remplacer l'analyse des talents et des sentiments personnels qu'ils expriment par des « appréciations détournées », par une « méthode plus synthétique que de raison », et qui est empreint de « fatalisme », lui apparaît comme tout à fait condamnable. « Rien de mieux, dit le critique, si l'on n'avait d'autre dessein que d'amuser notre curiosité... Mais puisqu'on entend nous expliquer aussi le génie et les œuvres des maîtres, encore serait-il bon que, suivant une métaphore zoologique trop familière d'ailleurs à la plume de M. Taine, nous ne fussions pas réduits, la plupart du temps, à « comprendre l'animal d'après sa coquille ». Cet « animal » est l'art italien après tout, c'est-à-dire un être assez bien organisé en lui-même, assez noble et assez varié dans ses mouvements, pour que les naturalistes, quels qu'ils soient, ne se contentent pas de nous en représenter les enveloppes et d'en indiquer seulement la vie passive ». D'ailleurs, affirme Henri Delaborde, que de travaux et de talents, en Italie, qui sont en désaccord avec la physionomie historique de l'époque où ils ont paru. Mais de pareils contrastes, ajoute-t-il, n'embarrassent pas l'auteur du *Voyage en Italie*, « ou plutôt il oublie de les remarquer, et cela

tique de l'art, un véritable artiste, un maître génial dans la description. Le paysage italien est admirablement senti par lui sous ses aspects les plus divers; et ce qui émerveille toujours quand il parle d'un chef-d'œuvre, c'est peut-être encore moins la pénétration et la finesse de son esprit, que l'art avec lequel il s'entend à reproduire ce chef-d'œuvre, à le ressusciter par les mots.

Le *Voyage en Italie* se distingue aussi de la plupart des livres que les Français en particulier ont écrits sur le même sujet, par le tableau que l'auteur y trace de la physionomie morale, des mœurs, de la vie politique de ce pays, qu'il visitait à un moment si important de son histoire.

Observateur et psychologue de vocation comme il l'était, il ne pouvait laisser échapper l'occasion, qui s'offrait à lui, de suivre attentivement des yeux le fait non encore accompli de la reconstitution nationale de l'Italie. A Naples, au milieu des agitations qui

---

d'autant plus aisément, qu'il s'arrête moins devant les œuvres les plus propres, par leur signification et par leur date, à le bien renseigner à cet égard. M. Taine, en général, regarde peu les peintures italiennes que nous ont léguées le xive et le xve siècle, et, quand il lui arrive d'en parler, c'est en termes si dédaigneux ou si brefs, qu'un silence absolu nous laisserait vraiment moins de regrets ». C'est de la façon la plus superficielle qu'il juge, entre autres, les peintures de Gaddi, de Puccio Capanna, etc., dans l'église inférieure du couvent de Saint-François, à Assise ; les fresques du Campo-Santo de Pise ; les figures peintes à Sienne et à Florence par les *trecentisti*, lesquelles il qualifie de « misérables mannequins ». Il ne dit pas un mot de ces sculpteurs formés à l'école ou groupés autour de Donatello, « dont les travaux, florentins par excellence, expriment si nettement les inclinations, les coutumes, le génie même de l'art national à son meilleur moment ». Quelle maigre part il fait aussi à des hommes tels qu'Andrea del Sarto et Fra Bartolommeo, « deux des plus grands maîtres dont se glorifie l'Italie ! ». Quant aux pages consacrées

suivirent l'entreprise garibaldienne, tandis que le brigandage sévissait; à Rome, sous le gouvernement du pape; à Florence, alors capitale provisoire du nouveau royaume, Taine fréquentait la société, interrogeait ses compagnons de voyage, et notait dans son esprit tout ce qui lui semblait le plus caractéristique, le plus significatif pour l'état d'âme des Italiens. Les jugements qu'il nous donne à ce sujet, et qui complètent ses jugements artistiques et historiques, ne sont pas toujours exempts des préjugés que les étrangers, et surtout les Français, apportent avec eux en Italie; ils se ressentent çà et là d'un peu de précipitation; ils ne s'appuient pas sur une connaissance aussi large et aussi sûre de ce pays, que celle qu'avait Taine de l'Angleterre. Mais, dans l'en-

par Taine à l'école vénitienne, elles sont peut-être de tout le livre, à en croire son critique, celles qui contiennent, sur le mérite intrinsèque ou relatif des œuvres, « le plus de vivacités paradoxales et de méprises bruyantes ». Puis celui-ci apprécie en ces termes le fond même des tendances de Taine dans son livre : « Il y a un effort pour déplacer et réduire les conditions de l'art lui-même, pour en matérialiser l'esprit, pour en dénaturer la fonction ; il y a je ne sais quelle ambition de nous convaincre de l'inanité de l'idéal, de supprimer partout ce qui se sent pour y substituer ce qui se voit, ce qui se touche, de remplacer l'image du beau par l'effigie du réel, l'âme par le corps, l'homme par l'*animal humain* ». Enfin, conclut Henri Delaborde, « le talent littéraire, même le plus souple et le plus brillant, n'est pas propre à tous les offices. Parce qu'on a fait acte d'écrivain habile, il ne s'ensuit pas qu'on soit en mesure d'enseigner l'esthétique ou de critiquer les œuvres de l'art... M. Taine, étourdi en quelque sorte par les fumées de l'érudition et de la littérature, trébuche dans le domaine de l'art et distribue un peu à l'aventure son enthousiasme et son dédain ». — Il nous a semblé intéressant de faire connaître cette appréciation d'un critique compétent sur les idées esthétiques qui constituent le fond du *Voyage en Italie*, d'autant plus que cette appréciation concorde en somme avec la nôtre et avec celle, plus développée, de M. Adolfo Venturi, qu'on lira à la fin de ce volume. (Appendice III.)

semble, ils sont parmi les plus impartiaux qu'un étranger ait jamais émis sur le compte de l'Italie et des Italiens. Je dirai même plus. En les relisant au bout de trente et quelques années, le bien fondé de quelques-uns de ses doutes, de quelques-unes de ses appréhensions sur la valeur historique et l'issue possible du mouvement national italien, frappe l'attention et force à penser. Avec une intuition sagace, il met en relief certains faits que l'historien futur ne pourra manquer de noter pour pouvoir s'expliquer comment, dans ces trente et quelques années, la grande œuvre de la réorganisation économique, civile, morale, à laquelle ce mouvement si bien commencé semblait devoir conduire l'Italie, a en grande partie échoué. Les faits notés par Taine comme symptômes du mal originaire de la révolution italienne, à laquelle manqua une solide préparation sociale et morale, sont avant tout ces deux-ci : d'abord « l'insuffisance de l'esprit militaire », indiqué, dit-il, par le petit nombre des volontaires accourus sous les drapeaux ; puis « l'irrésolution de l'esprit religieux », qui empêcha les classes supérieures, les seules ayant fait la révolution, de voir clair à un moment quelconque dans la plus grave de toutes les questions morales soulevées par elles : la question, toujours vivante aujourd'hui, des rapports du nouvel État italien avec l'Église et avec Rome (1).

---

(1) Dans une lettre à E. Havet, en date du 29 avril 1864, et que cite M. G. Monod (p. 113 de son livre), Taine fait des observations justes et sensées sur les conditions économiques, sociales et politiques de l'Italie. Il montre ici beaucoup de confiance dans l'avenir de la jeune nation. Cette lettre est fort intéressante, et nous croyons devoir la reproduire. « Tout bourgeois, commerçant, rentier, tout

VI

L'esthétique de Taine, je l'ai montré, n'est pas exempte de certaines contradictions. Il y est tombé en voulant accommoder les principes de l'idéalisme avec ceux de l'école positive. Cette esthétique tient, plus peut-être qu'aucune autre de ses doctrines, de cette tendance au système qui lui fait accorder trop de foi à la logique, même quand elle traite des matières auxquelles l'esprit de finesse, comme on l'a bien dit, est plus approprié que l'esprit de géométrie. Sa philosophie de l'art ne présente pas, d'ailleurs, un dessin achevé. Elle a quelque chose de fragmentaire,

---

homme qui est capable de lire un journal, est pour l'unité de l'Italie et pour la monarchie constitutionnelle unitaire. Les Italiens ont un grand sens politique, et il n'y a peut-être pas sur quinze un républicain. Aucune racine pour le socialisme et pour les idées niveleuses dans ce pays. Cela n'est pas dans le tempérament de la nation, et il y a une sorte de bonhomie générale, de familiarité ancienne entre les riches et les pauvres, entre les nobles et les roturiers, qui ne laisse aucun avenir à Mazzini et aux idées de 93. Je ne crois pas non plus au provincialisme. Ils sentent tous que, tant qu'ils ne seront pas une grande nation armée, ils seront, comme autrefois, à la merci de tout envahisseur. Une partie considérable de la noblesse, même dans les anciennes provinces papales, est constitutionnelle et libérale. Ce sont seulement quelques grands seigneurs arriérés, parents de tel ou tel cardinal, qui sont pour le pape... Seule, la grande noblesse de Rome, à l'exception de quatre familles, est papaline. Joignez à cela la majorité du clergé, la foule des protégés qui vivent par ces grandes familles, et dans les provinces, la majorité des paysans, sortes de sauvages énergiques, bien plus incultes que les nôtres. C'est de ce côté que se tournent tous les efforts de la bourgeoisie gouvernante. Ils comptent pour une recrue tout homme qui apprend à lire. C'est

qui lui vient peut-être des exigences de l'enseignement en vue duquel elle était faite, et aussi de ce que l'auteur n'a pu l'exposer tout entière dans ses livres. Mais la théorie de l'idéal et des valeurs esthétiques contient un fonds de vérité indépendant du système dont elle fait partie; elle peut lui survivre, parce qu'elle s'appuie sur la preuve incontestée du renom plus que séculaire des vrais chefs-d'œuvre artistiques. La méthode historico-sociologique, qui étudie dans l'œuvre d'art avant tout le *signe* de certaines aptitudes héréditaires et le produit nécessaire d'une certaine température morale, — méthode inaugurée par Taine, dit Guyau, et dont on trouve, me semble-t-il, quelque trace déjà chez Stendhal (1), — a été l'objet de diverses objections. On peut dire qu'il y a aujourd'hui une tendance générale, même parmi les adeptes des études historiques, à la combattre. Guyau en a mis en relief le

---

pourquoi ils établissent partout des écoles communales. Les Italiens s'instruisent très vite. On a établi par expérience qu'un Napolitain peut apprendre à lire et à écrire en trois mois, même lorsqu'il est adulte. Deux autres institutions fort puissantes agissent dans le même sens, la garde nationale et l'armée. L'homme du peuple y prend des idées d'honneur, des habitudes de propreté une sorte d'éducation. J'oubliais de dire qu'ils comptent beaucoup, surtout à Naples, sur l'augmentation de la richesse publique. Dès que le paysan a quelque argent ou un peu de terre, il prend les idées d'un bourgeois... Si pendant dix ans encore la France empêche l'Autriche d'envahir l'Italie, ils comptent que le nombre des libéraux sera doublé et que la nation sera faite. Voilà ce que je crois avoir démêlé, en causant avec des gens de toute classe ».

(1) Les *Promenades dans Rome* et l'*Histoire de la peinture italienne*, de Stendhal, renferment déjà l'idée de l'œuvre d'art en tant que *signe*. — Notons que le vicomte Henri Delaborde, dans l'article au sujet de Taine, que nous avons analysé plus haut, qualifie le second de ces ouvrages de Stendhal un des livres « les plus prétentieux et les plus faux qui existent sur la matière ».

côté le plus vrai, dans son livre sur *L'Art au point de vue sociologique* (1889). Il veut y démontrer, comme l'explique M. Alfred Fouillée dans l'Introduction dont il l'a fait précéder, « que l'émotion esthétique la plus complète et la plus élevée est une émotion d'un caractère social »; que « le rôle du grand art, de l'art considéré au point de vue sociologique », est de « produire la sympathie sociale (1) ». Il note cependant, à juste titre, comment l'application faite par Taine de cette méthode et les lois générales établies par lui, avant tout celle du « milieu », sont insuffisantes à nous expliquer ce qu'il y a de mystérieux dans « l'apparition du nouveau », marque de toute œuvre du génie ; comment s'effectue sans doute entre celui-ci et les conditions de temps et de lieux dans lesquels il surgit, « un changement d'action réciproque », de sorte qu'il faut admettre en outre que le génie crée autour de lui un milieu qui lui est propre (2). Le génie représente, dans la faune de l'art, l'œuvre d'une sélection inventive de nouvelles formes du beau, qui, produite en grande partie par un certain climat social et historique, en produit à son tour un autre, se fait initiatrice de nouvelles variétés et de nouvelles espèces intellectuelles et morales.

Le fait de cette efficacité initiale et transformatrice que le génie exerce autour de lui, en créant de nouveaux milieux moraux, a été opposé récemment à la théorie de Taine. Le plus notable de ses contradicteurs me paraît être Émile Hennequin, dans son volume publié en 1888 sous ce titre : *La Critique*

(1) P. v, VIII-IX.
(2) Pp. 33-34.

scientifique. C'est un des livres les plus importants qui aient été écrits en France sur ce sujet dans les dernières années. Il a le mérite de mettre en évidence, à l'aide d'observations justes, ce qu'il y a certainement d'excessif, d'indéterminé, de vague, dans toute théorie prétendant déduire l'œuvre du génie artistique tout entière de celle des influences naturelles et sociales au milieu desquelles celui-ci se meut. Mais Émile Hennequin me semble moins heureux dans la démonstration qu'il tente de la thèse opposée à celle de Taine, et qui consiste à vouloir substituer à sa méthode la méthode inverse, en subordonnant non l'apparition et le caractère du génie et de son œuvre à l'élément national et social auquel elle est connexe, mais celui-ci à celle-là. Pour Émile Hennequin, une littérature exprime l'âme d'un peuple non parce que celui-ci l'a produite, mais, au contraire, parce qu'il s'y est regardé comme dans un miroir et reconnu, parce qu'il s'y est senti exprimé dans chaque partie de son esprit, et parce qu'il s'y est retrouvé tout entier. « Bref, il est démontrable par l'analyse qu'on ne comprend en art que ce que l'on éprouve, et l'on peut poser cette loi : Une œuvre d'art n'exerce d'effet esthétique que sur les personnes dont ses caractères représentent les particularités mentales; plus brièvement: une œuvre d'art n'émeut que ceux dont elle est le signe (1) ».

En laissant de côté les doutes assez nombreux que cette affirmation peut suggérer, je ne vois pas qu'elle s'oppose à cette part de vérité incontestable qui est

(1) *La Critique scientifique*, pp. 138-139.

contenue au fond de la doctrine du philosophe français. Celle-ci se réduit, selon moi, obstraction faite de la forme assez souvent trop absolue dans laquelle il l'exprime, à reconnaître, dans la puissance d'attraction assimilatrice et transformatrice exercée par chaque individualité géniale sur l'âme collective du groupe qu'elle représente en soi, un effet des mêmes causes qui, concourant à la produire, ont aussi, en même temps, opéré sur ce groupe. Le problème ultime qui se dresse ici en face du critique consiste certainement à se rendre compte comment une puissance essentiellement individuelle possède dans ses manifestations une valeur sociale immense. Ce problème, il est vrai, Taine l'a perdu assez fréquemment de vue. Personne ne pourrait cependant lui refuser le mérite d'avoir dessiné, avec une largeur et une puissance de pinceau que nul historien n'a possédées avant lui, les grands traits caractéristiques que la communauté de race, de traditions et de vicissitudes nationales, imprime toujours aux esprits les plus hauts, qui reflètent en eux une littérature, un art, une civilisation tout entière.

QUATRIÈME PARTIE

(1871-1893)

LES ORIGINES DE LA FRANCE CONTEMPORAINE

Le grand travail historique qui a pour titre: *Les Origines de la France contemporaine*, est l'œuvre capitale de Taine. Il lui a consacré plus de la moitié de sa vie d'écrivain et tout l'effort de son esprit déjà mûr. On dirait qu'il a voulu nous y offrir la mesure de la valeur démonstrative de ses théories, en les appliquant à un ordre de faits historiques qui, plus qu'aucun de ceux étudiés jusqu'ici par lui, étaient en contact avec les conditions présentes, avec la culture, avec les idées et avec la vie de son époque et de sa patrie.

De cette façon l'écrivain, sans pourtant jamais quitter les hautes régions de la science, en appliquait les vues à ce qu'il désirait le plus et comme citoyen et comme Français : la conservation de la société civile dont il faisait partie. Les années qui suivirent la guerre ruineuse entreprise contre l'Allemagne, et les horreurs sanglantes de la Commune, jetèrent une ombre de découragement sur la pensée et sur les écrits de presque tous les grands esprits de la France. Victor Hugo écrivit l'*Année terrible*, Ernest Renan les *Dialogues philosophiques*, au sujet desquels une dame, qui venait de les lire, dit à l'auteur qu'ils lui avaient « fait froid au cœur ». C'est alors que Taine mit la main à son Histoire. Celle-ci n'est au fond qu'une grave condamnation de la Révolution et du premier Empire, d'où sont sorties presque toutes les institutions actuelles de la France (1).

(1) Peu de temps avant qu'éclatât la guerre entre la France et l'Allemagne, Taine était parti, le 28 juin 1870, pour visiter ce pays, « dont la transformation récente par la conquête prussienne lui paraissait mériter une étude... Il avait déjà vu Francfort, Weimar, Leipzig, Dresde, quand son voyage fut subitement interrompu par un deuil de famille et par la déclaration de la guerre ». G. Monod, *Op. cit.*, p. 121. — Dans son remarquable livre, *France*, l'écrivain anglais E. Courtenay Bodley, qui a bien connu Taine et le visita, peu de temps avant sa mort, dans sa villa de Menthon Saint-Bernard, dit que les *Origines de la France contemporaine* furent conçues par l'auteur « vers les débuts du second Empire », en 1854, à la suite de la lecture de l'*Histoire parlementaire de la Révolution française* de Roux et Buchez. Taine avait été frappé de « la médiocrité intellectuelle » des hommes de la Révolution. M. Bodley dit que Taine est « le philosophe qui, plus que personne, a modifié l'aspect de la Révolution française ». Et parlant du caractère spécial de l'influence exercée par le philosophe, il ajoute que son livre n'eut pas d'action, il est vrai, sur les masses populaires, sur le Parlement ou sur les élections, mais « il mérite l'épithète de livre *faisant époque* plus qu'aucun autre livre de notre temps. Car la tendance la plus frappante de l'opinion en France, dans le dernier quart de ce siècle, est la modification d'attitude mentale vis-à-vis de la Révolution » (pp. 67-70).

I

Taine, durant la guerre, fut douloureusement impressionné par les malheurs nationaux, et sortit du recueillement de ses études pour s'occuper de la chose publique. C'est ce qu'attestent son opuscule *Du Suffrage universel et de la manière de voter*, publié en 1871, et ses considérations sur l'*Opinion en Allemagne et les conditions de la paix* (1), qui portent la date du 9 octobre 1870. Dans ces dernières pages, il cherche à démontrer que la grande majorité des Français, par suite des conditions sociales dans lesquelles ils vivent depuis des années, est disposée à une paix durable, et que celle-ci ne fera certainement défaut ni à l'Allemagne ni à l'Europe, à condition que la première n'annexe pas la Lorraine et l'Alsace. La thèse soutenue par l'écrivain lui faisait un devoir de se montrer confiant dans l'avenir promis à son pays par la démocratie, et dans la sta-

(1) Reproduits dans les *Essais de critique et d'histoire*, 1882, pp. 415-431. — Il est utile de noter que la première édition de ce volume, publiée en 1857, renferme des morceaux qui ont disparu des éditions suivantes, à partir de 1882, et qui « ont été remplacés » — dit un Avertissement de deux lignes — « par d'autres qui ont paru moins faibles ». Les morceaux supprimés sont ceux sur *Rouge et Noir*, de Stendhal, et *Daniel Vlady*, de Mme Camille Selden. On trouve à leur place, outre les pages sur l'*Opinion en Allemagne*, les études qui suivent : *Voyage en Espagne*, de Mme d'Aulnoy, l'*École des Beaux-Arts et les Beaux-Arts en France*, *Sainte Odile et Iphigénie en Tauride*, *Prosper Mérimée*, et *le peintre Gleyre*.
(*Note du trad.*)

bilité des fondements du nouvel ordre social qui en était sorti, il y avait environ un siècle. Aussi s'explique-t-on que la note pessimiste ne s'accuse pas aussi amèrement ici que plus tard dans son Histoire, chaque fois surtout que l'écrivain fait allusion au présent.

La Préface du premier volume, publié en 1875, et les Préfaces des volumes suivants, jusqu'à celle du tome Ier du *Régime moderne* (septembre 1890), offrent en quelque sorte le reflet de l'état d'âme du philosophe, qui se sent chaque jour davantage en contradiction passionnée avec les idées et les tendances de la démocratie contemporaine, et les implique dans la condamnation qu'il édicte des institutions et des pratiques de gouvernement de la première Révolution. C'est une contradiction par laquelle l'homme entier, que domine tout ce qu'il a de plus cher et de plus sacré, — l'adoration du vrai, — se heurte à une série de choses et de faits qui lui paraissent former le plus absolu et le plus évident contraste avec toutes les parties, avec tous les aspects de ce vrai tel qu'il le conçoit, et qui sont en conséquence pour lui plus que malfaisants : absurdes. L'impression que causent au lecteur les premières pages de l'œuvre est celle qui peut-être le frappe le plus et le domine jusqu'à la fin. Elle dérive de l'intensité et de la continuité du ton de polémiste que conserve toujours l'auteur, et qui, s'il lui enlève sa sérénité, lui donne aussi, il me semble, une force d'accent vibrant, une vigueur de persuasion qui se communiquent aux autres, et impriment au livre un caractère et un relief tout personnels.

On sent que celui qui écrit ainsi n'est pas un historien comme les autres, qu'il s'est proposé moins de narrer des faits que de les combattre, en détruisant tout un ordre d'idées qui s'abrite derrière eux et qu'il sonde et examine jusqu'à ses derniers éléments, pour lui en opposer un autre, meilleur à son avis et préférable, parce qu'il est fondé sur le vrai (1).

Si cette façon de faire servir l'histoire à une démonstration scientifique nuit ou non au livre de Taine avant tout sous le rapport de la forme, et si elle est de nature à diminuer ou à détruire la foi du lecteur, ce n'est pas ce qu'il importe, suivant moi, de rechercher ici. L'œuvre a une physionomie tellement nouvelle et à soi, que s'arrêter à discuter s'il est bon ou mauvais qu'elle ressemble plus ou moins à d'autres d'un type déjà connu, cela ne me paraît pas devoir ajouter grand'chose à l'entité du jugement à porter sur elle. La chose principale, c'est de la comprendre; c'est de voir comment un penseur aussi systématique, aussi conséquent avec ses théories, devait forcément les introduire dans l'histoire elle-même; comment la manière dont l'historien considérait et jugeait les faits, et certains faits, devait dépendre nécessairement de la structure de l'organe intellectuel et de la nature du rayon visuel avec lesquels il les regardait.

Ce qui, à première vue, nous frappe le plus dans le livre de Taine, c'est qu'il nous met sous les yeux

(1) Le projet de Taine était d' « expliquer par l'étude des révolutions survenues entre 1789 et 1804 l'état d'instabilité politique et le malaise social dont souffre la France et qui l'affaiblit graduellement ». G. Monod, *Op. cit.*, p. 122; « Mon livre », écrit-il à E. Havet, le 24 mars 1878, « si j'ai assez de force et de santé pour l'achever, sera une consultation de médecin ». *Ibid.*, p. 224.

seulement l'aspect odieux et laid de la Révolution, et laisse de côté ou ne veut pas reconnaître ce qu'elle a de beau, de généreux et d'héroïque. Cette manière de procéder dépend, je crois, de la rigueur du critérium trop absolu auquel il en soumet les principes, et qui l'incline à ne voir pour ainsi dire que du mal, là où il croit ne devoir constater que fausseté et erreur. Cette identification du bien et du mal moral des choses et des faits avec ce qu'ils ont en eux de vrai ou de faux, mesurés à l'échelle absolue des idées, est conforme à l'habitude de penser des esprits systématiques, des « intelligences mathématiques », telle qu'était celle de Taine; c'est la première prémisse du raisonnement par lequel le pessimisme philosophique de nos jours conclut que la nature et la vie sont profondément mauvaises et malfaisantes, parce qu'elles impliquent en soi la contradiction et l'absurde.

Il convient cependant de faire remarquer que le philosophe français n'avait pas toujours jugé avec cette sévérité inexorable l'œuvre des révolutionnaires de 1792 (1). Un passage de son étude sur *Carlyle* est caractéristique à cet égard. Il reproche au grand historien anglais sa condamnation trop absolue de la Révolution, condamnation que lui-même devait par

---

(1) Dans la lettre à E. Havet citée plus haut en note, il disait : « J'ai écrit en conscience, après l'enquête la plus étendue et la plus minutieuse dont j'ai été capable. Avant d'écrire, j'inclinais à penser comme la majorité des Français, seulement mes opinions étaient une impression plus ou moins vague et non une foi. C'est l'étude des documents qui m'a rendu iconoclaste. Le point essentiel... ce sont les idées que nous nous faisons des principes de 89 ».

la suite prononcer à son tour. « Il n'a vu que le mal dans la Révolution française... La philosophie qui a produit et conduit la révolution était (aux yeux de Carlyle) simplement destructive... La théorie des droits de l'homme, empruntée à Rousseau, n'était qu'un jeu logique, une pédanterie... Incrédulité, bavardage creux, sensualité, voilà les ressorts de cette réforme. On déchaîna les instincts et l'on renversa les barrières. On remplaça l'autorité corrompue par l'anarchie effrénée... La destruction accomplie, restèrent les cinq sens inassouvis, et le sixième sens insatiable, la vanité; toute la nature démoniaque de l'homme apparut, et avec elle le cannibalisme ». Après avoir ainsi résumé la manière de voir de l'historien anglais, Taine dit pour son propre compte : « Ajoutez donc le bien à côté du mal, et marquez les vertus à côté des vices ! Ces sceptiques croyaient à la vérité prouvée, et ne voulaient qu'elle pour maîtresse. Ces logiciens ne fondaient la société que sur la justice, et risquaient leur vie plutôt que de renoncer à un théorème établi. Ces épicuriens embrassaient dans leurs sympathies l'humanité tout entière. Ces furieux, ces ouvriers, ces Jacques sans pain, sans habits, se battaient à la frontière pour des intérêts humanitaires et des principes abstraits... Ils sont dévoués à la vérité abstraite comme vos puritains à la vérité divine; ils ont suivi la philosophie comme vos puritains la religion ; ils ont eu pour but le salut universel, comme vos puritains le salut personnel. Ils ont combattu le mal dans la société, comme vos puritains dans l'âme. Ils ont été généreux, comme vos puritains vertueux. Ils ont eu comme eux un héroïsme, mais sympathique, sociable, prompt à la propagande, et qui a réformé l'Europe, pendant que le vôtre ne servait qu'à vous (1) ».

En lisant ces paroles où l'historien français porte à la lettre presque les mêmes accusations qui seront ensuite, non sans raison, portées contre lui-même, on est tenté de penser que le ton âpre de son réquisitoire contre les délires de la grande Révolution contient peut-être, en même temps que la voix sévère de la critique, l'écho de quelque sentiment qui a dû opérer sur l'écrivain, et auquel celui-ci n'est pas parvenu à se soustraire (2). Ce sentiment d'horreur, d'aversion mêlée de mépris pour les excès des passions populaires, qui est la note dominante de tout le livre, il doit l'avoir éprouvé, comme une de ces impressions qui, une fois subies, ne s'oublient plus, à l'occasion des actes odieux de la Commune. Que ceux-ci aient frappé au vif son cœur de citoyen et de Français, qu'ils aient fait vibrer chez lui la fibre la plus délicate d'une nature comme la sienne, celle de la révolte dédaigneuse contre la méchanceté unie à l'absurdité, on le voit par quelque allusion jetée çà et là, on le sent dans la comparaison tacite, qu'il fait mentalement, entre les horreurs d'autres époques, qu'il retrace avec indignation, et celles des époques rapprochées de lui. L'image de l'animal de proie, de la bête fauve, du reptile, vient d'elle-même sous sa plume chaque fois qu'il parle de la plèbe ivre de

(1) *Histoire de la Littérature anglaise : Carlyle*, t. V : pp. 319-322.
(2) C'est ce que dit nettement M. G. Monod, son ami personnel : « Il avait été bouleversé jusqu'au fond de l'âme par la guerre, par les conditions cruelles de la paix, par les atrocités de la Commune ». *Op. cit.*, pp. 121-122.

sang. Dans la Préface du volume sur *Le Gouvernement révolutionnaire*, cette image se fixe en celle du crocodile, que les Égyptiens conservaient dans le lieu le plus secret de leurs temples et adoraient à peu près comme nous autres, aujourd'hui, nous nous faisons un dieu de la plèbe souveraine. Le culte du crocodile a été pratiqué en France, dit l'historien, à la fin du siècle dernier, et on en a la preuve à tout instant dans l'opinion que la majorité des Français professent sur l'œuvre des révolutionnaires de 1792 et de 1793 ; opinion qui s'appuie sur une légende née, ajoute Taine, entre 1825 et 1830, et qu'il a voulu dissiper à l'aide de son Histoire. De quel œil, tandis qu'il écrivait, il envisageait la France contemporaine, c'est ce que nous dit un de ses biographes. « Il vit les hommes de 1793, et même ceux de 1789, à la lueur des incendies du mois de mai 1871. Il y a cinq ans, au plus fort du bruit que faisait son ouvrage sur la Révolution, — dit M. Anatole France, — je le rencontrai un jour sur la place de la Concorde. Il était déjà vieillissant, l'œil éteint et les lèvres détendues. — « Et vous, me dit-il, de sa jolie voix monotone et zézayante, êtes-vous aussi l'adorateur du crocodile ? » — Pour lui, le crocodile, c'était la démocratie. Il ne la haïssait pas, étant trop sage pour rien haïr. Mais il s'en faisait une image horrible. Cette image dans un esprit si logique et si lié venait d'un pessimisme profond (1) ».

(1) H. Castets, *Revue encyclopédique* : *Taine intime*, 1ᵉʳ avril 1893.

II

Un des traits les plus singuliers du livre, et, j'ajoute, une des nombreuses contradictions aussi auxquelles l'auteur n'a pu, ni peut-être même voulu se soustraire, c'est celui-ci : quoique ne l'ayant pas écrit, comme aurait voulu le faire l'historien ancien, *sine irâ et studio*, il l'a pourtant conçu et composé d'après une méthode présupposant avant tout, dans l'âme de l'écrivain, non seulement l'absence de tout esprit de parti, mais l'examen le plus objectif, le plus serein et le plus désintéressé de son sujet. Cette méthode devait, conformément à ses idées, dériver comme une conséquence logique de sa conception de l'histoire. Celle-ci, pour lui, est non un art, mais une science d'observation : science des causes générales des faits sociaux, moraux et politiques, étudiés aux époques et dans les formes diverses de la culture humaine. C'est l'application rigoureuse, méthodique, que l'historien fait à chacune d'elles en particulier des lois générales qui règlent le développement de la vie de l'homme moral et social en tout temps et en tout lieu, et que la psychologie recherche en elles-mêmes. « Tout historien perspicace et philosophe — dit la Préface de *L'Intelligence* — nous donne la psychologie d'une époque, d'un peuple, d'une race »; et aussi l'*éthologie*, aurait-il pu ajouter avec Stuart Mill, puisque l'historien ne vise à rien d'autre qu'à « décrire une âme humaine ou les traits communs à un groupe naturel d'âmes humaines » ; traits qui forment, en substance, le caractère de ce groupe d'âmes, de ce peuple, de cette nation, de cette race, quels qu'ils soient. Le problème reste donc, pour l'historien de la France et de sa révolution, le même qu'il était pour l'historien de la littérature anglaise et pour l'historien de l'art : « Étant donnée une... société, quel est l'état moral qui la produit et quelles sont les conditions de race, de moment et de milieu les plus propres à produire cet état moral? (1) ». En d'autres termes, étudier l'homme qui se trouve placé au milieu de ces conditions, « l'homme agissant, l'homme corporel et visible, qui mange, qui marche, qui se bat, qui travaille (2) ». L'histoire, observe avec raison Taine, est restée jusqu'ici trop enfermée dans les abstractions. Et non seulement elle a trop usé et abusé de la narration des batailles, des sièges, des assauts de villes, etc., de la partie tout extérieure et anecdotique des mouvements populaires, mais elle a donné une importance trop grande et exclusive à la politique, aux institutions, aux lois. « Laissez là la théorie des constitutions et de leur mécanisme, des religions et de leur système, et tâchez de voir les hommes à leur atelier, dans leurs bureaux, dans leurs champs, avec leur ciel, leur sol, leurs maisons, leurs habits, leurs cultures, leurs repas, comme vous le faites, lorsque, débarquant en Angleterre ou en Italie, vous regardez les visages et les gestes, les

(1) *Histoire de la Littérature anglaise*, Introduction, pp. XLIII-XLIV.
(2) *Ibid.*, Introduction, pp. VIII-X.

trottoirs et les tavernes, le citadin qui se promène et l'ouvrier qui boit (1) ».

C'est là ce que le critique psychologue a voulu faire et ce qui donne à son Histoire un aspect original à côté de toutes celles qui l'ont précédée. Thiers, Mignet, Lamartine, Edgar Quinet, Louis Blanc, Michelet surtout, s'étaient occupés de l'œuvre des assemblées révolutionnaires, avaient pris pour centre de leur récit les scènes tumultueuses qui s'y étaient déroulées, les figures de leurs principaux acteurs politiques, les Girondins et les Jacobins (2). C'est le grand mérite de Taine, que lui reconnaissent même ses critiques les plus sévères, d'avoir fait apparaître comme premier, comme unique acteur du grand drame révolutionnaire, la France entière, et, outre Paris, la province ; d'avoir fait bien comprendre, pour la première fois, les conditions morales et sociales qui contribuèrent si fort à produire et à hâter les événements de la capitale. Mis à nu par lui avec une merveilleuse pénétration critique, avec une grande nouveauté et richesse de documents, le fond du sous-sol volcanique dans lequel couvait et éclata simultanément de tous les coins de la France l'éruption de 1789, lui a fourni, entre autres révélations certaines, la preuve — l'un

---

(1) *Histoire de la Littérature anglaise*, Ibid.

(2) Je ne sais si l'ouvrage de Carlyle, très original, comme tous les ouvrages de ce grand écrivain, peut être considéré comme une Histoire. La peinture vivante des faits et des esprits est l'un des mérites suprêmes de Michelet. Je ne rappellerai ici que la description très vive du retour de la famille royale après la fuite à Varennes.

(3) Cet aspect de l'œuvre de Taine a été loué par tous ses critiques. — Voir, à ce sujet, l'important et très fin article de M. F.

des résultats les plus neufs et les plus incontestables de sa critique — que derrière la révolution politique il y eut une révolution sociale, qui se manifesta par les *jacqueries*, dès avant la prise de la Bastille. Elle avait été préparée par la lente et fatale désagrégation de toute cette société, où la monarchie et les classes supérieures, la noblesse et le clergé ne jouaient plus le rôle qu'ils avaient joué autrefois, ne rendaient plus à l'organisme politique la valeur correspondante des privilèges qu'ils en recevaient, et pesaient ainsi d'un poids intolérable sur la masse du peuple, qui payait beaucoup plus et participait infiniment moins qu'eux aux bénéfices sociaux.

Le premier volume des *Origines* est, sinon le plus vigoureux, du moins le mieux composé de l'ouvrage, celui où l'écrivain a le plus sûrement maîtrisé son sujet. Il se réduit à une large preuve convaincante de la première partie de sa thèse. Prise dans son ensemble, celle-ci se résume ainsi : il n'est pas vrai, comme la légende a voulu le montrer, que la Révolution, engagée au début dans une voie exempte de péril, se soit tout à coup précipitée, parce que ses meilleurs éléments se sont laissé dominer et vaincre par les plus subversifs. Elle a été au contraire, dès le commencement, la ruine complète de tout l'ancien ordre de choses ; ruine à laquelle non seulement la Convention, mais la Constituante elle-même prêta la main. Toutes deux en effet furent impuissantes à refréner l'impulsion qui entraînait les masses populaires vers l'*anarchie spontanée*, d'où devait sortir

Brunetière : *Un historien de la Révolution française : Revue des Deux Mondes*, 15 septembre 1885.

ensuite l'*anarchie légale*, déjà inaugurée avec les Girondins et ayant abouti, avec les Jacobins, au règne de la Terreur. De sorte que le rouage des pouvoirs publics, ébranlé aux premiers coups, s'était rompu; le gouvernement, tombé tout à coup sinon de façon évidente, mais en fait, aux mains des factions extrêmes et des assemblées populaires, dont les chefs se dévoraient entre eux, était descendu toujours plus bas, jusqu'à ce qu'il appartînt aux pires, aux plus violents, aux démagogues assoiffés de sang; puis, ceux-ci disparus à leur tour, la fièvre révolutionnaire un peu calmée après Thermidor, on avait vu surgir à la tête des affaires l'homme extraordinaire qui devait les pacifier, les réorganiser, et fonder l'édifice civil de la France moderne.

Cette France du « régime moderne » est sortie de la France de la « Révolution » comme celle-ci de l' « ancien régime ». Et l'auteur, en nous donnant, dans les trois parties de son livre, l'étude de la transformation par laquelle passe en moins de vingt années tout l'organisme social de son pays, nous montre constamment la continuité des causes qui la font naître du fond du caractère de la race, de ses dispositions et habitudes mentales, de la fermentation qu'y produisent les idées des temps nouveaux, sous la pression du vieux et faible État autoritaire, des préjugés de la misère et de la faim, dans tout un milieu intellectuel qui les propage de haut en bas, des philosophes et des classes pensantes jusqu'à la plèbe (1).

(1) Voir un article de M. F. Brunetière : *Les Philosophes et la Révolution française*, à l'occasion d'un livre récent: *Revue des Deux*

On connaît l'analyse de la *formation* de la doctrine révolutionnaire, une des parties les plus belles et les plus neuves de l'ouvrage. C'est une véritable analyse, parce qu'elle nous donne, à l'aide d'un procédé qui est presque de la chimie psychologique, la formule de cette doctrine, après l'avoir décomposée dans ses éléments. Ceux-ci, selon Taine, sont au nombre de deux : l'*esprit classique* et l'*acquis scientifique*. Ils constituent des ingrédients qui ont cela de particulier, qu'étant séparés ils sont salutaires, et qu'étant combinés ils font un composé vénéneux.

La nouvelle conception du monde moral et de l'homme, tirée par la philosophie du xviiie siècle de la nécessité des lois physiques, prit, en passant à travers l'intelligence française, dans la lutte de la raison contre le dogme religieux et le « préjugé héréditaire », une force de propagande et une puissance d'action sociale qu'elle n'aurait jamais eues par elle seule. Cela provenait de ce que de grands écrivains l'exprimaient en généralités abstraites et faciles, en une langue aussi claire et aussi logique que l'était déjà devenue la langue française, grâce à l'influence de sa littérature classique et du style oratoire dans le long usage de la vie de société sous la monarchie, dans les salons élégants parmi des gens qui ne pensaient qu'en causant. Empreintes d'une forme d'autant plus accessible et faite pour plaire que plus pauvre était le fonds de vérités positives qu'elles renfermaient, celles mêmes d'entre les doctrines des philosophes qui auraient dû s'adapter le

Mondes, 15 octobre 1878. Il s'agit du livre de Félix Rocquain sur *L'esprit révolutionnaire avant la Révolution*.

mieux aux faits de la vie sociale, devinrent, aux mains des révolutionnaires et des démagogues, un instrument de nouveautés politiques, très propre à détruire tout l'ancien ordre de choses, mais impuissant à en réédifier un autre sur des bases solides. Ce qui les faussait, c'était le dogmatisme métaphysique, leur prétention de vouloir refaire de fond en comble la société et l'État sur un dessin abstrait, avec une espèce de « géométrie morale » qui construisait *a priori* l'idée du citoyen sur celle de l' « homme naturel » de Rousseau, qui n'a jamais existé, et sans tenir compte des conditions historiques de l'époque et de la société auxquelles cette idée devait s'appliquer.

Cette erreur capitale avait pour premier germe la tendance, propre aux âmes françaises, à vouloir porter à tout prix dans les faits la logique absolue des idées. Taine en fait dériver tous les vices de construction de l'édifice social et politique créé par les républicains, et qui, après avoir servi à leur tyrannie révolutionnaire, fit place à celui qu'érigea le despotisme militaire de Napoléon. La critique pénétrante avec laquelle l'historien sonde les bases de toutes ces institutions, surgies des ruines de l' « ancien régime », contient en soi l'unité du concept dirigeant qui lie toutes les parties de l'ouvrage, et nous montre dans quel esprit celui-ci a été écrit.

III

C'est l'esprit des doctrines historiques modernes au milieu desquelles s'était formée l'intelligence de Taine. Elles partent de la prémisse que rien de ce qui se produit dans l'histoire et dans la civilisation d'un peuple ne peut avoir vie, si, comme il advient en tout organisme, cela n'y naît pas et ne s'y développe pas spontanément. Nulle des grandes institutions vraiment historiques n'est l'effet de l'action préconçue et intentionnelle de quelque volonté particulière; à la formation de chacune, au contraire, ont concouru l'âme entière, le génie d'une race et d'un peuple, avec l'inconscience créatrice de leurs forces collectives. Or, pas un seul côté de l'œuvre de la révolution française, on peut l'affirmer, ne porte témoignage de la compréhension de ce principe. Aussi s'explique-t-on — comme l'a fait remarquer avec raison M. Anatole Leroy-Beaulieu — que l'historien, qui, en la jugeant, ne le perd jamais de vue, ait trouvé en elle tant à condamner. L'enquête sévère à laquelle il la soumet, le porte à faire leur procès à la pensée et à l'âme même de l'époque. Celle-ci s'imprima tout entière dans son *rationalisme*, qui n'apercevait les choses et les faits qu'à travers les idées générales. Il enleva alors aussi toute vigueur et toute spontanéité aux créations de l'art, et toute vérité aux conclusions de la critique philosophique et historique.

C'était en effet, comme le démontre très bien Taine, un seul et même « tour d'esprit » qui empêchait alors les penseurs et les poètes de faire preuve d'une inspiration *immédiate*, comme on dirait aujourd'hui, de comprendre et de saisir sur le fait la réalité vivante des choses et de la reproduire telle quelle, et qui cachait aux politiques les lois de la spontanéité et de l'organisme complexe des faits sociaux, à commencer par celles du grand fait de la *tradition*. La « raison raisonnante », qui s'insurgea contre celle-ci, qui voulut prendre sa place, ne reconnaissait comme ayant droit à l'existence que les faits dans lesquels elle avait retrouvé les traces de sa propre œuvre consciente, réfléchie et intentionnelle. Aussi voulut-elle détruire entièrement la trace d'un passé qu'elle ne comprenait plus. Et elle ne vit pas comment, dans les institutions religieuses, dans les usages traditionnels, dans les « préjugés héréditaires » où s'est déposé le détritus d'expériences et d'adaptations sociales plus que séculaires, se cache l'œuvre d' « une sorte de raison qui s'ignore », et qui, si parfois elle veut prouver sa légitimité à l'aide de titres apocryphes, en a pourtant toujours un d'authentique, qui est le meilleur de tous : la ténacité avec laquelle elle s'enracine dans les habitudes, dans les mœurs, dans les idées, dans la vie entière des peuples.

Ainsi, la méconnaissance des lois historiques de la *tradition* et le fait de leur avoir refusé une place dans le nouvel état de choses produisirent ce qu'eut d'artificiel, de violent et d'éphémère, l'œuvre des gouvernements révolutionnaires et des deux constitutions de 1791 et de 1793 : la persécution, la proscription des ecclésiastiques non reconnus par la loi, le culte de la déesse Raison, les changements qu'on prétendit introduire dans les usages, les mœurs, les solennités, l'ère, les poids et mesures, jusque dans les noms du calendrier. Toute la vie d'un grand peuple fut extirpée dans ses racines historiques, en vue d'être renouvelée. La conception de l'État fut ramenée, de longs siècles en arrière, vers la conception ancienne et classique de Sparte et de Rome, en vertu de laquelle le citoyen appartenait tout entier à la cité et n'était qu'un organe du corps social, au lieu de constituer, comme il l'est devenu par l'effet du christianisme et de la civilisation moderne, une personne morale autonome, qui se réserve, dans le for de sa conscience, des devoirs et des droits intangibles. Jamais, au nom de la liberté, la liberté ne fut davantage violée. Des théories gouvernementales fondées sur l'égalité et sur la fraternité universelles engendrèrent un despotisme pire que l'ancien. C'est que le pouvoir central, qui voulait tout tirer à lui, dirigé, comme il l'était, par des mains non expérimentées et discordantes, n'avait pas prise sur les services publics désorganisés par l'anarchie. Il ne pouvait, en conséquence, s'exercer qu'entre les convulsions de la violence et de l'arbitraire féroce qui s'étaient substitués à la loi. Aux ruines, aux attentats contre les personnes et les choses, la Révolution ajouta un autre mal plus profond et plus grave, parce qu'il pénétra jusqu'aux sources de la vie nationale, qu'il tarit. Ce fut le gaspillage d'énergie et de *spontanéité* sociale né de la concentration gouvernementale des pouvoirs publics et de l'administration, parvenue alors à l'extrême, et qui se continua sous l'Empire.

Cette même France, qui, durant la Terreur, luttait héroïquement contre les armées de presque toute l'Europe, qu'elle chassait de ses frontières, était, à l'intérieur, comme frappée de paralysie dans les principales fonctions de sa vie civile. Les nombreux organes par lesquels elle avait agi auparavant, les parlements, les associations, les confréries, les corporations d'arts et de métiers, les corps professionnels, déjà languissants de vieillesse sous la monarchie, retranchés ensuite par le fer révolutionnaire, vinrent à faire complètement défaut, laissant isolé et sans défense le citoyen en face de l'État absorbant et tyrannique, qui le confisquait à son profit, et éteignait ainsi dans la nation toute vigueur d'initiative individuelle. Par suite de sa tradition monarchique, sous laquelle avaient disparu toutes les seigneuries, toutes les immunités et libertés locales, la France tendait déjà à la concentration excessive. Après que la rafale révolutionnaire eut passé sur elle, en nivelant tout, elle devint le terrain le plus propre à y fonder ce grand édifice de despotisme régulier et savant qui constitua l'œuvre de Napoléon : « œuvre d'égoïsme servie par le génie », comme la définit Taine.

L'histoire n'offre pas, après l'exemple de l'empire des Césars, un autre exemple de tout un immense travail de reconstruction sociale, administrative et politique, dont la voie ait été plus ouverte par avance et la matière mieux préparée. Jetés dans le creuset ardent de la Révolution et refondus en une masse homogène, tous les éléments de l'organisme national français attendaient la main qui leur donnerait une nouvelle empreinte. Bonaparte, Premier Consul, est le véritable fondateur de la France moderne. Avec lui, « par l'alliance de la philosophie et du sabre », l'anarchie légale de l'État jacobin, sorti du *Contrat social*, fait place au despotisme militaire centralisateur, modelé à la grande effigie classique de l'empire romain. Le Premier Consul se propose de ressusciter celui-ci, et, à son exemple, il veut porter par les armes, dans toute l'Europe, la discipline du régime français. La France nouvelle qu'il construit, « logiquement, tout d'une pièce, d'après un principe général et simple », est une nation « manœuvrée tout entière du haut en bas » dans une immense caserne administrative, dont les grandes lignes sont demeurées intactes depuis 1800 jusqu'à aujourd'hui, avec presque toutes les institutions du Consulat, qui ont survécu à huit changements de régime politique. Ici, dit Taine, « le passé rejoint le présent, et l'œuvre qui est faite se continue par l'œuvre qui, sous nos yeux, est en train de se faire ». Et l'historien peut, après être parvenu à nous montrer, dans ce passé, les premiers germes des institutions de la société française contemporaine, et après en avoir retrouvé les racines dans les institutions napoléoniennes, s'arrêter pour la considérer dans l'ensemble de son organisme, telle qu'elle est aujourd'hui et vit à côté d'autres sociétés dans le « milieu moderne », en examinant les « facilités et les difficullés qu'une société constituée comme la nôtre trouve à vivre dans ce nouveau milieu ».

IV

Telle est, dans ses lignes principales, la trame de l'ouvrage. Dans la dernière partie, restée malheureusement incomplète par suite de la mort de l'auteur, — et qui ne lui aurait plus demandé, semble-t-il, que quelques mois de travail, — il s'était proposé d'élargir les limites de cette étude historique de la France seule, où il s'était circonscrit jusque-là, et de s'y livrer à un plus large examen des conditions et de la vie de notre temps. Peut-être aurait-il eu ainsi l'occasion de mettre mieux en relief la physionomie de la grande figure historique dessinée par lui; de nous montrer — et c'est peut-être ce qui manque le plus à son livre — pourquoi et à quel degré le mouvement de 1789 se distingue des autres, avec lesquels il a pourtant certaines causes sociales et politiques communes. Avant lui, Alexis de Tocqueville, qui avait été le premier à instituer une large enquête sur les antécédents de la Révolution, en avait aussi observé avec perspicacité un des caractères distinctifs, qui la rapprochent des grands mouvements religieux : sa tendance à la propagande auprès des autres peuples. « La révolution française a opéré, par rapport à ce monde, précisément de la même manière que les révolutions religieuses agissent en vue de l'autre ; elle a considéré le citoyen d'une façon abstraite, en dehors de toutes les sociétés particulières, de même que les religions considèrent l'homme en général, indépendamment du pays et du temps. Elle n'a pas recherché seulement quel était le droit particulier du citoyen français, mais quels étaient les devoirs et les droits généraux des hommes en matière politique (1) ».

La remarque de Tocqueville, pour le dire en passant, si elle est vraie de la Révolution française, n'est pas aussi vraie, comme semble le croire cet historien, de toutes les religions observées historiquement en elles-mêmes. Sans doute, les aspirations universelles et humanitaires, et l'idée des *droits de l'homme*, furent la force par excellence de la propagande révolutionnaire ; mais il est certain que celle-ci n'aurait pas si facilement éveillé un écho en Europe, si elle ne l'avait trouvée déjà disposée à lui prêter l'oreille, en vertu de la tendance de l'époque aux réformes sociales et politiques, inaugurées à l'avance par les princes. C'est à cette force d'impulsion *tangentielle* — si l'on me permet cette expression — qui portait la révolution de 1789 hors de son cercle spécial d'attraction, vers tout un grand mouvement d'idées communes alors à d'autres peuples (mouvement d'idées avec lequel, pourtant, il ne faut pas la confondre), qu'elle doit cette haute importance historique et humaine qui, le soir de la bataille de Valmy, arracha à Goethe ces mémorables paroles, devant l'état-major prussien consterné : « Je pense que, sur

---

(1) *L'ancien Régime et la Révolution*, 1856, pp. 42-43.

cette place et à partir de ce jour, commence une nouvelle ère pour l'histoire du monde, et nous pourrons dire : J'étais là (1) ». Envisagée sous cet aspect, l'individualité historique de la grande âme révolutionnaire se détache en un relief plus accusé encore : de la même façon que la figure d'un homme vraiment extraordinaire grandit à nos yeux, quand nous la rapprochons de celles de ses contemporains, dont il exprime sous une forme plus puissante la pensée et l'esprit (2).

Or, c'est précisément cette individualité historique du mouvement français que Taine ne met pas suffisamment en relief, parce qu'il n'en sort jamais et ne nous le fait pas voir du dehors et au delà des causes nationales dont il est provenu. Il tourne au contraire sa critique contre le principe abstrait de l'universalité et de l'égalité des droits de l'homme, qui, vrai ou faux, donna sa plus grande valeur historique et pratique à la Révolution et détermina aussi son succès dans d'autres pays de l'Europe. Chose qui n'a rien d'étonnant, — remarque M. Anatole Leroy-Beaulieu, — vu que la théorie du « milieu » profes-

---

(1) *Campagne de France* (la nuit du 19 et la journée du 20 septembre).

(2) Alexis de Tocqueville, *l'Ancien Régime et la Révolution*, p. 29. — Taine a, sous plus d'un rapport, continué le travail de recherches commencé par Tocqueville. Celui-ci prit connaissance, il nous le dit lui-même dans son Avant-Propos, de documents qui n'avaient pas été consultés jusque-là, tels que les procès-verbaux des assemblées d'États et des assemblées provinciales, les cahiers dressés par les trois Ordres en 1789, et les archives de l'intendance de Tours. Michelet fit aussi des recherches diligentes, en particulier sur la guerre de la Vendée, ainsi qu'il nous l'apprend lui-même dans la Préface de son *Histoire de la Révolution française*.

sée par l'historien est l'antithèse la plus directe des théories formant le *Credo* des hommes de la Constituante. A leur erreur de principes, transportée dans les faits, Taine attribue la faute originelle de la Révolution, qui fut la source de tous ses crimes. Et jamais, peut-être, on n'a dirigé contre les idées de 1789, même au nom des vieilles théories du droit divin, une critique aussi logiquement implacable que celle qu'en a faite le Joseph de Maistre du positivisme (1).

Mais c'est justement la rigueur de logique à outrance avec laquelle est menée cette critique, qui empêche ses jugements d'être toujours impartiaux. Elle ne sort jamais du procédé rectiligne des déductions, à l'aide desquelles l'historien applique les jugements aux faits. Et ainsi il advient que ceux-ci échappent assez fréquemment, dans le mouvement riche et varié de leurs éléments et de leurs circonstances, à la rigidité des formules dans lesquelles la chimie de l'analyste psychologue voudrait les faire tous entrer et les dissoudre *sans résidu*. Alors le lecteur s'aperçoit que le critique n'est pas entièrement

---

(1) Un des points capitaux sur lesquels porte la critique de Taine contre la Révolution française, ce sont les principes de la célèbre « Déclaration des Droits de l'Homme ». Taine le dit expressément dans sa lettre à E. Havet déjà citée par nous. Et ici encore, comme en d'autres parties de sa doctrine, il s'est inspiré de Carlyle, qui non seulement était en désaccord avec les principes de 1789, mais qui les a maltraités et a qualifié la « Déclaration des Droits », de « théorie des verbes irréguliers ». — M. Anatole Leroy-Beaulieu a publié dans la *Revue des Deux Mondes* (1ᵉʳ janvier 1882) un important article sur l'œuvre de Taine, intitulé: *Un Philosophe historien*. La critique de l'auteur des *Origines de la France contemporaine* s'accorde aussi sur beaucoup de points avec celle de Joseph de Maistre et de Burke.

exempt lui-même du défaut de cette habitude d'esprit, en vertu de laquelle la philosophie du xviiie siècle perdait, dans la simplicité de notions trop abstraites, le sens intime des choses et de la vie.

Certains faits dont Taine impute entièrement la faute à l'idéalisme des révolutionnaires, celui, entre autres, qu'il condamne le plus, — la table rase faite par ceux-ci de tout le passé, — lui seraient apparus sous un jour plus vrai, s'il en avait cherché la cause première dans la tendance du peuple français à procéder, au cours de sa vie politique, plus par sauts et par bonds et par démolitions, que par voie de compromis et d'adaptations graduelles de l'ancien au nouveau. Certes, le rationalisme abstrait des hommes de 1789 contribua à les détourner même de la tentative de renouer au passé les institutions qu'ils auraient fondées. Mais ici on peut se demander si, étant données les conditions de l'époque, cela aurait été possible; si la netteté avec laquelle Taine est parvenu à nous montrer que, même avant sa ruine définitive, le vieil organisme traditionnel de la France avait perdu toute sa vigueur, n'aurait pas dû le porter à conclure que toute greffe sur l'ancien tronc historique était désormais impossible, et cette ruine nécessaire. Or, il n'a pas tenu suffisamment compte d'une pareille nécessité. Après avoir très justement démontré quels avantages apporte au corps social une aristocratie héréditaire comme celle de l'Angleterre, et quel mal s'est fait la France en proscrivant tous ses nobles, il ne paraît pas s'être posé clairement ce problème : si, dans ces circonstances, sous l'aiguillon de la faim, en face des armées étrangères et des représailles menaçantes des émigrés, l'opposition surgie alors entre les classes inférieures révoltées et oppressives et leurs anciens oppresseurs n'était pas devenue désormais une véritable lutte à vie et à mort, ne pouvant se terminer que par la violence, et, conséquemment, par des excès aussi condamnables moralement que faciles à expliquer (1).

Et c'est à les expliquer que vise, en fait, toute la démonstration de l'historien. Seulement, lui, qui est un positiviste et un déterministe si rigoureux, il

(1) Dans mes remarques sur la valeur des critiques dirigées par Taine contre la Révolution, je suis d'accord avec M. Augusto Franchetti, qui a publié, dans la *Nuova Antologia* (livraisons des 1ᵉʳ avril, 16 juin, 1ᵉʳ et 16 décembre 1889, et 1ᵉʳ avril 1890), cinq très beaux articles consacrés à la recherche et à l'explication des conditions sociales et politiques de la vie italienne et de notre conscience nationale à l'époque de cette révolution. Il a porté dans son étude sa pénétration habituelle et la connaissance profonde et sûre de ce moment historique, dont il a fait preuve dans ses autres travaux. — Quant à l'accusation, adressée aux révolutionnaires de 1789, d'avoir rompu tout lien avec le passé, le premier à la formuler et à la soutenir avec une éloquence remarquable fut, on le sait, Edmond Burke, dans ses célèbres *Reflections on the Revolution in France*, publiées en 1790. Parmi les assertions profondément vraies qu'on y trouve, contentons-nous de reproduire celle-ci : « *By this unprincipled facility of changing the state as often, in as much and in as many ways as there are floating fancies and fashions, the whole continuity and chain of the commonwealth would be broken. No one generation could link with the other. Men would become little better than the flies of a summer* ». Taine met aussi au nombre des plus grands maux infligés à la France par la Révolution, l'instabilité politique (voir le *Régime moderne*, t. III, *passim*). Sur la valeur de sa critique et sur le reproche que je lui fais de s'être contredit, il faut lire aussi les articles de MM. Anatole Leroy-Beaulieu et F. Brunetière, que j'ai déjà cités. Que Taine, en blâmant la destruction complète de l'ancienne société française opérée par la Révolution, ait songé à la manière d'agir tout opposée de l'Angleterre, dont il fut toujours admirateur, c'est ce que dit également M. G. Monod. Pendant la Commune, il avait été appelé à Oxford pour y faire des conférences. — Voir, en outre, le livre de M. Chérest, *La chute de l'ancien Régime* (1874).

se contredit. Il semble en effet imputer à faute, je ne dis pas à ces hommes, — beaucoup d'entre eux en ont commis, et de très grandes, — mais au fait lui-même, au mouvement tout entier de la grande catastrophe révolutionnaire, de ne s'être pas arrêté, ou du moins de ne s'être pas engagé plus doucement sur la pente où l'avait poussé une première impulsion fatale.

La répartition du sol de la France entre un grand nombre de petits propriétaires, comme l'avait déjà démontré Tocqueville, avait commencé à s'opérer avant la Révolution ; néanmoins, l'une des plus importantes transformations sociales effectuées par celle-ci fut d'avoir fait passer, par la vente des biens du clergé, par les confiscations et les spoliations, la propriété foncière d'une partie des citoyens français aux mains d'une autre partie. Ce fut ainsi une véritable révolution agraire. Taine a très bien démontré tout cela. « Quels que soient les grands noms dont la Révolution se décore, liberté, égalité, fraternité, — dit-il, — elle est par essence une translation de propriété... En cela consiste son support intime, sa force permanente, son moteur premier, et son sens historique ». Mais, tandis qu'il fait voir que ce fut précisément la terreur d'un retour possible à l'ancien ordre de choses qui poussa aux derniers excès les nouveaux possédants, devenus maîtres de la France, contre les *privilégiés* d'autrefois, et donna à tous les actes du régime révolutionnaire l'empreinte d'un gouvernement violent de parti, on ne s'explique pas comment ensuite il le condamne si absolument, pour être devenu en fait ce qu'il *devait* être fatalement :

un gouvernement démocratique social, le règne tyrannique de la classe populaire insurgée contre les autres. Entre celles-ci qui, comme l'ont démontré récemment divers historiens, ne songèrent jamais, en réalité, à abdiquer la possession de leurs vieux privilèges et s'imaginaient les tenir de leur ancien droit de conquête; — entre les nobles qui n'admirent jamais que leur « Ordre pût cesser d'exister comme il avait existé jusqu'alors », et le peuple qui, au contraire, voulait le détruire et se mettre à leur place, il ne pouvait y avoir d'accord ou de compromis, de trêve d'aucun genre. C'était, je le répète, une lutte à vie et à mort, qui dura jusqu'à extermination. Ainsi l'exigeait la logique inexorable des faits. [Certainement une des premières causes des maux infligés à la France par la Révolution provient de ce qu'elle fut à la lettre une révolution, non une *évolution*. Mais les choses pouvaient-elles être autrement qu'elles ne furent, et, vu les conditions dans lesquelles elles se produisirent, ne pas aboutir à cette violente rupture avec tout le passé, qui, a très justement remarqué Tocqueville, est précisément le trait distinctif du mouvement français? Cette rupture accéléra dans le reste de l'Europe aussi la ruine du vieil édifice civil et politique, qui, sans cette impulsion, se serait désagrégé tout seul, morceau par morceau. Telle est la question que se posent spontanément les lecteurs de l'œuvre de Taine. C'est le mérite de celui-ci, a dit Karl Hillebrand, de nous avoir démontré que le grand changement social et civil de la France ne pouvait se produire sans chocs et sans destructions violentes. Mais tandis que l'historien nous suggère cette question dans les termes les plus clairs et les plus rigoureux, la réponse offerte, et qui est sous-entendue par le livre tout entier, est loin d'être toujours aussi satisfaisante et explicite.

V

Ces fâcheuses incertitudes et contradictions dans lesquelles tombe l'historien, et que la critique a relevées, laissent les lecteurs perplexes sur ce qu'il s'est véritablement proposé de démontrer, dans un livre qui, il faut le noter, voudrait être et est tout entier une démonstration. Ainsi, après que les recherches pénétrantes du premier volume, le mieux composé de tous, nous ont dévoilé les abus et les maux qui condamnaient à une mort fatale tout l'ancien ordre de choses de la monarchie française, on est quelque peu étonné, dit M. F. Brunetière, de lire dans les volumes consacrés à la Révolution qu'une partie au moins des substructions du vieil édifice croulant aurait pu durer encore, et qu'avec quelques réparations et en y conservant un certain nombre des anciens locataires, il aurait peut-être été possible de l'adapter aux usages et à la vie des temps nouveaux. De même, on reste incertain entre le jugement qu'on doit, d'un côté, porter à l'égard des Girondins, lorsqu'on lit le *Gouvernement révolutionnaire*, et, d'un autre côté, celui tout opposé qui ressort de la *Conquête jacobine*. On ne comprend pas bien quels sont les vrais Girondins, et s'ils sont identifiés avec les « énergumènes et les cuistres, les bavards outrecuidants et les niais emphatiques » de ce dernier volume, ou, au contraire, avec les hommes qui, dans le précédent, sont présentés comme cultivés et bien élevés, et en qui l'historien voit « l'élite et la force, la sève et la fleur » du parti républicain. Ces oscillations et incohérences proviennent, remarque le critique que nous citons, de ce que Taine n'a pas su bien arrêter et bien déterminer dans son ensemble, avant de se mettre à écrire, sa conception des choses et des événements. Celle-ci s'est formée peu à peu dans son esprit, au fur et à mesure qu'il composait. C'est qu'il a été parfois accablé sous la variété et l'abondance des matériaux. La multitude infinie des détails, qu'il ne se lasse pas de suivre un à un, lui a fait perdre quelquefois de vue les lignes générales et l'harmonie des proportions du cadre dans lequel il aurait dû les ranger sous un même jour. L'analyse continuelle et infatigable à l'aide de laquelle il prétend pénétrer toujours plus à fond jusqu'aux derniers éléments du sujet, a parfois déchiqueté celui-ci entre ses mains, l'a empêché de le maîtriser complètement. De là d'assez nombreuses répétitions, et, en plus d'un endroit, une distribution défectueuse de la matière. L'ordre de certaines parties du livre semble pouvoir être parfois interverti, et la marche en est souvent ralentie ; ou bien, au lieu de procéder en ligne directe, elle tourne et revient sur elle-même. Ce sont là des vices de composition, et aussi de forme, qui proviennent non pas du défaut d'art, chez un écrivain aussi consommé et achevé que l'était Taine, mais plutôt de l'idée qu'il s'était formée de la manière d'écrire l'histoire. Elle est, à son avis, une science d'observation. Elle doit, au lieu de se perdre dans les généralités et dans les considérations abstraites, viser aux faits et surtout aux « petits faits », décrits dans toutes leurs circonstances, aux anecdotes, aux détails vifs, pittoresques, caractéristiques, auxquels se réduit, pour qui y regarde de près, tout grand événement, et que la plupart des historiens considèrent comme un accessoire négligeable. Le procédé propre à l'art de Taine réside dans l'énumération et dans l'accumulation de pareils faits bien particularisés et de leurs circonstances, dans le choix de ceux qui déterminent et dépeignent le mieux tout un état de choses ou un moment de l'histoire, et autour desquels il sait habilement grouper tous les autres qui en dépendent, qui leur donnent plus de lumière et de relief. L'impression de vérité ainsi produite sur l'âme du lecteur est des plus vives, et tire toute sa force de la répétition et en quelque sorte du poids, de l'accumulation matérielle des preuves de fait, qui forcent sa conviction et le portent à se laisser convaincre. C'est, remarque très justement M. Anatole Leroy-Beaulieu, « comme une grêle incessante de projectiles sous laquelle il finit par céder et par se rendre ». Mais il faut dire aussi que la qualité et le choix des faits, des documents, des témoignages, ne répond pas toujours à la quantité; que le crible par lequel l'historien les passe n'est pas toujours des plus scrupuleux; que souvent il réunit, comme s'ils avaient une égale valeur, des témoignages qui en ont, au contraire, une bien différente; que dans le vaste dépouillement fait

par lui des archives publiques et privées, des relations
d'er ployés, des mémoires et des journaux privés, il
n'a pas toujours pesé avec assez de circonspection
jusqu'à quel point était recevable le témoignage de
ceux qui, pour avoir été trop mêlés aux faits, ne les
ont pas toujours vus ou rapportés avec une pleine
vérité et ne pouvaient les juger sans idées préconçues
ni sans passion. La façon dont Taine s'est servi des
documents, et, conformément à l'exemple de Tocqueville, a conduit, avec une pénétration et une largeur
de recherches qu'on n'a pas dépassées, la grande
enquête qui est un des côtés les plus originaux de
son Histoire, a été l'objet de nombreuses appréciations. Il resterait beaucoup à dire encore à ce sujet.
On a examiné et vérifié, dans ces derniers temps,
bon nombre de ses jugements sur les causes des
événements qui contribuèrent le plus à l'explosion de
la Révolution, par exemple son exposé de la situation
des populations des campagnes. Son ouvrage a eu
l'heureux effet de provoquer tout un mouvement
fécond de recherches et de critique. Je ne puis que
l'indiquer ici. M'étendre sur ce point, ce serait
dépasser les limites et le but de ce livre.

VI

La méthode constamment suivie par Taine est l'application la plus rigoureuse qui ait jamais été faite, à
un sujet historique, du double procédé d'analyse et
de déduction des phénomènes d'après leurs causes.

Ce procédé, il l'a décrit dans *Les Philosophes classiques* comme propre à la science et à la philosophie, et, en conséquence, à l'histoire, qui participe de l'une et de l'autre. Des deux parties dont il se compose, la première consiste à pénétrer à l'intérieur des grands faits complexes jusqu'à leurs éléments les plus simples, qui leur sont communs avec d'autres faits, et qui en représentent les causes les plus intimes et les plus générales. C'est un instrument de réduction et de *simplification*, que l'intelligence de Taine, avec son instinct logique si fin, essentiellement français, traite d'une façon merveilleuse. Je ne crois pas qu'aucun historien de sa nation, avant lui, ait montré mieux qu'il ne l'a fait comment, derrière les faits et les motifs immédiats et les plus visibles de la Révolution, que tout le monde jusqu'ici regardait comme ses causes véritables, il y en a eu d'autres plus cachés et plus vrais, d'une action plus profonde, plus efficace et plus large. Étant donné — pour employer son terme technique — un *groupe* de faits, personne, mieux que lui, ne s'entend à le résoudre dans les faits *générateurs* qui en sont les causes. On peut en citer, comme exemple, la célèbre analyse de l'*esprit révolutionnaire*, et celle, non moins belle, de l'*esprit jacobin*. Cet esprit est, aux yeux de l'historien, le produit malfaisant d'une société en dissolution, d'une habitude de penser fausse et procédant par formules vides, propre à des gens infatués, à des fous raisonnants, à des monstres qui se croient « hommes de conscience », et qui, prêchant au nom des idées et des droits du peuple, n'ont en réalité d'autre culte que celui d'eux-mêmes et de leur orgueil démesuré. En de pareilles analyses psychologiques, Taine s'affirme en maître. Parfois, sans doute, il pousse trop loin le procédé de déduction, et il est excessif dans sa théorie. C'est ainsi que, dans le portrait de Napoléon, il veut *déduire* tout un large groupe de faits d'un seul de leurs éléments et les résoudre en une formule unique. Mais, quoi qu'il en soit, son Histoire est tout entière un exemple de la précision presque géométrique à laquelle peut arriver, sous la main d'un observateur artiste, l'étude des grandes forces collectives de l'âme humaine. Ici il pénètre à des profondeurs qu'il n'avait jamais atteintes. Dans son *Tite-Live* et dans son *La Fontaine*, dans l'*Histoire de la Littérature anglaise*, il avait dessiné à larges traits la physionomie de deux grands écrivains et celle de la culture de tout un peuple, en nous en donnant les contours les plus accusés, ainsi que les aspects et les moments caractéristiques. Dans ces livres il faisait œuvre, au fond, de portraitiste des hommes et des temps. Dans les *Origines de la France contemporaine*, au contraire, il s'agit d'un des plus grands événements historiques auquel toutes les puissances et toutes les passions de l'âme humaine aient jamais pris part, qu'il veut pénétrer jusqu'à ses dernières couches, en nous en donnant, si je puis m'exprimer ainsi, les diverses coupes, en nous en laissant voir le mécanisme intime et l'action des forces morales élémentaires qui y entrent en jeu. Il veut faire de son Histoire une sorte de *mécanique moléculaire* de ces forces de la Révolution. Je ne connais pas d'historien, parmi les modernes, qui s'entende mieux que lui à décomposer, jusqu'en ses dernières unités, la matière des factions politiques et à montrer comment s'y meuvent, dans les tumultes populaires, ce que Manzoni a si bien nommé les « âmes de la foule », quelles classes et quels groupes divers d'hommes, quelles formes nombreuses de passions et d'idées s'y mêlent ensemble, pour lui donner une impulsion unique. Sauf la différence qui existe naturellement entre l'analyse d'un psychologue et la narration d'un romancier, je ne saurais peut-être trouver de pages qui, plus que celles de la sédition milanaise dans les *Fiancés*, rappellent, par la profondeur et la subtilité de l'observation des faits, de nombreuses pages de la *Révolution*.

Dans le premier et surtout dans le second volume de cette œuvre, où la narration marche de pair, d'une façon supérieure aux autres volumes, avec la critique et avec la psychologie, l'auteur est parvenu en plus d'un endroit à faire véritablement de l'histoire une peinture et une démonstration de l'âme motrice des événements publics. Quand il nous décrit la foule qui assiste aux séances des assemblées, qu'elle tyrannise; quand il nous montre de quelles recrues se forma l'armée des Jacobins; quand il nous dépeint si vivement les sans-culottes envahissant, le 20 juin 1792, les Tuileries en présence du roi; ou, ailleurs, l'attaque du palais, puis les massacres de Septembre et les bandes qui les commirent, — ici et là, on peut le dire, il évoque devant nos yeux les faits dans toute leur évidence historique, tandis qu'il nous en montre, en même temps, les raisons et les mobiles intimes.

VII

Il évoque les faits, ai-je dit, mais non les acteurs de ceux-ci. Pas un seul d'entre eux, sans excepter Napoléon, ne nous apparaît comme une figure nettement dessinée, opérant dans toute la continuité et la succession historique de ses actes. Des principaux personnages de la Révolution, de Mirabeau, par exemple, c'est beaucoup s'il cite deux ou trois fois le nom et quelque action ou quelque parole. Une seule figure se détache bien nettement sur le tableau et l'occupe tout entier. C'est celle de l'aveugle fatalité historique, qui, sous l'impulsion des besoins et des passions populaires se déchaînant après une compression de plusieurs siècles, soulève de fond en comble l'âme nationale française et la pousse à secouer, à abattre tous les obstacles que peuvent lui opposer le passé, la tradition, les lois, les hommes et les choses. L'historien veut nous donner l'impression, et il nous la donne réellement, que nous assistons à une sorte de cataclysme humain, seulement comparable à quelque immense phénomène naturel. La fureur croissante de la Révolution, qui renverse tout, fait penser à celle d'une convulsion de la mer engendrée par des commotions volcaniques, où chaque flot nouveau chasse et dépasse le précédent, et où tous battent d'un même choc les digues de la rive et les font crouler successivement. Je ne connais pas d'autre Histoire qui, plus que celle-ci, pourtant si peu descriptive, évoque aussi grandiosement, dans notre esprit, l'image antique de l'ἀνάγκη grecque, de cette redoutable irresponsabilité collective des grands faits publics, dépassant le plus souvent toute prévision, toute intention de la part de ceux qui y coopèrent, et dans laquelle se noie en quelque sorte l'œuvre individuelle, souvent responsable, des volontés particulières qui concourent à la produire.

Non pas toutefois que, dans l'état présent de notre savoir, après les réponses souvent instructives, mais souvent fallacieuses aussi, de la statistique, de la psychiatrie, des théories relatives au milieu, à l'hérédité et au climat, je croie le grand problème de la responsabilité humaine en droit de se dire résolu dans le sens du déterminisme le plus rigoureux. Peut-être est-il de ceux qu'on ne résoudra jamais entièrement, parce que les profondeurs extrêmes de l'esprit et de la nature resteront toujours insondables à la vue bornée de l'intelligence humaine, à laquelle on pourrait appliquer le mot de Manzoni au sujet de notre cœur : « Il sait à peine un peu de ce qui est advenu ». Peut-être les conquêtes qui nous apparaissent comme un triomphe définitif du savoir sur l'inconnu ne sont-elles, chacune prise à part, qu'une courte étape dans notre lent rapprochement de la vérité, que nous tentons d'interpréter, et dont nous ne déchiffrerons jamais le sens intime. Bien que limitée et relative, notre connaissance de la causalité du vouloir humain nous offre néanmoins, dans le champ de l'expérience, plus d'une donnée sûre pouvant guider le jugement moral du psychologue et de l'historien. Quelle que soit la doctrine professée par l'un ou par l'autre à l'égard de la nature métaphysique et des moteurs de notre volonté, une chose reste certaine pour tout observateur impartial: c'est que, dans les événements publics auxquels concourent les grandes forces collectives de l'histoire, les individus qui en sont les acteurs ont chacun une sphère d'initiative et d'action d'autant plus large et impliquant conséquemment pour eux une responsabilité d'autant plus grande, qu'ils se trouvent plus en état, par hasard ou grâce à leur mérite, d'influer sur la marche des choses et de diriger le gouvernail.

De là les jugements sévères, presque toujours justes, que l'opinion de la majorité prononce sur certains hommes, à la suite des malheurs publics. Et, du reste, aucun philosophe de la statistique ne nie désormais que la régularité des lignes et des proportions sommaires des faits sociaux puisse s'accorder avec la variété qu'imprime à chacun d'eux, séparément, la différence des formes d'action des caractères individuels ; et cette différence, si elle entre dans les unités isolées composant ces faits, disparaît dans leur total (1). La vraie question consiste plutôt à décider si le caractère individuel est ou n'est pas lui-même le produit de causes tout à fait indépendantes de nous ; s'il nous est *donné* une fois pour toutes, ou si nous-mêmes nous pouvons, au contraire, comme le prétend Stuart Mill, contribuer à le former et à le

(1) Voir, à ce sujet, le livre classique de Leslie Stephen : *Science of Ethics*, chap. I, p. 21. Londres, 1882.

modifier; si et jusqu'à quel point, derrière la nécessité des causes et des forces historiques pesant sur les grands événements, persistent intacts la responsabilité, le mérite ou la faute de ceux, au moins, qui en eurent l'initiative, qui en furent *pars magna*. La conscience humaine a toujours été unanime à répondre affirmativement. Le déterministe peut, il est vrai, s'imaginer en toute bonne foi qu'il ne la contredit pas essentiellement, quand il reconnaît dans les actions des hommes la conséquence de leur caractère. Mais plus il assigne, en les jugeant, une part prépondérante aux aptitudes héréditaires, à la force du milieu et des autres causes naturelles ou sociales dans la détermination de notre caractère et de sa structure, plus il est difficile de rechercher, sous cette enveloppe de circonstances et d'influences qui nous prédisposent, et de retrouver aussi, dans les plus intentionnelles des manifestations de notre caractère et de notre esprit, un dernier noyau, pour parler ainsi, qui nous appartienne originellement et dont nous puissions nous considérer comme la cause vraie et initiatrice, comme les auteurs responsables.

C'est là ce qu'il faut dire du déterminisme historique de Taine. L'accuser, comme fait M. A. de Margerie, d'avoir supprimé « toute la moralité de l'histoire », c'est aller trop loin. Peu de livres respirent, autant que les siens, — et j'en appelle sur ce point à tout lecteur impartial, — un sentiment moral aussi élevé, une indignation plus noblement passionnée contre le mal. Dans ses autres ouvrages, quoique d'accord également sur ce point avec les positivistes, il n'a jamais abordé *ex pro-*

fesso la question métaphysique de la liberté. Et cette question, d'ailleurs, du moins comme l'a comprise et traitée jusqu'ici la philosophie des écoles, ne pouvait trouver place dans une doctrine telle que la sienne, qui voit dans l'opération causale des agents moraux une pure continuation de celle des forces de la nature. La Préface des *Essais de critique et d'histoire* renferme cependant un passage où il aborde ce problème, en réponse aux objections d'un adversaire quelconque. « Il vous reproche — dit-il — de transformer l'homme en machine, de l'assujettir à quelques rouages intérieurs, de l'asservir aux grandes pressions environnantes, de nier la personne indépendante et libre, de décourager nos efforts en nous apprenant que nous sommes contraints et conduits au dehors et au dedans par des forces que nous n'avons pas faites, et que nous devons subir ». Celui qui raisonne ainsi, réplique Taine, « oublie ce qu'est une âme individuelle, comme tout à l'heure il oubliait ce qu'est une force historique; il sépare le mot de la chose; il le vide et le pose à part, comme un être efficace et distinct. Il cesse de voir dans l'âme individuelle, comme tout à l'heure dans la force historique, les éléments qui la composent, tout à l'heure les individus dont la force historique n'est que la somme, à présent les facultés et les penchants dont l'âme individuelle n'est que l'ensemble. Il ne remarque pas que les aptitudes et les penchants fondamentaux d'une âme lui appartiennent, que ceux qu'elle prend dans la situation générale ou dans le caractère national lui sont ou lui deviennent personnels au premier chef; que lorsqu'elle agit par eux, c'est d'après elle-même, par sa force propre, spontanément, avec une initiative complète, avec une responsabilité entière; et que l'artifice d'analyse par lequel on distingue ses principaux moteurs, ses engrenages successifs et les distributions de son mouvement primitif, n'empêche pas le tout, qui est elle-même, de tirer de soi son élan et sa direction, c'est-à-dire son énergie et son effort (1) ». Prises à la lettre, de telles paroles indiquent cette ligne intermédiaire, constituant une sorte de compromis entre le positivisme et les doctrines idéalistes, le long de laquelle, suivant la remarque de Stuart Mill, Taine a tracé la voie à sa propre pensée. Mais, pour qui examine d'un peu plus près l'ordre d'idées qui a suggéré cette réponse, celle-ci ne résout en rien le fond de la question débattue entre le déterminisme et ses adversaires.

VIII

Les Origines de la France contemporaine nous montrent que l'auteur ne s'est jamais proposé l'examen et le jugement des responsabilités individuelles impliquées dans les événements publics, qu'il ne les a jamais envisagées à un point de vue rigoureusement moral. C'est ce que, au contraire, a voulu faire Manzoni dans un écrit laissé incomplet et publié par Ruggero Bonghi sous ce titre : *La*

(1) P. XVII-XVIII. — Voir la note de la page 22.

Rivoluzione francese del 1789 e la Rivoluzione italiana del 1859. Saggio comparativo (1).

Cet écrit n'est qu'un long fragment et accuse à plus d'un signe, il faut bien le dire, la vieillesse du grand poète. Celui-ci le commença vers soixante-quinze ans, et le recopia cinq ans plus tard; puis il l'abandonna. Mais, outre l'importance que lui donne le nom de son auteur, qui s'intéressa beaucoup à l'étude de la Révolution française, le livre de Manzoni mérite l'attention à titre de comparaison avec celui de Taine et quand on considère, à côté du but à peu près commun aux deux écrivains, la diversité profonde des méthodes historiques et des critériums dont ils se sont inspirés. L'un et l'autre se sont proposé de détruire la *légende* révolutionnaire; tous deux ont condamné les auteurs des excès de la période de 1789 à 1793, au nom de l'école historique, qui leur a reproché d'avoir rompu, dans leur violente rébellion contre tout le passé d'un peuple, ce que Burke a si bien nommé « la continuité et la chaîne entière de la communauté humaine ». Seulement, en motivant cette condamnation, Manzoni reste, dans ses conclusions, plus fidèle que Taine à ses prémisses critiques. Prenant pour épigraphe les vers de Pindare : « *Dies vero subsequentes — Testes sapientissimi* », il invoque comme sa muse la haute équité d'un jugement moral à l'égard des faits et des hommes; jugement exempt des passions qui avaient ébranlé leur époque et tendait à en rechercher et à en peser les responsabilités. Il veut montrer que « ce

(1) Milano, Fratelli Richiedei, 1889. — Ruggero Bonghi y a joint une excellente Préface.

qu'il y eut d'injuste et de détestable dans la Révolution est imputable, en premier lieu, aux ambitions et aux appréhensions également aveugles de certains hommes qui ouvrirent, sans intention, mais *sans excuse*, le champ aux furieux et aux scélérats : ceux-ci comme ceux-là, certes, trop nombreux, mais constituant néanmoins, tous ensemble, une faible partie de la nation (1) ».

Sincèrement chrétien et d'une moralité rigide d'idées et de conduite, grandi à une époque où la masse des idées traditionnelles, déplacées par la tempête révolutionnaire, recommençait à graviter de tout le poids de son autorité sur les âmes, le grand poète ne pouvait qu'apporter dans l'histoire les mêmes critériums qui l'avaient dirigé dans sa vie et dans toute son œuvre. C'étaient ceux qui lui avaient fait écrire la *Colonne infâme*, et, contre l'attente générale, trouver en ce sujet matière non à un roman attendrissant, mais à des recherches judiciaires et morales pénétrantes, comme Ruggero Bonghi l'a dit de l'œuvre. Or, ces critériums se résument ainsi pour lui : c'est que nulle puissance d'opinions et de motifs sociaux, nulle pression d'idées ou de circonstances extérieures ne peuvent absoudre un homme, sain d'esprit et que rien n'empêche de discerner le bien, de la part de responsabilité qui vient à lui incomber dans une

---

(1) « *Quanto ci fu nella Rivoluzione d'ingiusto e di detestabile è da riferirsi, come a prima cagione, alle ambizioni e alle apprensioni ugualmente cieche di alcuni che aprirono, senza intenzione, ma senza scusa, il campo ai furiosi e agli scellerati: troppi certamente e quelli e questi, ma piccola parte, tutti insieme, della Nazione* ». *Introduzione*, p. 15.

erreur ou une faute publiques ; qu'en conséquence, pour les hommes du tiers-état, coupables d'avoir détruit, *sans un juste motif*, le gouvernement de Louis XVI, « ne peut en rien valoir l'excuse des enfants : je ne l'ai pas fait exprès ». Leur erreur et leurs fautes furent, selon Manzoni, « le résultat d'une impulsion passionnée, aidée par le sophisme, conseiller né des passions,... de ce mélange d'illusion et de mauvaise foi qui est le propre de celles-ci ».

Nous nous trouvons ici, on le voit, en face d'un jugement sur les acteurs de la Révolution qui est d'accord en substance avec celui de Taine. Cependant il est déduit de principes diamétralement opposés aux siens, et remonte jusqu'à l'idée de la responsabilité morale, exclue ou implicitement niée par lui. Le poète chrétien et spiritualiste donne aux hommes une puissance personnelle du bien, à laquelle on ne voit pas quelle place une doctrine comme le déterminisme de Taine peut encore laisser dans l'âme humaine. Cette doctrine, nous le savons, fait de l'état d'équilibre de la saine raison « un accident rare et heureux », et elle voit, dans les idées absurdes, dans les passions aveugles ou insensées au milieu desquelles, semblable à l'homme ivre dont parle Luther, la raison se débat le plus souvent, une nécessité presque fatale du tempérament héréditaire, du caractère, de l'éducation, de toute l'énorme pression des « circonstances enveloppantes », qui opèrent du dehors et au dedans de nous sur notre volonté et sur nos actes.

Sans décider ici laquelle des deux doctrines doit être préférée à l'autre, — et toutes deux renferment une partie de la vérité, — il est certain qu'en les appliquant à leurs jugements, concordants en substance, sur les faits de la Révolution française, les deux écrivains ont suivi une manière bien différente d'envisager ces faits dans leur perspective historique. A Taine, l'étendue de l'espace dans lequel il les embrasse, avec l'aide d'un immense matériel de documents, ne laisse voir ces faits que par groupes et par grandes masses, dans lesquelles les individus disparaissent derrière les foules, pesant de tout le poids de leur impulsion sur les délibérations des assemblées : *densum humeris vulgus*, selon l'expression d'Horace. Manzoni part, au contraire, de l'idée, admise par presque tous les historiens antérieurs à lui, d'une portion prépondérante d'initiative à laisser à l'œuvre de ces assemblées. Sur le fond de leur responsabilité collective, il veut mettre en relief la responsabilité individuelle des figures historiques les plus saillantes. Et parfois il se tire admirablement de cette tâche, comme, par exemple, en ce qui concerne Mirabeau. Il l'avait déjà fait dans le dialogue *De l'Invention*, où, à propos du fameux mot de ce tribun: « la petite morale tue la grande », il raconte que Vergniaud, d'abord adversaire déclaré de la mort du roi, répondit à un député qui lui demandait pourquoi il l'avait ensuite votée : « J'ai vu se dresser devant moi le fantôme de la guerre civile, et je n'ai pas cru que la vie d'un homme pût être mise en balance avec le salut d'un peuple ». « C'était un homme — conclut Manzoni — qui, reconnaissant avoir agi contre sa conscience, ne croyait pas faire un aveu, mais proposer un exemple ; un homme qui s'imaginait s'être élevé, avec sa tranquille, prévoyante et souveraine raison (oh ! misérable orgueil que le nôtre !) au-dessus du droit. C'était la grande morale qui tuait la petite (1) ».

De ces responsabilités coupables, tapies derrière l'erreur et le sophisme, le haut sens moral de l'auteur des *Fiancés* aurait su en trouver d'autres ; en particulier dans ce groupe des Girondins que Taine accuse aussi d'avoir, par faiblesse et par zèle ambitieux de parti, contribué à précipiter les choses et à rendre ainsi plus facile la victoire des Jacobins. Mais Manzoni abandonna son travail, après avoir esquissé à peine les événements des trois premiers mois de la Révolution. On ignore pourquoi il le laissa inachevé. Par suite de son grand âge, dit Ruggero Bonghi, et parce que, au point où il était arrivé, « l'haleine désormais lui manquait pour poursuivre un examen aussi scrupuleux et minutieux des hommes et des choses, que celui auquel il s'était jusque-là livré ».

Mais peut-être commençait-il à sentir vaguement, en supposant que sa conscience d'artiste et de critique ne le lui dît pas déjà, que cet *Essai* renfermait en lui-même — sans parler d'assez sérieuses difficultés de composition inséparables du plan qu'il s'était tracé — un vice d'origine dans son point de départ (2). Ce point de départ — le titre l'indique —

(1) Michelet nie le fait rapporté par Manzoni ; mais l'observation du poète moraliste n'en est pas moins vraie ni moins profonde.
(2) Pour ce qui concerne la composition du travail, on ne peut comprendre comment, étant donnés les développements que

était une comparaison historique entre deux faits : la grande Révolution française de 1789, et la révolution italienne de 1859. Or, ces deux faits ne sont nullement comparables entre eux. Tandis que le premier a une importance universelle, le second n'a guère qu'un intérêt national. Quant à la valeur et aux proportions historiques de leurs résultats, elles diffèrent beaucoup plus encore.

La Révolution française, en dépit de toutes ses erreurs et de tous ses crimes, avait offert au monde le spectacle grandiose d'un peuple qui, opprimé à l'intérieur par la plus atroce et la plus odieuse des tyrannies, se lève en bloc contre les ennemis du dehors, pour défendre les principes de liberté et d'égalité qu'il a proclamés, ainsi que le territoire de la patrie. Dans les convulsions de l'anarchie et de la Terreur où elle avait fait tomber ce peuple, l'organisme des institutions qui, jusque-là, l'avait régi, s'était dissous; mais le génie organisateur de Bonaparte, sorti de la Révolution victorieuse, avait dressé sur les ruines de la vieille France, un nouvel édifice gouvernemental qui subsiste encore, malgré tous ses vices originels de construction, et qui s'est prêté à la vie moderne du peuple français.

La révolution italienne est pure de grandes fautes; mais, sous deux aspects, il n'y a pas de comparaison possible entre elle et la Révolution française. En premier lieu, elle n'est passée par aucune épreuve capable de retremper *toute* la nation au feu du sacri-

devaient atteindre les considérations sur la Révolution française, celles sur la Révolution italienne auraient pu prendre l'ampleur en rapport avec les dimensions de l'ouvrage.

lice; en second lieu, elle n'a pas su lui donner jusqu'ici, en trente années, une *vraie* et stable assiette économique, morale et politique, digne de ses traditions. Admirablement et héroïquement préparée par les écrivains et par les martyrs; guidée par la main de Cavour et de Victor-Emmanuel, ainsi que par les audaces géniales de Garibaldi; parvenue, non par sa propre force, mais avec l'aide de la France, en 1859, puis en 1866 et en 1870, après une guerre malheureuse et grâce à des événements inespérés, à l'acquisition de l'indépendance et de l'unité nationale, notre révolution n'est pas l'œuvre de la vertu et des sacrifices de toute la nation. Elle a été commencée et faite, on peut le dire, uniquement par une classe sociale : la bourgeoisie, qui presque seule en a profité, en donnant, selon ses plans de gouvernement, la plus large liberté politique à un peuple nullement préparé à en faire usage. L'acquisition de Rome, dont Manzoni fut encore témoin, a été la pierre de touche de l'infériorité des classes politiques italiennes vis-à-vis du devoir historique qui leur incombait, de former et de discipliner à une vie nouvelle le peuple italien. Au milieu des ruines de la Rome antique et à côté de la papauté, la chétive stature morale du nouveau royaume disparaît dans l'ombre gigantesque des deux plus grandes créations historiques dues au sens politique organisateur du peuple latin. Pas une seule idée vraiment nouvelle et organique, digne de rester dans notre histoire, ne nous a été apportée jusqu'ici par les hommes trop inférieurs qui ont succédé à Cavour dans la direction des affaires publiques; pas une seule institution, si l'on en excepte l'armée et la marine, n'est véritablement nôtre et ne peut être qualifiée de vitale (1). Dans ses relations morales avec l'Église, dans l'instruction populaire et en matière d'études, la nouvelle Italie n'a pas émis, en trente ans, une idée nouvelle et qui lui appartint en propre. Sisyphe de la finance, elle n'est pas parvenue, en trente ans, à arrêter une fois pour toutes, d'une main ferme, le formidable rocher du déficit, qui menace sans cesse de l'écraser. Son rouage administratif, très compliqué et en même temps inefficace, a tous les défauts de la centralisation française sur laquelle il est copié, sans en avoir les mérites de rapidité, de précision, de régularité presque militaire. Sous l'influence délétère du parlementarisme, l'État, chez nous, est devenu désormais une grande coalition d'intérêts locaux, régionaux et privés, qu'on nomme à tort la chose publique ; une immense agence de placement pour les clients et les grands électeurs des députés les plus industrieux, de laquelle le gouvernement n'est que le comité distributeur et le gérant non responsable. Et, pendant ce temps, au milieu du vide moral et économique que fait la politique autour de l'agriculture, de l'industrie, du commerce, de l'art, la foi active en l'idéal, l'alacrité dans le travail et dans les études élevées, tout ce qui devrait constituer les forces vives du pays, est entravé dans son développement.

Telle est l'Italie sortie de la révolution de 1859.

(1) Qu'il soit juste de faire une exception pour la marine et pour l'armée, c'est ce que tout le monde sent en Italie. L'admirable attitude de l'armée pendant les événements de mai 1898 a confirmé cette opinion.

Et dès la période qui s'étend de 1860 à 1870, comme dans les premières années qui suivent, quand Manzoni abandonna son *Essai comparé*, un observateur aussi fin que lui aurait pu voir à plus d'un signe dans quelle voie nous étions engagés (1).

On dira peut-être : le parallèle établi par Manzoni entre les deux révolutions tendait à montrer non leur ressemblance, mais leur diversité. Elle consistait, à ses yeux, en ce que la nôtre « avait été une révolution juste », que rendait nécessaire la division dans laquelle les anciens gouvernements maintenaient le pays; tandis que la Révolution française « n'avait pas de juste raison » pour détruire le gouvernement de

(1) Dans la révolution italienne de 1859, même si on la considère, ainsi qu'on le doit, comme la continuation de celle de 1848-1849, il n'y a certainement jamais eu d'attentats contre les personnes et contre la propriété le moins du monde comparables aux massacres et aux spoliations commis en France. La faute capitale de la révolution italienne, qui ne fut pas l'œuvre de tout le pays, est le rôle prédominant joué de tout temps, et aujourd'hui encore, dans toute notre vie politique, par l'esprit de secte, de camaraderie, par la *camorra*, la *mafia*, la *consorteria*, en un mot la *partigianeria* sous toutes ses formes; les moins exempts de cet esprit sont aujourd'hui encore beaucoup des hommes d'État et des écrivains qui prêchent le plus la morale et la rectitude politique, et que j'appellerai *i catoneggianti* (les hommes posant pour le Caton). Quant à ce que je dis de l'échec *complet*, au bout de plus de trente années, de l'œuvre de l'organisation morale, intellectuelle, économique et administrative du pays, qui aurait dû être le meilleur fruit de la révolution et de l'unité, j'observe que c'est là aussi l'opinion d'écrivains étrangers qui nous veulent le plus grand bien et constituent des juges impartiaux et objectifs. En ce qui concerne la façon dont *tous* les partis qui se sont succédé jusqu'ici au gouvernement du pays ont dirigé l'administration et les finances, il suffit, pour nous borner là, de songer à la ruine économique de presque toutes les grandes communes italiennes, causée ou facilitée par l'État, qui, en portant atteinte à leurs ressources, les a appauvries, attendant ensuite, avec une rare sagesse, qu'elles se refissent aux dépens des contribuables. L'État, en Italie, est le fils

Louis XVI, et, par là, de véritable et haute nécessité morale et historique qui la légitimât. Les améliorations politiques que réclamait la France, et qu'elle avait réclamées dans les instructions données à ses représentants aux états-généraux, auraient pu, dit Manzoni, être obtenues sans la destruction du gouvernement actuel, opérée par le tiers-état.

Telle est la thèse de Manzoni. Or, il me semble que dans la façon même dont il l'a posée réside le défaut de son écrit, envisagé non plus au point de vue moral, mais au point de vue critique et historique. Prétendre prouver qu'un événement qui renouvela de fond en

mal élevé et malfaisant qui, de temps en temps, contraint son père ou ses plus proches parents à payer ses dettes.

— En relisant, au bout de quelques années, cette appréciation sévère de l'influence qu'ont exercée sur la vie italienne les classes politiques et le parlementarisme, l'auteur ne croit pas, en toute conscience, devoir la modifier. Au point où en sont actuellement les choses, en dépit du progrès économique, matériel et intellectuel qui s'est certainement manifesté en Italie durant ces dernières années, toutes les personnes sans préjugés et *sincères*, à quelque parti qu'elles appartiennent, disent d'une voix unanime que ce progrès a pu s'effectuer *malgré* les incessants obstacles que l'action perturbatrice, déprimante, malsaine, exercée par la politique et par l'État sur les forces vives de la nation, a opposés à son développement. L'ingérence malfaisante de l'élément politique dans toutes les parties de l'administration publique, spécialement sur les municipalités, saute chaque jour davantage aux yeux de tous. Rien de plus étrange, à première vue, et cependant rien de mieux prouvé par les faits, que cette antithèse profonde entre la vie de l'État et la vie de la nation, par laquelle elle n'a pas tout à fait « le gouvernement qu'elle mérite ». Tout son avenir dépendra de la force, qu'elle trouvera ou non en elle-même, de renouveler ses classes dirigeantes, de les contraindre à accorder leurs intérêts et leurs buts gouvernementaux avec les *vrais* intérêts moraux de la vie du pays, et de refouler le champ d'action de l'élément purement politique dans ses justes limites, au delà desquelles il n'est plus, comme il doit être, l'une des *fonctions* de l'organisme national, mais devient, comme il l'est aujourd'hui, une action perturbatrice malsaine, une maladie chronique de la vie publique.

comble la situation et la physionomie de la France et donna un autre cours à son histoire, n'a pas été nécessaire, et, comme le dit Ruggero Bonghi, que « tout ce que la France trouva amélioré dans sa constitution tout entière à la suite de cette tempête, elle l'aurait également obtenu si cette tempête n'avait pas éclaté », c'est une entreprise qui peut sembler soutenable, sous le rapport dialectique et académique, à un esprit aiguisé; mais je ne sais si elle se soutient, quand on la juge avec les principes et avec l'esprit de la critique historique. Celle-ci, en effet, ne doit pas se préoccuper de ce qui peut sembler possible, mais de ce qui est réellement arrivé. Or, Manzoni aurait pu voir qu'une thèse comme la sienne n'est guère soutenable, si, au lieu d'examiner d'un peu trop près et sur le premier plan du tableau, ainsi qu'il le fait, les responsabilités individuelles de chaque acteur des événements, il avait pénétré davantage au dedans d'eux. Alors il aurait constaté clairement l'œuvre des grandes forces historiques et celle des masses populaires. Mais c'est précisément cette pénétration qui manque presque complètement au travail de Manzoni, et qui, au contraire, s'affirme avec tant de largeur, et, disons-le, avec une bien plus grande vérité historique, dans celui de Taine.

IX

Néanmoins, le sentiment moral de l'écrivain qui, dans les faits et les personnages historiques, aime, admire, glorifie le bien, abhorre et blâme le mal, ce sentiment s'exprime aussi profondément chez l'historien français que chez n'importe quel autre historien ancien ou moderne. Il y a dans les six volumes sur la *Révolution* (1) plus d'un passage empreint des couleurs et des ombres vigoureuses des portraits de Tacite. Seulement, chez celui-ci, comme chez tous les grands historiens de Rome, c'est l'orateur moraliste qui fait entendre sa voix; chez l'historien français, au contraire, c'est le critique qui parle, visant toujours à juger les actes des hommes dans leur connexion causale avec la nature du caractère et des conditions historiques dont ils sont les effets. Marat, Danton et Robespierre nous apparaissent comme trois figures gigantesques de scélérats, dans l'âme desquels l'ardeur des passions révolutionnaires a fait germer et croître, en une désastreuse moisson de mort, la mauvaise semence du crime associé au délire; le premier et le dernier, hommes et écrivains médiocres, rendus pervers, Marat, par un instinct, héréditaire en lui, de brute ambitieuse et sanguinaire; Robespierre, par la férocité froide du sophisme philosophique sectaire des Jacobins, desquels il nous donne le véritable type mental. Danton, au contraire, fut un grand homme d'action, aux passions fortes, né pour soulever et déchaîner la fureur révolutionnaire, non

---

(1) Le grand ouvrage de Taine a été publié sous deux formes, d'abord en six volumes in-8°, puis, en 1899, en onze volumes in-16, plus un Index général, avec cette indication : 22ᵉ édition. Dans les éditions in-8°, l'*Ancien Régime* forme un volume, la *Révolution* en forme trois, le *Régime moderne*, deux. Dans la nouvelle édition in-16, la première partie a deux tomes, la deuxième partie six, la troisième partie trois. C'est d'après cette nouvelle et définitive édition que nous donnons toutes les citations du livre.

(*Note du trad.*)

pour la guider et la contenir, et qui devait être, et fut des premiers, broyé par elle.

Dans l'examen du caractère et de la vie de ces trois grands accusés de l'histoire, l'analyse puissante de Taine a la sévérité et la rigueur de la déposition d'un psychiatre appelé devant les jurés. Mais, au cours de cette énumération précise, scientifique, des données de fait, des signes d'où ressort son diagnostic de la maladie morale et physique de ces trois hommes, l'indignation mal réprimée paraît faire trembler la main qui les dessine. Chaque trait de plume de l'historien est un stigmate d'infamie imprimé sur leur front.

L'éloquence souvent si animée de cet aliéniste expert, qui s'échauffe alors qu'il semble ne vouloir donner qu'un avis ou exposer le résultat d'une consultation, est celle de l'accusateur et du juge qui condamne. Çà et là ce dernier, devenu lui-même partie, attache à tel ou tel des coupables, — à Robespierre, par exemple, qu'il qualifie à plusieurs reprises de cuistre, — des épithètes qui ne conviennent pas trop au langage de l'histoire. A ce sujet aussi on a observé que, chez Taine, l'homme est en contradiction avec le philosophe et avec le critique naturaliste. Il s'était proposé, dit-on, et lui-même nous l'atteste dans la Préface de son œuvre, de suivre les vicissitudes historiques de la Révolution du même œil que l'entomologiste étudie les transformations de l'organisme d'un insecte. Seulement, le savant, le naturaliste ne s'irritent pas contre le sujet sur lequel ils expérimentent; ils ne l'aiment ni ne le haïssent, et se bornent à l'observer. La critique est juste, mais c'est un grand honneur pour Taine de l'avoir méritée. Son âme hautement morale et généreuse se révolte contre l'impassibilité qui, conformément à sa théorie, aurait dû faire envisager froidement à l'historien les horreurs et les fautes racontées.

Le philosophe positiviste, le savant ont beau prétendre que la matière, les principes, les méthodes des sciences morales doivent se réduire à ceux de la physique et de la biologie. Ils ne pourront jamais obliger celui qui observe ou juge un phénomène du monde moral, qui écrit ou lit l'histoire de grands crimes ou de grandes vertus, à se maintenir, en face de son étude, dans le même état d'âme et d'esprit que le naturaliste qui observe la chute d'un corps ou les contractions nerveuses d'une grenouille décapitée.

X

Ceci ne nous apparaît nulle part avec autant d'évidence que dans la dernière partie de l'œuvre, où il est question de Napoléon et du « régime moderne », conséquence des institutions données par lui à la France. Ce n'est pas que la sévérité excessive de l'historien, qui peut le faire passer, aux yeux de qui ne le connaît qu'imparfaitement, pour un homme et un écrivain de parti, lui soit inspirée par d'autres motifs que par ceux propres à son esprit. Dans ces trois volumes, que la forme mesurée de la pensée et du style rapproche beaucoup de celle d'un traité, la passion court latente et profonde. Mais c'est la passion *logique* du raisonneur, qui, dans une série causale de prémisses et de conséquences de faits où domine, présente en tous, l'œuvre d'un seul homme, aperçoit comme une immense et unique responsabilité. En vertu d'elle, ils viennent à retomber et à peser de tout leur poids sur lui. Il les remplit de lui-même et de sa grandeur, il les couvre de son ombre et se confond avec eux. Le concept, dominant dans toute l'œuvre de Taine, d'une *logique* de l'Histoire, me paraît se transformer ici en celui d'une *justice fatale*, d'une Némésis de l'Histoire. Napoléon est vraiment l'*homme fatal* que le poète a si bien caractérisé dans cette superbe image : « Deux siècles l'un contre l'autre armés se tournèrent vers lui, soumis et comme attendant leur destin : il leur imposa silence, et s'assit en arbitre au milieu d'eux (1) ». Aussi nous apparaît-il comme mystérieusement responsable d'avoir assumé sur lui l'hérédité historique de l'un, et d'avoir imprimé au front de l'autre la forme de son génie militaire et politique. L'œuvre de Napoléon est, en fait, le fruit nécessaire de celle de la Révolution, qu'il achève et résume, en la dominant, en la disciplinant, en la faisant passer victorieuse sur toute l'Europe. Mais il jette en outre les fondements d'une œuvre de reconstruction beaucoup plus durable, à laquelle il insuffle la puissance de son génie organisateur. Et cette œuvre nouvelle, qui est la France

(1)   ... *Due secoli*
L'un contro l'altro armato
Sommessi a Lui si volsero
Come aspettando il fato :
Ei fe' silenzio, ed arbitro
S' assise in mezzo a lor.

(Manzoni, *Il cinque Maggio*).

moderne, il la porte tout entière dans son esprit et dans sa puissante main, il y vit et continue à y survivre, comme le penseur et le poète dans leurs créations. « Tel est — dit l'historien — l'édifice social construit par Napoléon Bonaparte; architecte, propriétaire et principal habitant, de 1799 à 1814, il a fait la France moderne; jamais caractère individuel n'a si profondément imprimé sa marque sur une œuvre collective, en sorte que, pour comprendre l'œuvre, c'est le caractère qu'il faut d'abord observer (1) ».

Taine, abordant immédiatement l'examen du caractère de l'homme, entre dans cette analyse qui fit tant de bruit et lui valut tant de critiques; analyse excessive, hasardée sous plus d'un aspect, mais qui renferme cependant des traits d'une grande vérité et d'une grande beauté. Napoléon est à ses yeux un homme d'une autre race que la race française, un homme aussi d'une autre époque. Il constitue un merveilleux « cas d'atavisme ». Descendu de la même souche que les grands Italiens de la Renaissance, issu d'une ancienne famille florentine, il est un rejet puissant, auquel le terrain de la forte île natale a conservé intactes les énergies latentes du génie latin, né pour dominer. Et ces énergies croissent, s'affirment sous une forme de grandeur peut-être sans égale, grâce à la greffe de ce rejet sur le tronc de la Révolution, à un moment fatal de l'histoire de la France, quand ce pays ne pouvait se sauver de l'anarchie que par le despotisme, et que, dans la course effrénée de toutes les ambitions, le pouvoir suprême devait être le prix du plus fort et du plus audacieux.

(1) *Le Régime moderne*, t. I, p. 4.

L'historien traite de main de maître la forme du génie napoléonien. Il en met en relief, parmi les facultés extraordinaires de pure empreinte italienne, la puissance, la rapidité foudroyante de vision immédiate et concrète des choses, l'intuition divinatrice des hommes, l'imagination artistique, créatrice de nouveaux idéals, unie à l'abondante et multiple connaissance des détails techniques. Mais à côté des lumières, les ombres : la violence de ses passions, son ambition insatiable, son peu de foi ou plutôt son manque absolu de foi en la vertu, sa tendance à faire de sa propre personne le centre de toute chose, et de tout homme un instrument approprié à ses desseins ; l'ombrage qu'il prenait de toute puissance ou grandeur morale autour de lui ; enfin, sa folie d'avoir voulu étendre et pousser toujours davantage jusqu'au monstrueux son œuvre de conquête et de domination, qui, finissant par outrepasser toute limite, devait s'écrouler sous ses pieds (1).

Dans cette analyse pénétrante du génie de Napoléon et de ses actes, l'historien dit à chaque page des choses vraies. Ce qui n'est pas aussi vrai, c'est la conception générale et le jugement d'ensemble qui en ressortent sur la valeur morale de l'homme. Faire en somme de lui, comme le fait Taine, rien qu'un égoïste gigantesque, c'est, à mon avis, le rapetisser ; c'est s'enlever tout moyen de comprendre, au delà des apparences, la grandeur vraie de ces prédestinés

---

(1) Dans quelques-unes de ses belles *Causeries du Lundi*, Sainte-Beuve, à propos de l'*Histoire du Consulat et de l'Empire*, de Thiers, parle de la tendance au « monstrueux », qui était une des caractéristiques du génie de Napoléon.

de l'Histoire qui, comme lui, résument dans leur âme l'âme d'un peuple et de plusieurs générations. Certes, les hommes du tempérament de Napoléon se transportent eux-mêmes, avec leurs idées et leurs passions, en tout ce qu'ils font. Mais même quand ils travaillent pour leurs propres fins, ils poursuivent, avec la sublime inconscience du génie, une œuvre d'utilité commune : du moins tant qu'ils restent véritablement grands, c'est-à-dire tant qu'ils sont, comme les penseurs, comme les artistes supérieurs, les interprètes des idées, des sentiments, des besoins universels. Vouloir peser et compter un à un tous les moteurs de leur action puissante, prétendre enfermer celle-ci tout entière en deux ou trois formules, c'est s'atteler à un calcul dont la donnée finale et totale, trop vaste pour la capacité de notre intelligence, nous échapperait toujours, même dans le cas où l'on parviendrait à recueillir tous les chiffres de ce calcul. Plus que le critique et l'analyste peut-être, attentifs à faire passer par leurs subtils alambics l'essence ailée de l'œuvre d'un de ces génies souverains, le poète est dans le vrai quand il s'arrête pour la contempler et s'en remet à la postérité de décider si leur gloire est la véritable gloire.

Sur Napoléon, le jugement est déjà en grande partie prononcé. La résurrection actuelle, en France, de la légende et de la gloire napoléoniennes, la multitude des publications relatives à la personne de l'empereur, à côté de cette constatation que la majorité des Français n'a pas refait un seul pas vers l'idée politique tombée avec le second Empire, fournissent plus d'un indice de la teneur de ce jugement. L'écrivain impartial peut désormais être l'interprète de son équité. Taine veut l'être sincèrement. Il me semble qu'il parvient à se rapprocher de l'équité, moins dans son appréciation de l'homme et de son caractère, que dans la vaste étude consacrée à la valeur sociale de ses actes et des institutions fondées par lui. Il montre très bien comment Bonaparte a été grand dans son consulat, en rendant à la France la paix intérieure, la sécurité et la protection des personnes et des choses; en réorganisant tous les services publics troublés par l'anarchie révolutionnaire; en préparant la voie au retour des émigrés et au rétablissement du culte religieux; en pourvoyant à la réfection au moins partielle, par l'intermédiaire de l'État, qui l'avait dispersé, du patrimoine de l'Église, des établissements de bienfaisance et des écoles. Dans son œuvre réparatrice et rénovatrice, Napoléon donna satisfaction à d'autres besoins sociaux, que la Révolution avait excités, mais non satisfaits. Supprimant toute trace de privilèges, il maintint parmi les citoyens l'égale répartition de toutes les charges, de tous les droits et avantages publics ; « il ouvrit », selon sa magnifique expression, « la carrière aux talents » ; il les appréciait à leur juste valeur, et personne plus que lui ne sut les enflammer de l'amour de la gloire. Mais il demanda trop aux hommes. Démesuré en tout, il tendit en un effort trop prolongé et trop vaste l'âme de la nation, qu'il finit par surexciter et par se rendre hostile. Dès 1808, après la déposition des Bourbons d'Espagne, et surtout en 1812, à la suite de la malheureuse campagne de Russie, le désaccord, devenu toujours plus profond entre les intérêts de son ambition effrénée et ceux de la France, vient atténuer les proportions morales de sa figure d'homme d'État et de héros, pour la rapprocher de celle d'un aventurier de génie. S'il aima la France, il l'aima, dit Taine, « comme un cavalier aime son cheval ; quand il le dresse, quand il le pare et le pomponne, quand il le flatte et l'excite, ce n'est pas pour le servir, mais pour se servir de lui en qualité d'animal utile, pour l'employer jusqu'à l'épuiser, pour le pousser en avant, à travers des fossés de plus en plus larges et par-dessus des barrières de plus en plus hautes ; encore ce fossé, encore cette barrière ; après l'obstacle qui semble le dernier, il y en aura d'autres, et, dans tous les cas, le cheval restera forcément à perpétuité ce qu'il est déjà, je veux dire une monture, et une monture surmenée (1) ». L'image, au fond, est exacte ; mais elle s'adapte mieux à la dernière période de l'œuvre napoléonienne, où le conquérant sans frein prend désormais le dessus sur l'homme d'État, qu'à l'œuvre vraiment nationale et durable du Premier Consul, réorganisateur de la France. Le fait de n'avoir pas tenu compte, autant qu'il le fallait, de la distance qui sépare celui-ci de celui-là, et de nous avoir représenté l'image morale de tout l'homme comme fixée en une attitude unique, en dehors du mouvement de sa puissante vie historique, voilà, selon moi, — et je l'ai déjà noté, — l'erreur la plus évidente commise par le critique français.

Du reste, il observe avec raison que le vice capital du régime napoléonien a été d'avoir voulu trop gouverner, d'avoir fait de tout l'engin politique une im-

(1) *Le Régime moderne*, t. I, pp. 135-136.

mense machine, admirable par la puissance et la régularité presque militaire qui lui permettait d'être mise en mouvement par un seul homme; mais, précisément pour cette raison, son action était tout extérieure; elle se substituait à la personne du citoyen, dont elle faisait une sorte d'automate dans la main du pouvoir central, en comprimant tous les ressorts d'initiative spontanée.

L'intervention de l'État dans chaque fonction de la vie sociale est, pour Taine, le principal défaut de structure de l'édifice élevé par Bonaparte. Il aggrava ainsi le mal déjà causé à la France par la centralisation monarchique; loin de le supprimer, il élargit le vide ouvert par les usurpations et par les ruines de la Révolution entre l'individu et le pouvoir central, vide, qui laissait celui-là isolé en face de celui-ci, et privé de l'usage des organes intermédiaires d'association et de corporation qui servent à la vie collective locale. La Révolution, qui avait supprimé les *provinces* pour les remplacer par les *départements*, avait cependant laissé trop de liberté aux communes. Le Premier Consul, en s'emparant du pouvoir politique, concentra toujours davantage aussi dans sa main le pouvoir civil et administratif, par la suppression des derniers restes d'autonomies locales, d'initiatives individuelles et collectives. Puis il envahit despotiquement le domaine de l'autorité religieuse, en violentant l'Église par la contrainte du Concordat, en emprisonnant le pape; il domina absolument les écoles, les esprits, la presse; il voulut être et fut tout : « le suprême évêque, l'universel hospitalier, l'unique professeur et instituteur, bref, le dictateur de l'opinion, le créateur et directeur de toute pensée politique, sociale et morale, dans tout son empire (1) ».

XI

L'écrivain, ici, ne raconte pas, il démontre. Les trois tomes presque entiers du *Régime moderne* constituent un large examen, à la fois critique et doctrinal, des institutions napoléoniennes, destiné à montrer comment celles-ci compriment encore l'âme de la France. En habituant les citoyens à tout attendre de l'État, en leur interdisant de s'associer librement pour un intérêt commun, en faisant des sociétés locales, qui devraient être des organes vivant de leur vie propre, autant d'agents de l'État, tous créés sur un même type et maniés par lui, elles enlèvent toute initiative et toute force à l'action sociale des citoyens. L'auteur défend la doctrine diamétralement opposée à celle des socialistes extrêmes ou collectivistes, qui réclament l'omnipotence et l'omniprésence de l'État dans toutes les parties et fonctions de l'organisme social. Ils ne remarquent pas, ou plutôt ne veulent pas remarquer que son action aurait pour conséquence la pire des tyrannies : celle qui ayant détruit, chez le citoyen, le véritable moteur intime de toute activité civile, — la liberté d'initia-

(1) *Le Régime moderne*, t. II, p. 74.

tive individuelle, — amènerait l'arrêt et la mort du corps social tout entier (1).

Il faut noter le ton ironique dont le critique raille, dans toute cette partie de son livre, certaines utopies actuelles de liberté mal entendue. Il met en lumière, parmi les autres conséquences malfaisantes de la démocratie envahissante et de son instrument, — le suffrage universel, — la pire de toutes : l'éloignement, en matière d'affaires publiques, des meilleurs, des plus intelligents et des plus probes, qui menace de faire un jour de la représentation nationale, dans les pays parlementaires (et c'est déjà presque le cas en Italie), une véritable *sélection des pires*. Certaines pages de Taine, que j'ai le regret de ne pouvoir citer ici, admirables par leur puissance d'analyse et par leur franchise courageuse, nous expliquent très bien que cet ouvrage ait rendu son nom si impopulaire (2).

Dans ce large examen de l'action sociale de l'État napoléonien, l'auteur considère en détail les relations de cette action avec l'Église et avec l'École. La conception, essentiellement latine et italienne, que Bonaparte eut de la religion, qu'il envisageait comme une

(1) Je me permettrai de citer ici, à ce sujet, ma préface à la traduction italienne du livre d'Herbert Spencer, *L'Individu et l'État*, où j'expose les formes principales qu'ont prises, en notre siècle, les doctrines relatives aux rapports entre l'action de l'Etat et l'activité individuelle. — Lapi, Città di Castello, 2ᵉ édit., 1886. La traduction est de Sofia Fortini-Santarelli.

(2) M. G. Monod dit : « La recherche de la popularité lui était aussi étrangère que la crainte du scandale. Son premier volume a indigné les admirateurs de l'ancien régime, les trois suivants ceux de la Révolution, les deux derniers ceux de l'Empire... Il était en dehors et au-dessus des partis ; il ne songeait qu'à la France et à la science ». (*Op. cit.*, p. 127.) Comme doit l'être, ajouterai-je, le véritable philosophe et le grand écrivain.

discipline morale des âmes nécessaire à maintenir l'ordre civil, le porta à se faire de l'Église plus qu'une alliée : un instrument de domination; et, du clergé, une autre milice, présidée par le pape, mais, en fait, asservie et soumise en tout à l'État (1). Les deux Concordats n'eurent pas d'autres mobiles politiques. « Il faut une religion au peuple, et il faut que cette religion soit dans la main du gouvernement », avait dit le César français. Seulement, quoique sa politique, à la fois adroite et violente, ait serré d'une main vigoureuse, tant qu'il en eut la force, la bride de l'Église en la dominant au moyen du pape et des évêques, cela n'a pas empêché que cette politique n'ait eu pour dernier effet de raffermir et d'accroître, en des temps plus récents, l'autorité centrale de Rome et sa puissance sur tout le clergé ainsi que vis-à-vis des gouvernements laïques. Le Concordat, que Taine nomme un « coup d'État ecclésiastique », et qui faisait du clergé français « un corps de fonctionnaires de l'État », amena dans l'Église française, par la déposition en masse, due au pape, de quatre-vingt-cinq évêques de l'ancien régime, une révolution profonde qui marque la fin des libertés gallicanes et ouvre la voie à l'ultramontanisme. Forcé par Napoléon, qui ensuite eut à s'en repentir, Pie VII fit alors acte de souveraineté absolue et de dictature sur l'Église entière. C'est là un acte sans exemple dans l'histoire de celle-ci. Il

(1) Napoléon a dit : « Une religion établie est une sorte d'inoculation ou de vaccine qui, en satisfaisant notre amour du merveilleux, nous garantit des charlatans et des sorciers ; les prêtres valent mieux que les Cagliostro, les Kant et tous les rêveurs d'Allemagne ». *Discours, Rapport et Travaux sur le Concordat de 1801.*

donna à la Rome papale pleine liberté d'initiative et de direction dans les autres concordats conclus depuis lors avec presque tous les États de l'Europe et avec quelques-uns de l'Amérique. « Toutes les grandes Églises actuelles de l'univers catholique sont l'œuvre du pape... Il ne les a pas reconnues, il les a faites, il leur a donné leur forme externe et leur structure interne (1) ». Ce premier grand pas fait par Rome dans la voie de la concentration du pouvoir suprême, en matière de discipline et de hiérarchie ecclésiastiques, en amena deux autres non moins importants, qui ont rendu le pape l'arbitre de l'Église, même dans les décisions morales et théologiques. C'est la proclamation du dogme de l'Immaculée Conception et de celui de l'Infaillibilité.

La principale des grandes forces historiques de la société moderne a toujours échappé davantage, par cette voie, aux mains des gouvernements laïques. Avant 1789, ceux-ci en subissaient parfois l'influence ; ils avaient toutefois plus de prise sur elle. A cela a contribué le désaccord patent, qui s'accroît de jour en jour dans les pays catholiques, entre laïques et prêtres, entre croyants et non croyants. Ce désaccord, qui ne cesse d'augmenter le nombre des incrédules, même dans les classes populaires, unit en même temps de plus en plus les croyants avec le clergé, sous l'autorité du chef de l'Église, grandie, en matière spirituelle, de tout ce qu'elle a perdu en pouvoir politique. Ainsi, la diffusion du libre examen religieux et scientifique autour de la grande commu-

---

(1) *Le Régime moderne*, t. III, p. 71.

nauté des fidèles, y rend toujours plus rare l'indépendance relative en matière de discipline et de foi, qui, à un moment, donna naissance aux Églises nationales. Dans un tel état de choses, celles-ci n'ont plus leur raison d'être; et depuis longtemps, en effet, l'Église gallicane a disparu. En France aussi, spécialement dans les campagnes, le clergé, qui en très grande partie sort du peuple et a peu de contact avec les laïques pensants, est désormais tout entier dans la main des évêques, humblement soumis au pape. Et ce qui contribue à le rendre *ultramontain*, c'est la presse ultramontaine, devenue dans l'Église — comme l'a noté Renan — une puissance particulière, directement inspirée par Rome, et qui souvent se rebelle contre le pouvoir des évêques et leur tient tête. En attendant, surtout en France, se fondent chaque jour de nouveaux Ordres religieux; le nombre des couvents s'accroît. En 1789, sur 10.000 femmes, on comptait 28 religieuses; en 1866, 45; en 1878, 67. Mais ce qui, plus que le nombre encore, donne une valeur sociale de propagande à cette milice du catholicisme, c'est le fait suivant: ceux qui s'y enrôlent ne le font plus, comme jadis, contraints par leur famille ou alléchés par l'espoir de privilèges ou d'avantages sociaux; la plupart y entrent spontanément et y demeurent toute leur vie, par vocation. Les suppressions d'Ordres religieux, les persécutions gouvernementales, renouvelées aussi sous la troisième République française, n'ont fait qu'accroître cette ferveur religieuse et la rendre plus militante. L'esprit de corporation, l'habitude de la discipline, ainsi ressuscités dans les clergés séculier et régulier, font de ceux-ci un puissant instrument de domination sur les consciences, mis par la tradition de l'État napoléonien entre les mains de l'Église romaine. « Voilà donc aujourd'hui l'Église catholique : un État construit sur le type du vieil empire romain, indépendant et autonome, monarchique et centralisé, ayant pour domaine non des territoires, mais des âmes, partant international, sous un souverain absolu et cosmopolite dont les sujets sont aussi les sujets de divers autres souverains qui sont laïques (1) ».

XII

Examinant dans leurs différentes parties les institutions napoléoniennes, Taine les suit des yeux jusqu'aux racines, encore profondes, qu'elles ont dans la vie et dans l'âme du pays. Le but final du livre apparaît ainsi toujours plus clair. Il consiste à nous donner la psychologie de la France et des Français d'aujourd'hui, pour en tirer, comme conclusion, le diagnostic des maux propres à leur organisme national et en essayer le degré de résistance. C'est à cela que vise avant tout l'écrivain. Il nous montre l'empreinte laissée par le despotisme de Napoléon dans l'instruction et dans l'éducation de son peuple, qu'il voulait tenir en plein dans sa main et façonner au double point de vue intellectuel et moral, en fai-

(1) *Le Régime moderne*, t. III. p. 165.

sant de lui, à sa volonté, un docile instrument gouvernemental. Sa vaste pensée dominatrice, qui prétendait « revendiquer pour soi et s'adjuger en propre tout le champ de l'action humaine », vit que, pour pouvoir diriger l'adulte, le citoyen, il fallait discipliner l'enfant et l'adolescent, c'est-à-dire tenir dans sa main l'école, en faire sur toute la ligne une création, un organe, un monopole de l'État. C'est à cela qu'il visa, en donnant une forme nouvelle à toute l'instruction secondaire. Elle fut « son œuvre personnelle », et, sous ce rapport, la plus complète de toutes. Elle devait lui soumettre les classes supérieures et cultivées, qui étaient entre ses mains un instrument de nature à dominer les classes inférieures, la grande masse de la nation. Pour les écoles populaires et primaires, l'État napoléonien s'en soucia moins. Il ne se préoccupa que de les surveiller, de maintenir leur enseignement dans des bornes très étroites, de les laisser sous la tutelle ecclésiastique. Les familles et les communes en payaient les frais. Il toléra les écoles privées, mais il les vit toujours de mauvais œil; il les assujettit en tout aux règles, à l'autorité et aux plans des écoles gouvernementales, en les mettant dans une situation qui les empêchait à jamais de rivaliser avec celles-ci. « Quant à moi », dit un jour l'empereur au Conseil d'État, « j'aimerais mieux confier l'éducation publique à un Ordre religieux, que de la laisser libre, abandonnée aux particuliers ».

Pour lui, la nécessité suprême de cette éducation du citoyen, à laquelle devait servir l'école à tous ses degrés, c'était l'uniformité de la discipline et du type moral que celle-ci était chargée d'imprimer dans les âmes et dans les esprits, de façon à devenir une sorte de fabrique de produits humains que l'État pût employer à ses fins. Pour en concentrer et en rendre efficace le travail, Napoléon conçut ce que l'historien nomme la « machine universitaire », celle de ses institutions qui a été la plus durable et continue à avoir prise sur la vie morale, sur les habitudes intellectuelles et sur l'éducation de la jeunesse française.

Destinée, ainsi que le disait son fondateur au Conseil d'État, à « diriger les opinions politiques et morales », l'Université de France fut modelée comme une grande corporation laïque, à l'instar des Ordres religieux du catholicisme romain, et en vue de les remplacer dans l'enseignement public. « Les jésuites », disait Napoléon, « ont laissé, sous le rapport de l'enseignement, un très grand vide ». Il définissait l'Université une « société de jésuites laïques », nés pour le service non de l'Église, mais de l'État, et voulait qu'elle s'inspirât d'un principe puissant de discipline et de subordination tenant le milieu entre l'esprit monacal et l'esprit militaire. Il établit à cet effet dans tous les établissements d'instruction, sans en excepter l'École normale, un système d'éducation ayant pour but de former les âmes juvéniles à l'habitude de l'obéissance passive, de préparer dans le collégien et dans l'étudiant le sujet dévoué, de faire de l'école le vestibule de la caserne. « Cette vie scolaire est circonscrite et définie d'après un plan rigide, unique, le même pour tous les collèges et lycées de l'Empire, d'après un plan impératif et circonstancié qui prévoit et prescrit tout jusque dans le dernier détail, travail et repos de l'esprit et du corps, matières et méthodes de l'enseignement, livres de classe, morceaux à traduire ou à réciter, liste de 1.500 volumes pour chaque bibliothèque, avec défense d'en introduire un de plus sans une permission du Grand Maître, heures, durée, emploi, tenue des classes, des études, des récréations, des promenades, c'est-à-dire, chez les maîtres et encore plus chez les élèves, l'étranglement prémédité de la curiosité native, de la recherche spontanée, de l'originalité inventive et personnelle, tellement qu'un jour, sous le second Empire, un ministre, tirant sa montre, pourra dire avec satisfaction : A cette heure, dans telle classe, tous les écoliers de l'empire expliquent telle page de Virgile (1) ».

Les effets définitifs et les plus fâcheux de ce mécanisme scolaire, créé en vue d'adapter les Français aux plans et à la conservation de l'ordre politique constitué, se faisaient surtout sentir dans l'enseignement supérieur. Il avait déjà fléchi en France avant la Révolution. Loin de recouvrer sa vigueur sous l'Empire, il continua plutôt à baisser toujours davantage. Il y avait à cela une double raison. D'une part, toutes les forces et toute l'âme de la nation étaient tournées ailleurs. D'autre part, dans la voie où l'achemina l'action centralisatrice du régime napoléonien, l'enseignement supérieur manqua toujours de cette indépendance et de cet idéalisme désintéressé qui avaient été sa marque distinctive dans les Universités du moyen âge, et qui aujourd'hui le font vivre d'une vie si intense dans les Universités allemandes. Cuvier, revenant de visiter, en 1811, sur

---

(1) *Le Régime moderne*, t. III, p. 226.

l'ordre du gouvernement, les Universités de la Basse-Allemagne, indiquait dans son Rapport l'esprit de ces institutions. La science y était, comme aujourd'hui encore, enseignée et étudiée pour elle-même, et on y ouvrait — pour employer les termes de Taine — « le plus large champ et la plus large carrière aux facultés, au travail, aux préférences de l'individu pensant, maître ou disciple (1) ». Seulement, la première condition qui rend possible cette liberté d'études et cette recherche désintéressée du savoir, c'est — dit notre historien — l'existence « d'un corps indépendant, approprié, c'est-à-dire autonome, abrité contre l'ingérence de l'État, de l'Église, de la province, de la commune, et de tous les autres pouvoirs généraux ou locaux, pourvu d'un statut, érigé par la loi en personne civile, capable d'acquérir, de vendre, de contracter, bref, en propriétaire (2) ». En France, où le droit public, même sous le régime révolutionnaire, n'avait laissé subsister, à côté de l'État, aucune autre société vivant d'une vie propre et autonome, des Universités de ce type ne pouvaient alors surgir. Et des quelques traits, décolorés par le temps, qui restaient encore visibles, avant 1789, sur la physionomie des vingt-deux Universités françaises, la réforme de Napoléon ne laissa pas trace. « L'Université unique et compréhensive qu'il a fondée exclut les Universités libres, locales et multiples. Elle était l'État enseignant, et non pas la science enseignante ». Les deux types d'organisation universitaire, le sien et celui du moyen âge et de l'Allemagne, étaient en

(1) *Le Régime moderne*, t. III, p. 248.
(2) *Ibid.*

désaccord absolu. Ils différaient non seulement par la forme extérieure, mais plus encore par le but, qui, dans l'Université napoléonienne, était tout pratique et se réduisait à faire de l'instruction un moyen de domination sur les esprits. En laissant ceux-ci s'inspirer de l'universelle et libre curiosité du vrai, objectivement étudié, en leur enseignant à penser par eux-mêmes sur toute chose, il y avait danger que l'école devînt, à un moment donné, un foyer d'opposition politique et de révolte.

L'organisation de l'instruction supérieure, telle que la conçut la réforme napoléonienne, avait d'ailleurs pour but, dans la terrible situation du pays, de lui donner les hommes nécessaires pour combler les vides faits par la Révolution, surtout dans les classes supérieures. Il fallait des hommes pourvus d'une culture générale et spéciale propre aux professions et aux emplois civils, pouvant faire l'office, dans la main de l'État, d'une monnaie frappée à son coin, de bon alliage, mise en circulation par lui seul, et seulement pour son usage et pour l'utilité publique. D'où la création d'écoles spéciales, que Napoléon voulut strictement professionnelles et pratiques, et qui, sous son règne, maîtrisèrent tout l'enseignement supérieur. Non seulement dans les branches d'études où la physique et les mathématiques s'appliquent à l'art de l'ingénieur et particulièrement à l'art militaire, mais aussi dans les sciences historiques et dans celle du droit, l'esprit de cet enseignement, sous le régime impérial, visa en conséquence moins à la science en elle-même qu'à l'exercice des professions et des arts qui répondent aux exigences de la vie sociale et à la pratique des services publics. Napoléon disait un jour, devant le Conseil d'État, qu'il avait plus de confiance en un médecin qui n'avait pas étudié les sciences exactes, qu'en un médecin qui les connaît à fond. Et il voulait que les écoles de droit formassent surtout des juristes pratiques, « des hommes capables d'appliquer ses lois, mais non de les juger ». Dans tout ce vaste champ de recherches, auxquelles Montesquieu avait déjà ouvert la voie et sur lequel a poussé, grâce à l'école historique, la science comparée des lois et des sociétés humaines, les limites de l'enseignement du droit ancien, tel que le prescrivit le décret du 19 mars 1807, étaient à peine celles d'une introduction à l'étude du code napoléonien. En traitant des *Institutes* de Justinien, on devait retrancher ce qui n'était pas applicable à la législation française, et remplacer ces matières « par le rapprochement *des plus belles lois* répandues dans les autres livres du droit romain; à peu près, observe Taine, comme « dans les classes d'humanités, où l'on réduit la littérature latine aux beaux passages des auteurs classiques (1) ».

Cette direction imprimée aux études supérieures tournait les esprits moins vers la science, la littérature et l'art, cultivés d'une façon désintéressée, que vers leurs applications d'utilité pratique, au profit du système politique régnant. Depuis Auguste, aucun des grands despotes qui ont donné leur nom à une époque n'a su, comme Bonaparte, ajouter force et splendeur à son pouvoir, au moyen de la science

(1) *Le Régime moderne*, t. III, p. 258.

appliquée aux arts et aux œuvres publiques. C'est ce dont témoignent les travaux monumentaux qu'il fit exécuter dans tout l'Empire, alors qu'il était à l'apogée de sa grandeur, au lendemain d'Iéna. Sans aucun doute, son génie avait compris que la pensée scientifique, en substituant à la vieille conception du monde une autre conception pouvant, à son tour, avoir prise sur les sentiments et sur la conduite morale des hommes, constituait une nouvelle forme de puissance, semblable à celle exercée, en d'autres temps, par les idées religieuses. Mais né, comme il l'était, pour tout dominer, il ne cessa jamais d'envisager d'un œil défiant les conséquences que cette puissance nouvelle pouvait entraîner dans la vie civile et dans les affaires de l'État. Il préféra s'entourer d'hommes nourris dans l'étude des sciences exactes, qu'il cultivait lui-même, et il entretint toujours des suspicions à l'égard des adeptes des sciences morales et philosophiques. Il les désignait sous le nom d'*idéologues*, qui emportait pour lui une idée de mépris. Il les accusait, non à tort, d'avoir abusé des théories et des principes de la philosophie, en les appliquant à la vie civile et à la politique, et d'avoir ainsi imprimé au mouvement révolutionnaire français un premier pli fâcheux (1). Mais, à côté de cette légitime aversion de l'homme positif pour les rêveurs et les raisonneurs *a priori*, il en ressentait

(1) « C'est à l'idéologie, à cette ténébreuse métaphysique qui, en recherchant avec subtilité les causes premières, veut sur ces bases fonder la législation des peuples, au lieu d'approprier les lois à la connaissance du cœur humain et aux leçons de l'histoire, qu'il faut attribuer tous les malheurs de notre belle France ». Paroles de Napoléon au Conseil d'État, 20 décembre 1812.

peut-être une autre, non moins instinctive, qui lui faisait redouter dans les philosophes, dans les observateurs désintéressés de l'esprit humain, des rivaux, des juges dangereux de son œuvre et de son pouvoir. Comme de toutes les autres grandes forces vives du corps social, il voulait se servir de la science et la maîtriser. C'est ainsi que l'Institut de France, auquel la loi du 23 janvier 1803 enleva la classe des sciences morales et politiques, devint sous l'Empire, bien plus qu'il ne l'avait jamais été auparavant, une créature et un appendice de l'État. Napoléon se complaisait à ajouter, même dans ses proclamations de guerre, à son titre de général en chef, celui de membre de l'Institut. Mais il supporta toujours avec impatience d'y avoir des collègues et des égaux; il y voulait des sujets, soumis à son moindre geste, et punit, même chez les plus illustres, tout acte, toute parole de nature à lui donner de l'ombrage. La même main souveraine qui attirait à soi les hommes de valeur, pour les rendre dociles, s'abaissait sévère, inexorable, sur les suspects, sur les récalcitrants, sur tous ceux qui sortaient de l'orbite qu'il avait tracée (1). Cette même main bridait la presse, le théâtre, la chaire, par une censure des plus vexatoires; elle allait jusqu'à imposer à la plume des historiens le transparent dont ils devaient suivre les lignes, dans leurs jugements sur les hommes et sur les époques.

(1) Comme en témoignent, entre autres exemples, les persécutions exercées contre Mme de Staël.

XIII

Tel est, dans ses grands traits, le tableau tracé par Taine de l'œuvre sociale et politique de Napoléon. Les teintes, comme on le voit, en sont presque toutes assombries. L'auteur semble les choisir à dessein parmi les plus obscures, et il les emprunte assez fréquemment à des documents et à des écrivains non impartiaux. J'ai déjà observé que, dans son jugement sur les institutions du Consulat et de l'Empire, le philosophe s'est plus rapproché de la sereine équité de l'histoire que dans son jugement sur la valeur morale de Bonaparte. Et je ne me dédis pas ici au sujet de la grande part de vérité que renferme au fond sa critique, si nous la rapportons, comme il le fait lui-même, à la valeur sociale et politique de ces institutions examinées en elles-mêmes et dans leurs derniers résultats, et jaugées avec une bien autre idée de l'État et de ses fonctions que celle qu'eurent alors la France et Napoléon. L'idée de l'omnipotence de l'État, qui les inspire toutes, sortait du fond de l'œuvre historique de la Révolution, et elle passa de son œuvre dans celle de l'homme qui l'acheva, la domina, l'organisa et la personnifia victorieusement. Il est certain que cette idée et l'application qu'en fit le génie impérieux d'un tel homme, en transformant le despotisme démocratique des Jacobins en une autocratie militaire, ne pouvaient être ni ne sont, surtout aujourd'hui, dans leurs effets lointains, un bienfait pour la France.

Il me semble seulement que, dans cette partie de sa critique aussi, l'auteur n'a pas été, plus que dans d'autres, trop d'accord avec lui-même. Il ne tient pas suffisamment compte de tout cet ensemble de conditions sociales et de circonstances dans lesquelles se trouvait la France à l'avènement de Napoléon, et qui s'imposèrent à lui dans le dessin général de son œuvre, comme dans les diverses parties de celle-ci et aussi dans sa modalité. En nous l'exposant, sans la raconter et sans la transporter point par point, ainsi qu'il aurait dû le faire, dans les moments historiques d'où elle est sortie, l'écrivain nous la présente telle qu'une figure détachée de son fond, et qui, pour cette raison, ne nous apparaît pas sous sa vraie lumière et dans la perspective où nous devrions la regarder. Il oublie ou ne remarque pas suffisamment que ce dont il faut toujours tenir compte, en la jugeant, c'est avant tout la nécessité urgente d'aviser à un état de choses qui, prolongé quelque temps encore, aurait tué la France. Sur un terrain couvert des ruines de toutes les anciennes institutions de ce pays, il s'agissait de réédifier bien vite, au milieu d'ennemis de toute espèce, entre deux batailles, avec des ouvriers qui, eux-mêmes, avaient été en grande partie les auteurs de ces ruines; et de réédifier en visant surtout à s'emparer, d'une main ferme, de toutes les forces nationales, en vue de leur donner une unité nouvelle de combinaison et de travail centralisé. De cette façon, non seulement les bases de l'édifice, mais sa forme, et, en grande partie, sa destination, étaient déjà en quelque sorte indiquées. Plus encore qu'un consul, le souverain de la France fut et ne pouvait être qu'un dictateur, un chef militaire investi de pouvoirs suprêmes dans des temps extraordinaires. Son œuvre, qui date presque tout entière, dans ses parties essentielles, du Consulat et non de l'Empire, devait ainsi conserver pour toujours son empreinte d'origine. Plus tard, il lui manqua — lui-même le disait à Sainte-Hélène — le temps et le calme nécessaires pour la corriger et la perfectionner comme il l'aurait voulu.

Étant données les conditions du moment, qui la firent telle qu'elle fut, nous nous expliquons qu'elle ait encore été, même dans ses parties les plus excessives à nos yeux, ce qu'on pouvait faire alors de meilleur. Au sortir de la Révolution, à la suite des lois tyranniques édictées par celle-ci contre le clergé, l'Église française était un chaos de factions et de sectes irréconciliables. Le Concordat y ramena l'ordre, et, avec lui, la paix des consciences. C'était une des conditions du calme politique, qui ne pouvait venir que d'une main pleine d'autorité, sacrée, l'imposant de haut. L'éducation publique, dit Thiers, était ou nulle ou abandonnée aux ennemis de la Révolution (1).

(1) Bonaparte établit quatre-vingt-deux lycées, « qui étaient des pensionnats où la jeunesse, casernée, retenue pendant les principales années de l'adolescence, devait subir la double influence d'une forte instruction littéraire, et d'une éducation mâle, sévère, suffisamment religieuse, tout à fait militaire, modelée sur le régime de l'égalité civile. Il voulut y rétablir l'ancienne règle classique, qui assignait aux langues anciennes la première place, ne donnait que la seconde aux sciences mathématiques et physiques, laissant aux écoles spéciales le soin d'achever l'enseignement des dernières. Il avait raison en cela comme dans le reste ». *Histoire du Consulat et de l'Empire*, édit. de 1845, t. III, année 1802, p. 473.

Ceux-ci possédaient presque toutes les écoles privées; un assez grand nombre trafiquaient d'elles. Les écoles centrales, où se donnait l'instruction secondaire, avaient montré leur impuissance à enseigner. La culture littéraire classique, en laquelle Napoléon avait grande confiance, baissait chaque jour davantage. L'institution des pensionnats, antérieure de quelques années à celle de l'Université, visa surtout à unir une forte discipline éducative à une culture classique intense, à enlever la jeunesse française aux mains des ennemis irréconciliables du nouvel ordre de choses que réclamaient l'époque et la nation, à attirer aux écoles de l'État, par l'appât de six mille quatre cents bourses gratuites, les familles en grande partie défiantes ou hostiles. « Il faut », disait le Premier Consul au Conseil d'État, en mai 1802, « que nous fondions une société nouvelle, d'après les principes de l'égalité civile, dans laquelle tout le monde trouve sa place, qui ne présente ni les injustices de la féodalité, ni le pêle-mêle de l'anarchie. Il est urgent de fonder cette société, car elle n'existe pas. Pour la fonder, il est nécessaire d'avoir des matériaux: les seuls bons, c'est la jeunesse (1) ». C'était une lutte qu'il engageait contre ceux qui auraient voulu revenir au passé. Les idées qu'il y apporta furent des plus hautes qui aient jamais inspiré un homme politique. Et si, même sur ce point, son œuvre n'est pas tout entière « du granit », sur lequel ses détracteurs « mordront » en vain, ainsi qu'il la proclamait à Sainte-Hélène, il serait néanmoins injuste de lui refuser une

---

(1) *Histoire du Consulat et de l'Empire*, t. III, p. 484.

vraie grandeur, de ne voir dans le pacificateur de la France, qui poursuivait alors un intérêt général, qu'un ambitieux, qu'un homme avide de dominer.

D'autre part, Taine a grandement raison de s'étendre sur les vices d'une éducation donnée par l'État, sur le pli antinaturel et antisocial que la vie de collège, réduite à une vie de caserne, imprime dans l'âme des jeunes gens, en leur enlevant l'expérience du monde et des hommes, l'initiative individuelle, l'habitude de se diriger et d'agir par eux-mêmes, en fatiguant trop les esprits et en leur imprimant à tous une empreinte commune. Cet examen de la valeur et des effets du système de l'école française est suggéré par des principes de psychologie pédagogique que l'expérience a déjà largement confirmés. Seulement, les prémisses d'où part Taine et sa conclusion au sujet de la ressemblance fondamentale entre l'idée jacobine de « l'éducation par l'État » et l'idée napoléonienne, font penser que le critique a été trop sévère et peut-être injuste, en attribuant à un homme seul, si grand qu'il soit, l'initiative et la responsabilité de toute une tradition scolaire vers laquelle l'esprit français était déjà porté par sa nature et par ses habitudes mentales. La concentration et le monopole de la culture entre les mains du pouvoir public devaient se produire tôt ou tard comme derniers effets de la concentration de toutes les fonctions supérieures de la vie sociale, intellectuelle, artistique de la France, déjà opérée sous la monarchie, et de la concentration politique et administrative commencée par la Révolution et imposée par elle à l'œuvre de Bonaparte. Si profondément qu'il y ait gravé sa marque personnelle, il ne s'est cependant pas soustrait à la nécessité de cette loi historique en vertu de laquelle le génie, le héros — dirait Carlyle — ne crée rien de durable, dans l'ordre de la pensée comme dans celui de l'action, qu'en suivant la voie qui lui est tracée par le caractère et par les besoins de son peuple et de son époque.

La réussite des institutions napoléoniennes, leur durée jusqu'à nos jours dans l'école, l'aide de tout temps prêtée par l'organisation universitaire, comme le note Taine, aux vues gouvernementales de tous les partis politiques de la France, y compris la démocratie républicaine; le fait qu'aujourd'hui encore « cette armée de collégiens », dont fourmillent les écoles, soit une chose « qu'on peut dire toute spéciale à la France », que signifie tout cela, sinon que la semence répandue par Napoléon tomba dans un terrain propice, et que son œuvre ne fut pas autre chose que la dernière conséquence du grand syllogisme révolutionnaire, préparé depuis des siècles, auquel l'eurythmie latine de son génie se borna à imprimer une forme logique plus rigoureuse? Comme Taine nous le montre en fait, chaque fois que les écoles privées, laïques, commençaient à reprendre vie, « le fatal préjugé français qui fait de l'État l'entrepreneur de l'instruction publique », remettait la main sur elles; chaque souffle de liberté, si court fût-il, dû au retrait ou à l'allégement de cette main, — par exemple, après la Monarchie de Juillet, — ne profita qu'au clergé, qui s'arrogea le monopole de l'enseignement. Celui-ci, remarque l'historien, est partagé aujourd'hui entre l'État et l'Église. Or, l'échec qu'ont subi en France la spontanéité et l'initiative individuelle des « expériences pédagogiques », toujours d'autant plus faibles qu'y ont prévalu les idées et les libertés démocratiques, ne peut être que le résultat de conditions historiques dépassant de beaucoup l'action de la réforme napoléonienne, qui ont opéré de longue main sur le fond de la société et de l'esprit français. Ce que celui-ci, avec ses instincts, avec ses traditions autoritaires renforcées par cette grande dictature des consciences qu'est le catholicisme romain, mit du sien dans le caractère de cette réforme, porte au fond l'empreinte commune à tous les produits de la culture et du génie latins, modifié cependant, en quelques-uns de ses traits les plus essentiels, par le génie logique de la race française.

Que telle soit la conclusion répondant le mieux non seulement au déterminisme historique professé par Taine, mais aussi aux prémisses de son jugement final sur l'œuvre de Napoléon, l'écrivain le sent, et il le dit même très clairement dans les dernières pages. Sa critique de « l'entreprise scolaire » de Napoléon se transforme, à mesure qu'il l'approfondit, en une très fine psychologie de l'école laïque moderne d'empreinte française et latine, à laquelle il veut opposer l'école d'origine germanique, comme plus apte à favoriser le développement spontané et harmonique de toutes les facultés de l'homme et à former son caractère.

XIV

Ainsi, vers la fin de l'ouvrage, on retrouve nettement — comme on retrouve dans la *stretta* finale d'une suite de sons leur *Leitmotif* — la prémisse sous-entendue par toute la critique de l'historien : la comparaison tacite qu'il établit constamment entre la France et l'Angleterre ou les autres nations germaniques. Pour lui, l'infériorité historique des résultats définitifs du mouvement de 1789 vis-à-vis de ceux d'autres grandes transformations politiques, consiste en ce que la nouvelle société française n'a pu créer un ordre de choses durable, et en ce qu'elle a cherché celui-ci dans une forme de vie politique opposée à celle qui l'avait déjà assuré à d'autres nations d'autre race, et, avant tout, à la nation anglaise. Le modèle d'un État tel que celui sorti, sous sa forme définitive, de la Révolution de 1688, et qui repose sur la reconnaissance du droit des citoyens à se gouverner eux-mêmes, est toujours présent à son esprit. Il est à ses yeux l'antithèse de l'autre, qu'il condamne résolument : de l'État jacobin et napoléonien, qui est tout et fait tout, qui usurpe tous les rôles, même celui d'instituteur et d'éducateur.

Dans ses volumes sur la *Révolution*, Taine avait donné à entendre — s'il ne l'avait pas dit expressément — que le vide le plus grand, peut-être, causé par celle-ci dans la société française, est le manque d'une aristocratie capable d'y remplir les mêmes devoirs politiques que remplit, chez elle, l'aristocratie anglaise. Il applique à l'Université napoléonienne le même terme de comparaison qui lui avait fait mesurer les défauts des autres institutions : dans les études supérieures, l'absence de grands instituts autonomes semblables aux Universités allemandes ; dans les écoles secondaires et primaires, la différence radicale entre les collèges français et les maisons d'éducation anglaises, qui n'ont rien de la caserne, et où l'élève est en pension chez le professeur, mange à sa table avec lui et avec les dames de la maison, mène une existence qui continue jusqu'à un certain point celle de la famille. Les *Notes sur l'Angleterre*, résultat des observations faites durant trois voyages, en 1861, en 1862 et en 1871, contiennent les mêmes remarques, ramenées, là aussi, à une comparaison entre l'école anglaise et l'école française. Le reproche capital adressé à celle-ci atteint avec justice les systèmes d'éducation qui prévalent aussi en Italie, et, en général, dans toute l'Europe latine. L'école a, pour Taine, le défaut de ne pas préparer l'élève à la vie. Elle lui emplit la tête de connaissances, elle ne lui affermit pas la volonté et le caractère, elle ne lui donne pas le sens pratique des choses. Elle ne le prépare donc pas aux épreuves et aux luttes de l'existence. Elle forme en lui le travailleur, l'érudit, l'être cultivé, mais non l'homme. Et le désaccord, déjà si accusé, entre les effets moraux de l'éducation donnée à nos adolescents et les exigences de la vie, menace d'augmenter toujours davantage, à mesure que les progrès de la culture contemporaine réclament, de quiconque veut embrasser une profession, un labeur cérébral et une dépense de forces le plus souvent disproportionnés aux résultats.

Cette large critique de l'école française, l'auteur la mène jusqu'à nos jours. Son intention était — il nous le dit lui-même — de terminer par des observations sur « la famille » l'examen des institutions sur lesquelles repose la vie de son pays. Il nous aurait fait voir comment ont agi sur son organisme aussi les grandes causes transformatrices des sociétés modernes, et, en particulier, parmi celles propres à la France, « les lois jacobines sur le mariage, le divorce, la puissance paternelle, l'éducation », qui ont également pénétré ensuite, avec une partie de leur esprit niveleur, dans le Code Napoléon. Celui-ci, en effet, ne voit « au fond, dans la propriété, qu'un moyen de jouissance », non la base d' « un établissement à perpétuité ». Parmi les maux dont souffre le plus la société française, l'auteur aurait cherché à expliquer, en le déduisant de tout l'ensemble de ses causes morales et historiques, le pire peut-être et le plus menaçant : la décroissance de la natalité. Ainsi, après avoir étudié dans leur *processus* de formation les institutions incarnant la France nouvelle, leur ensemble actuel aurait pu lui apparaître comme un tout vivant de sa vie propre au sein de celle des autres nations de l'Europe, « dans le milieu moderne ». Le diagnostic établi par l'historien dans son livre, que lui-même a nommé « une consultation de médecin », l'aurait, de cette façon, conduit à conjecturer quelles probabilités il y a aujourd'hui, pour la France, d'une vie durable et d'une adaptation aux nouvelles conditions d'existence faites désormais à tous les organismes politiques par la lente action transformatrice des idées scientifiques et par la modification du concept du monde. Celui-ci, opérant sur les esprits, et descendant des plus cultivés jusqu'aux plus grossiers, dérange leur équilibre, fondé sur la tradition d'autres idées, et semble, pour l'instant, vouloir les troubler par la suggestion de dangereuses innovations sociales. Taine — disent les éditeurs du dernier volume des *Origines* — s'était proposé de démontrer quels effets cette dissolution croissante de l'ancien ordre de choses pourra produire sur la vie de sa patrie, comment et jusqu'à quel point elle devra se ressentir des conséquences qui en résultent déjà dans presque toutes les parties de l'Europe.

Ces conséquences sont, entre autres, « l'écrasement des corps faibles par l'État, sa tendance croissante à l'ingérence, à l'absorption de tous les services, la descente du pouvoir aux mains de la majorité numérique ». Recherchant quelle doit être la nouvelle orientation historique des sociétés modernes, le critique se serait demandé de quelle façon « le facteur commun » qui les transforme se combine, dans la société française, avec « les facteurs spéciaux permanents et temporaires » du système sur lequel elle se fonde. « Chez ces Français dont on peut définir l'esprit et le caractère héréditaires, dans cette société fondée sur les institutions napoléoniennes, mue par un mécanisme administratif, quelles sont les tendances particulières de la démocratie égalitaire qui cherche tout de suite à s'établir ? Parmi les maladies qui nous sont particulières, la natalité faible, l'instabilité politique, le manque de vie locale, le retard du développement industriel et commercial, la tristesse et le pessimisme, peut-on démêler quelle part provient d'un défaut d'aptitude à nous transformer dans le sens voulu par le nouveau milieu ? Étant donné ce que l'on sait de nos origines, de notre psychologie, de notre constitution présente, de nos circonstances, quels espoirs nous sont permis ? »

A ces questions qui, visant les maux présents de la France, en indiquaient les remèdes, Taine — nous disent ses amis — n'aurait pas répondu d'une manière très péremptoire. Quand on l'interrogeait sur la politique du jour, il s'en remettait à l'expérience, à laquelle, en matière de réformes et d'innovations sociales, la philosophie doit céder le pas. Il se regardait comme un médecin appelé en consultation, qui ne connaît pas suffisamment les circonstances particulières à un certain cas et fait ses réserves sur son mode de traitement. Ceux qui l'ont fréquenté dans les dernières années nous disent que plus d'un indice le faisait bien augurer de la situation future de son pays.

Mais quelles que fussent sur ce point ses idées, les derniers traits du tableau historique et philosophique, qu'il n'a pu complètement terminer, sont là devant nous, tracés de façon à nous laisser voir clairement où il voulait les faire converger, en guise de couronnement de son travail ainsi que de son œuvre intellectuelle tout entière. La thèse qui en forme le centre est une thèse de psychologie comparée des peuples et des races, étudiées dans leur organisme mental, tel que nous l'offre l'histoire de la culture, et, en particulier, celle des deux plus grandes civilisations qui, depuis des siècles, se disputent la suprématie en Europe : la civilisation germanique et la civilisation latine. Étudier, comparer les facultés dominantes du *type mental* exprimé en chacune d'elles, en considérer les formes comme autant de manifestations du génie humain qui se complètent entre elles et aboutissent à un idéal unique plus élevé, telle a été l'idée dirigeante de toute la critique du philosophe français, depuis sa thèse sur *La Fontaine* et son *Histoire de la Littérature anglaise*, jusqu'à ses *Origines de la France contemporaine*. Cette idée apparaît aussi dans ses œuvres moins importantes, même dans celles qui, au premier aspect, pourraient sembler n'être que des descriptions de lieux et de mœurs : dans le *Voyage aux Pyrénées*, dans les *Notes* sur Paris et sur l'Angleterre. Derrière la sérénité objective de l'esprit critique qui lui suggère son parallèle entre les deux grandes civilisations rivales, le faisant plus pencher, peut-être, vers la civilisation germanique que vers la nôtre, il y a néanmoins toujours une préoccupation intime, un amour intense, une passion « tendre et silencieuse » pour sa patrie, — disent ses éditeurs, — à laquelle il veut d'autant plus de bien qu'il la blâme et la réprimande pour ainsi dire davantage. Dans l'émotion qui fait trembler sa main et lui arrache des malédictions, alors que, dans son Histoire, il sonde les plaies de son pays, on sent bien moins la colère qu'une grande pitié à l'égard de la mère adorée.

Toutes ses études comparées sur le passé de la littérature, de l'art, de la vie sociale en Europe, peuvent être regardées comme une introduction ou une préparation à celle sur les *Origines de la France contemporaine*. Celle-ci, à son tour, est tout entière une psychologie de l'esprit et de l'âme de sa patrie, un diagnostic clinique anxieux établi par l'écrivain au lit de sa grande et chère malade. Dans le plan primitif qu'il s'était tracé, l'œuvre se serait terminée par une description de la France contemporaine, qui nous aurait dressé, « outre la statistique numérique des personnes, la statistique morale des âmes ». Sentant ses forces diminuer et sa vie approcher de son terme, Taine avait renoncé à ce travail. « Mais, à cette entreprise demandant tant de science, tant de sens intuitif, tant d'habitude de l'observation juste, de la vue des ensembles et des généralisations précises, à cette vaste étude exigeant une connaissance si approfondie, non seulement de la France, mais des sociétés qui peuvent offrir des points de comparaison avec elle, on peut affirmer qu'eût suffi l'auteur des *Notes sur Paris*, des *Notes sur l'Angleterre*, de l'*Ancien Régime*, le critique habitué à interpréter les civilisations par les littératures et les œuvres d'art, le penseur enfin qui, pour se préparer à sa dernière et à sa plus grande tâche, avait fait cinq fois le tour de la France, observant sa vie avec des yeux d'artiste, à la lumière de l'histoire et de la psychologie, et faisant précéder son étude philosophique d'une enquête visuelle (1) ».

XV

La mort de l'auteur a laissé incomplet le dernier volume des *Origines de la France contemporaine*; mais son grand travail n'en forme pas moins un tout, qui offre au critique tous les éléments nécessaires pour le juger. Ce jugement, toutefois, ne pourra devenir impartial à tous les points de vue, tant que ne se seront pas apaisées les passions qui, en France,

---

(1) *Le Régime moderne*, t. III, Avant-Propos, par André Chevrillon, pp. VIII-IX.

aujourd'hui encore, luttent autour des idées sociales et philosophiques professées par l'écrivain, comme autour des idées qu'il a frappées inexorablement. Celles-ci surtout sont de telle nature et si vives, que l'on s'explique très bien comment la publication de presque chaque volume des *Origines* a déchaîné contre lui chacun des partis politiques qui s'agitent en France.

Il y a cependant un aspect sous lequel ce grand travail peut, dès aujourd'hui, être jugé avec vérité : c'est celui de l'art, de la forme, comprise dans son plus large sens, comme dernier résultat de l'élaboration littéraire qu'un écrivain arrive à nous donner de sa conception, quelle qu'elle soit, selon le plan qu'il s'en est tracé et le but qu'il s'est proposé. Examinée en soi, en effet, elle a sa valeur propre, suivant laquelle l'œuvre est plus ou moins heureusement venue, ou même manquée.

Envisagé à ce point de vue, la première impression que produit le livre de Taine est, à mon avis, celle-ci : c'est un livre qui en présuppose un autre ou d'autres, auxquels il répond, en nous en donnant sur toute la ligne la réfutation, l'antithèse, ou plutôt la contrepartie ; c'est la réplique d'un accusateur à une défense déjà présentée, dans l'espèce, par les partisans et les panégyristes de la Révolution et du premier Empire. Leur thèse est la prémisse sous-entendue à laquelle se réfère tout l'ouvrage, et qui nous en explique, outre le ton de polémique, les lacunes et les omissions les plus notables. Ainsi, par exemple, celle relative à la guerre de Vendée, dont l'examen ne rentrait pas dans le plan de l'historien ; celle de l'indication des dates des faits et de leur succession, comme celle aussi des circonstances, des situations diverses mêlées à l'œuvre des principaux acteurs, qu'il ne nous présente jamais dans son *processus* historique continu, mais qu'il nous offre seulement comme un résultat de leurs caractères et de leur manière d'être. De là, suivant moi, outre le manque de clarté, l'atteinte portée à l'efficacité, à la vérité même de ses jugements historiques. Tel son jugement trop rigide sur les institutions et l'œuvre de Napoléon, qu'il met en bloc sous nos yeux, dans ses traits les plus larges, en la projetant, en quelque sorte, hors des particularités du moment historique dans lequel elle s'est produite ; et cette façon de nous montrer en Bonaparte seulement le législateur et l'homme d'État, distinct du guerrier, nous empêche, il faut le dire, de voir en son entier et de bien comprendre aussi cet unique aspect sur lequel s'arrête l'écrivain. Le lien logique intime de l'idée qu'il veut nous donner de la signification historique et de la valeur du grand mouvement français, lien que les critiques révoquent en doute, non sans raison, nous serait apparu plus étroit, si, au lieu de projeter cette idée dans l'étude des faits, du haut de sa théorie, il l'avait laissée s'affirmer d'elle-même sous la trame de ceux-ci, s'adapter à leurs plis infinis, en refléter le mouvement et l'organisme vivants (1). A ce point de

(1) Par quelle étude attentive des écrivains contemporains de la Révolution il avait cependant cherché à se former une idée de celle-ci, c'est ce que témoigne l'article sur Mallet-du-Pan, écrit durant la composition des *Origines*, pour servir de Préface à la

vue, Michelet est admirable. Mais sa faculté maîtresse d'écrivain est l'antithèse de celle de Taine. Ce n'est pas la déduction logique et l'analyse, c'est le sentiment, « le cœur », — il l'a dit lui-même, — qui, chez lui, pénètrent et inspirent l'œuvre tout entière et souvent la rendent vraiment divinatrice.

Ce qui se fait le plus sentir au lecteur, dans le grand travail de Taine, c'est le défaut de proportion entre la masse des matériaux employés, l'effort qu'il lui en a coûté pour s'en servir (on le constate çà et là), et le degré définitif de finesse avec lequel il est parvenu à les mettre en œuvre dans l'exécution de son livre. Sous ce dernier rapport, l'ouvrage manque du jet techniquement parfait ; mais il est admirable dans plus d'une partie, là où le psychologue artiste a réussi à faire marcher de front son travail de pénétration analytique, dans la recherche des causes *génératrices* des faits, avec la reproduction bien nette de leur vie intime. Il n'y est pas toujours parvenu, cependant, de sorte que l'analyse surabonde, finit par fatiguer, et que les matériaux restent souvent à l'état brut. De plus, la conception que l'écrivain se fait de l'idéal de son œuvre et de celui de l'Histoire n'a pu réussir à pénétrer la composition entière de son travail sous une forme vraiment organique. Le livre tient le milieu

Correspondance inédite de Mallet-du-Pan avec l'empereur d'Autriche, de 1794 à 1798, publiée d'après les manuscrits conservés aux archives de Vienne, par André Michel. Cet article a été réimprimé dans les *Derniers Essais de critique et d'histoire*, pp. 189-211. — Parmi les publications de Taine, il faut citer encore *Un séjour en France de 1792 à 1795 : Lettres d'un témoin de la Révolution française*, traduit de l'anglais, 1872.

entre la dissertation scientifique et l'histoire, et le caractère et les procédés de celle-ci et de celle-là y alternent par intervalles entre eux, sans que le travail d'élaboration critique et philosophique propre à la science ait uniquement préparé et précédé (ce qui aurait dû être le cas) l'autre travail tout artistique de l'historien.

A coup sûr, un écrivain ayant, comme lui, le sens si délicat des proportions et de l'eurythmie dans l'art, s'est certainement rendu compte de l'obligation où il était d'allier, dans son livre, la recherche de la psychologie historique avec l'histoire proprement dite. Dans les parties de l'œuvre où il se tire le mieux de cette tâche, dans les volumes sur l'*Ancien Régime* et sur la *Conquête jacobine*, le travail de substruction qui la fait poser tout entière sur les idées philosophiques de l'écrivain, se fait seul sentir, est simplement indiqué, sans trop empiéter sur le champ réservé à l'art et sur les proportions du dessin qu'il doit remplir. La magnifique analyse des origines de la société féodale, du rôle historique de la religion et de l'État, celle de l'esprit classique, presque toutes les Introductions, qui font songer à celles mises par Machiavel en tête des livres de ses Histoires florentines, sont comme autant de blocs de granit sur lesquels il appuie sa critique. La masse et l'ampleur de la matière y sont merveilleusement maîtrisées par l'écrivain. Il ne laisse pas pénétrer, dans la forme définitive de son travail, la préparation sur laquelle il l'établit.

Mais on ne peut en dire autant de l'ouvrage entier. La grandeur de l'entreprise semble avoir outrepassé la mesure sinon du talent, du moins des forces et de la vigueur physique de l'écrivain, qui a fléchi sous le fardeau. Déjà la troisième partie de la *Révolution* (*Le Gouvernement révolutionnaire*) présente, comparée aux deux précédentes, d'abondantes répétitions. L'accumulation des matériaux et des faits est une cause assez fréquente d'encombrement, et ôte au lecteur la vue claire des choses. Dans le *Régime moderne*, principalement, où il est question de la justice distributive dans l'État napoléonien et de la nature des sociétés locales, l'œuvre de recherche historique se transforme en un traité. En tête de chaque chapitre se trouve, sous forme doctrinale, une thèse de sociologie et de psychologie développée ensuite presque point par point. Le lecteur doit forcément remarquer qu'il n'y a pas assez de lien et de proportion entre cette partie de l'ouvrage et les autres parties. Et néanmoins, même en faisant la part des taches, peut-être inséparables d'une entreprise aussi audacieuse que ce grand travail, ce que celui-ci a de monumental, de puissamment nouveau, durera toujours. Dans ce champ d'études parcouru par Taine, ceux mêmes qui suivront une autre voie seront obligés, pour ne pas s'égarer, de ne jamais perdre de vue les traces profondes qu'il y a laissées.

CINQUIÈME PARTIE

LES DOCTRINES SUR L'HOMME ET SUR LA VIE
SUR LA SOCIÉTÉ ET SUR L'ÉTAT
TAINE ÉCRIVAIN, PHILOSOPHE ET HOMME

―――――

Si l'on veut, après une lecture attentive de l'œuvre de Taine, en résumer brièvement l'esprit, on dira qu'elle est une des plus vastes enquêtes de faits et de données morales sur l'homme et sur la vie, qui ait jamais été menée à l'aide de l'investigation historique. La façon constante dont l'écrivain y étudie les choses, sa manière même de les concevoir et de les représenter, sont toujours celles d'un philosophe, ou, plutôt, d'un psychologue de l'histoire. Ce tour d'esprit est comme le moule dans lequel il jette et fond, en un délicat travail homogène de pensée et d'art, la matière immensément variée de toutes ses études ; en sorte que tout problème devient pour lui un problème d'histoire, que la critique littéraire et artistique se transforme, entre ses mains, en un dépouillement de documents humains. Et j'ai déjà montré comment les premiers germes de sa doctrine, dans laquelle il voudrait unir les analyses de la philosophie française aux déductions de l'idéalisme hégélien, sont en lui non les produits de la pensée abstraite, mais d'une intuition intellectuelle qui le guida en tant qu'artiste et lui fit pénétrer le sens et l'âme des faits historiques.

Ici, une question s'offre d'elle-même à l'esprit du lecteur qui l'a accompagné dans son voyage à travers l'Histoire. Quelle idée se fait de l'homme et de la vie, de leur prix et de leur valeur morale, cet explorateur d'âmes, ce philosophe et cet historien de l'humanité ? Sur quel fond lumineux, serein ou triste, se présente à lui ce type idéal de l'homme qu'il semble rechercher dans la variété de ses formes historiques ?

I

Si Taine était toujours resté strictement fidèle au principe de l'objectivité absolue de l'investigation scientifique, dont s'inspire sa doctrine, il n'aurait jamais dû apporter, dans l'étude de la réalité et des hommes, aucun sentiment d'approbation ou de désapprobation. A la recherche de la signification que les faits de l'esprit humain, examinés seulement en eux-mêmes, et les théories et les formes de l'art revêtent en face des exigences de la pensée scientifique pure, il n'aurait jamais joint l'examen moral de leur valeur pratique, des conséquences qui en sortent pour la vie privée et la vie publique. La vérité scientifique, pensait-il, n'est ni gaie ni triste ; les lois des choses ne sont en elles-mêmes ni bonnes ni mauvaises ; elles sont ce qu'elles sont. « Affirmer qu'une doctrine est vraie parce qu'elle est utile ou belle, c'est la ranger parmi les machines de gouvernement ou parmi les inventions de la poésie (1) ».

Nous avons cependant vu comment Taine déroge souvent, en fait, aux principes qui dirigent sa méthode ; comment, chez lui, nature complexe de penseur et d'écrivain, de « dialecticien qui écrit comme un poète », a dit M. A. Sorel, et de subtil essayeur d'âmes, la sensibilité de l'artiste et de l'homme foncièrement moral participe toujours à l'œuvre de la pensée, n'en laisse jamais passer la vision à travers son intelligence, sans qu'elle ne se reflète avec émotion dans son cœur. Sans doute, Frédéric Amiel note avec quelque raison, comme nous l'avons vu plus haut, que son œuvre exhale « une odeur de laboratoire », que son style « tient de la chimie et de la technologie », que, chez lui, la science est « inexorable » ; mais il n'est pas moins vrai d'ajouter qu'il n'y a pas une seule page de son œuvre où ne circule, sous les formes symétriques de sa pensée, une chaleur latente intense, révélant une âme qui en est tout entière pénétrée. A peu d'écrivains autant qu'à lui conviendrait, comme épigraphe, le doux hémistiche de Virgile : *Mentem mortalia tangunt.* C'est que peu d'écrivains ont senti, autant que lui, combien est souvent triste la vérité des choses, même

(1) *Nouveaux Essais de critique et d'histoire*, p. 40.

quand on les regarde avec l'œil calme de l'observateur, qui ne leur demande rien de plus que ce qui a été si admirablement exprimé d'un seul mot par l'auteur de l'*Éthique* : les « comprendre ».

Telle est aussi, pour le philosophe français, la tâche suprême, ou plutôt unique de la science. Tout ce que les aspirations et les idéals du cœur introduisent dans notre façon de juger et de nous représenter l'univers, où cet univers dont nous sommes à peine un atome, tout cela nous appartient, est la mesure de nos sentiments et de nos besoins moraux, non du fond et de la valeur des choses. L'attitude d'esprit imposée par la science à qui la professe aussi comme règle de vie, est ainsi la même sous laquelle se présentent à nous, dans l'histoire de la pensée humaine, deux des philosophes qui ont le plus honoré la philosophie : Benoît Spinoza et Marc-Aurèle Antonin. « L'âme du sage », dit l'*Éthique*, « peut à peine être troublée. Possédant, par une sorte de nécessité éternelle, la conscience de soi-même et de Dieu et des choses, jamais il ne cesse d'être; et la véritable paix de l'âme, il la possède pour toujours (1) ». Et les *Pensées* de Marc-Aurèle, que Taine appelait son « catéchisme », — il les avait toujours sous son chevet et les relisait

(1) Dernière partie, conclusion. — Au sujet de ce qui constitue suivant Taine, le principe dirigeant de la conduite morale de l'homme, suggérée et imposée par la science, c'est-à-dire au sujet de la nécessité qui lui commande de reconnaître et d'accepter l'ordre éternel de la nature et des choses, dans lequel, comme individu, il disparaît et n'a qu'une existence éphémère, lire, dans les *Nouveaux Essais de critique et d'histoire*, les belles pages sur *Marc-Aurèle* (pp. 3o1-316) et la biographie de *Franz Wœpke* (pp. 385-394), ainsi que les *Notes sur Paris : M. Graindorge*, chap. xx : *la Morale* (*passim*). — Le lien étroit qui unit, dans la doctrine de Taine,

avant de mourir, — peuvent se ramener à un seul précepte : « Vis en harmonie avec le cosmos ». Cette disposition intime de tout notre être moral, que les deux grands ascètes de la philosophie présupposent en qui sait bien les comprendre, — l'apaisement des passions, obtenu grâce au savoir, et le plein abandon de nous-mêmes au sein de la nature, mère et souveraine de toutes choses, — paraissait à Taine le meilleur fruit de cette contemplation supérieure de l'ordre des choses, qui nous en fait accepter volontiers, mieux encore que les subir, les lois immuables. « En cette persuasion seulement, pensait-il, on trouve le repos absolu de l'âme, qui exclut tout doute, et qui enchaîne l'esprit comme avec des nœuds d'airain ». Il écrivait ces lignes à vingt et un ans. Et encore : « Le meilleur fruit de notre science est la résignation froide, qui, pacifiant et préparant l'âme, réduit la souffrance à la douleur du corps (1) ».

C'est l'état d'âme et d'esprit qu'Ernest Renan, lui aussi, croyait convenir le mieux à l'homme de science, et auquel il se flattait d'être également parvenu. Mais la légère ironie qui soudain lui monte aux lèvres, chaque fois qu'il le décrit, comme s'il se divertissait à une thèse favorite, nous indique qu'une résignation si souriante n'a pas dû trop lui coûter. Il semble s'y reposer et s'y jouer avec l'élégance exquise d'un épicurien de la pensée.

les principes dirigeants de la morale à l'idée de la nécessité universelle des choses, est vigoureusement exposé et démontré dans le livre de M. V. Delbos, que j'ai cité plus haut.
(1) A. Sorel, *Discours de réception à l'Académie française;* — et *Notes sur Paris : M. Graindorge*, p. 267.

Chez Taine, au contraire, la stoïque acceptation de la nécessité des choses, telle que la lui offre la science, est une victoire douloureuse du penseur sur l'homme tout entier, qui, par respect pour le vrai, se fait un devoir de réprimer en lui les révoltes du sentiment et de leur imposer silence au nom de la raison. Elle n'est pas d'une « froide résignation », la note vibrante et émue qu'il a mise dans tant de pages. Ainsi, par exemple, quand il parle, dans le *Voyage en Italie*, de la Niobé de Florence, comparée à l'humanité, le spectacle des ruines et des malheurs humains soulève sa prose jusqu'à l'éloquence passionnée de l'élégie. « Que de ruines, et quel cimetière que l'histoire ! Que de palpitations humaines dont il ne reste d'autre trace qu'une forme imprimée dans un morceau de pierre ! Quel sourire indifférent que celui du ciel pacifique, et quelle cruelle beauté dans cette coupole lumineuse étendue tour à tour sur les générations qui tombent, comme le dais d'un enterrement banal !... Quand l'homme a parcouru la moitié de sa carrière, et que, rentrant en lui-même, il compte ce qu'il a étouffé de ses ambitions, ce qu'il a arraché de ses espérances, et tous les morts qu'il porte enterrés dans son cœur, alors la magnificence et la dureté de la nature lui apparaissent ensemble, et le sourd sanglot de ses funérailles intérieures lui fait entendre une lamentation plus haute, celle de la tragédie humaine, qui se déploie de siècle en siècle pour coucher tant de combattants dans le même cercueil (1) ».

(1) Cette page du second volume du *Voyage en Italie* (pp. 79-80) a été citée aussi par M. P. Bourget. Dans son beau récit, *L'ancien Maître* (*Revue des Deux Mondes*, 1ᵉʳ février 1895), celui-ci dit, en

Un grand sérieux attristé transparaît toujours aussi sous le voile de la satire que l'écrivain sème à pleines mains dans le *Voyage aux Pyrénées* et dans *M. Graindorge*, quand il dépeint les mœurs et la vie des villes, en particulier celle de Paris ; il n'est pas de sarcasme qu'il épargne à cette dernière, alors qu'il la fait défiler devant nous avec ses bals, ses théâtres, ses cafés, ses conversations et ses mœurs de famille, dont il nous montre la vanité, la frivolité, la laideur, la fausseté, le ridicule (1). Dans la description qu'il trace des défauts et des passions des hommes modernes, fils d'une civilisation fatiguée, on trouve toujours une étude analytique subtile, insistante, acharnée, qui semble se complaire à mettre en relief ce qu'il y a de plus laid et de plus répugnant, et à nous en faire savourer à petits traits toute l'amertume (2).

Mais on se tromperait à l'apparence. Le caractère trop cru et trop âcre de ces analyses trahit non seulement l'habitude d'esprit de l'observateur

---

faisant évidemment allusion à Taine : « Je me souvenais d'un de mes maîtres, le plus grand penseur de l'époque, avec qui, deux ans avant sa mort, je me promenais dans un bois, en automne. — « J'essaye d'apprendre à mourir en regardant ces arbres qui se « dépouillent et qui l'acceptent, me disait-il. Mais que c'est dur ! »

(1) Le titre seul du livre indique le ton satirique et sarcastique dans lequel il est écrit : « *Notes sur Paris : Vie et Opinions de M. Frédéric-Thomas Graindorge, docteur en philosophie de l'Université d'Iéna, principal associé commanditaire de la maison Graindorge et Cie (huiles et porc salé, à Cincinnati, États-Unis d'Amérique). Recueillies et publiées par H. Taine, son exécuteur testamentaire.* »

(2) L'assertion suivante en dira beaucoup à ce sujet : « Aucune créature humaine n'est comprise par aucune créature humaine. Tout au plus par habitude, patience, intérêt, amitié, elles s'acceptent ou se tolèrent ».

qui raisonne à outrance, même quand il ne devrait que regarder et dépeindre; il trahit aussi en quelque sorte l'effort d'un homme qui s'impose de voir clair à tout prix jusqu'au fond des choses, en raison même de ce qu'elles lui causent souvent plus de dégoût. Cette attitude est pour lui un devoir de sincérité envers les lecteurs et envers lui-même (1). Taine veut avoir le courage de regarder bien en face toute la vérité, même effrayante. Il ressemble à un chirurgien à qui la vue des plaies ferait mal, et qui précisément pour cette raison ne se lasserait jamais, par scrupule de conscience, de les examiner et de les palper. C'est là ce que se dit le lecteur de *M. Graindorge*, quand il trouve dans ces *Notes sur Paris*, au sujet des femmes, des jugements qui rappellent ceux de Schopenhauer. On sait pourtant par les biographes de Taine qu'il inclinait à juger presque toujours avec bienveillance les personnes et les choses. Il ne les voyait certainement pas en noir, comme le grand solitaire de Francfort, par suite d'une conformation organique de son œil mental. Son instinct d'artiste les lui embellissait plutôt, et la bonté innée de son cœur le disposait à les juger avec indulgence; mais l'habitude de l'observation scientifique le poussait à bien se tenir en garde contre les erreurs et les illusions auxquelles la première impression aurait pu l'entraîner. Et en cela peut-être il se trompait assez fréquemment, comme il advient à ceux qui veulent trop se garder contre tous et contre tout. La tendance prudente de l'esprit

---

(1) « La faculté maîtresse de Taine », dit M. Émile Faguet, « c'était la probité ». *Politiques et Moralistes du XIX° siècle*, 3° série, p. 237.

critique, qu'il retrouve et loue dans Sainte-Beuve, un de ses maîtres, — « n'être dupe de rien ni de personne, ni surtout de soi-même ;... démêler les lois de l'optique morale... », — lui faisait trop voir presque toujours, comme l'a dit aussi l'auteur des *Landis* dans son petit roman par lettres, *Le Clou d'or*, « la *planche* sous le tapis, la *latte* et le galetas sous le plafond doré, le squelette sous tout ce qui le revêt (1) ». C'est un peu la même manière de voir les choses et la vie qui a inspiré à un génie bien différent de celui de Taine, mais que notre historien a compris admirablement, à Swift, la fine et cruelle satire des *Voyages de Gulliver*, et des pages de pamphlets qui semblent trempées dans le fiel (2).

Dans l'*Histoire de la Littérature anglaise*, où il s'étend longuement sur le grand humoriste, Taine montre que l'*infélicité* dont Swift fut victime provint

(1) Publié par son dernier secrétaire, M. Jules Troubat, 1880. p. 42. — Voir, au sujet de la disposition d'esprit que Taine porte dans *M. Graindorge* et dans celles de ses autres œuvres « où il raisonne ses émotions », les observations pénétrantes de M. Gaston Deschamps dans *La Vie et les Livres*. 2ᵉ série, pp. 126-127.

(2) Il nous suffira de citer quelques traits de *M. Graindorge* relatifs aux femmes et au mariage. « Il y a dans tout ménage une plaie, comme un ver dans une pomme ». — « On s'étudie trois semaines, on s'aime trois mois, on se dispute trois, on se tolère trente ans, et les enfants recommencent ». — « Peu importe à une femme l'esprit, la beauté, le vrai mérite ; elle les reconnaît, mais des lèvres. *Il me plaît*, ce mot dit tout, emporte tout ». — « Quand vous voyez à votre future des joues roses et des yeux candides, ne concluez pas qu'elle est un ange, mais qu'on la couche à neuf heures et qu'elle a mangé beaucoup de côtelettes ». Une des choses le plus à noter, dans ce livre, c'est que Taine y applique constamment à la société française son procédé méthodique de psychologie comparée, en établissant à chaque instant un parallèle entre les Français et les étrangers, et particulièrement entre les femmes françaises et les Allemandes, les Anglaises et les Américaines.

avant tout de ceci : il n'eut ni l'heureuse médiocrité des esprits pratiques, qui prennent la vie telle qu'elle est et s'y adaptent, parce qu'ils n'osent pas la juger, ni la supériorité absolue qui dépasse les choses, les regarde de haut, en embrasse les lois, en saisit l'harmonie puissante et inspiratrice. Génie vigoureux, mais non large, nature aride, positive, méprisante, Swift ne voulut pas voir dans la vie, et n'y chercha pas non plus ce qu'elle a de plus haut ; il s'arrêta simplement à son côté le moins beau, — le prosaïque, le trivial. Misanthrope et rebelle né, il rabaissa et avilit tout, sans avoir la force d'élever ses yeux vers quelque idéalité consolante. Incapable d'admirer, d'aimer et de croire, n'ayant de puissance que pour haïr et pour détruire, il souffrit et fit souffrir les autres du tourment auquel le condamnait l'atrabilité de son génie, qui s'éteignit dans la folie. Les pages superbes où Taine démontre que la sombre vision des maux et des bassesses de l'humanité n'a jamais été traversée, chez Swift, par un seul rayon idéal de l'art et de la philosophie, témoignent amplement que l'âme et l'esprit de celui qui parle ainsi doivent avoir éprouvé, au contraire, leur action consolatrice et apaisante (1).

1) *Histoire de la Littérature anglaise*, t. IV, pp. 18-19, 81-82. — Il faut relire aussi, dans *M. Graindorge*, ce beau passage (p. 269) : « Regarde autour de toi, voici une occupation moins animale : la contemplation. Cette large plaine fume et luit sous le soleil généreux qui l'échauffe ; ces dentelures des bois reposent avec un bien-être délicieux sur l'azur lumineux qui les borde ; ces pins odorants montent comme des encensoirs sur le tapis des bruyères rousses. Tu as passé une heure, et pendant cette heure tu n'as pas été une brute ; tu peux presque te vanter d'avoir vécu ».

Et c'est la vérité. La note réconfortante qui, çà et là, rompt le ton pessimiste de *M. Graindorge*, — comme dans les belles pages sur Beethoven, — et qui, dans ses livres sur l'art et dans ses écrits philosophiques, imprime souvent à l'allure tranquille de la prose didactique le mouvement de la poésie, naît spontanément chez Taine de ses fantaisies d'artiste, de la conception — qui est au fond de sa doctrine — d'un plan idéal de l'univers envisagé comme unité vivante de lois et de forces divines. *Infusa per artus mens agitat molem*. Examinée de trop près, dans le cercle étroit de l'expérience journalière, à la loupe minutieuse de l'analyse, la réalité de la vie lui apparaît basse, laide, triviale. Contemplée du haut des *sapientum templa serena*, — pour employer l'expression d'un autre grand désabusé, — elle se révèle à ses yeux dans l'harmonie grandiose de la logique divine qui y circule. C'est la vision métaphysique des stoïciens et de Marc-Aurèle, de Gœthe et des grands idéalistes allemands. « Vous tolérerez et même vous aimerez le monde, si, pénétrant dans sa nature, vous vous occupez à expliquer ou à imiter son mécanisme. Vous vous intéresserez aux passions par la sympathie de l'artiste ou par la compréhension du philosophe ; vous les trouverez naturelles en ressentant leur force, ou vous les trouverez nécessaires en calculant leur liaison ;... vous admirerez le monde comme un drame grandiose ou comme un développement invincible, et vous serez préservé par l'imagination ou par la logique du dénigrement ou du dégoût (1) ».

(1) *Histoire de la Littérature anglaise*, t. IV. p. 20.

II

Tout lecteur familier avec les doctrines allemandes contemporaines sait que le pessimisme philosophique, tel que le formula, le premier, Arthur Schopenhauer, voit précisément dans la contemplation sereine, dont seuls le génie et la sainteté peuvent atteindre les hauteurs, l'unique moyen offert à notre esprit pour se soustraire à la triste réalité de la vie, pour s'élever au-dessus de celle-ci, en la dépassant. Seulement, il faut noter ici que l'écrivain français arrive à la même conclusion, en partant d'une doctrine métaphysique diamétralement opposée à celle des pessimistes allemands. Pour Schopenhauer et aussi pour Édouard de Hartmann, l'univers n'est qu'une absurdité énorme; il est l'antithèse de la raison et de toutes ses exigences logiques; il porte dans la racine même de son existence un germe de mal et de faute dont sort la douleur, l'inutile misère (*l'inutile miseria*, suivant l'expression de Leopardi) de toutes les créatures qui naissent à la lumière. Cette idée-mère du pessimisme érigé en système, quoique adoucie en partie par Hartmann, s'est développée jusqu'à ses extrêmes conséquences chez les derniers et les plus décidés adeptes de l'école: Mainländer et Bahnsen. Frédéric Nietzsche, dans un de ses premiers ouvrages, où il se montre disciple passionné de Schopenhauer, est allé jusqu'à taxer d'absurdité, de manque d'harmonie et de proportion entre les moyens et la fin, l'œuvre de la nature (1).

Or, nul des philosophes contemporains n'est plus éloigné que Taine de cette doctrine des pessimistes allemands. Il s'accorde en effet avec Hegel pour faire de l'idée, de la rationalité et de l'harmonie intérieure qui « soutiennent » l'ordre des choses, la loi et le but de l'univers. Ses pages les plus senties sont peut-être celles qui lui ont été inspirées, dans les *Essais de critique et d'histoire*, dans le *Voyage en Italie*, dans le *Voyage aux Pyrénées*, par l'enthousiasme lyrique avec lequel il décrit la beauté sublime du paysage montagneux, les immenses forêts solitaires, « assemblée silencieuse », « peuple paisible des êtres qui ne pensent pas » ; « éternellement jeunes » parce qu'ils sont plus proches que nous de « la grande source dont notre petite vie n'est qu'un flot ». — « Plus on regarde la nature, plus on la trouve divine, divine jusque dans ses rochers et ses plantes (2) ».

Jamais la parole de l'écrivain ne résonne si haut et ne pénètre aussi profondément le sens original des mythes antiques, que dans les instants où toutes les énergies de l'esprit et de la sympathie vibrent chez lui à l'unisson de la grande âme des choses. Les forces génératrices intimes qui s'y meuvent, et desquelles

---

(1) *Unzeitgemässe Betrachtungen*, drittes Stück : *Schopenhauer als Erzieher*. Schloss-Chemnitz, 1874. — Parlant de la nature, Nietzsche dit entre autres choses : « *Ihre Mittel scheinen nur Tastversuche, zufällige Einfälle zu sein, so dass es ihr mit ihrer Absicht unzählige Male missklingt* » (Pp. 86-87). (Ses moyens semblent n'être que des tentatives, que des lubies du moment, de telle sorte que ses desseins avortent un nombre incalculable de fois).

(2) *Essais de critique et d'histoire*, pp. 393-394 ; — et *Histoire de la Littérature anglaise*, t. IV, p. 384.

tout surgit, en vertu d'une nécessité éternelle, apparaissent au poète philosophe comme une puissance illimitée, mais souvent aussi exterminatrice, nullement faite, comme on l'a cru, pour le service de l'homme, mais qui peut lui venir en aide quand, au moyen de la raison, il sait s'accommoder à elle, en dominant ses instincts et ses désirs, en les mettant en harmonie avec les lois de la vie physique, morale et sociale.

La beauté et le calme du grand art classique expriment, selon Taine, la forme la plus haute, qui soit apparue dans l'histoire, d'un type humain produit par l'équilibre de toutes les tendances et de toutes les forces spontanées de l'individu et du corps social avec une civilisation jeune, telle que la civilisation grecque. Dans l'Inde et chez les Śmites, dans les anciennes tribus germaniques, l'homme nous apparaît ou courbé sous le poids d'une religiosité exaltée et maladive, ou tendu en un effort extrême de farouche héroïsme barbare. A Rome, l'homme est absorbé tout entier par le citoyen, il est dominé par les exigences de la politique et des mœurs, ainsi que par l'État. L'eurythmie de la vie et de la personne humaine ne se profile entière qu'aux meilleurs moments de la civilisation hellénique, chez un peuple né artiste, comme le peuple athénien, libre et discipliné, grandi dans les sains exercices du corps, et pour lequel la religion n'était qu'une poésie inspirée par la belle nature, l'État un organisme vivant d'institutions nées autour de la famille, la philosophie et la science elles-mêmes qu'une œuvre d'art, une juvénile et sublime curiosité du vrai.

La statuaire, l'art grec par excellence, nous a donné l'idéal de la figure humaine, en laquelle toute l'économie, l'attitude et l'expression du corps, admirable dans ses proportions, atteignent leur comble et en quelque sorte leur couronnement dans l'esprit, dans l'être moral, qui sont « comme le terme et la fleur de l'animal physique ». La profonde définition d'Aristote : ψυχή ἐντελέχεια σώματος φυσικοῦ ὀργανικοῦ, « aurait pu être écrite par tous les sculpteurs grecs », et elle nous donne « l'idée mère de la civilisation hellénique (1) ».

L'homme que celle-ci a produit est, dans sa représentation plastique, « un bel animal presque parent du cheval de noble race »; il provient, comme celui-ci, d'un long croisement; il naît libre, fort, sobre, courageux, comprenant et savourant le plein usage de la vie physique, perfectionnée dans la palestre et dans les gymnases, où l'éphèbe athénien — le Charmide de Platon — écoute, aux moments de repos, les philosophes. La santé et la sereine eurythmie intérieure de l'âme grecque, exprimées par la poésie classique et par ses meilleurs interprètes, ont leur type le plus haut dans le caractère d'Iphigénie, telle que l'a conçue Gœthe. Celui-ci, avant d'en faire le sujet d'une tragédie où il a donné « une sœur presque jumelle à l'Antigone de Sophocle et aux déesses de Phidias », employait des journées à dessiner les plus parfaites statues, pour habituer son œil aux formes harmonieuses de la vie antique (2).

(1) *Philosophie de l'Art*, t. II, p. 349.
(2) *Voyage en Italie*, t. I, pp. 55-56; — *Histoire de la Littérature anglaise*, Introduction. p. XI.

Mais cet accord intime de l'homme avec la nature avec la société, avec lui-même, — idéal exprimé par l'art, et duquel le peuple grec s'approcha plus que tout autre, — est désormais loin de nous. Aujourd'hui encore, dans le déséquilibre qui existe entre les instincts et la raison, dans l'excès de nos sentiments, dans la disproportion de nos facultés, dans le contraste qu'opèrent, en la conscience morale, l'idée du surnaturel et celle de la nature, notre esprit se ressent des luttes et des tempêtes intérieures qu'il a subies depuis des siècles. Entre la civilisation grecque et la nôtre se placent le christianisme et le moyen âge. Nous sommes les fils de Faust, non d'Hélène. Et Taine, tout en reconnaissant la haute importance historique et la supériorité morale du christianisme sur la culture antique, ne peut s'empêcher de se sentir attiré vers les idéals de vie du monde classique et possédé du désir de les ressusciter. C'est la tendance qui dirigea les hommes de la Renaissance, et que, parmi les modernes, Gœthe a mieux réussi que tout autre à incarner dans son œuvre. Par son retour passionné au sentiment esthétique et au concept classique de la vie, le philosophe français nous apparaît, avec tous ceux qui formèrent, à son exemple, leur pensée sur les écrivains anciens, comme un disciple et un adorateur de la Renaissance. J'ai déjà noté que sa philosophie de l'art ne veut voir, dans la peinture et dans la sculpture italiennes, d'autre mérite supérieur ou égal à celui d'avoir, après les Grecs, *retrouvé* encore une fois la complète expression esthétique du nu, du corps du « bel animal humain » et de son attitude. Ce qui lui fait tant admirer nos artistes du xvi⁰ siècle, même comme hommes, dans leur vie libre et non artificielle, ce qui le dégoûte, par contre, de notre vie à nous, c'est un sentiment qui s'explique par sa nature aux facultés si complexes, se rendant si subtilement compte du besoin de les concilier et de les développer en pleine harmonie. Ce sentiment, si souvent exprimé par lui, c'est que le mal auquel se heurte toujours davantage la civilisation moderne est avant tout l'appauvrissement de la personne humaine, intellectuelle et morale, qui perd toujours de plus en plus du sain équilibre de ses facultés, et qui, en s'affinant, se trouble et s'altère. L'excessive division du travail, qui, par l'emploi d'une faculté unique, tue en nous les autres facultés; la tension continue de l'esprit et des sens, qui aiguise les nerfs aux dépens des muscles; l'immensité, en somme, de l'effort que nous coûte notre civilisation, et pour résumer brièvement la chose, tout ce qui pénètre chaque jour davantage d'artificiel et de faux dans notre vie et l'éloigne de la simplicité naturelle, en voilà le vice et le danger toujours croissants.

L'art et la science elle-même se ressentent, aujourd'hui, de notre éloignement de la réalité et du vrai, de cette espèce de déformation et de mutilation que produisent, chez presque tous les travailleurs de l'esprit, l'emploi exclusif d'une de nos facultés et leur limitation à un unique objet d'étude; de même que, dans le travail manuel, l'exercice continu d'un seul organe du corps déforme l'ouvrier. Plus d'une fois, à propos de cette influence exercée par le milieu social moderne sur le développement de la personne humaine, Taine compare la civilisation anglaise à la civilisation française ; et, sous plus d'un aspect, celle-là lui semble supérieure à celle-ci. Le Français est, selon lui, d'ordinaire trop surexcité, trop nerveux et inquiet. « Un jeune Anglais riche, de bonne famille, de sang tranquille, qui a beaucoup ramé, boxé et couru à cheval, qui a les idées droites et saines, qui vit volontiers à la campagne, est de nos jours la moins imparfaite imitation du jeune Athénien ; il a parfois le même visage uni et le même regard tranquille (1) ». Mais ce qui, à Londres comme à Paris et dans toutes les grandes villes, frappe le plus le critique moraliste, c'est le spectacle de la concurrence impitoyable que se font les hommes pour vivre, pour jouir et pour parvenir. Londres, la cité monstrueuse, lui fait l'effet d'une immense forêt sauvage où les bêtes de proie de toute espèce se livrent du matin au soir à la chasse les unes des autres, pour se déchirer, satisfaire leur faim, puis, bien repues, se reposer. « Il y a trop d'hommes aujourd'hui dans le monde, trop de compression et trop d'effort (2) ». Et quand il veut nous présenter les traits caractéristiques du *type humain*, qui, selon lui, est actuellement le produit le plus authentique de notre société démocratique, sortie de la Révolution, dans laquelle tous s'efforcent de s'élever au-dessus de leur état, il nous dit : « Le personnage régnant aujourd'hui n'est plus l'homme de salon, dont la place est assise et la fortune faite, élégant et insouciant, qui n'a d'autre emploi que de s'amu-

(1) *Voyage en Italie*, t. II, p. 166.
(2) *Notes sur Paris : M. Graindorge*, p. 287.

ser et de plaire ; qui aime à causer, qui est galant, qui passe sa vie en conversation avec des femmes parées, parmi des devoirs de société et les plaisirs du monde ; c'est l'homme en habit noir, qui travaille seul dans sa chambre ou court en fiacre pour se faire des amis et des protecteurs ; souvent envieux, déclassé par nature, quelquefois résigné, jamais satisfait, mais fécond en inventions, prodigue de sa peine, et qui trouve l'image de ses souillures et de sa force dans le théâtre de Victor Hugo et dans le roman de Balzac (1) ».

Cette page, exprimant une idée qui revient à diverses reprises dans l'œuvre de Taine, a été écrite vers 1863. S'il l'écrivait aujourd'hui, il serait peut-être tenté de chercher le type du personnage idéal qui représente notre génération à la fin de ce siècle, ou dans l'avocat industrieux, dans le plébéien parvenu auquel l'audace sans scrupules tient lieu de talent, et qui, dans les pays latins, s'élève tout à coup, à travers les intrigues et les menées de la politique parlementaire, à la fortune et aux honneurs ; ou bien dans le névrosé criminel, dans le *mattoïde*, qui constitue l'éternel protagoniste des romans d'Émile Zola (2).

Taine ne condamne cependant pas, avec Jean-Jacques Rousseau et son école, l'œuvre entière de la

---

(1) *Histoire de la Littérature anglaise*, t. IV, pp. 237-238.
(2) Au sujet de ces vues de Taine sur la vie antique et sur la vie moderne, il faut lire avant tout le *Voyage en Italie*, les *Notes sur Paris*, la *Philosophie de l'Art* et les *Essais de critique et d'histoire* (passim), et, dans l'*Histoire de la Littérature anglaise* (t. V, pp. 420-470), plus particulièrement le chapitre sur Tennyson, où l'auteur revient et s'arrête longuement à la comparaison, déjà établie dans ses autres ouvrages, entre la vie anglaise et la vie française.

civilisation. L'homme, sorti à l'origine des mains de la nature « bon, amant de la justice et de l'ordre, puis gâté par la société », tel que l'a conçu l'auteur de l'*Émile*, est un être de raison, un rêve de la philosophie. « L'homme est un animal par nature et par structure, et jamais la nature ni la structure ne laissent effacer le premier pli... S'il n'est pas sûr qu'il soit par le sang un cousin éloigné du singe, du moins il est certain que, par sa structure, il est un animal très voisin du singe... Il a des canines comme le chien et le renard, et, comme le chien et le renard, il les a enfoncées dès l'origine dans la chair d'autrui. Ses descendants se sont égorgés avec des couteaux de pierre pour un morceau de poisson cru. A présent encore, il n'est pas transformé, il n'est qu'adouci. La guerre règne comme autrefois, seulement elle est limitée et partielle (1) ».

Le rôle social de la religion et de l'État dans la culture des peuples primitifs consista avant tout à mitiger et à domestiquer, à discipliner et à tenir en bride « l'animal humain »; et l'on peut dire que ce rôle continue à être le même encore aujourd'hui, puisqu'il y a dans l'homme « un fonds persistant de brutalité, de férocité, d'instincts violents et destructeurs (2) ».

Taine a écrit, dans son essai sur le *Bouddhisme* et dans ses *Origines de la France contemporaine*, quelques-unes de ses plus belles pages sur les fondateurs de religions, sur ceux qui, comme Çakya Mouni et le Christ, ont prononcé, dans les grandes crises de l'hu-

---

(1) *Notes sur Paris: M. Graindorge*, pp. 267-268 ; — et *L'Ancien Régime*, t. II, pp. 56-57.
(2) *L'Ancien Régime*, t. II, p. 60.

manité, « la parole unique », qui est allée directement
non seulement à l'esprit, mais au cœur des hommes
de leur temps et de leur race, et qui les a soulevés
par millions (1) ; « la parole unique, héroïque ou tendre,
enthousiaste ou assoupissante », la seule qu'autour
d'eux et après eux le cœur et l'esprit voulussent entendre, la seule qui fût adaptée à des besoins profonds, à des aspirations accumulées, à des facultés
héréditaires (2) ». Quand on rapproche les derniers
écrits du philosophe des premiers, on constate forcément combien, à mesure que son esprit mûrissait,
il a jugé avec une sérénité toujours plus large l'œuvre du christianisme en général, et en particulier
celle du catholicisme et de son clergé. Dans les
Origines de la France contemporaine, il lui reconnaît
sa part d'action bienfaisante sur la société moderne,
et il a des paroles de blâme légitime contre le
sophisme athée et la violence révolutionnaire qui
voulurent en déposséder la France.

Quant à l'État, l'idée qu'il en a, et qui s'affirme
toujours plus nettement dans ses *Origines*, n'est pas
identique, mais ressemble en substance à celle de
Schopenhauer, qui définissait le pouvoir politique
« une espèce de muselière mise à la bouche de cet
animal carnivore qui est l'homme », et qui, en mou-
rant, laissa par testament un legs aux veuves et aux
orphelins des soldats prussiens tombés, en 1849, dans
les journées de Francfort, en défendant l'ordre public.
Taine, qui était né en France et n'était pas issu,

---

(1) *Nouveaux Essais de critique et d'histoire*, pp. 335-336.
(2) *L'Ancien Régime*, t. II, p. 9.

comme Schopenhauer, d'une génération à laquelle Heinrich von Treitschke refuse à juste titre le sentiment et la notion de l'État, en comprit la fonction sociale; il l'envisagea certainement sous un aspect beaucoup plus large que Schopenhauer, à la lumière des sciences historiques, auxquelles le grand métaphysicien allemand était résolument hostile. Il compare, dans les *Origines*, cette fonction à celle du cerveau qui règle les mouvements de l'organisme, et maintient l'équilibre et les relations vitales. Mais, au fond, pour lui aussi l'État continue à rester par nature ce qu'il était dès le début : un instrument de protection pour les faibles et de répression contre les violents. C'est « le gendarme armé contre le sauvage, le brigand et le fou que chacun de nous recèle, endormis ou enchaînés, mais toujours vivants, dans la caverne de son propre cœur (1) ».

III

« Au fond de toute œuvre d'art, — a dit Taine, — il y a toujours une idée de la nature et de la vie ». Nous

---

(1) *L'Ancien Régime*, t. II, p. 62. — « L'État était pour Taine le dernier des monstres scolastiques, qu'il avait résolu d'anéantir : il était absolument réfractaire à la raison d'État ». A. Sorel, *Discours de réception à l'Académie française*. — Renan partageait cette manière de voir. « Leur libéralisme — dit le *Figaro* du 8 mars 1893 — se rencontra en présence d'un ennemi commun. Ils eurent tous deux une haine, une solide haine, réfléchie, documentée, justifiée et nourrie, la haine de l'État. C'est en paroles violentes que ces deux écrivains, ordinairement si mesurés, apprécièrent son rôle excessif, ses intrusions, son despotisme et sa stupidité ».

en avons la preuve dans la façon dont il se représente, en philosophe artiste, les causes motrices et transformatrices de la vie historique, qui, pour lui, se réduisent tout entières à un problème de mécanique de l'homme moral. Celui-ci, nous le savons, n'est pas, aux yeux du psychologue déterministe, une personne, un agent libre ; il est la résultante naturelle de toutes les forces internes et externes qui en composent la trame psychique et la conscience, et qui en constituent le caractère.

Les formes de la morale, qui diffèrent tant d'un peuple à un autre, ne sont que le produit nécessaire de tous les facteurs de la vie historique. « La morale varie, mais suivant une loi fixe, comme une fonction mathématique. Chaque société a ses éléments, sa structure, son histoire, ses alentours qui lui sont propres, et partant ses conditions vitales qui lui sont propres. Dans la ruche, sitôt que l'abeille reine est choisie et fécondée, cette condition est le massacre des femelles rivales et des mâles inutiles (Darwin). En Chine, c'est l'autorité paternelle, l'éducation littéraire et l'observation des rites. Dans la cité antique, c'était l'omnipotence de l'État, l'éducation gymnastique et l'esclavage. En chaque siècle et chaque pays, ces conditions vitales sont exprimées par des consignes plus ou moins héréditaires, qui prescrivent ou interdisent telle ou telle classe d'actions. Quand l'individu pense à l'une de ces consignes, il se sent *obligé ;* quand il y manque, il a des *remords :* le conflit moral est la lutte intérieure qui s'engage entre la consigne générale et le désir personnel. Dans notre société européenne, la condition vitale, et partant la consigne générale, est le respect de chacun pour soi et pour les autres (y compris les femmes et les enfants). Cette consigne, nouvelle dans l'histoire, a sur les précédentes un avantage singulier : chaque individu, étant respecté, peut se développer selon sa nature propre, partant inventer en tous sens, produire en tout genre, être utile à soi-même et aux autres de toutes façons, ce qui rend la société capable d'un développement indéfini (1) ».

Ces paroles effleurent à peine un ordre d'idées qui, traité à fond, aurait pu amener le philosophe à éclairer sous de nouveaux aspects sa doctrine des *valeurs esthétiques*. En montrant comment les formes et les variétés de la morale se graduent aussi dans l'histoire de la conscience sur une échelle qui monte vers des idéals toujours plus hauts et plus *humains*, il aurait pu, il est vrai, contredire peut-être une fois de plus, dans ses déductions finales, les prémisses de sa philosophie, suivant lesquelles l'homme est déjà tout entier dans l'animal dont il sort. Mais c'eût été là encore, j'ose le dire, une contradiction heureuse, parce qu'elle aurait fait honneur à la sincérité du philosophe. « Ç'a été la chimère de Taine, on le sait », — dit M. Brunetière, — « que de vouloir à tout prix, comme il disait, *souder* les sciences morales aux sciences naturelles, et rien n'est plus laborieux, ni plus triste en un sens, dans ses derniers écrits, que la peine qu'il se donne pour se persuader à lui-même qu'il y a réussi. Mais quand tous nos instincts seraient en nous d'origine purement animale, — ce que d'ailleurs on peut refuser absolument d'ad-

(1) *La Révolution : le Gouvernement révolutionnaire*, t. I, p, 158, en note.

mettre, — ils ne laisseraient pas de différer étrangement d'eux-mêmes, depuis six mille ans que l'objet de la civilisation a été de nous soustraire aux servitudes de la nature (1) ».

Taine déduit directement de son déterminisme moral les principes de ce qu'on pourrait appeler sa statique politique. Étant donnée la nature humaine, étant données les *conditions vitales* d'où dépendent l'existence et la santé de l'organisme social, elles détermineront aussi la part qui revient, dans celui-ci, à l'action du pouvoir civil et politique. Si, en effet, suivant l'assertion plusieurs fois répétée du philosophe, « l'homme est fou, comme le corps est malade, par nature » : si la santé de l'esprit est dans l'équilibre où la machine physique tout entière se maintient contre les impulsions tendant sans cesse à la troubler; — équilibre pourtant instable, « parce que l'hallucination, le délire, la monomanie, qui habitent à notre porte, sont toujours sur le point d'entrer en nous »; si la raison « est boiteuse dans l'homme... (et) rare dans l'humanité »,... et « si dans la conduite de l'homme et de l'humanité son influence est petite (2) »; si tel est l'homme, et si telle est la foule, composée en grande majorité de cerveaux bruts ou demi-bruts, le sain équilibre du corps social dépendra de la prédominance d'une force capable de réprimer et de contenir les impulsions aveugles des instincts, des besoins, des intérêts, des passions du plus grand nombre,

(1) *La Science et la Religion*, 1895, p. 83.
(2) *Histoire de la Littérature anglaise*, t. II, p. 158; — et *L'Ancien Régime*, t. II, pp. 57-59.

toujours prêtes à se déchaîner. Dans les temps ordinaires, sous la longue pression de la civilisation et des mœurs, ils paraissent en partie assoupis et amortis, et le sont en effet. Mais abandonnés à eux-mêmes, lorsque survient quelque grand danger, quelque changement social, une révolution, ils redeviendront vivants. « La brute primitive, le gorille féroce et lubrique » qui sommeille en chacun de nous, relèvera la tête. « Prenez des femmes qui ont faim et des hommes qui ont bu; mettez-en mille ensemble, laissez-les s'échauffer par leurs cris, par l'attente, par la contagion mutuelle de leur émotion croissante : au bout de quelques heures, vous n'aurez plus qu'une cohue de fous dangereux; dès 1789, on le saura, et de reste (1) ». La psychologie présupposée dans les *Origines de la France contemporaine* est tout entière ici.

L'optimisme moral de Rousseau et de toute la philosophie du xviiie siècle avait fondé le principe de la souveraineté populaire sur la prémisse que tout homme naît avec l'aptitude à obéir de lui-même aux lois de la raison, et, par conséquent, est capable de gouverner. Taine part d'une idée opposée, qui est en substance celle de la tradition religieuse chrétienne : l'idée d'un fonds primitif, héréditaire en nous, d'instincts bestiaux et malveillants, et il en déduit l'incapacité, ou, pour m'exprimer ainsi, la *minorité* politique des masses populaires (2). Il est clair que,

(1) *L'Ancien Régime*, t. II, p. 56.
(2) M. V. Delbos note très justement (*Op cit.*, p. 514) qu'en admettant aussi qu'il existe par nature, entre les hommes, des inégalités originaires et irréductibles, Taine est complètement d'accord avec Spinoza.

quand on professe une telle doctrine, on ne peut nourrir une grande foi dans les bienfaits sociaux que la démocratie attend du suffrage universel. Notre philosophe en était un des adversaires les plus résolus. L'opuscule où il traite cette question, le seul de ses écrits inspiré par des intentions politiques, conclut en conseillant un système de vote à deux degrés, comme plus adapté à la capacité politique de la grande masse des électeurs français. Au lieu d'admettre, avec les politiciens de la démocratie contemporaine, que la participation de tous les citoyens au gouvernement du pays doive impliquer leur prétendue égalité intellectuelle et morale, de façon que, dans un État libre, tous puissent être aptes à tout, il croyait que l'exercice du pouvoir politique et l'administration publique sont au nombre des choses qui exigent le plus d'aptitude et une éducation spéciale; qu'il faut, en conséquence, dans toute société librement organisée, des classes politiques dirigeantes formées par une large culture et par la tradition. Les révolutionnaires de 1789 détruisirent celles de la vieille France, en vertu de la même erreur qui les porta à vouloir changer de fond en comble l'ordre social et politique qui était le résultat de toute son histoire, et à s'imaginer pouvoir en improviser un nouveau; tandis que la constitution d'un État, qui est une chose organique, ne fait sa preuve et ne dure que quand elle s'est formée et développée avec lui, a vécu de la même vie au cours de l'histoire. Créer de toutes pièces une constitution nouvelle, c'est là une entreprise au-dessus des forces humaines. Sans doute, on peut et l'on doit réformer, mais lentement et avec beaucoup de précautions. L'art politique est une œuvre d'observation continue et d'expérience. Il procède d'une science dont le critérium dirigeant doit être, comme en médecine, d'adapter constamment les moyens de traitement et d'hygiène aux conditions vitales des organismes auxquels il s'applique. Or, ces conditions diffèrent beaucoup d'État à État, de peuple à peuple, et il peut même se trouver parmi elles des « préjugés héréditaires » que le législateur soit contraint de respecter. « Au-dessous des institutions, des chartes, des droits écrits, de l'almanach officiel, il y a les idées, les habitudes, le caractère, la condition des classes, leur position respective, leurs sentiments réciproques, bref, un écheveau ramifié de profondes racines invisibles sous le tronc et le feuillage visibles. Ce sont elles qui nourrissent et soutiennent l'arbre. Plantez l'arbre sous les racines, il languira, et tombera sous la première bourrasque (1) ».

Taine écrivait ces lignes à propos de l'Angleterre. Il montrait comment il y a, en ce pays, derrière les formes du gouvernement constitutionnel parlementaire, ce que l'on ne trouve pas derrière les formes constitutionnelles transplantées, d'après le modèle anglais, dans nos régions du continent : tout un organisme historique d'institutions qui les soutient et les rend efficaces et sincères. La plante du système représentatif qui, en France, en Espagne et en Italie, est à fleur de terre et se flétrit dans le parlementarisme, vit là-bas d'une vie à elle, parce qu'elle est enracinée

(1) *Notes sur l'Angleterre*, 3ᵉ édit., 1872, p. 217.

dans son sol. Le mal qui vicie absolument l'institution du régime représentatif, hors du pays et de la race d'où il nous est venu, a son origine dans une première faute, que je qualifierai de lèse-spontanéité des lois historiques. A l'œuvre de celles-ci on a cru pouvoir substituer ces mécanismes politiques improvisés et artificiels qu'un choc suffit à déranger et qui n'ont pas prise sur la vie réelle d'un peuple, parce qu'ils sont seulement la fiction, l'artifice d'une technique sociale abstraite. De là leur rapide corruption, marchant de pair avec celle des classes politiques, dans la main desquelles ils sont subitement devenus des instruments de gouvernements de partis, ou plutôt de clientèle et de secte. Cela est advenu surtout en Italie, où l'ulcère désormais invétéré de l'esprit sectaire, qui nous ronge depuis des siècles, ne pouvait trouver un meilleur aliment. Taine use, en parlant de l'indéniable bassesse intellectuelle et morale de la majorité des hommes politiques des pays européens où règne le système représentatif, d'un langage sarcastique brûlant comme un fer rouge. Ernest Renan, lui aussi, n'a cessé d'employer un langage analogue, bien que tempéré par la fine ironie habituelle à cet écrivain. Et tout le monde sait que le fait et le dogme de la souveraineté populaire, substitué aujourd'hui à celui du droit divin, ont trouvé en Angleterre des critiques de la force d'Herbert Spencer et de sir Henry Sumner Maine. Le parlementarisme, on peut le dire, est désormais, en Europe et en tous pays, l'objet des attaques des meilleurs esprits et des savants les plus distingués.

IV

Ainsi la doctrine de Taine, sous quelque côté qu'il envisage la nature humaine et la vie, ne nous suggère qu'un seul précepte d'hygiène morale : obéir aux lois de la nature et de l'existence, et nous accommoder à elles. Les forces naturelles sont innocentes, et nous les accusons à tort du mal que, le plus souvent, nous nous causons à nous-mêmes, en les détournant de leur but (1). Pour juger avec sérénité les choses de la vie, il faut les considérer comme le physicien considère les phénomènes naturels, dans lesquels il ne voit autre chose qu'une succession de causes et d'effets. Rien ne contribue davantage, observe Taine, à tranquilliser l'esprit. *Felix qui potuit rerum cognoscere causas !* avait dit aussi — et Virgile l'a répété — la philosophie antique, quand elle était devenue, après Aristote, une sorte d'ascétisme, de calmant intellectuel des épouvantes et des préoccupations morales du vieux monde près de mourir.

(1) C'est encore la doctrine de Spinoza, qui a émis cette idée: « Rien n'arrive, selon moi, dans l'univers, qu'on puisse attribuer à un vice de la nature. Car la nature est toujours la même ; partout elle est une, partout elle a même vertu et même puissance ; en d'autres termes, les lois et les règles de la nature, suivant lesquelles toutes choses naissent et se transforment, sont partout et toujours les mêmes, et, en conséquence, on doit expliquer toutes choses, quelles qu'elles soient, par une seule et même méthode, je veux dire par les règles universelles de la nature ». *Éthique*, 3ᵉ partie, début.

Mais, nous l'avons vu, chez le penseur français qui voudrait, à l'aide de la science, parvenir à cette superbe impassibilité, à l'*ataraxie* du sage antique, persiste invincible, avec ses besoins, avec les instincts héréditaires de son cœur, l'homme moderne, fils du christianisme. Aux yeux de celui-ci, la mesure de la valeur de la vie, ce n'est pas la réalité regardée en elle-même, mais les exigences idéales du sentiment et de la conscience morale. L'indignation dont l'historien des *Origines de la France contemporaine* frémit contre les excès et les fautes des révolutionnaires, s'inspire d'une haute idée de la justice et de la liberté sociale, d'une foi profonde en leur avenir possible, foi que le déterminisme professé par lui ne condamne pas, si l'on veut, mais ne présuppose même pas. Et dans ses théories positives, relatives au beau, nous l'avons vu aboutir, en dernière analyse, à l'idée d'une parenté de l'art avec la morale. Même dans la note dure et presque cruelle de ses jugements habituels sur l'homme et sur la vie, il semble qu'on saisit la douleur de quelqu'un qui s'irrite contre une réalité qu'il voudrait meilleure, et qu'il voit trop en beau, parce qu'il la regarde du haut de sa fantaisie d'artiste, tandis qu'une analyse implacable vient la lui déchiqueter entre les mains et lui en dessécher la fleur.

En ceci réside le véritable motif du pessimisme qui, selon moi, n'est cependant pas, comme le dit M. Paul Bourget, « le dernier mot de l'œuvre tout entière » de Taine. Chez lui, c'est l'observateur, non le philosophe, qui était pessimiste ; non l'observateur large, direct, qui regarde les choses et les hommes tels qu'ils sont, — Taine n'eut pas une véritable expérience large et directe de la vie, — mais l'observateur qui « construit » l'homme moral, comme il dit l'avoir fait, « à la façon des raisonneurs », moins d'après les données de la réalité que sur les documents recueillis dans les livres des grands poètes naturalistes et dans le roman contemporain (1). Les écrivains chez lesquels il les chercha le plus furent, on le sait, Stendhal et Balzac. Il a nommé ce dernier « un Shakespeare vivant et moderne ». Et même chez ce grand poète, le plus fécond et le plus puissant créateur d'âmes qui ait jamais existé, ce qu'il admire et étudie avant tout, c'est la « psychologie involontaire » qui présuppose en tout homme un fonds latent de folies et de passions délirantes. « Sa notion de l'homme procède — dit M. A. Sorel — de cette terrible pathologie, de même que sa notion de la politique procède de l'écroulement d'hommes et d'idées qui se donnait alors en spectacle à Paris (2) ».

Et c'était en effet une période d'écroulement, moins encore en politique qu'en matière d'idées et d'art, que la France traversait au lendemain de la chute de la Monarchie de Juillet et de la République de 1848, et au début du second Empire; période de transition qui vit, à la première épreuve des faits,

---

(1) En 1862, Taine écrivait : « Depuis dix ans, mon idée fondamentale a été : Il faut peindre l'homme à la façon des artistes, et, en même temps, le construire à la façon des raisonneurs : l'idée est vraie, elle produit des effets puissants, je lui dois mon succès ». A. Sorel, *Discours de réception à l'Académie française*.

(2) C'est ce que notent tous les critiques de Taine et ce que mettent particulièrement en relief, quoique s'étant placés à des points de vue bien différents, M. Albert Sorel, dans son *Discours de réception à l'Académie française*, et le duc de Broglie, dans sa réponse à celui-ci.

s'évanouir tout un ordre de théories sociales illusoires, tandis que disparaissaient de l'horizon ces idéals du romantisme qui avaient fait germer, pendant plus de trente ans, une si riche floraison littéraire. « C'est vraiment alors, dit M. F. Brunetière, que le siècle a tourné, qu'il a changé de face, pour ainsi dire », et que toutes les « magnifiques espérances de sa première moitié », pour citer les mots de M. Paul Bourget, ont « fait banqueroute (1) ». En France aussi, les nouvelles tendances de l'époque s'accusaient, à cette heure, non par une direction philosophique et littéraire déterminée, mais avant tout — nous avons vu combien Taine le sentait — par un besoin inquiet de nouveauté, par la recherche d'une critique et d'un art fondés sur la vérité expérimentale et historique, sur l'étude et sur l'expression impersonnelle de la réalité, dépouillées des abstractions des éclectiques et d'une rhétorique dont on avait trop abusé (2).

(1) F. Brunetière, *L'évolution de la poésie lyrique en France au XIXe siècle*, t. I, p. 294 ; — Paul Bourget, *Essais de psychologie contemporaine*, t. I, p. 205. « L'échec retentissant des *Burgraves*, en 1843, venait de consommer la banqueroute du romantisme ». — V. Giraud, *Essai sur Taine : la Quinzaine*, 16 avril 1899.

(2) Voici en quels termes, dans un article des *Débats* (2 mai 1866) sur un ouvrage posthume de Géruzez, les *Mélanges et Pensées*, Prévost-Paradol parle de l'École normale de son temps : « Au milieu de cette jeunesse curieuse et hardie, qui ne voyait partout que des problèmes à résoudre et qui se flattait bien d'en venir à bout, qui eût fait volontiers dater de son entrée dans le monde toute science et toute philosophie, et qui cependant s'était plus ou moins pénétrée de philosophie allemande... » — V. Giraud, *Ibid.* — Comment le siècle « changeait alors de face » et comment se dressait, contre les idéals et les théories du romantisme, toute une nouvelle conception de la vie et de la société qui tendait à se traduire dans les faits, deux choses, entre autres, le montrent : la

Tandis que les grands poètes idéalistes se taisaient désormais presque tous, et que le positivisme naissant s'affirmait, sous le second Empire, moins encore en théorie que par l'adoration pratique et le triomphe des « faits accomplis », les lyriques, les romanciers réalistes portaient dans leur art, où apparaissait déjà le naturalisme actuel, une subtile analyse de la vie et une espèce de nostalgie étrange d'idéalités vagues et douloureuses. Dans ce je ne sais quoi d'amer, qui s'insinue à travers les voluptés raffinées décrites par eux (1), on sent le regret mal réprimé de quelque chose de supérieur, que celles-ci ne pourront jamais compenser. Il y a un fonds commun de besoins, de motifs d'ordre moral, qui, alors et aujourd'hui, trouvait et trouve son expression dans l'art des réalistes et des décadents. Cette expression est mystiquement malsaine chez Baudelaire, minutieuse et pénétrante chez Flaubert, largement humaine chez Balzac. C'est le sentiment d'un malaise profond, qui assaille l'esprit de notre temps, transplanté, par la science, du climat des idées et des habitudes morales et intellectuelles de la tradition religieuse, où il a toujours vécu jusqu'ici, dans un autre climat tout opposé. La nouvelle conception du monde et de

---

publication, en 1848, du *Manifeste des Communistes*, et l'élaboration par Karl Marx, dans cette période de 1848 à 1830, de sa théorie de l'interprétation matérialiste de l'histoire. — Voir, au sujet de cette théorie (que, pour ma part, je ne crois pas vraie), la pénétrante analyse qu'en a faite M. A. Labriola, professeur à l'Université de Rome, dans ses *Essais sur la conception matérialiste de l'Histoire*. Traduction française, avec Préface de G. Sorel. 1897, Paris.

(1)... *Medio de fonte leporum*
Surgit amari aliquid, quod in ipsis floribus angat.
Lucrèce, *De naturâ rerum*, IV, v. 1126.

la vie, qui sortait du déterminisme scientifique, s'était ouvert seulement un peu après la seconde moitié du siècle, en littérature et en art, une voie en dehors des écoles; et à ce moment déjà commençait à prévaloir partout en Europe la critique qui combattait toutes les formes de l'idéalisme moral apparentées au christianisme.

En France, où la tradition de l'école et celle de l'Église résistèrent à cette critique bien moins longtemps qu'en Allemagne et en Angleterre, et où le spiritualisme des éclectiques pouvait être regardé comme vaincu, la nouvelle conception du monde et de la vie suggérée par la science respirait de toutes parts dans l'air. Les jeunes gens, contemporains de Taine, en étaient imbus. Dans un tel milieu, ce qu'on y a nommé aussi « le mal du siècle » avait gagné en recrudescence, mais sous une forme différente du mal déjà apparu avec les romantiques et avec les poètes de « la douleur du monde », de ce que les Allemands nomment le *Weltschmerz*. C'est que la note pessimiste intime qui se faisait alors sentir provenait d'un état de l'âme contemporaine bien différent. La muse de cette douleur nouvelle n'est plus l'individualisme rebelle de l'idéaliste solitaire en lutte avec tout et avec tous, torturé, comme Manfred et René, par des désirs impossibles à satisfaire et par des rêves démesurés. La noirceur qui, aux yeux de presque tous les écrivains de l'école réaliste, obscurcit l'aspect moral de la vie, a pour cause l'ombre que jette dans leur âme le grand fantôme de la fatalité naturelle subie par l'homme. Il se sent accablé par elle dans la lutte pour l'exisdence, seul, comme il l'est, dans un monde de forces aveugles et inconscientes, où il n'aperçoit aucune trace de finalité providentielle et divine. Plus tard, le terrain gagné en Allemagne par le pessimisme philosophique fut un nouvel indice de cet état de malaise des âmes, incapables de foi et en proie néanmoins à la nostalgie de l'idéal religieux. Si ce pessimisme n'eut véritablement pas d'écho en France avant 1870, les dispositions morales de ce jeune public de lecteurs parmi lesquels il commença alors à pénétrer, avec le roman russe, ne différaient cependant pas en substance de celles de la génération antérieure. Celle-ci, dit Taine, entra dans la vie sous le drapeau d'une littérature qui disait « le bonheur impossible, la vérité inaccessible, la société mal faite, et l'homme avorté ou gâté (1) ».

Le jeune philosophe avait senti et étudié, dans l'esprit de son temps, ces raisons, les plus déterminantes pour lui aussi, de la maladie du siècle. Dans l'*Histoire de la Littérature anglaise*, il aborde ce sujet à propos de Byron, et expose *ex professo* la conception de la vie suggérée par la science. Il avoue qu'il ne voit pas, en ce moment, de remède à cette maladie pour « notre génération (qui), comme les précédentes, (en) a été atteinte », et ne s'en relèvera ja-

---

(1) *Histoire de la Littérature anglaise*, t. IV, pp. 419-420. — J'ai parlé longuement de cette situation de la pensée et de la vie d'une partie de la société européenne, entre 1850 et 1860, dans mon travail déjà cité, publié en 1889 par la *Nuova Antologia* de Rome : *Il pessimismo filosofico in Germania e il problema morale dei nostri tempi*. — Voir aussi un remarquable article de M. Jules Lemaître sur l'*Influence des littératures du Nord : Revue des Deux Mondes*, décembre 1894. (Reproduit dans les *Contemporains*, 6ᵉ série.)

mais qu'à demi. Nous « parviendrons — dit-il — à la vérité, non au calme. Tout ce que nous pouvons guérir en ce moment, c'est notre intelligence; nous n'avons point de prise sur nos sentiments (1) ». L'antinomie indéniable, qui persiste profonde entre les exigences idéales de notre cœur, tel que l'a fait une éducation séculaire, et les exigences positives de la science et de la vérité, paraissait à Taine une raison suffisante pour qu'il établît une ligne de démarcation entre la science et la vie, entre la morale philosophique, dont il voyait la forme la plus haute et la plus vraie en Marc-Aurèle, et la morale pratique et la religion. La nécessité de cette séparation, qui doit assurer la pensée scientifique contre tout risque de subordination à des vues et à des fins qui ne sont pas les siennes, il l'avait affirmée dès ses premiers travaux. L'étude sur le livre de Jean Reynaud, *Ciel et Terre*, écrite avant 1860, tendait résolument à la démontrer. Mais ici et dans ses chaleureuses pages sur Byron, il envisage d'un œil sûr, avec une foi sereine de néophyte, — foi qu'eut aussi Renan, — l' « avenir de la science », destinée, dit-il, à rester un jour l'unique maîtresse et l'unique guide de l'homme, auquel elle apportera, avec « la lumière de l'esprit,.. la sérénité du cœur (2) ». L'hymne qu'il chante, dans ces pages, en l'honneur de la science future, dont il attend le principal remède aux misères et au malheur de l'homme, est véritablement l'hymne d'un croyant (3).

(1) *Histoire de la Littérature anglaise*, t. IV, p. 421.
(2) *Ibid.*
(3) M. V. Giraud observe avec raison, dans son *Essai* déjà cité par

Mais, dans ses dernières années, — son ami M. Melchior de Vogüé nous l'atteste, — cette expectative sereine de l'avènement final de la science avait fait place chez lui à une préoccupation. Ce profond trouble d'équilibre intime que les idées scientifiques mal comprises, mal dirigées et mal appliquées, introduisent aujourd'hui en tant d'esprits ou grossiers ou trop faibles pour les digérer et s'en faire un aliment vital, lui donnait à penser. « Je n'aurais dû — disait-il à M. de Vogüé un peu avant de mourir — écrire sur la philosophie qu'en latin, pour les initiés ; on risque trop de faire du mal aux autres (1) ». Avec la délicatesse exquise de tact moral instinctive à une âme aussi haute que la sienne, il éprouvait presque un remords d'avoir pu manquer de

moi, que le livre de Renan, l'*Avenir de la science*, écrit en 1848, exprime plus qu'aucun autre « l'état des esprits et des doctrines vers le milieu du xix⁰ siècle en France », et qu' « on y saisit sur le vif... certaines idées... communes à Renan et à Taine ». « Tous deux se sont fait de l'histoire, de la littérature, de la critique, une conception presque identique ; voyez notamment les pages 174, 175, 191, 201, etc., de l'*Avenir de la science*... Comme chaque nation, écrit Renan, a d'ordinaire lié sa vie suprasensible ou une gerbe spirituelle, qui est sa littérature... *la vraie psychologie de l'humanité consisterait surtout dans l'histoire des littératures*... La vraie littérature d'une époque est celle qui la peint et l'exprime... La critique a admiré jusqu'ici les chefs-d'œuvre des littératures comme nous admirons les belles formes du corps humain. La critique de l'avenir les admirera comme l'anatomiste qui perce ces beautés sensibles pour trouver au delà, dans les secrets de l'organisation, un ordre de beauté mille fois supérieur ». Cette « critique de l'avenir », ce sera celle de Taine, et Renan en parle déjà la langue. — « Très certainement, conclut M. V. Giraud, Taine n'a pu s'inspirer du livre de Renan, publié en 1890. La vérité est qu'ils s'inspirent l'un et l'autre de Hegel, dont ils sont nourris tous deux, au moins autant que du « divin Spinoza ». (Voir l'*Avenir de la science*, pp. 84-172.)

(1) *Journal des Débats*, 6 mars 1893.

respect à des persuasions et à des croyances restées peut-être l'unique consolation de ceux qui les professaient. Et il se proposait, dans la conclusion de ses *Origines*, de faire remonter en partie à l'initiation encore imparfaite de la foule aux nouvelles idées scientifiques qui circulent à travers notre milieu social, la cause de l'inquiétude malsaine et de cette éclosion continue de nouveautés dissolvantes qui secouent les bas-fonds de la société et pourraient la jeter dans l'anarchie. Ce qui toutefois, à mon avis, sans lui enlever son ancienne foi en l'action de la science, lui fit envisager avec une sympathie toujours plus respectueuse l'action sociale et morale du christianisme, ce fut moins la peur des maux présents ou imminents, que l'étude toujours plus large et plus vraie de l'âme humaine et de son histoire. « Parmi les soutiens qu'... exige l'infirmité de l'homme, il inclinait de plus en plus, dans les dernières années de sa vie, — nous dit M. A. Sorel, — à placer la religion chrétienne (1) ». Mais, ajouterons-nous avec celui-ci, « nul ne peut dire qu'il rompit les nœuds d'airain qu'il s'était librement forgés ». Rien absolument n'indique, dans les dernières pages sorties de sa plume, qu'il se soit rapproché, je ne dis pas d'une foi religieuse positive, mais même qu'il ait reconnu explicitement ce fonds intime de vérité qui est commun, on peut l'affirmer, aux doctrines les plus hautes du christianisme et à la science morale.

Quoi qu'il en soit, les témoignages de ses amis suffisent à nous faire bien apprécier le changement qui

---

(1) *Discours de réception à l'Académie française.*

s'est opéré tout au moins dans la direction de sa pensée. Ce que l'on peut affirmer avec certitude, c'est que le fond de celle-ci n'a jamais varié. Peu de temps avant de mourir, dit M. G. Monod, « il déclarait que si le champ des hypothèses métaphysiques et des possibilités infinies s'était élargi pour son esprit, il lui était toujours impossible d'admettre l'existence d'un Dieu personnel gouvernant arbitrairement le monde par des volontés particulières (1) ». Quant à la démarche, mal comprise de quelques-uns, par laquelle ce libre penseur, catholique de naissance, exprima le désir d'être enterré selon le rite protestant, M. G. Monod l'explique ainsi : « Son aversion pour l'esprit de secte, pour les manifestations bruyantes, pour les discussions oiseuses, lui faisait redouter un enterrement civil qui aurait pu paraître un acte d'hostilité contre la religion et lui attirer des hommages inspirés plus par le désir de contrister les croyants que par celui d'honorer sa mémoire. Il était heureux, au contraire, de témoigner sa sympathie pour la grande force morale et sociale du christianisme. Un enterrement catholique, d'autre part, eût supposé un acte d'adhésion et une sorte de désaveu de ses doctrines. Il savait que l'Église protestante pouvait lui accorder des prières tout en respectant son indépendance, et sans lui attribuer des regrets ou des espérances qui étaient loin de sa pensée. Il a voulu être conduit à son dernier repos avec la simplicité qu'il portait en toutes choses, sans discours académiques, sans pompe militaire, sans rien aussi qui pût prêter aux disputes

(1) *Op. cit.*, p. 132.

passionnées des hommes et ajouter à cette anarchie morale dont il avait cherché à combattre les effets en en démêlant les causes (1) ».

Son acte d'adieu suprême à la vie et aux hommes témoigne donc, lui aussi, de cette sincérité et de cette probité courageuses qui faisaient la force de l'homme et du penseur, de son profond respect pour l'âme humaine, allié à une grande modestie, à une haine instinctive de toute apparence et rhétorique vaines, à une aversion invincible pour l'esprit de secte et de parti qui, dans nos pays latins, vicie de fond en comble toute la vie publique.

Tous ceux qui le connurent de près s'accordent en effet à dire, d'une voix unanime, que la vigueur et l'élévation de l'âme furent, chez Taine, à la hauteur du talent. L'unité de principes et de vues qui apparaît chez lui dès ses premiers travaux, persiste, fortement voulue et constante, aussi bien dans la conduite de sa pensée de philosophe que dans sa vie laborieuse d'homme de science, de professeur, d'écrivain. « A ceux qui l'accusent de dissoudre l'âme humaine en une série plus ou moins flottante d'états d'âmes, on peut répondre — dit encore M. A. Sorel — et par sa doctrine de la faculté maîtresse, qui concentre et gouverne toute l'âme durant toute la vie, et par l'exemple de son âme, la plus identique à soi-même qui ait jamais été ». Cette faculté maîtresse, nous l'avons vu, était chez lui, pour qui l'envisage sous le rapport intellectuel, celle du philosophe, qui conçoit les choses au moyen d'idées générales ; elle se révélait par un

---

(1) *Op. cit.*, pp. 145-146.

art puissant de virtuosité logique, qui lui faisait porter aussi dans l'analyse des faits la rigueur de la démonstration scientifique. Mais elle s'alimentait tout entière à la source du caractère moral du penseur et de l'homme, dont la vie a été, dans les moindres actes, admirable de cohérence, de fermeté, de rectitude constantes. Ce procédé rectiligne que sa pensée, uniquement préoccupée du vrai, observe toujours dans l'ordre des idées, la logique morale de son caractère honnête l'a porté dans l'œuvre entière de sa vie, consacrée uniquement à la science, sans jamais en subordonner les vues à des considérations ou à des intérêts qui lui sont étrangers.

Cette concentration continue et voulue de tout son être moral en une seule œuvre et en une idée dominante se fait sentir également dans la structure de son style, si rigoureux et si symétrique. S'il a un défaut, et il l'a, c'est précisément de ne jamais laisser s'écarter l'esprit des lecteurs de l'idée principale, qui pénètre, se fixe, se rive en quelque sorte, de toutes parts, dans la pensée de l'écrivain et dans son expression. Comme artiste en prose, il est certainement un admirable coloriste, l'un des plus grands de la langue française ; mais si l'on peut le définir à juste titre « un homme de science qui voit la nature avec un œil de peintre », ce qui prédomine, dans sa manière de peindre, ce qui même souvent y est excessif, c'est la netteté et la rigueur logique du dessin, la régularité, la symétrie extrême des lignes et des contours des idées. Et, au dessin de la pensée, il fait toujours servir le coloris de la parole, de telle sorte que jusque dans ses descriptions de lieux et de choses vivantes, où circule constamment une analyse ou une démonstration, il n'y a pas, on peut le dire, un adjectif, une épithète, une image qui ne renforcent l'idée de l'écrivain (1).

En cela aussi, la « forme d'intelligence » qui lui fut propre emprunte son caractère à celle de l'esprit français. « Il faut, pour qu'il comprenne, — dit Taine au sujet de celui-ci, —que la seconde idée soit *contiguë à la première*, sinon il est dérouté et s'arrête; il ne va que pas à pas, par un chemin droit; l'ordre lui est inné;... (il) pose une à une les pièces à la suite des autres, en file, suivant leurs liaisons naturelles (2) », et de façon à ne jamais laisser dans l'ombre leurs rapports et le passage de l'une à l'autre. « Ma forme d'esprit — dit une note écrite le 18 février 1862 — est française et latine; classer les idées en files régulières, avec progression, à la façon des naturalistes (3) ». La clarté et la pleine transparence de l'expression de la pensée, auxquelles se prête si bien, chez les écrivains français, la plus logique et la plus parlante de toutes les langues, sont à un haut degré des qualités de son style; mais elles se trouvent presque toujours jointes à une intensité de sentiment qui le pénètre de toutes parts. Plus peut-être qu'aucun écrivain de notre temps, il eut cette force de « logique passionnée » qui était, aux yeux de Michelet,

(1) M. A. Sorel distingue avec perspicacité deux manières dans le style de Taine. — On sait que celui-ci a aussi écrit des vers, douze sonnets, en l'honneur de ses trois chats familiers, Puss, Ebène et Mitonne, et qui sont tout simplement parfaits. Nous les donnons en appendice.
(2) *Histoire de la Littérature anglaise*, t. I, p. 90.
(3) G. Monod, *Op. cit.*, p. 98.

le caractère dominant des esprits vraiment supérieurs de son pays.

Malgré tout cela, il y a dans sa physionomie d'écrivain, d'artiste et d'homme, dans toute sa manière d'envisager les choses et la vie, plus d'un trait qui tient au fond de l'esprit anglais, dont il reçut l'empreinte dès l'enfance, alors qu'un vieil oncle lui apprit la langue anglaise et qu'il commença à se passionner pour la littérature d'outre-Manche. Peut-être fut-ce en vertu d'une « affinité élective » de son tempérament mental avec celui des Anglo-Saxons, qu'il admira tant leur culture, leur histoire et leurs institutions, jusqu'à les préférer presque en tout à celles de son propre pays. Son portrait, peint par son ami Bonnat, quand il vieillissait déjà, a, dans l'air de la tête, qui est de type tout latin, et dans les yeux mi-clos, tendus, comme voilés par la pensée, cette expression de recueillement méditatif qui se rencontre le plus fréquemment chez les hommes du Nord, de race germanique, enclins par instinct et par habitude à se replier sur eux-mêmes. En le regardant, dit M. A. Sorel, « on sent que Taine, malgré sa passion pour la couleur, préférait encore à la vision éblouissante du monde la vue intérieure, celle qu'il avait dirigée une fois pour toutes vers les grandes idées simples, par les grandes lignes précises et continues (1) ».

(1) *Discours de réception à l'Académie française.*

V

Il est temps d'arriver à la conclusion de cette étude. Nous nous y sommes proposé, le lecteur l'a vu, d'exposer et d'examiner l'œuvre d'Hippolyte Taine, en l'envisageant au point de vue des aptitudes diverses de penseur, de critique et de psychologue artiste qui lui étaient propres, et qui la marquent tout entière. Pour l'embrasser et en saisir l'unité de dessein, sans en laisser échapper les contradictions et les dissonances, il fallait avoir constamment l'œil fixé sur tout cet ensemble de conditions et de causes qui nous l'expliquent, parce qu'elles concoururent à la produire, et qui, dans le milieu intellectuel et dans le moment où il commença à écrire, lui imprimèrent une forme durable. Tel a été le but de notre étude. Nous voyons, dans la théorie du philosophe français, une tentative de conciliation entre deux directions spéculatives opposées : entre l'idéalisme métaphysique, qui dominait en Allemagne dans le premier tiers de ce siècle, et le positivisme et le naturalisme scientifique qui commençaient à prévaloir en France entre 1850 et 1860. Formée dans cette période de transition pour la philosophie et pour la culture entière de l'Europe, la pensée de Taine se laissa dériver vers le grand courant des idées de son temps. Ce qui le caractérisait, il nous l'a dit lui-même, c'était la tendance des doctrines métaphysiques et historiques de l'école allemande et de l'esprit philosophique allemand à « descendre dans les sciences (1) ». Taine entra dans cette voie, ai-je dit, avec la conscience claire de ses propres besoins intellectuels comme de ceux de son époque, l'œil tourné vers cette direction d'esprit que la pensée française devait suivre, selon lui, pour rester fidèle à ses traditions, entre la pensée germanique et la pensée anglaise.

L'idée qu'on pourrait appeler la cellule embryonnaire d'où sort toute la philosophie de Taine, c'est l'idée de « l'unité de groupe », observée dans toutes les formes d'organisme et de développement que les faits de l'esprit humain, collectif et individuel, prennent dans leur vie historique. C'est l'idée qui avait été réduite en système par Herder et par Hegel, et à laquelle fait pendant, en sciences naturelles, l'idée de « l'unité de type des organismes animaux », pressentie par Gœthe, et que la biologie contemporaine a, par la suite, entrepris de démontrer. Au moment où l'intelligence du jeune Taine prenait sa direction, les théories de Lamarck et de Darwin étaient répandues dans l'air intellectuel ambiant, et les deux grands courants de recherches et d'études dont Taine fut pénétré tout entier, le courant historique et le courant scientifique, n'allaient pas tarder à confluer. Ce fut entre 1850 et 1860, date indiquée plus haut, que le jeune écrivain, qui alors étudiait avec ardeur les philosophes allemands et fréquentait, à Paris, les laboratoires scientifiques, transporta dans l'histoire et dans la critique

---

(1) *Histoire de la Littérature anglaise.* t. V, p. 270.

littéraire et artistique les idées biologiques de Gœthe, en les dessinant, si je puis m'exprimer ainsi, sur un fond de spinozisme, de dialectique hégélienne et de positivisme français. Lui-même, nous l'avons vu, dès la première exposition qu'il nous fait de sa doctrine dans *Les Philosophes classiques*, la dérive de l'hégélianisme et d'une nouvelle interprétation qu'il dit avoir tentée de la notion de *cause*, en modifiant celle qu'en donnaient les disciples d'Auguste Comte. De la *cause*, laquelle est en même temps pour lui la *loi* et l'*idée* dominantes de tout un groupe de faits, la loi et l'idée qui nous en donnent le *type*, sortent, par une nécessité de déduction logique, toutes les propriétés fondamentales du groupe. Peu importe que celui-ci soit constitué par les caractères historiques ou par les divers aspects de la culture d'un peuple dérivant de l'hérédité de race modifiée par le climat et par les circonstances, ou qu'il soit au contraire formé par l'ensemble des facultés d'un homme de génie, concentrées dans une faculté maîtresse unique, qui les engendre et les dirige.

L'idée qui domine la philosophie et la critique de Taine est tout entière ici. Elle consiste, comme il l'écrivait à Prévost-Paradol, le 24 juin 1852, « à faire de l'histoire une science, en lui donnant comme au monde organique une anatomie et une physiologie ». Pour lui, cette anatomie et cette physiologie, appliquées à l'histoire, devaient être une psychologie comparée des *variétés* de structure et de type que présente l'âme humaine dans les formes diverses de la culture et de la vie des peuples. « J'ai fait ce que font les zoologistes », écrit-il le 29 avril 1864 à E. Havet, qui lui avait adressé des objections au sujet de sa Préface de l'*Histoire de la Littérature anglaise*, « lorsque, prenant les poissons et les mammifères, par exemple, ils extraient de toute la classe et de ses innombrables espèces un type idéal, une forme abstraite commune à tous, persistant en tous, dont tous les traits sont liés, pour montrer ensuite comment le type unique, combiné avec les circonstances générales, doit produire les espèces. C'est là une construction scientifique semblable à la mienne », conclut-il, en faisant allusion à la façon dont il a procédé dans son livre. Mais quand il ajoute, dans la même lettre : « Je tiens à mon idée, parce que je la crois vraie, et capable, si elle tombe plus tard en bonnes mains, de produire de bons fruits. Elle traîne par terre depuis Montesquieu ; je l'ai ramassée, voilà tout », il me semble, contrairement à l'avis de M. G. Monod, qu'il ne s'est pas compris lui-même et contredit ses autres affirmations, beaucoup plus vraies et mieux fondées. Les « rapports précis, mais non susceptibles d'évaluations numériques », qu'il veut établir entre les groupes de faits qui composent la vie sociale et morale, il les nomme, avec Montesquieu, des *lois* (1), et cette idée de loi historique, ainsi que l'autre idée du « milieu », il peut les avoir empruntées à l'auteur de l'*Esprit des lois*. La conception de l'unité organique du monde humain et de ses principales variétés de type et de structure psychologiques, qui est le fond de toute sa doctrine, il les doit à l'école historique allemande et à

(1) M. A. Sorel, après avoir cité la phrase de Taine où il est question de Montesquieu, la commente ainsi : « Nous reconnaissons les fameux *rapports nécessaires qui dérivent de la nature des choses* ».

Gœthe. C'est là un premier germe fécondant de sa pensée, qui s'y nourrit du sentiment de la vie historique, très puissant en lui, et des idéals de son imagination de philosophe artiste, qui s'inspire des métaphysiciens allemands, et qui voit dans le monde de l'esprit et de la nature une unité vivante gouvernée par des lois intimes d'évolution (1).

(1) Cette lettre est si importante, et, comme le dit M. G. Monod, elle caractérise si admirablement la conception que Taine eut de l'histoire, que nous croyons utile de la donner ici en entier.
« Je n'ai jamais prétendu — ainsi s'exprime Taine — qu'il y eût dans l'histoire ni dans les sciences morales des théorèmes analogues à ceux de la géométrie. — (Il avait pourtant — fait observer ici M. G. Monod dans une note — défini l'histoire : « une géométrie vivante ».) — L'histoire n'est pas une science analogue à la géométrie, mais à la physiologie et à la zoologie. De même qu'il y a des rapports fixes, mais non mesurables quantitativement, entre les organes et les fonctions d'un corps vivant, de même il y a des rapports précis, mais non susceptibles d'évaluations numériques, entre les groupes de faits qui composent la vie sociale et morale. J'ai dit cela expressément dans ma préface, en distinguant entre les sciences exactes et les sciences inexactes, c'est-à-dire les sciences qui se groupent autour des mathématiques et les sciences qui se groupent autour de l'histoire, toutes deux opérant sur des quantités, mais les premières sur des quantités mesurables, les secondes sur des quantités non mesurables. La question se réduit donc à savoir si l'on peut établir des rapports précis non mesurables entre les groupes moraux, c'est-à-dire entre la religion, la philosophie, l'état social, etc., d'un siècle ou d'une nation. Ce sont ces rapports précis, ces relations générales nécessaires que j'appelle *lois*, avec Montesquieu ; c'est aussi le nom qu'on leur a donné en zoologie et en botanique. La préface expose le système de ces lois historiques, les connexions générales des grands événements, les causes de ces connexions, la classification de ces causes, bref, les conditions du développement et des transformations humaines. Vous citez mon parallèle entre la conception psychologique de Shakespeare et celle de nos classiques français, et vous dites que ce ne sont pas là des lois ; ce sont des types, et j'ai fait ce que font les zoologistes lorsque, prenant les poissons et les mammifères, par exemple, ils extraient de toute la classe et de ses innombrables espèces un type idéal, une forme abstraite commune à tous, persistant en tous, dont tous les traits sont liés, pour mon-

Seulement, cette conception de l'écrivain français est, et demeure toujours en réalité, une intuition qui ne sort pas du domaine de la fantaisie spéculative et du sentiment. Au contenu de cette intuition, qui est emprunté aux phénomènes de la vie interne, il substitue, sous l'action, dominante en lui, de la réflexion, un autre contenu bien différent : celui d'une conception *mécanique* du monde en vertu de laquelle les opérations de l'esprit aussi se présentent à sa pensée avec des données, dirait Herbert Spencer, avec des *symboles* tirés de l'expérience externe. Chez Taine, ces deux modes si différents et même opposés d'*interpréter* l'univers se superposent l'un à l'autre et en partie aussi alternent entre eux, sans jamais s'accorder intimement ; cela apparaît dans toute son œuvre, qui reste comme déchirée jusqu'au fond par la contradiction inconciliable, par l'hiatus qu'y ouvrent, plus encore que deux systèmes d'idées philosophiques, deux directions traditionnelles de la pensée philosophique divergentes l'une de l'autre dans tout le cours de l'histoire. Celle de ces deux

---

trer ensuite comment le type unique, combiné avec les circonstances générales, doit produire les espèces. C'est là une construction scientifique semblable à la mienne. Je ne prétends pas plus qu'eux deviner, sans l'avoir vu et disséqué, un être vivant, mais j'essaie comme eux d'indiquer les types généraux sur lesquels sont bâtis les êtres vivants, et ma méthode de construction a la même portée en même temps que les mêmes limites.

« Je tiens à mon idée parce que je la crois vraie, et capable, si elle tombe plus tard en bonnes mains, de produire de bons fruits. Elle traîne par terre depuis Montesquieu, je l'ai ramassée, voilà tout ». G. Monod, *Op. cit.*, pp. 115-117. — Pour voir le rapport entre les idées exprimées dans cette lettre et les idées de l'école historique allemande et de Gœthe, il faut la comparer avec un passage de l'Introduction de l'*Histoire de la Littérature anglaise*, p. XII.

directions qui a ses représentants dans les philosophes français du dernier siècle, lesquels, disait Goethe, ne purent jamais concevoir la vie de l'esprit et la conscience que comme l'effet d'impulsions ou de causes externes, est sinon le point de départ, du moins la forme doctrinale définitive sous laquelle se fixe la pensée de Taine dans son livre de *L'Intelligence* (1). Lui-même l'admet, en se donnant comme disciple de Condillac et en nommant la philosophie du xviii° siècle « la philosophie classique de la France ». Il traduit, ou, pour employer son expression, *transcrit* les idées que « l'Allemagne a données à l'esprit de notre temps », en les repensant dans la *forme* de l'intelligence française (laquelle, dit-il, ne parvient à la métaphysique que par l'analyse)(2), et en y portant l'esprit positif de son temps, dominé par la méthode et par les résultats de la science expérimentale. Là où Hegel voyait dans la *cause* une *idée*, un être métaphysique, et Carlyle un *héros*, il substitue un *fait générateur* d'autres faits. Le « groupe » univers qui apparaît à sa fantaisie spéculative, de même qu'à celle des stoïciens et des panthéistes allemands, quelque chose de

---

(1) Au sujet de l'opposition historique qu'il y a entre les deux directions de la pensée philosophique (l'allemande et la française), que Taine a voulu unir et fondre ensemble dans sa doctrine, voir les belles et justes considérations de M. V. Delbos dans son livre cité (pp. 227-236), auxquelles je me range pleinement. Quant à l'accord substantiel du concept de l'univers, propre à l'esprit de Goethe, avec celui qui est comme le fond de toute la philosophie allemande, depuis Leibnitz jusqu'à nos jours, il faut lire, dans les *Conversations de Goethe avec Eckermann*, l'entretien du poète avec Falk, en janvier 1813, le jour des funérailles de Wieland. Ce sont là des pages d'une importance tout à fait exceptionnelle.

(2) *Nouveaux Essais de critique et d'histoire*, p. 211.

vivant, d'*organique*, une force productrice d'effets, il le *repense* comme une série de phénomènes constituant le fond de l'esprit et des choses, et dont chacun est « un élément nécessaire d'un groupe de faits de même nature qui le détermine et qui en est la cause. Chaque groupe de faits est à son tour conditionné par un groupe plus général qui est aussi sa cause, et on pourrait théoriquement remonter de groupe en groupe jusqu'à une cause unique qui serait la condition de tout ce qui existe. Dans cette conception, la force, l'idée, la cause, le fait arrivent à se confondre, et, si Taine avait cru pouvoir s'élever jusqu'à la métaphysique, j'imagine que cette métaphysique aurait été un mécanisme monistique dans lequel les phénomènes du monde sensible et les idées du *moi* pensant n'auraient été que les apparences successives que prennent pour nos sens les manifestations de l'être en soi, de l'idée en soi, de l'acte en soi ».

C'est en ces termes que M. G. Monod résume les principes et les prémisses métaphysiques de la doctrine de Taine (1). Mais les incertitudes et les perplexités qui y apparaissent, quand nous l'examinons bien à fond, suffisent à expliquer, à mon avis, comment les critiques ont pu non seulement la juger, mais la comprendre de la manière la plus différente. E. Caro, qui l'un des premiers, après la publication des *Philosophes français*, livre hostile à ses maîtres,

---

(1) *Op. cit.*, p. 157. — A ce « mécanisme monistique », que Taine méditait et auquel M. G. Monod fait allusion, se réfèrent les *Notes inédites sur les éléments derniers des choses*, que nous avons déjà mentionnées, et que nous reproduisons en appendice dans ce volume.

en entreprit l'examen dans un article peu bienveillant, qui fut considéré comme la réponse de l'école éclectique, lui reprochait de revêtir des formules de Hegel le naturalisme de Diderot (1); Edmond Scherer faisait de lui un pur positiviste (2); Gustave Planche prétendait qu'il exposait en rhéteur ce que Spinoza avait exposé en géomètre (3); tous s'accordaient en général pour le blâmer de vouloir appliquer des classifications, des méthodes et des formules scientifiques à la critique littéraire et à l'histoire, et pour condamner son système, tout en admirant son talent (4).

Chacun de ces jugements était en partie fondé, au point de vue de tel aspect et de tel élément du système. Personne n'en saisissait la substance et la contradiction fondamentale. Je crois avoir démontré en quoi celle-ci consiste, et qu'on ne peut la nier. Si l'on avait tort de qualifier le système de Taine : « un mélange hybride de métaphysique allemande et d'idéologie française », ce système n'est pas non plus, comme l'affirme M. G. Monod, « parfaitement cohérent, solidement construit (5) ». La métaphysique qui s'y dessine à peine, et seulement en très grandes lignes, ne s'appuie pas sur une critique de la valeur et des limites de la connaissance. La psychologie,

(1) *L'Idée de Dieu dans une jeune école* : *Revue contemporaine*, juin 1859. — Il forme le chapitre IV du volume d'E. Caro publié sous ce titre : *L'Idée de Dieu et ses nouveaux critiques*.
(2) *M. Taine et la critique scientifique* : *Bibliothèque universelle*, 1858. — Cet article a été réimprimé dans les *Mélanges de critique religieuse*, 1860, sous le titre : *M. Taine et la critique positiviste*.
(3) *Le Panthéisme dans l'histoire* : *Revue des Deux Mondes*, 1ᵉʳ avril 1857.
(4) G. Monod, *Op. cit.*, p. 106.
(5) *Id., Ibid.*, p. 106.

pourtant si fortement élaborée par l'auteur et sur laquelle devrait, en partie, reposer tout le reste, aboutit à un concept ambigu et vague de la nature de l'être, dont Taine semble trouver la manifestation la plus *intime* et la plus vraie dans le fait psychique, dans la sensation inconsciente, tandis que celle-ci provient, à son avis, de mouvements moléculaires.

Cette ambiguïté des idées fondamentales présupposées par tout le système transparaît aussi dans le style, qui, surtout chez un penseur aussi rigoureux, fait corps intime avec la pensée. Il a de l'organisme des faits historiques un sentiment profond qui le porte, parfois, à se les représenter à l'aide d'images tirées de la nature vivante. Mais, le plus souvent, ces images et les métaphores qui les constituent sont empruntées par lui aux phénomènes et aux forces de la matière. Le mot « machine » est celui qui se présente le plus naturellement sous sa plume, même quand il parle de l'homme moral. L'histoire, pour lui, se réduit à « un problème de mécanique ». Le procédé logique habituel de sa pensée, dans sa conception de l'homme intérieur, est celui de quelqu'un qui applique les formules abstraites du calcul à un mécanisme. « L'homme — dit-il — est un théorème qui marche ». La part prédominante que la doctrine du « milieu » et de la race tient dans sa conception de l'histoire, l'a empêché de se poser bien clairement et de pénétrer à fond l'un des principaux problèmes de la philosophie et de la psychologie : celui de l'individualité.

Le mérite et l'originalité par excellence de la doctrine de Taine consistent dans l'application féconde qu'il en a faite à la critique littéraire, artistique et historique. Cela lui assigne une place notable parmi les plus éminents explorateurs de l'esprit humain. Nul n'a su, plus et mieux que lui, élever à une règle de méthode le principe exprimé aussi par Renan et admirablement pratiqué par Sainte-Beuve dans son *Port-Royal* : à savoir que, pour comprendre à fond l'homme moral, il faut moins étudier, comme on l'a fait pendant des siècles, l'*âme* en général que les *âmes*, et non seulement celles des individus, mais aussi et plus encore celles des foules, des peuples, des races. C'est le côté qui rend sa figure de penseur et d'observateur plus grande aussi en dehors de la France. Dans sa patrie, on peut dignement l'apprécier comme un des plus grands artistes de la prose que possède l'admirable littérature française. L'œuvre de sa pensée appartient à l'histoire du mouvement d'idées scientifiques et positives qui, au commencement de la seconde moitié du siècle, y succéda au romantisme et aux doctrines de l'école éclectique. En combattant celles-ci, il affirma les siennes, qui donnèrent plus tard, en quelque sorte, le mot d'ordre, les formules dirigeantes, à tout ce mouvement de la pensée et de la culture de la nouvelle génération dont il fut, avec son ami Ernest Renan, vers 1870, dit M. A. Sorel, « l'un des chefs reconnus (1) ».

Aujourd'hui, le courant intellectuel qui, jadis, allait au positivisme et au naturalisme, commence déjà à refluer. D'autres impulsions et d'autres exigences de l'esprit et du cœur se font sentir, en France aussi,

(1) *Discours de réception à l'Académie française.*

spécialement parmi les jeunes gens. Elles les poussent à reprendre l'examen de nouveaux problèmes jusqu'ici négligés, ou, plus justement, celui des vieux problèmes, éternels comme l'homme, qu'une science partiale, ou passionnée, ou trop hâtive et trop confiante en elle-même, a jusqu'ici examinés seulement à moitié et sous un jour faux. Considérée à la lumière des critériums que peut suggérer cette nouvelle direction de la culture contemporaine, l'œuvre d'Hippolyte-Adolphe Taine apparaîtra peut-être, à beaucoup, en partie excessive, en partie aussi défectueuse, surtout sous celui de ses points de vue qui l'unit plus étroitement au moment historique d'où elle est sortie. Malgré tout, il y reste une telle somme de vérité, qu'elle suffit à assurer une renommée durable, indépendante de la vogue incertaine des opinions et des systèmes, au génie vigoureux et multiforme qui s'y est révélé tout entier.

APPENDICE

I

SUR LES ÉLÉMENTS DERNIERS DES CHOSES

(NOTES PHILOSOPHIQUES INÉDITES) (1)

Octobre 1886.

Quand on jette un regard d'ensemble sur le monde extérieur, tel que le représentent les hypothèses scientifiques (matière pesante soumise à la loi de l'attraction, éther élastique à ondulations), on s'aperçoit que les corps pesants sont un cas rare, à peu près comme les vivants à la surface d'une planète, et que la presque totalité des choses réelles se réduit à l'éther. Les corps pesants sont dans l'éther à peu près ce que sont quelques éponges dans l'immense océan. Ce qui porte à chercher si les corps pesants ne sont

---

(1) Ces notes, publiées en juillet 1895 dans la *Revue philosophique de la France et de l'étranger*, de M. Th. Ribot, ont été retrouvées dans des carnets, après la mort de Taine. Elles ne doivent donc pas être considérées comme une rédaction définitive ; elles étaient, sans doute, la préparation d'un appendice pour une nouvelle édition de *L'Intelligence* (voyez 1re partie, liv. IV, chap. II, § 5, pp. 333-335, et 2e partie, liv. II, chap. I, § 7, pages 111-118, et notamment la note de la page 117).

Ces pages étaient datées, et celles de juin 1892 sont les dernières que Taine ait écrites.

pas un cas de l'éther, comme les corps organiques sont un cas de la matière pesante inorganique. Newton écrivait, il y a deux cents ans : « Je cherche dans l'éther la cause de la gravitation ».

Avant tout, il faut poser comme propriété essentielle dans les particules de l'éther une force répulsive; de là son élasticité. Quant à ces particules, selon la conception de Boscovich, il faut se les représenter comme des centres géométriques de répulsion, c'est-à-dire comme des points inétendus, par rapport auxquels il se produit des répulsions selon une certaine loi. Chaque centre repousse les autres et est repoussé par eux, en fonction de la distance qui les sépare.

Cette loi est déterminée par la loi qui régit toutes les forces centrales (attraction, chaleur, lumière), et qui elle-même est une dérivée du principe de la conservation de l'énergie. Toute force centrale (agissant du centre à la surface de la sphère) agit proportionnellement et inversement au carré du rayon de cette sphère, c'est-à-dire inversement et proportionnellement au carré de la distance ; partant la répulsion exercée par une particule de l'éther sur une autre particule de l'éther décroît comme le carré de la distance qui les sépare.

Il résulte de cette formule que si, à une distance finie, la force de répulsion est une grandeur finie, cette force va diminuant proportionnellement au carré de la distance jusqu'à devenir nulle à l'infini, et va augmentant proportionnellement au carré de la distance jusqu'à devenir infinie au contact. — Dans l'éther, chaque particule ou centre mathématique de répulsion est immobile en équilibre ou oscille en vertu de la répulsion qu'exercent sur lui les autres centres voisins.

Cela posé, concevons les corps pesants comme des vides, vides relatifs, par exemple tels que dans un millimètre cube, au lieu de vingt milliards de centres répulsifs, moyenne de ce que contient chacun des millimètres cubes environnants, il n'y en ait que mille. Une telle constitution convient très bien à ces anneaux tourbillons, insécables, indestructibles qui, selon Helmholtz et Thomson, constituent les atomes ; plus le tourbillon est rapide, plus ses éléments sont rares à la partie centrale ; c'est aux mathématiciens à déterminer les conditions dans lesquelles peuvent se produire de tels tourbillons dans un milieu homogène, et particulièrement dans un milieu composé de centres répulsifs.

Soit un de ces tourbillons en un point quelconque de l'éther ; il subit dans toutes ses parties la pression uniforme de l'éther environnant, et, cette pression étant égale dans tous les sens, il demeure immobile. A présent, soit à une distance quelconque un autre tourbillon. De ce côté, en ligne droite, la pression sur le premier sera d'autant moindre qu'il y aura moins de centres répulsifs, c'est-à-dire plus de vide dans le second, et, réciproquement, toujours en ligne droite, la pression sur le second sera d'autant moindre qu'il y aura moins de centres répulsifs, c'est-à-dire plus de vide dans le premier. Ils seront donc poussés en ligne droite l'un vers l'autre avec une force proportionnelle à leur vide ; en d'autres termes, ils s'attireront en raison directe de leurs masses. Mais, d'autre part, ils s'attireront en raison inverse du carré de leur distance ; car l'effet du vide est proportionnel au carré de la distance, puisque ce vide n'est que l'absence ou négation d'une force répulsive proportionnelle au carré de la distance : telle somme de centres répulsifs manque ; à un mètre, elle exercerait une répulsion égale à 1 ; à 2 mètres, elle n'exercerait qu'une répulsion égale à $\frac{1}{2^2}$; par conséquent, lorsqu'elle manque à 1 mètre, la force de poussée en sens inverse, c'est-à-dire l'attraction, est égale à 1, et à 2 mètres, égale à $\frac{1}{2^2}$ (1). Ainsi, de la constitution de l'éther et de la matière pesante telle que nous la supposons, on dérive la

---

(1) Cela peut aussi se démontrer par la seule remarque que ce vide est une force centrale et que l'effet de toute force centrale (chaleur, lumière, attraction) va diminuant comme le carré du rayon de la sphère dans laquelle elle agit, c'est-à-dire comme le carré de la distance.

loi de l'attraction. Au lieu de deux espèces de matière, on n'en a qu'une.

Ce qui probablement a empêché les savants d'examiner cette hypothèse, c'est l'inclination à considérer la chose pesante comme un plein; les sens et la perception extérieure répugnent à lui ôter l'existence réelle; de même pour l'hypothèse de Copernic; les sens et la perception extérieure appuient le préjugé de la terre immobile et du soleil en mouvement; il faudrait provisoirement considérer notre hypothèse des vides comme on considérait à la fin du xvie siècle l'hypothèse de Copernic, c'est-à-dire comme une représentation plus simple et plus concordante des phénomènes.

Même observation sur l'hypothèse de Boscovich et sur la nôtre, à propos de l'éther considéré comme un composé de simples centres géométriques inétendus, sans autre propriété que d'être des centres de répulsion les uns par rapport aux autres, en fonction de leurs distances, suivant la loi de décroissance commune à toutes les forces centrales.

A cette force répulsive dont sont doués les centres géométriques inétendus, il faut ajouter la force d'inertie, c'est-à-dire la persévérance dans l'état actuel qui est, soit l'immobilité, soit le mouvement rectiligne uniforme. De ces deux propriétés primitives, il faut déduire le reste.

Ceci n'est que le point de vue physique, celui qui est fourni par les sens, par la perception extérieure, aidée ultérieurement de l'analyse et de l'abstraction : on n'y considère que des distances, des limites (le point géométrique), le mouvement de ces limites, des mouvements actuels ou virtuels, c'est-à-dire possibles; la force n'est que la possibilité et la certitude de tel mouvement possible pour tel point ou telle somme de points géométriques situés à telle distance de telle autre somme de points semblables, et dont l'état antérieur est tel état de repos ou de mouvement.

Reste à se mettre au point de vue psychologique, au point de vue fourni par la conscience, aidée aussi de l'analyse et de l'abstraction. Il y a deux faces dans les choses, et il faut chercher ce que nous pouvons transporter de nous-mêmes dans le monde extérieur, pour nous représenter sa face spirituelle. Ce quelque chose interne est la *tendance*.

D'après mes recherches sur la volonté et les émotions, l'élément primitif dans cette portion de la psychologie est la *tendance* ou impulsion interne. Pour s'en faire une idée, il suffit de considérer un cas où la tendance persiste à travers plusieurs échecs et tentatives pour aboutir ; par exemple dans la colère, après une offense ou un manque d'égards, ce qui persiste à travers le bouillonnement de pensées diverses plus ou moins douloureuses, c'est la tendance à détruire l'offenseur.

Autre cas, l'état de joie et d'allégresse vive, surtout si l'on est jeune ; il y a tendance à l'expression extérieure, aux gestes, au rire, au chant, aux mouvements vifs de tout genre ; si l'on est réprimé dans cette tendance, il y a gêne, malaise, on a besoin de se lâcher et de s'épanouir physiquement. Dernier cas très frappant : dans le chagrin, surtout après la mort d'une personne aimée, quand on suit la série des idées douloureuses, on est contrarié d'en être distrait, d'être dérangé ; les idées douloureuses tendent à persévérer et à reparaître. D'une façon générale, on constate que telles idées, images, sensations, ont tendance à naître et à prédominer dans telles conditions définies, ce qui explique pourquoi, lorsque cette tendance, étant empêchée, n'aboutit pas, il y a malaise.

J'incline même à penser que l'agréable et le désagréable (y compris le plaisir et la douleur physiques) sont constitués par le libre cours ou l'empêchement d'une tendance et qu'en somme les éléments de la sensibilité tout entière sont des tendances.

Si l'on réduit ce fait psychologique au maximum de simplicité (comme on l'a fait pour la sensation), si on le dépouille autant que possible de ses caractères humains et animaux, il reste un résidu psychologique que l'on peut considérer comme constituant la face psychique de ces centres inétendus dont nous n'avons encore noté que la face physique. Chacun de ces centres a deux tendances, l'une qui est la répulsion par laquelle il s'écarte des autres selon la loi indiquée, l'autre qui est la tendance à persévérer dans son état de repos ou de mouvement rectiligne uniforme. Selon les circonstances précédentes ou actuellement environnantes, plusieurs tendances contraires ou divergentes peuvent coexister dans ce même centre, et l'effet total se produit selon la règle de la composition des forces telle qu'on l'enseigne en mécanique. A ce point de vue, les forces sont des tendances, et les lois de la mécanique ne sont plus de simples symboles destinés à représenter les événements physiques ; elles expriment des états et des composés psychologiques. Le point physique et matériel devient une monade ; ses tendances sont ses instincts et ses passions ; son repos ou mouvement est sa volonté finale. On peut considérer ainsi, dans les centres géométriques auxquels se réduit la nature, une âme et un corps. D'une part, ils sont des mobiles, situés, en repos ou en mouvement, en train de décrire telle ligne avec telle vitesse. D'autre part, ils sont composés de tendances divergentes ou convergentes, desquelles la résultante détermine leur repos, leur mouvement, leur direction, leur vitesse.

Soit donc un élément de l'être, c'est-à-dire (selon la seule définition qu'autorise notre psychologie) un *mobile* réduit au minimum, c'est-à-dire réduit à n'être qu'un point géométrique. Il a deux histoires, l'une extérieure, l'autre intérieure, chacune des deux n'étant distincte que pour nos deux facultés distinctes, qui sont la connaissance par les sens et par la conscience.

Son histoire extérieure est la série continue de ses états de repos ou de mouvement, chacun de ces états successifs étant déterminé par les conditions ci-dessus définies. Elle comprend : 1° les états de repos réel et de mouvement réel ; 2° les états de repos possible et de mouvement possible, lesquels ne sont pas des possibilités pures, mais des réalités certaines auxquelles, pour s'effectuer, il ne manque que l'absence de la condition antagoniste existante. Par exemple, si le mobile est en repos, parce que deux conditions égales et contraires du mouvement sont présentes, on pourra considérer dans le mobile en repos deux mouvements égaux en sens contraire qui s'annulent réciproquement, et, pour plus de précision, on pourra considérer ces deux mouvements, non plus comme simultanés, mais comme successifs, à condition de les prendre infinitésimaux, en sorte que chacun d'eux tour à tour, au bout d'un laps de temps infinitésimal, annule l'effet de l'autre. De cette façon, on aura toute l'histoire extérieure du mobile exprimée en situations persistantes ou changeantes, c'est-à-dire représentables par la perception extérieure.

Son histoire intérieure est la série continue de ses tendances successives, chacune de ces tendances ayant pour but une situation persistante ou changeante du mobile. Cette histoire est très compliquée, car la situation persistante ou changeante du mobile a pour condition interne, non pas une seule tendance, mais un groupe souvent énorme ou même infini de tendances simultanées, convergentes ou divergentes ou contraires, d'intensités inégales, et dont la résultante seule prévaut, à peu près comme dans une âme humaine l'innombrable amas des motifs conscients ou inconscients. On peut réduire ce groupe à deux types, l'un qui est l'inertie ou tendance à persévérer dans l'état commencé de repos ou de mouvement rectiligne uniforme, l'autre qui est la tendance à s'écarter en ligne droite de tout autre mobile suivant la loi donnée. Mais les tendances du second type sont innombrables et changeantes en intensité et en direction selon la proximité et le nombre des autres mobiles. De sorte que l'histoire intérieure du mobile est un va-et-vient continu, un prodigieux système incessamment changeant de tendances contre-balancées par d'autres, et oscillant sans cesse par degrés infinitésimaux entre l'efficacité et l'annulation.

Avec cette conception, la conception des corps chimiques change ; la composition d'une molécule (eau) n'est plus que la juxtaposition de deux petites masses distinctes (hydrogène et oxygène), mais la transformation de deux tourbillons en un seul, dont la vitesse, la structure, etc., sont différentes, et dans lequel rien ne subsiste des deux précédents, sauf la pesanteur, c'est-à-dire la quantité du vide.

Dès lors, un atome chimique (celui d'un corps simple, oxygène, chlore, brome, or, fer, etc.) doit être considéré comme un tourbillon d'une certaine forme mathématique (sphérique, conique, cylindrique, ellipsoïdale, avec révolution sur le grand ou le petit axe), avec rotation à droite ou à gauche (tartrates et paratartrates de Pasteur), capable d'affinités, c'est-à-dire de combinaisons plus ou moins faciles avec un autre tourbillon analogue, selon leurs rapports mathématiques mutuels, lesquels sont donnés par leur orientation, leur forme géométrique, la distance, le nombre et la vitesse de leurs éléments ou points répulsifs composants. Probablement la série de ces divers tourbillons stables est limitée par les conditions mathématiques qu'ils doivent remplir pour être stables ; de même en géométrie et pour la même raison, il n'y a en tout que cinq solides réguliers possibles. La classification de Mendeleef, avec ses étages superposés, est encore un indice dans ce sens, l'étage supérieur répétant l'inférieur, avec addition à chaque étage d'un certain chiffre à l'équivalent, en sorte que le tout apparaît comme les tranches d'une fraction périodique.

Des « inaccessibles », des « lieux où nul mobile ne peut aller », voilà la définition des points géométriques répulsifs les uns des autres, et eux-mêmes constituant les mobiles.

Octobre 1891.

Dans ce qui précède, nous avons considéré le dernier élément du corps, à savoir le point géométrique, dont le mouvement engendre la ligne, celle-ci par son mouvement engendrant la surface, celle-ci par son mouvement engendrant le solide ou corps complet. Mais le point géométrique considéré sous un autre aspect a lui-même une genèse ; il est un abstrait, obtenu par une abstraction de l'esprit ; en lui-même il n'est rien de réel ni de subsistant, il n'est que la limite, terminaison ou cessation d'une ligne, laquelle n'est que la limite d'une surface, laquelle n'est que la limite d'un solide ou corps sensible observable ; c'est par ce procédé intellectuel que nous arrivons à détacher et isoler le point géométrique. Il faut donc transcrire notre hypothèse et noter ce qu'elle donne à ce point de vue, ce que sont, d'après elle, les derniers mobiles :

Ce sont des sphères de répulsion (répulsives les unes des autres), dont le rayon est infini, où la répulsion va décroissant du centre à l'extrémité du rayon, de telle façon qu'étant finie à une distance finie, cette répulsion soit infinie à une distance nulle, et nulle à une distance infinie. Plusieurs modes de croissance et de décroissance peuvent fournir la série requise ; un seul mode, celui où la répulsion décroît comme croît le carré de la distance, fournit la série dans laquelle à toute distance la somme de répulsion calculée d'après la surface de la sphère, c'est-à-dire d'après le rayon, est la même.

Élément signifie composant, et il y a des composants partout où il y a un composé ; les deux composants derniers du solide sont le point géométrique et le mouvement, à savoir ce point en mouvement, qui par son mouvement engendre la ligne, celle-ci la surface, et celle-ci le solide géométrique. (Le point est le dernier composant, car il est indécomposable.) En tant que le corps réel entre dans les cadres géométriques (et il y entre forcément, étant situé, étendu, figuré, mobile), les propriétés du solide géométrique lui appartiennent, et on doit chercher la genèse de ces propriétés, lesquelles dérivent toutes des propriétés du point.

Or il y a cela de remarquable que deux points géométriques dont la distance est nulle ne sont qu'un seul point.

Donc, étant donnés deux points, pour qu'ils subsistent et ne soient jamais réduits à un seul, il faut qu'ils répugnent tous les deux à la distance nulle, qu'ils y répugnent absolument, que ce soit là leur premier caractère essentiel, en d'autres termes qu'à la distance nulle la répulsion entre eux soit absolument invincible ou infinie.

Mais une force infinie est une grandeur infinie, laquelle n'existe que comme le terme extrême, inaccessible, d'une grandeur finie, qui, croissant selon une certaine loi, marche vers ce terme sans jamais l'atteindre. De même la distance nulle est une grandeur nulle, laquelle n'existe que comme le terme extrême, inaccessible, d'une grandeur finie, qui, décroissant suivant une certaine loi, marche vers ce terme sans jamais l'atteindre. Aussi tout se déduit des caractères suivants : 1° que les points sont plusieurs et indestructibles ; 2° que la grandeur infinie ou nulle est un état de la grandeur finie.

Si l'on établit la genèse totale des propositions, on arrive, je crois, à l'ordre suivant :

1° En fait, d'après l'expérience, il y a des mobiles dont tout l'être intrinsèque consiste en mouvements réels ou possibles, conditionnés par leur état antérieur et par leur existence et leur distance les uns des autres ;

2° Au nom de la raison explicative, et par l'application des cadres géométriques, les derniers éléments d'un mobile, à savoir ses composants indécomposables, au delà desquels, par nature, nulle décomposition ultérieure n'est possible, sont des points géométriques ;

3° Deux points géométriques dont la distance est nulle ne font plus qu'un point unique ; d'où il suit que, pour subsister, ils doivent répugner absolument à la distance nulle, en d'autres termes se repousser avec une force infinie, c'est-à-dire plus grande que toute force d'une grandeur assignable ;

4° La distance nulle n'est qu'un cas extrême de la distance finie, de même que la force infinie n'est qu'un cas extrême de la force finie (l'une et l'autre exprimables par une série croissante et décroissante dont ces deux cas extrêmes ne sont que le terme inaccessible). D'où il suit qu'il y a une relation ou connexion entre la distance finie et la force finie, en d'autres termes, que la force croît ou décroît selon une fonction de la distance ; et, comme les deux séries sont inverses, l'une croît pendant que l'autre décroît ;

5° A un autre point de vue, le point (géométrique) est la terminaison d'une ligne géométrique, qui est elle-même la terminaison d'une surface (géométrique), qui est elle-même la terminaison d'un solide (géométrique). Par conséquent, la force répulsive du point n'est qu'un cas de la force répulsive de la ligne dont il est la terminaison ; la force répulsive de la ligne n'est qu'un cas de la force répulsive de la surface dont elle est la terminaison ; la force répulsive de la surface n'est qu'un cas de la force répulsive du solide dont elle est la terminaison. — Partant, le mobile, considéré d'abord comme un point, peut être aussi imaginé comme un solide (à trois dimensions) ;

6° Pour construire ce solide, nous avons fait cette remarque que la répulsion décroît à l'inverse d'une fonction croissante de la distance, c'est-à-dire de la ligne droite qui joint le point géométrique à un autre. Mais la distance mesurée par cette droite est la même pour tous les points de la circonférence que décrit cette droite tournant autour du premier point pris comme centre. Elle est encore la même pour toute la surface que décrit cette demi-circonférence tournant autour de son diamètre pris comme axe. De sorte que voilà le solide en question construit. C'est une sphère d'un rayon quelconque, déterminée tout entière par la longueur de ce rayon. — Mais ce rayon fini quelconque, aussi grand ou aussi petit qu'on voudra, est une portion du rayon infini qui détermine une sphère infinie entre la surface de laquelle et le point central se superposent autant de sphères concentriques qu'on prend de longueurs différentes dans le rayon. En langage vulgaire, les mobiles derniers sont des sphères d'un rayon infini, de moins en moins molles ou de plus en plus résistantes à mesure qu'on approche de leur centre, lequel exerce contre tout autre centre semblable une répulsion infinie au contact ;

7° Pour que cette force *instantanée* de répulsion soit une quantité constante, il faut qu'à mesure qu'elle s'applique à plus de points, elle diminue d'effets, de telle façon que cette augmentation et cette diminution soient compensées l'une par l'autre. Les points où elle s'applique composent la surface sphérique dont le point mobile est le centre, et les surfaces sphériques sont entre elles comme les carrés de leurs rayons. Par suite, il y aura compensation si la force répulsive décroît à l'inverse des carrés des rayons. Entre les diverses fonctions qui peuvent relier la diminution de la force et l'augmentation de la distance, celle-ci est la seule suffisante et nécessaire.

Juin 1892.

On n'entreprend point ici de chercher *a priori* quels sont les éléments ou composants *réels*, accessibles à l'expérience et constatables par elle, dans la matière : ceci est affaire d'expérience ; *a priori*, on ne peut faire sur eux que des hypothèses. Ce qu'on cherche, ce sont des éléments tels que par eux les phénomènes soient *explicatifs*, en d'autres termes des composants *explicatifs* ; car nous savons ce que c'est qu'une explication, ce qu'elle requiert dans l'explicatif et dans les expliqués ; nous savons cela par expérience dans l'ordre psychique comme dans l'ordre physique, en histoire comme en astronomie, que les derniers composants des corps soient inétendus ou étendus, de telle ou telle dimension, réguliers ou irréguliers, qu'ils soient des sphères, des cylindres, des cônes, des cubes, des pyramides, nous l'ignorons, et nous ne le trouverons pas en arrangeant des hypothèses *a priori* dans notre cervelle. Mais quels qu'ils soient, nous savons qu'une fois connus, s'ils étaient des petits cubes, pyramides, cônes, etc., bref de petits solides, de telle forme et dimension, ils ne seraient pas des éléments derniers, c'est-à-dire des indécomposables ; nous chercherions l'explication de leur forme, de leur étendue, de leur structure, nous aurions à considérer en eux des surfaces, des lignes et des points, comme on fait pour les cristaux élémentaires en minéralogie ; des propriétés géométriques de ces surfaces, lignes et points et des forces qui leur sont inhérentes, nous aurions à déduire leur histoire et leurs attaches mutuelles ; la mécanique interviendrait comme partout, pour considérer en eux le mouvement effectif ou possible de chacun de leurs points ; elle définirait le mouvement d'un quelconque de ces points, qui sont pour elle les derniers indécomposables, et c'est dans ce sens, en vue d'une recherche semblable, que nous cherchons les propriétés du point, dernier élément du mobile, sans affirmer qu'il soit réel dans la nature, mais en affirmant que, dans la nature, en tant qu'elle est explicable, il est réel.

En somme, ces mots : *derniers* éléments, *premiers* éléments, composants *indécomposables*, signifient, non pas la chose en soi (qui en soi est inaccessible), mais la chose par rapport à l'esprit, aux exigences de l'esprit, à la recherche qu'il fait des génératrices explicatives, des données simples, d'où il peut déduire des données complexes. De plus, par beaucoup de grands exemples, par toutes les sciences faites ou en train de se faire, il est prouvé que la nature, au moins dans la portion d'elle que nous avons sondée, est construite conformément à cette exigence de l'esprit. L'entreprise en question n'est donc pas absurde, ni même très téméraire ; elle est surtout une recherche de psychologie, une étude de ce que doit être la nature pour satisfaire à notre besoin d'explication, et, par suite, de ce que très probablement elle est en fait, puisqu'en fait, au moins dans beaucoup de cas, elle y satisfait.

Plus brièvement encore, *indécomposable* signifie indécomposable pour l'esprit ; car c'est l'esprit qui décompose. La propriété ainsi désignée n'existe donc que pour l'esprit, par rapport à lui, et peut, sans témérité, être étudiée par lui.

Ne pas prendre le *point* comme l'indécomposable ; car *point* signifie à la fois *présence* et *cessation* de quelque chose. Il faut donc indiquer ce quelque chose, qui est la sphère de rayon infini répulsive des autres, selon une fonction de la distance de son centre (point) à d'autres centres (points).

H. TAINE.

II

TAINE POÈTE

Nous avons mentionné (p. 393, en note) les sonnets de Taine sur ses chats. Ils ont paru dans le *Supplément littéraire* du *Figaro* (samedi 11 mars 1893, c'est-à-dire six jours après la mort du grand écrivain), accompagnés de la note suivante :

« Le *Figaro* est heureux d'offrir à ses lecteurs une primeur des plus rares : douze sonnets de Taine, adressés à ses chats, son œuvre poétique tout entière.

« Ces vers ne devaient jamais voir le jour ; quelques rares amis les connaissaient : M. de Heredia, dont l'influence est sensible dans quelques-uns des sonnets ; Lambert, le peintre des chats, qui avait proposé à Taine de les illustrer et de publier une plaquette luxueuse. Mais le philosophe avait voulu garder son œuvre secrète comme un péché.

« Comment le *Figaro* a-t-il pu se procurer ces beaux sonnets ? C'est notre secret ; le hasard nous a mis sur la trace, et ce n'est pas sans peine que nous avons pu les rassembler. Le public jugera combien il aurait été fâcheux que de tels vers fussent perdus pour lui : c'est toute une philosophie dans une forme admirable ».

M. Gabriel Monod a dit de son côté, au sujet de ces sonnets *(Op. cit.*, p. 149) : « Ce n'est point un simple jeu d'esprit, que ses beaux sonnets sur les chats... Il y exprime non seulement sa sympathie pour eux, mais aussi sa conception de la sagesse, qui réunit Épicure à Zénon ». Et il ajoute en note : « Nous espérons qu'ils recevront une publicité plus durable que celle d'un journal ; car ils méritent d'être conservés, par leur beauté propre et pour la lumière qu'ils jettent sur le caractère et les idées de leur auteur. Ce sont les seuls vers qu'il ait écrits. Leur perfection nous permet d'apprécier les dons extraordinaires d'assimilation d'un écrivain auquel plus d'un critique a refusé la facilité, trompé par sa puissance ».

Ces vers, si pleins de substance et d'une forme à la fois si simple et si achevée, dirons-nous pour notre part, contrastant si curieusement avec les notes « Sur les éléments derniers des choses », qui les précèdent, nous ont semblé devoir absolument être reproduits ici, car ils complètent de la façon la plus intéressante la physionomie intellectuelle du grand écrivain, chez lequel tout le monde n'aurait pas soupçonné ni tant de grâce d'expression ni une sensibilité si affinée.

A

TROIS CHATS

PUSS, ÉBÈNE ET MITONNE

domiciliés à Menthon-Saint-Bernard (Haute-Savoie)

CES DOUZE SONNETS

sont dédiés

PAR

LEUR AMI, MAITRE ET SERVITEUR

H. TAINE

Novembre 1883

Ludendo dicere verum, quid vetat ?

I

LE BONHEUR

Dans votre cœur tranquille et dans vos larges yeux,
O vénérable chat, la sagesse est innée ;
Votre rouet sans fin près de la cheminée
Est l'écho bourdonnant d'un rêve harmonieux.

Quand vous voulez dormir comme dorment les Dieux,
Vous vous roulez en boule, âme prédestinée,
Vous laissez les soucis à la race damnée
Qui laboure la terre et qui sonde les cieux.

Tel qu'un brahme affranchi des misères du monde,
Vous buvez le bonheur dans la coupe profonde
Où l'homme ne boit plus que la fièvre et la mort ;

Et de l'Eden perdu le mirage tragique
Apparaît, évoqué par un miroir magique,
Dans la sérénité de vos prunelles d'or.

II

LA SOCIÉTÉ

Ni l'Hellène bavard, ni le brutal Romain,
N'ont su gagner du chat la confiance intime.
Son cœur, qui vaut beaucoup et qui beaucoup s'estime,
Fuit la société du rustre et du gamin.

Seule, la vieille Egypte a trouvé le chemin
Qui nous ouvre l'accès de ce cœur magnanime.
Son culte solennel fut un pont sur l'abîme
Entre la bête auguste et l'animal humain.

Trente siècles durant, du haut de ses pylônes,
Le chat vit à ses pieds la majesté des trônes
Et le front prosterné du Pharaon vainqueur.

Un peuple en pleurs suivait ses pompes mortuaires ;
Pour sa tombe on sculptait l'onyx des sanctuaires ;
Il sut par nos respects que l'homme avait un cœur.

III

LA RELIGION

Dès l'aube, par essaims, les pèlerins avides
S'amoncelaient au seuil du portique carré,
Muets, béants, le cœur par l'attente serré,
Sur le spéos obscur fixant leurs regards vides.

Le soleil, blanchissant l'azur des cieux torrides,
Marchait dans le chemin par l'homme mesuré ;
Les rayons effleuraient l'enfoncement sacré,
Quand l'ombre s'allongeait au pied des Pyramides.

Puis l'astre horizontal vidait son carquois d'or ;
Son dernier dard perçait l'oblique corridor
Où la myrrhe et l'encens montaient en vapeurs droites ;

Et l'on voyait, au fond du tabernacle ouvert,
Arrondissant son dos et clignant son œil vert,
Le divin quadrupède aux pupilles étroites.

IV

LES SOUVENIRS

Il siège au coin du feu, les paupières mi-closes,
Aspirant la chaleur du brasier qui s'éteint ;
La bouilloire bouillonne avec des bruits d'étain ;
Le bois flambe, noircit, s'effile en charbons roses.

Le royal exilé prend de sublimes poses ;
Il allonge son nez sur ses pieds de satin ;
Il s'endort, il échappe au stupide destin,
A l'irrémédiable écroulement des choses.

Les siècles en son cœur ont épaissi leur nuit,
Mais au fond de son cœur, inextinguible, luit
Comme un flambeau sacré, son rêve héréditaire :

Un soir d'or, le déclin empourpré du soleil,
Des fûts noirs de palmiers sur l'horizon vermeil,
Un grand fleuve qui roule entre deux murs de terre.

V

LES PÉNATES

Prends ton ciseau, sculpteur ; polis ton diamant,
Lapideur ; émailleur, fonds ta pâte. Les belles
Que j'aime, les voici ; je les veux immortelles ;
Éternisez pour moi leurs grâces d'un moment.

Sauvez-les de la mort par votre enchantement.
L'une est noire ; ses cils couvent des étincelles.
Le jaspe étoilé d'or me rendra ses prunelles,
Et le basalte noir son corps souple et charmant.

L'autre est de jais, d'albâtre, et d'ambre chamarrée ;
Pour sa robe, taillez la roche bigarrée ;
L'émeraude fera la splendeur de ses yeux ;

Et j'aurai, pour peupler mon intime oratoire,
Parmi mes Dieux privés, deux Lares glorieux,
La Vénus tricolore et l'Aphrodite noire.

VI

LA PHILOSOPHIE

Deux sages ont connu la vérité suprême ;
Mais chacun dément l'autre et le condamne à tort ;
L'un nous dit : « Soutiens-toi, sois patient et fort ».
Et l'autre : « Sois heureux, jouis à l'instant même ».

Épicure et Zénon, sur l'antique trirème,
Ont serré de trop près ou l'un ou l'autre bord.
Nous échouons comme eux en atteignant le port.
Les chats ont résolu l'insoluble problème.

Le plaisir, comme il vient ; la douleur, s'il le faut,
Puss, vous acceptez tout, et le soleil, là-haut,
Quand il finit son tour dans l'immensité bleue,

Vous voit, couchée en cercle, au soir comme au matin ;
Heureuse sans effort, résignée au destin,
Lisser nonchalamment les poils de votre queue.

VII

L'ENSEIGNEMENT

Tous muets au Sénat, fuyards à la frontière :
Honte partout, César ayant tué, buvait ;
Le porc impérial, lourd du vin qu'il cuvait,
Sous les yeux des soldats ronflait dans sa litière.

Pourtant de vieux Romains gardaient leur âme entière ;
La nuit, près du lit d'or, de pourpre et de duvet,
Leur philosophe assis lisait à leur chevet ;
L'esprit aidait l'esprit à dompter la matière.

Tout s'écroule aujourd'hui, la patrie et les mœurs.
Nous aussi, nourrissons, pour raffermir nos cœurs,
Un médecin de l'âme, un sage à domicile.

Je n'ai jamais souffert quelqu'un qui me prêchât ;
Mais deux sages muets chez moi trouvent asile,
Pétrone et Thraséas dans la peau de mon chat.

VIII

LA PRATIQUE

« Cultive ton jardin », disaient Gœthe et Voltaire ;
Au delà ton ouvrage est caduc et mort-né ;
Enfermons nos efforts dans un cercle borné ;
Point d'écarts ; ne cherchons le ciel que sur la terre.

Ainsi fait notre ami ; comme un vieux militaire,
Il brosse son habit sitôt qu'il a dîné,
Dans son domaine étroit librement confiné,
Ministre de sa peau, tout à son ministère.

Il s'épluche, il se lisse, il sait ce qu'il se doit.
Pauvre petit torchon moins large que le doigt,
Sa langue est tour à tour éponge, étrille et peigne.

Son nez rejoint son dos ; il lèche en insistant :
Pas un poil si lointain que la râpe n'atteigne.
Gœthe, instruit par Voltaire, en a-t-il fait autant ?

IX

L'ENFANCE

Les petits ont deux mois ; fourrés comme des ours,
Lustrés comme des loirs, ils sont bien de leur race.
Juin flambe en eux, jamais leur souplesse n'est lasse ;
Il faut à leurs ébats les seize heures des jours.

Dressant leurs reins arqués sur leurs pieds de velours
Ils s'affrontent ; soudain, l'un à l'autre s'enlace ;
Ils roulent ; tous leurs jeux sont des assauts de grâce ;
Auprès d'eux les chevreuils bondissants semblent lourds.

La grâce en les enfants, la beauté dans les roses,
La nature impuissante en ses métamorphoses,
N'a que deux fois produit le chef-d'œuvre parfait.

Hors d'elle, l'art vagit empêtré dans ses langes.
Qu'a fait l'orgueil humain ? les peintres, qu'ont-ils fait ?
Corrège, des amours, et Raphaël, des anges !

X

LA SENSIBILITÉ

Des cils roides et longs, antennes hérissées,
Font sentinelle autour de son nez frémissant ;
Et le plus léger bruit qui le frôle en passant
Élargit sur son front ses oreilles dressées.

Quand la nuit a brouillé les formes effacées,
Il voit ; le monde noir à son regard perçant
Ouvre ses profondeurs ; il distingue, il pressent ;
Ses sens plus acérés aiguisent ses pensées.

Des craquements de feu courent sur son poil roux ;
Tout le long de sa moelle un tressaillement doux
Conduit l'émotion en son âme inquiète.

Les poils de son museau vibrent à l'unisson,
Et sa queue éloquente a le divin frisson,
Comme une lyre d'or aux mains d'un grand poète.

XI

LE POINT DE VUE

Mendiants et bannis de leur terre natale,
Il est, dans la forêt, de délicats enfants ;
Pour hôtes et seigneurs ils ont des éléphants
Au cœur affectueux, à la trompe brutale.

Le colosse rugueux dans sa bauge s'étale,
S'ébroue et beugle, éclate en hoquets triomphants,
Couvre ses protégés de baisers étouffants,
Et ses pieds ! Garez-vous : leur rencontre est fatale.

Tel l'homme pour le chat ; notre hospitalité
Lui pèse ; avec effort il s'est acclimaté.
Aujourd'hui l'amitié brille dans ses yeux glauques ;

Il se livre au toucher de nos grossières mains ;
Il tolère la voix des éléphants humains.   [rauques !
Mais que leurs pieds sont lourds et que leurs voix sont

XII

L'ABSOLU

Un concert vague emplit l'espace illimité ;
Les ondes de l'éther palpitent en cadence ;
L'atome imperceptible exécute sa danse,
Sur un rythme savant, à sa forme adapté.

Par son premier élan et son poids emporté,
L'astre roule, décrit son orbe, et recommence ;
Le monde harmonieux, sous un archet immense,
Vibre, et chante tout bas l'hymne de sa beauté.

O mes bienheureux chats ! Votre rouet paisible
Nous apporte une voix de ce chœur invisible
Où se dit le secret du mystique univers.

O grave mélopée ! O musique discrète !
J'écoute, je comprends ; mon cœur devient poète,
Et mon cœur tout entier a frémi dans mes vers.

III

TAINE HISTORIEN DE L'ART

Par le Professeur Adolfo VENTURI

Lettre à Monsieur le Professeur Giacomo Barzellotti

Rome, le 1er janvier 1900.

Mon cher et éminent Collègue,

Le grand historien français que vous avez dignement célébré ne s'est pas demandé, en signalant la correspondance exacte et nécessaire « que l'on rencontre toujours entre une œuvre et son milieu », si dans le *milieu* des arts représentatifs il y avait des éléments particuliers qui les séparent et distinguent d'autres manifestations de la vie. En observant les plantes de laurier, de chêne et de myrte, qui croissent dans un même terrain, on remarque que chacune d'elles tire de ce terrain les lymphes qui lui donnent la nourriture, la forme et la beauté, et, bien que toutes représentent la force productrice du sol, chacune la représente sous un aspect différent. Ces plantes vivent dans le sein de la même mère, la terre, respirent le même air, sont baignées par la rosée et par la pluie, chauffées par le soleil, exposées aux mêmes orages. Mais le laurier, toujours vert, aux branches raides, ne pourra jamais être confondu avec le myrte aux nombreuses ramures, et tous deux ne pourront jamais atteindre à la majesté du chêne. Il en est de même de tant de manifestations de l'esprit humain ; les lettres, les sciences, les beaux-arts se manifestent comme des expressions multiformes de la vie. Ce sont autant de voix de l'humanité, d'impulsions occultes de l'esprit de race, de palpitations de la nature humaine, d'idéalités qui s'incarnent et resplendissent d'une manière différente. Les arts, les lettres, les sciences se conforment à la vie de l'entourage et jaillissent de sources particulières qui affluent par voies diverses et s'avancent dans leur cours sans se rencontrer ni se confondre. Le grand philosophe français n'eut peut-être pas une connaissance juste du *milieu* où se déroula le plus pur et le plus beau des arts romans. Il vit « l'imagination de l'Italien classique, c'est-à-dire l'imagination latine, analogue à celle des anciens Grecs et des anciens Romains », et ne se rendit pas compte de la formation du « style nouveau », du changement survenu dans la conscience populaire, de la naissance de l'art italien, qui fixa la vigoureuse idéalité moderne, le sentiment humain, la passion. Taine se trompa comme tant d'autres qui, en vertu d'un préjugé académique, firent consister la Renaissance dans l'imitation des formes classiques ou dans la traduction de certains caractères qui ne répondaient plus aux idéalités des temps nouveaux ; c'était voir la source de la vie artistique là où, au contraire, elle était à peu près tarie. De même qu'on ne peut pas dire que la langue du Dante et de l'Arioste soit une renaissance de la langue latine, ainsi l'on ne peut pas affirmer que l'art de Giotto, de Donatello, de Leonardo et de tous les autres héros qui tâchèrent d'atteindre le but suprême assigné par Dante à l'artiste : *la vérité de la vie*, soit une renaissance de l'antiquité classique. La suprématie de cette dernière sur l'art nouveau caractérisa la Renaissance, forma le grand art, selon Taine. Pour nous, au contraire, elle détermina la fin du mouvement ascensionnel de l'art, c'est-à-dire la décadence. La grande et profonde sincérité n'existait plus ; dans l'effort pour grandir les formes, l'art avait perdu ses rapports directs avec la nature, son caractère intime, son esprit ; il ne parlait plus, mais déclamait à la façon des rhéteurs ; et alors le langage moderne se tut et la grammaire de Priscien prit la parole.

Taine, qui voit tout fleurir en Italie parmi les décombres, et tout se graver en images antiques, considéra naturellement l'art du xv° siècle comme incomplet, comme le fruit de « chercheurs encore frustes, secs ou raides ». Giovanni Bellini est encore pour lui un maître manquant de maturité ; et Masaccio lui semble un peintre « presque accompli », étant, selon lui, « un inventeur isolé ». Cependant la perspective de l'éloignement nous a fait apparaître plus grand que nature le maître mort jeune, disparu de la terre comme un météore. Masolino, novateur grandiose qui fut son maître, a été identifié avec Masaccio, de sorte que celui-ci vit encore plus glorieux dans notre mémoire, pour avoir recueilli la gloire des autres. En vertu d'un certain besoin de l'homme à tracer dans l'histoire des lignes nettes, on a fait des distinctions quand il était difficile d'affirmer où finissait le droit de l'un et où commençait celui de l'autre ; pour indiquer les sommets historiques, à la satisfaction du public, qui veut voir les cimes, les choses et les hommes les plus élevés, on n'a plus montré les chemins qui guidaient vers les hauteurs. Taine aussi a vu en Masaccio « un inventeur isolé » ; eh bien ! il n'en fut pas un. En effet, entre Masolino, qui détermina en Toscane, à Rome et en Lombardie, les nouvelles idéalités de l'art, il y eut à Florence, au commencement du xv° siècle, toute une légion de précurseurs. Masaccio ne fut pas « un précurseur méconnu qui n'est point suivi », si on le considère dans le grand chœur artistique florentin, entre Pesellino et Andrea del Castagno et Paolo Ucccllo ; entre Ghiberti et Brunelleschi et Donatello. La grandeur de Masaccio ne saurait être dite précoce ; mais ce fut bien plutôt le développement du génie de l'art toscan qui apparut précoce ; et l'on ne peut pas dire que cette grandeur « ne sera comprise qu'un demi-siècle plus tard », parce que, Masaccio mort, ses conquêtes faisaient partie du domaine de l'art toscan ; voilà ce que, à la même époque, Leo Battista Alberti a reconnu dans la dédicace de son livre *De Pictura*. Évidemment Taine voit un fait isolé dans un fait progressif, l'exception dans la règle ; mais, de cette manière, il découvrit son système, montra qu'il professait les principes de l'ancienne Académie, les critériums du commencement du siècle, d'après lesquels le *quattrocento* était archaïque, tandis que la perfection existait plutôt dans la décadence bolonaise des Carraches. Depuis que Taine a écrit ses pages, le point de vue ou d'orientation de la critique d'art a changé, en même temps que la mesure de la valeur de notre diapason artistique. Le philosophe s'exprimait encore comme les soldats de Napoléon Ier, qui entassaient dans le Louvre les toiles du Guerchin et du Guide, et qui nous laissèrent, heureusement pour nous, les tableaux de la première Renaissance ; mais depuis lors nous avons assisté à une transformation générale du goût en Europe. A Pier della Francesca, que Taine n'a pas même mis au nombre des chercheurs incomplets du XVe siècle, peut-être parce qu'il s'est aperçu de sa grandeur et ne voulut pas en faire un second inventeur isolé, nous accordons les plus grands honneurs ; nous avons placé bien haut, bien haut, dans le panthéon de l'art, Donatello ; le *quattrocento* nous est apparu comme le grand âge d'or de l'art italien. En attendant, au lieu de nous arrêter à n'apprécier que les reconstructions classiques, nous nous sommes mis sur la même route que les philologues, pour bien comprendre l'art moderne qui a parcouru le même chemin que les langues néo-latines ; et nous avons aperçu tout un monde nouveau inconnu à Taine et aux néo-classiques. Nous avons vu, depuis l'époque de Constantin jusqu'à Justinien, les peuples latins recueillir l'héritage de l'ancien monde pour le léguer au monde moderne, et s'apprêter à tracer des contours aux récits des Évangiles et des fastes du christianisme ; nous avons vu ensuite l'hellénisme byzantin se faire, à travers le moyen âge, le gardien de l'héritage des temps de décadence ; les arts romans entonner les chants de l'épopée chrétienne. La ligne du mouvement une fois déterminée, l'art italien nous est apparu dans son essor triomphal, s'élançant de conquête en conquête ; et ce que nous avons vu, ce ne sont pas des précurseurs isolés, méconnus, mais toute une légion d'artistes, comme alignée dans les siècles, qui se transmettait de main en main le travail d'autant plus beau, plus lumineux, plus grandiose.

Hippolyte Taine, toujours préoccupé de la grande peinture du xvie siècle, n'a pas aperçu les caractères propres à l'art italien. Cet art « dédaigne ou néglige le paysage ; la grande vie des choses inanimées ne trouvera ses peintres qu'en Flandre ». C'est ainsi qu'il écrit, oubliant comment l'Italie, précoce aussi dans la représentation du paysage, parvint jusqu'à y refléter les sentiments qui dominaient les personnages d'un tableau. Voyez le Corrège dans la *Nativité* de la collection Crespi, à Milan, avec les arbres presque dépouillés courbant leurs branches sur lesquelles ondoient de rares feuilles jaunies ; la campagne d'un azur profond, sous un voile d'ombre, limitée par la ligne blanche de l'horizon ; les nuages blanchâtres poussés par le vent d'hiver, derrière les décombres du vieux monde. Et voyez encore le même maître dans l'autre tableau des *Adieux du Christ à sa mère* ; scène douloureuse à la lumière pâle du soir, avec des figures dont les ombres se dessinent longuement sur le sol, tandis que, dans le lointain, le dernier rayon de lumière crépusculaire semble s'évanouir, en se reflétant dans les ombres et dans les vapeurs azurées de la plaine. Et voyez enfin le soir orageux dans le tableau de la *Piété* de Sébastien del Piombo, à Viterbe ; et l'aurore, dans celui de Giorgione, au musée de Vienne, qui représente Enée en train de délimiter le lieu où il va fonder Rome. Mais, sans multiplier les exemples, concluons qu'il n'est pas juste de comparer la peinture italienne avec la flamande, relativement au sens de la vie des choses inanimées. Il n'y a pas là de rapport, parce que les Flamands du xvii° siècle exprimèrent ce que les Italiens avaient les premiers entrevu et déterminé.

La chronologie détruit le rapport de Taine, là même où il met, à propos de la représentation de la vie réelle ou de personnages contemporains, les Flamands du *seicento* d'un côté, les Italiens du *cinquecento* de l'autre. Il n'était pas permis d'oublier que, dans le *quattrocento* tout entier, nos peintres avaient transformé les scènes religieuses, mythologiques, etc., en représentations de la vie sociale. On ne représenta plus des formes de convention, comme par force d'inertie, mais on figura des scènes fantastiques ou historiques, avec la simplicité de celui qui les a vues de ses propres yeux sur la place ou le long des rues de sa ville, sur les balcons ou sous les plafonds à caissons de son logis. La personnalité de l'artiste se révèle de toute manière avec une sincérité, une ingénuité, une fraîcheur des plus suaves ; et, dans l'antique Olympe, les divinités s'éveillent pour reprendre leur costume ; les héros classiques ressuscitent pour s'enrôler avec les soldats des républiques et des seigneuries italiennes ; les figures bibliques revivent entre les massiers et les syndics des corporations. Dieu et les saints descendent des nues pour recouvrer la forme humaine. Toute figure sacrée ou profane, allégorique ou historique, trouve dans la société de l'artiste sa forme et son fond.

Taine sut certainement tout cela, mais il ne voulut pas en tenir compte, pour continuer plus facilement sa comparaison entre l'art flamand du xvii° siècle et l'art italien du xvi°. Les peintres italiens, écrit-il, « à mesure que l'art s'achève, évitent de plus en plus l'exactitude littérale et la ressemblance positive ». Mais les termes de la comparaison ne sont pas exacts, parce que, dans le *cinquecento*, l'antiquité classique détourna l'art italien de sa voie ; et

l'on ne peut mesurer une route à partir du point où elle
dévie, ni comparer entre eux deux chemins qui ne con-
duisent pas au même but. Un génie, Michel-Ange, chercha
le type et non les caractères physionomiques, inventa les
formes que les yeux de l'âme découvrent et que « les yeux
de la tête ne peuvent pas rencontrer ». Mais Michel-Ange
couronna l'œuvre des siècles, et ses sublimes idéalités
marquèrent le terme de l'art italien. On continua ensuite à
chercher l'exactitude littérale et la ressemblance positive,
parce que le génie seul pouvait saisir les formes des
idées ; et l'un des élèves de Michel-Ange, le Bronzino,
représenta comme par le passé, avec une vérité scrupuleuse, les courtisans de la cour des Médicis, de nobles
dames et des gentilshommes florentins. Si d'autres évi-
tèrent de traduire avec exactitude la réalité, ils agirent
ainsi par impuissance ou parce qu'ils se complurent à
répéter des conventions et des phrases toutes faites : c'est
pourquoi ils ne pouvaient pas fournir les termes de comparaison entre notre art et l'art flamand, entre un art qui
avait déjà accompli son cycle et un art qui a fleuri plus
tard dans une autre atmosphère.

L'inobservation des identités chronologiques poussa
Taine à faire des rapprochements parfois quelque peu
étranges entre notre art de l'âge d'or et celui d'Ary
Scheffer, Decamps, Delacroix. La peinture italienne,
écrit-il, « ne se propose point de découper sur la toile une
scène violente ou douloureuse, capable d'exciter la pitié
et la terreur, comme fait Delacroix dans le *Meurtre de
l'évêque de Liège*, comme Decamps dans la *Morte* ou
dans la *Bataille des Cimbres*, comme Ary Scheffer dans
le *Larmoyeur*. Elle ne se propose point d'exprimer les
sentiments profonds, extrêmes, compliqués, comme
Delacroix dans son *Hamlet* ou dans son *Tasse* ». Tout
ceci peut être vrai sous quelque rapport, si le point de
comparaison est au milieu du XVIe siècle ; mais c'est faux
lorsqu'on pense à la hauteur dramatique où l'art italien
parvint au XVe siècle, lorsque les mystères religieux se
virent éternisés par les sculpteurs et par les peintres

d'alors. Mais Taine considère toujours la forme comme un but, non comme un moyen de l'art italien. De là les déductions erronées du philosophe. A l'appui de ses opinions il invoque l'aide de Benvenuto Cellini, qui a déclaré que le point important de l'art du dessin consiste à bien faire un homme et une femme nus. De telles déclarations, répétons-le, furent émises quand l'art était sur le point d'accomplir son cycle, pour s'arrêter sur la voie de ses triomphes, et que l'antiquité classique avait saturé l'art nouveau, en le réduisant à l'imitation. Taine a raisonné comme Vasari, qui a mesuré beaucoup d'artistes à son aune et selon les canons michel-angelesques; mais Vasari, qui sut d'ailleurs faire abstraction de ses goûts, ne devait pas être toujours trop pris au mot, quand il répétait des choses à son point de vue subjectif. Taine cependant s'est fait son écho, puisqu'il avait été élevé dans les principes académiques en vogue de son temps. La génération à laquelle il appartenait parlait art, comme elle parlait littérature et politique. La critique, fondée sur des rapprochements continuels des œuvres d'art entre elles, était encore dans son enfance, tandis que les Académies dominaient. L'iconographie artistique faisait les premiers pas, et n'allait pas bien loin; la physiologie des émotions, esquissée par Darwin, ne recevait pas d'applications en dehors du champ scientifique. Taine accepta donc l'autorité des inscriptions appliquées aux tableaux dans les galeries; et c'est ainsi que, dans son *Voyage en Italie* (t. I), il attribue à Raphaël le tableau de Naples représentant Léon X, qui, au contraire, est une copie d'Andrea del Sarto; il lui attribue aussi le *Cardinal Tibaldeo* de ladite galerie, peinture de Bronzino. Dans le même volume (p. 74), il assigne à Leonardo l'œuvre d'un élève. Page 193, il cite le « charmant Christ du Corrège », qui est une copie du Carrache; page 196, il mentionne un Fra Bartolommeo, œuvre tout à fait abîmée de Francesco Francia; page 258, il applique à Leonardo le jugement qui convient en propre à Bernardino Luini; page 262, il parle de tableaux du Titien qui n'ont jamais été de cet artiste;

page 263, il ne s'aperçoit pas que le *Sacrifice d'Isaac*, de la galerie Doria, est de Lievens, que les *Trois âges* de la même galerie ne sont pas de la main du Titien, mais sont une froide copie du Sassoferrato. A la page suivante, il cite comme étant du Bronzino un portrait de Machiavel qui devait faire partie d'une série de portraits d'hommes illustres, et qui est une atroce copie ; et il disserte au sujet d'une Lucrèce Borgia de Paul Véronèse, qui n'est ni Lucrèce Borgia ni une œuvre de Véronèse. Page 268, il cite le Dominiquin, et oublie le Corrège, Antonello de Messine, etc. En résumé, Taine a manqué de la préparation nécessaire à qui veut traiter des choses de l'art, et il en parle comme un admirateur des formes classiques qui ne s'aperçoit pas du changement des sentiments et des idéals, lors même qu'il aurait bien pu, grâce à sa vaste érudition, remarquer les caractères de l'art qui s'est mêlé à nos traditions, à nos mœurs, à notre vie.

TABLE DES MATIÈRES

	Pages
Avant-Propos du traducteur	v-xxvii
Préface de la traduction française	1
Préface de l'édition italienne	7

PREMIÈRE PARTIE
(1828-1864)

CONCEPT FONDAMENTAL DES DOCTRINES DE TAINE

LA PHILOSOPHIE DE LA MÉTHODE ET DE L'HISTOIRE

Nature du talent de Taine. — Pour bien le comprendre, il faut le considérer avant tout comme penseur et comme philosophe	13
I. — Taine, dans ses œuvres, a-t-il donné une *philosophie ?* — Moment culminant de sa réputation.	19
II. — Détails biographiques. — Premières études au collège Bourbon et à l'École normale; court professorat en province; doctorat ès lettres. — Formation dans son esprit des premiers germes d'idées d'où	

sort toute son œuvre de philosophe et d'écrivain. — Influence de Spinoza, de Hegel et de Gœthe. — Nouvelles études faites à Paris après sa renonciation à l'enseignement. — L'*Essai sur Tite-Live* (1853). — Changement qui s opère dans sa manière de composer, dans son style et dans sa méthode d'exposition philosophique. — Taine était *un logicien réaliste* (G. Monod). — Le *Voyage aux Pyrénées* (1855). — Intensité de labeur et de richesse de sa production dans les années 1854-1864. — Voyages. — Les idées directrices de sa méthode philosophique se déterminent et s'accentuent toujours davantage dans le sens positif et naturaliste. — Importance, pour qui veut bien saisir les premiers traits fondamentaux de sa doctrine, de son livre de jeunesse, *Les Philosophes classiques du* xixe *siècle*. 24

III. — Caractère polémique de ce livre ; sa critique de l'éclectisme français. 65

IV. — État de la pensée et des études philosophiques en France au moment de sa publication. — Pronostic de l'auteur au sujet de la prochaine orientation de la philosophie. 74

V. — État de la philosophie en Allemagne et en Angleterre dans les années où se forme et se détermine la pensée de Taine. — John Stuart Mill et Thomas Carlyle 83

VI. — Doctrines de l'école historique et de la métaphysique allemandes auxquelles Taine emprunte son point de départ. 91

VII. — Il dit que les autres peuples doivent se les approprier et les *repenser*. — Sa théorie du *moment historique*. — Plan, qui se trouve dans toutes ses œuvres, d'une psychologie comparée des organismes et des systèmes de la culture. 96

VIII. — Lignes principales de ce plan, qui implique l'idée de l'*évolution* historique. — Élément premier et noyau générateur de toute l'œuvre de Taine. . . 102

IX. — Son inclination à saisir le *caractéristique*, le

typique, chez les hommes et dans les choses. — Accord, que l'on ne trouve pas toujours chez lui, entre la spontanéité et la réflexion, entre l'intuition et la théorie. — Ceux de ses ouvrages où cet accord apparaît le plus. — Mérites de l'*Histoire de la Littérature anglaise* au point de vue philosophique. . . 108

X. — Originalité véritable de Taine. En quoi elle consiste. — Sa conception de l'Histoire envisagée comme une psychologie. — La philosophie et la psychologie ne doivent pas se fonder seulement sur l'observation intérieure individuelle. 116

XI. — Discipline, unité et continuité de travail qui constituent et remplissent toute la vie de Taine. — Façon dont il préparait et élaborait les matériaux de son travail. — Habitude de la pensée logique et méthodique qui, chez lui, se superpose au fond premier de ses facultés d'artiste et de philosophe, et finit par prévaloir toujours davantage. 120

DEUXIÈME PARTIE
(1852-1864)

LA MÉTAPHYSIQUE

I. — Jugement de Stuart Mill sur la philosophie de Taine. — En quoi consiste, pour Taine, l'œuvre du philosophe. — Valeur relative des *systèmes* philosophiques. — Taine ne tente pas de construire un système métaphysique, mais croit à la possibilité de la métaphysique. — L'essai sur le *Positivisme anglais* et Stuart Mill. 125

II. — Rôle de la métaphysique dans le savoir humain. — Taine croit que notre esprit outrepasse dans la

Pages

connaissance des choses ce qui est *relatif* et accidentel. — Il est un *idéaliste*, mais non un idéaliste *critique*. — Prémisses idéalistes de la doctrine métaphysique suivie par Taine. — Elle touche, au fond, au spinozisme et à l'hégélianisme. Point d'une importance capitale où elle se rencontre avec ces systèmes : identification du concept de nécessité idéale et rationnelle avec le concept de nécessité causale. — Un article de M. Hommay sur Taine. — « La structure des choses » est pour lui « une logique en acte, une sorte de géométrie vivante »; — « Le développement de l'être n'est — dit M. V. Delbos — que le développement même de la nécessité ». — Objection capitale à laquelle la doctrine suivie par Taine est exposée de la part du criticisme. — Dangers de la position que sa pensée philosophique cherche à prendre entre des doctrines diamétralement opposées l'une à l'autre. — Incertitudes et perplexités que l'on note aussi dans l'aspect psychologique et noologique de la théorie du philosophe français et dans sa conception de la faculté de l'*abstraction* et de la souveraineté qu'il lui attribue sur toutes les autres facultés de l'esprit. — Position incertaine de Taine par rapport au problème de la connaissance, telle qu'elle apparaît aussi dans le livre de *L'Intelligence*. — Jugement que porte Taine sur la métaphysique allemande. — Georges Hegel. — Le second facteur de la doctrine philosophique de Taine est, après l'hégélianisme, l'analyse des idées, traitée à la manière de Condillac. 131

III. — Au fond de la doctrine de Taine il y a l'intuition poétique et métaphysique de l'*unité organique* des choses. — Comment l'idée de cette unité pénètre toute la métaphysique allemande, qui a pour antithèse historique la philosophie française des xvii⁰ et xviii⁰ siècles. — Contraste entre les *formes d'intelligence* et les habitudes intellectuelles de la race latine et de la race germanique. 152

IV. — Valeur et originalité des recherches de Taine sur ce sujet; leur application à la critique historique et littéraire. 158

V. — L'Essai sur l'*Idéalisme anglais* et Carlyle. — Analyse des variétés typiques des esprits. — L'esprit français étudié par Taine 164

VI. — Ses tendances manifestées dans l'histoire de la philosophie. — Place que, dans cette dernière, les Français occupent entre les Allemands et les Anglais. — Théorie de la méthode et de la science exposée à la fin du livre sur les *Philosophes classiques*. — Phénoménisme de Taine. Incertitude de la pensée du philosophe dans cette partie de sa doctrine. Point où elle se fonde sur le positivisme de l'école française. 171

VII. — Déterminisme de Taine. — Pourquoi et sous quel rapport il est supérieur à Auguste Comte. — Lacunes de l'esprit de Taine considéré comme métaphysicien. 182

TROISIÈME PARTIE
(1864-1870)

LA PSYCHOLOGIE ET LA PHILOSOPHIE DE L'ART

Le traité de *L'Intelligence* 189

I. — La pensée nationale française y est franchement empreinte. — Ce que Taine y prend à Condillac. — Conception mécanique de l'esprit humain. — Théorie de l'unité de composition et de principe de tous les phénomènes internes ; et comment la direction qu'elle donne à la psychologie de Taine est opposée à celle suivie par l'école anglaise. — Les psychologues américains. — Valeur scientifique du livre de Taine, considéré dans ses parties. — La théorie de la perception. — Critique qu'en fait M. Amédée de Margerie. 194

II. — Taine professeur à l'École des Beaux-Arts. — Groupe d'écrits sur la philosophie de l'art, publiés par lui entre 1864 et 1870. — Manque de préparation suffisante et d'expérience personnelle dont Taine fait preuve en cette matière. — Ethnologie et climatologie de l'art. — Taine ne nous fait pas comprendre suffisamment l'*individualité* du génie artistique. . . 203

III. — Outre le problème historique, il y a un autre problème étudié par Taine, et qui est celui-ci : Qu'est-ce que l'art en lui-même ? — Aspect sous lequel le positivisme de Taine le considère. — Suppression de l'idée de moralité dans les œuvres d'art. Les deux volumes : *Philosophie de l'Art : nature et production de l'œuvre d'art* (1865), et *De l'Idéal dans l'Art* (1867). — Œuvre créatrice du génie dans l'art. — Parenté entre l'art et la science. — L'*abstraction* ou *faculté de l'idéal*. — Les *caractères* des choses ; échelle de leurs valeurs. — Parenté de l'art avec la morale. 212

IV. — Désaccord profond entre la doctrine de Taine et celle des *réalistes* et des *impressionnistes*. — Pourquoi néanmoins on a qualifié Taine à juste titre de *théoricien du naturalisme*. — Son jugement sur Balzac. — Émile Zola et Taine. 229

V. — Les deux volumes du *Voyage en Italie*. — Valeur des jugements de l'auteur sur l'art italien et sur la vie nationale italienne. 241

VI. — L'esthétique de Taine et le problème de la relation entre le génie et le *milieu*. — Un livre d'Émile Hennequin. — Vérité incontestable qui est au fond de la doctrine de Taine. 249

QUATRIÈME PARTIE
(1871-1893)

« LES ORIGINES DE LA FRANCE CONTEMPORAINE »

	Pages
Occasion qui a fait naître ce livre	255
I. — L'opuscule sur *L'opinion en Allemagne et les conditions de la paix*, et celui *Du suffrage universel et de la façon de voter* (1871). — Ton polémique et critique du livre sur les *Origines*, et influence exercée sur celui-ci par les sentiments de l'écrivain. . . .	257
II. — Nouveauté du but qu'il se proposa et des résultats auxquels il parvint. — Idée du dessin et de la trame de l'ouvrage. — Analyse de la formation de la doctrine révolutionnaire.	264
III. — Critique de cette doctrine et de son application. — La Révolution aboutit au despotisme.	271
IV. — Taine et Tocqueville. — Ce qui manque au premier dans sa critique de la Révolution. — Ses contradictions	276
V. — Procédé propre à l'art de Taine, qui lui est suggéré par son idée de la méthode. — Sa manière de se servir des documents.	284
VI. — Analyse psychologique et simplification des faits. — Il nous donne presque une *mécanique moléculaire* des forces de la Révolution.	287
VII. — Dans son Histoire se détachent seulement les faits et leur fatalité; les acteurs disparaissent presque. — Problème des responsabilités individuelles dans l'Histoire. — Le déterminisme. — Taine a-t-il supprimé de l'Histoire toute signification morale ?	291

VIII. — *Les Origines de la France contemporaine*, et l'Essai comparé de Manzoni sur *La Révolution française de 1789 et la Révolution italienne de 1859*. — But strictement moral de cet écrit et objections auxquelles il se prête. — L'Italie nouvelle. 296

IX. — Sentiment moral élevé que Taine porte dans l'Histoire. — Marat, Danton et Robespierre. . . . 307

X. — Les trois volumes sur *Le Régime moderne*. — Analyse critique du caractère et de l'œuvre de Napoléon. — Partie vraie, et partie excessive et erronée, du jugement qu'en porte l'historien. 310

XI. — Action de l'Etat napoléonien. — Ses relations avec l'Église. Effets du Concordat. 318

XII. — Influence du gouvernement napoléonien sur l'école et sur la culture française. — L'Université. — Mécanisme scolaire. — Buts pratiques et politiques de l'école napoléonienne. — L'Institut. 323

XIII. — Ce qu'on peut objecter au jugement de Taine sur l'œuvre civile et politique de Napoléon. — Part vraie de ce jugement rapporté à l'école de type français et latin. — Elle présuppose l'État éducateur de la nation. 332

XIV. — Parallèle entre les institutions scolaires françaises et anglaises. — L'œuvre de Taine a été interrompue par sa mort. — Indications sur la façon dont il s'était proposé de la terminer. — La France nouvelle et le *milieu moderne*. — Ses maux présents, ses remèdes possibles. — La thèse centrale de l'ouvrage était une psychologie de l'organisme mental de la France comparé à celui d'autres nations. — Préoccupation patriotique de l'historien. 338

XV. — Le grand travail de Taine est tout entier sous nos yeux. Aspect sous lequel on peut le juger avec vérité aujourd'hui encore. En quel sens on est en droit de dire qu'il manque de *jet*. — Parties admirables. — Dans quelques-unes, la recherche historique se transforme en un traité. — Nouveauté et proportions monumentales de l'œuvre, envisagée dans son ensemble. 345

CINQUIÈME PARTIE

LES DOCTRINES SUR L'HOMME ET SUR LA VIE SUR LA SOCIÉTÉ ET SUR L'ÉTAT
TAINE ÉCRIVAIN, PHILOSOPHE ET HOMME

                                                                      Pages

Construction de l'œuvre de Taine. — Derniers problèmes qu'elle soulève 351

I. — Taine n'a pas toujours été fidèle au principe de l'objectivité absolue de la recherche scientifique. — Pour lui, l'attitude d'esprit et d'âme imposée par la science, à qui la professe aussi comme règle de la vie, est celle qui faisait l'objet des vœux de Marc-Aurèle et de Benoît Spinoza. — Les *Notes sur Paris : Vie et Opinions de M. Frédéric-Thomas Graindorge.* — Chez Taine, le pessimisme de l'esprit critique et de l'observation minutieuse de la vie réelle est tempéré et compensé par l'optimisme de la contemplation philosophique. 352

II. — Opposition qui existe entre les prémisses de la doctrine de Taine et celles de la métaphysique du pessimisme allemand. — Idées de Taine sur la vie des peuples classiques et sur la vie moderne. — Type du personnage idéal produit par celle-ci. — Idées sur la nature humaine, la religion et l'État 362

III. — Les formes de la morale. — Statique politique de Taine ; son pessimisme politique ; ses opinions sur le suffrage universel et sur les institutions parlementaires, sur la nécessité d'une éducation des classes dirigeantes. 372

IV. — Le pessimisme est-il « le dernier mot » de la doctrine de Taine ? — Milieu social, moral, littéraire du temps où grandirent avec lui les jeunes gens de sa génération. — La littérature réaliste et la *maladie du siècle*. — Séparation provisoire admise par Taine entre la science et la vie. — Sa foi en l'avenir de la science. — Ses idées, dans ses dernières années, sur le christianisme. Dispositions prises par lui au sujet de ses obsèques. — Caractère moral de l'homme, qui se reflète aussi dans son style. — Forme de son esprit. 380

V. — Conclusion et résumé. — Idée d'où sort toute la philosophie de Taine, et qui lui vient de l'école historique allemande et de Gœthe. — Contradiction qui existe au fond de sa pensée, en réalité française, mais cependant fécondée par des germes d'idées émanées de l'esprit germanique. — Incertitude et ambiguïté des prémisses de sa doctrine. En quoi consiste sa principale originalité. — Sa place dans l'histoire de la culture intellectuelle française. — Elle a une valeur indépendante de sa forme systématique. 395

APPENDICE

I. — Sur les éléments derniers des choses (Notes philosophiques inédites de H. Taine). 407

II. — Taine poète 423

II. — Taine historien de l'art, par Adolfo Venturi. . 430

TABLE DES MATIÈRES. 439

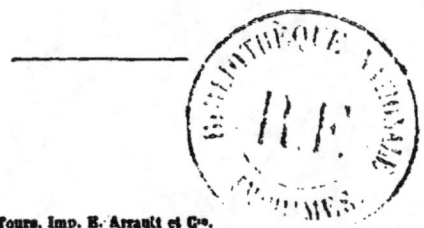

Tours, Imp. E. Arrault et C⁰.

www.ingramcontent.com/pod-product-compliance
Lightning Source LLC
Chambersburg PA
CBHW072112220426
43664CB00013B/2088